Praxishandbuch City- und Stadtmarketing

EBOOK INSIDE

Die Zugangsinformationen zum eBook Inside finden Sie am Ende des Buchs.

Heribert Meffert · Bernadette Spinnen
Jürgen Block · bcsd e.V.
(Hrsg.)

Praxishandbuch City- und Stadtmarketing

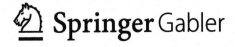

Herausgeber
Heribert Meffert
Münster, Deutschland

Bernadette Spinnen
Münster, Deutschland

Jürgen Block
Berlin, Deutschland

bcsd e. V.
Berlin, Deutschland

ISBN 978-3-658-19641-7   ISBN 978-3-658-19642-4   (eBook)
https://doi.org/10.1007/978-3-658-19642-4

Die Deutsche Nationalbibliothek verzeichnet diese Publikation in der Deutschen Nationalbibliografie; detaillierte bibliografische Daten sind im Internet über http://dnb.d-nb.de abrufbar.

Springer Gabler
© Springer Fachmedien Wiesbaden GmbH 2018
Das Werk einschließlich aller seiner Teile ist urheberrechtlich geschützt. Jede Verwertung, die nicht ausdrücklich vom Urheberrechtsgesetz zugelassen ist, bedarf der vorherigen Zustimmung des Verlags. Das gilt insbesondere für Vervielfältigungen, Bearbeitungen, Übersetzungen, Mikroverfilmungen und die Einspeicherung und Verarbeitung in elektronischen Systemen.
Die Wiedergabe von Gebrauchsnamen, Handelsnamen, Warenbezeichnungen usw. in diesem Werk berechtigt auch ohne besondere Kennzeichnung nicht zu der Annahme, dass solche Namen im Sinne der Warenzeichen- und Markenschutz-Gesetzgebung als frei zu betrachten wären und daher von jedermann benutzt werden dürften.
Der Verlag, die Autoren und die Herausgeber gehen davon aus, dass die Angaben und Informationen in diesem Werk zum Zeitpunkt der Veröffentlichung vollständig und korrekt sind. Weder der Verlag noch die Autoren oder die Herausgeber übernehmen, ausdrücklich oder implizit, Gewähr für den Inhalt des Werkes, etwaige Fehler oder Äußerungen. Der Verlag bleibt im Hinblick auf geografische Zuordnungen und Gebietsbezeichnungen in veröffentlichten Karten und Institutionsadressen neutral.

Gedruckt auf säurefreiem und chlorfrei gebleichtem Papier

Springer Gabler ist Teil von Springer Nature
Die eingetragene Gesellschaft ist Springer Fachmedien Wiesbaden GmbH
Die Anschrift der Gesellschaft ist: Abraham-Lincoln-Str. 46, 65189 Wiesbaden, Germany

Vorwort

Vor rund 40 Jahren haben erste Städte in Deutschland und Europa begonnen, sich angesichts des zunehmenden Wettbewerbsdrucks mit der Frage auseinanderzusetzen, ob und wie sich durch gezielte Kommunikation und weitere Marketingmaßnahmen Wettbewerbsvorteile erreichen lassen. Damit ist das Stadtmarketing einerseits eine noch relativ junge Disziplin in der kommunalen Führung und Verwaltung, andererseits verfügt es bereits über vielfältige Erfahrungen, die zur ständigen Weiterentwicklung der Disziplin beigetragen haben. Verschiedene Akteursgruppen und ihre Interessen haben diese Entwicklung befördert. Hier ist die Reformbewegung hin zu einer Beteiligung der Bürgerinnen und Bürger an der Stadtentwicklung genauso zu nennen wie die Ansätze zur allgemeinen Verwaltungsmodernisierung oder die Umwälzungen in der städtischen Handelslandschaft, die besonders den inhabergeführten Einzelhandel motivierten, gemeinsame Ansätze mit den Kommunen und anderen Partnern zu suchen, um die Innenstadtentwicklung zu stützen. Der Tenor dieser Bestrebungen war trotz der Unterschiedlichkeit der jeweiligen Ausgangssituation immer gleich: Es bedarf einer professionellen Organisation, die sich vor Ort in einem ganzheitlichen, kundenorientierten Ansatz der kooperativen Stadtentwicklung widmet.

In den frühen Jahren des Stadtmarketings ging es in der wissenschaftlichen Forschung, besonders in der Stadtforschung, sehr stark um die Frage, ob der betriebswirtschaftliche Ansatz des Marketings überhaupt auf die Komplexität der Stadtstrukturen übertragbar sei. Einer der ersten, der diesen Entwicklungen bereits in den 1980er Jahren eine wissenschaftliche Grundlage verlieh, war der Marketingprofessor Heribert Meffert von der Universität Münster. In seinem Beitrag „Städtemarketing – Pflicht oder Kür?", der 1989 erschien, definierte er die Besonderheiten, Merkmale und bis heute gültigen Grundsätze des Stadtmarketings. „Nur durch eine integrierte Gesamtsicht der Bedürfnisse der Anspruchsgruppen können Städte ihre Attraktivität steigern, ihr Image verbessern und damit ein eigenständiges Profil aufbauen" (Meffert 1989, S. 1). Und weiter führt er aus: „Städtemarketing umfaßt die Analyse, die Planung und die Kontrolle von Programmen, deren Zweck es ist, erwünschte Austauschvorgänge mit ausgewählten Märkten bzw. Zielgruppen zu bewirken" (ebd., S. 2). Die Frage, ob Stadtmarketing als Pflicht oder Kür im städtischen Aufgabenfeld zu verstehen ist, beantwortet sich damit gewissermaßen von selbst. Ruft man sich darüber hinaus nur einige der aktuellen gesellschaftlichen Entwicklungen ins Bewusstsein, wird das Bekenntnis zum Stadtmarketing noch augenfälliger: Der Wettbewerb der Städte und ihrer Akteure spielt sich längst nicht mehr im regionalen, nationalen oder europäischen Rahmen ab. Die Globalisierung und die Digitalisierung schreiten auf allen gesellschaftlichen Feldern voran und verändern die Spielregeln für die lokale Wirtschaft, für gut ausgebildete Arbeitskräfte, für den Wettbewerb um Einwohner, für die Mobilität von Gesellschaften, für den Wettbewerb der touristischen Destinationen usw. Diesen veränderten Herausforderungen müssen sich die Kommunen stellen und ihr Instrumentarium danach ausrichten. Wie kann vor diesem Hintergrund ein erfolgreiches Stadtmarketing aussehen?

Unter Rückgriff auf die Prinzipien des klassischen Markenmarketings und der marktorientierten Führung hat Heribert Meffert (1989, 2015) dem Stadtmarketing einen Orientierungsrahmen dafür an die Hand gegeben. Der Philosophie der Kundenorientierung und einer Kultur der gelebten Bürgernähe fällt dabei eine Schlüsselrolle zu (Philosophieaspekt). Um die Bedürfnisse, Erwartungen und Vorstellungen der Anspruchsgruppen (Bürgerschaft, Wirtschafts- und Sozialpartner) zu kennen, bedarf es eines permanenten Austausches mit ihnen und einer systematischen Analyse der eigenen Position im Städtewettbewerb (Informationsaspekt). Darauf aufbauend kann eine gemeinschaftliche Perspektive für die weitere Entwicklung der Stadt formuliert werden (Strategieaspekt). Dabei ist darauf zu achten, dass städtische Entwicklungskonzepte mit Handlungsempfehlungen, konkreten Maßnahmen und ausreichend Ressourcen versehen werden (Aktionsaspekt), damit der koordinierten Planung auch eine integrierte und kooperative Umsetzung folgt. Um die Entwicklung einer Stadtmarke zu moderieren, braucht es eine Stadtmarketingorganisation, die funktions- und themenübergreifend am Querschnitt der städtischen Aufgaben und Akteure arbeitet, Synergien schafft und Potenziale hebt (Organisationsaspekt). Das zur Verfügung stehende Instrumentarium hierfür ist der klassische Marketingmix (Produktpolitik, Distributionspolitik, Kommunikationspolitik, Preispolitik), der den Grundsätzen der stadtgesellschaftlichen Verantwortung, der transparenten und dialogorientierten Kommunikation, dem ehrlichen und authentischen Werben um Vertrauen und engagierter Teilnahme unterliegt (Verantwortungsaspekt) (vgl. Meffert 1989, 2015).

Die Diskussion um das Selbstverständnis des Stadtmarketings, die stets kritische Reflexion auf deren Praxis vor Ort und auch der Blick zurück auf jahrzehntelange Erfahrungen, Erfolge und besonders Misserfolge haben dazu beigetragen, dass heute durchaus beschreibbar ist, was eine professionelle und das heißt auch finanziell und personell seriös ausgestattete, von der Stadt unterstützte und gewollte Stadtmarketingorganisation leisten kann und muss. Es gibt so gut wie keine Stadt in Deutschland, die glaubt, auf eine Stadtmarketingorganisation verzichten zu können, obwohl die Organisationsformen noch immer stark differieren. Dennoch lassen sich inzwischen zentrale Geschäftsfelder des Stadtmarketings quasi normativ beschreiben, Organisationsformen vergleichen und die wichtigsten Themenfelder bestimmen.

Akteure im City- und Stadtmarketing müssen über vielfältige fachliche und persönliche Qualifikationen verfügen. Zu den Kernkompetenzen zählen dabei die Fähigkeit zur dialogorientierten Kommunikation, die effektive Netzwerkarbeit und die sichere strategische Entwicklung und kooperative Umsetzung von Konzepten. Bislang fehlt nicht nur ein eigenständiger Studiengang „City- und Stadtmarketing", um diese Kompetenzen und zahlreiche weitere fachliche Fähigkeiten zu erwerben, sondern auch eine Definition des Berufsfeldes. Das vorliegende Praxishandbuch versucht diese Lücke zu füllen.

Der in den letzten Jahrzehnten kontinuierlich gestiegene Stellenwert des City- und Stadtmarketings (vgl. bcsd 2014) zeigt, dass die Ausbildung an einer Hochschule oder Universität zukünftig auch für diesen Berufszweig möglich sein sollte. Diesen Anspruch verfolgt die Bundesvereinigung City- und Stadtmarketing Deutschland, deren Gründung im Jahr 1996 einen weiteren Meilenstein auf dem Weg zur Professionalisierung des City- und Stadtmarketings gesetzt hat. Das Deutsche Institut für Urbanistik (difu) hat im selben Jahr erstmals eine umfassende Zustandsbeschreibung der Stadtmarketingszene veröffentlicht (vgl. Kaiser 1996). 2005 dokumentierte das Institut erneut die Weiterentwicklung des Stadtmarketings (vgl. Birk et. al. 2005). Neun Jahre später legte die bcsd eine aktualisierte Bestandsaufnahme vor (bcsd 2014). Somit taucht die Arbeit des City- und Stadtmarketings bereits seit über 30 Jahren auf dem kommunalen Radar auf. Als letztes Indiz für den Bedeutungsgewinn des Berufsfeldes sei die Entwicklung der bis 2007 im reinen Ehrenamt geführten Bundesvereinigung City- und Stadtmarketing Deutschland erwähnt. Die nunmehr hauptamtliche Geschäftsstelle in Berlin vertritt seit 2007 die Mitglieder des Verbands und stellvertretend die gesamtdeutsche Stadtmarketingszene.

Über die Strukturierung in Landesverbände, den Ausbau eines attraktiven Leistungsprogramms und eine dauerhafte Zusammenarbeit mit den Partnern benachbarter Berufsdisziplinen und Interessensvertretungen auf Bundes- und Landesebene gelang ein stetiger Mitgliederzuwachs, sodass sich 2017 etwa 350 Stadtmarketingorganisationen und gut 50 Fördermitglieder aus dem Dienstleistungs- und Produktbereich rund um das Stadtmarketing organisiert haben.

Im Zentrum der Aktivitäten der Vereinigung steht aber nach wie vor die Organisation des Erfahrungsaustausches der Mitglieder untereinander sowie die permanente Impulssetzung durch die Präsentation guter Beispiele, die Beobachtung aktueller Entwicklungen und die Vorstellung neuster wissenschaftlicher Erkenntnisse. Auch das erste umfassende Praxishandbuch City- und Stadtmarketing, das wir hier vorlegen, zeichnet sich dadurch aus.

Das Stadtmarketing steht mit vielen verschiedenen wissenschaftlichen und praktischen Disziplinen in engem Austausch – mit Stadtplanung, Stadtentwicklung und Architektur, mit Soziologie, Philosophie und Publizistik, Betriebswirtschaftslehre, Marketing und Kommunikationswissenschaft, mit Stadt- und Zukunftsforschung. Auch zu Experten aus den Bereichen Social Web, Digitalisierung, Beteiligung, Tourismus, Einzelhandel, Politik, Veranstaltungen, Finanzen und Recht haben sich im Laufe der Jahre vielfältige und wertvolle Kontakte etabliert.

Es ist an der Zeit, die Erkenntnisse der verschiedenen wissenschaftlichen Disziplinen und die praktischen Erfahrungen des City- und Stadtmarketings zusammenzuführen.

Einen wichtigen Baustein dafür bildet das vorliegende Praxishandbuch City- und Stadtmarketing. Das Buch ist ein umfassendes Nachschlagewerk für diejenigen, die den Beruf ergreifen wollen, ebenso wie für erfahrene Praktiker und Praktikerinnen aus dem Stadtmarketing. Es soll auch all jenen, mit denen das Stadtmarketing vor Ort kooperiert – der lokalen Politik und Verwaltung, der Wirtschaft und den Vereinen sowie Fachjournalisten – einen Überblick über die Arbeitsweise, die Aufgaben und die Möglichkeiten des Stadtmarketings geben.

Definition Stadtmarketing

Stadtmarketing als Ansatz der zielgerichteten Gestaltung und Vermarktung einer Stadt basiert auf der Philosophie der Kundenorientierung. Es dient der nachhaltigen Sicherung und Steigerung der Lebensqualität der Bürger und der Attraktivität der Stadt im Standortwettbewerb. Dies geschieht im Rahmen eines systematischen Planungsprozesses und durch die Anwendung der Instrumente des Marketingmix.

Das „Produkt" – die „Marke Stadt" – ist das Ergebnis der Einstellungen und des Handelns der Menschen in der Stadt. Stadtmarketing wird deshalb idealerweise von allen Menschen mitgetragen. In einem institutionalisierten Verfahren werden die vielfältigen und häufig unterschiedlichen Interessen aus dem öffentlichen wie privaten Bereich zusammengeführt und die Kräfte gebündelt. Dies setzt die Vereinbarung von Zielvorstellungen voraus, zum Beispiel in Form eines ganzheitlichen Stadtleitbildes.

Im Stadtmarketing werden Teilstrategien zusammengeführt. Diese unterscheiden sich nach Zielgruppen, Akteuren und räumlichen Schwerpunkten, z. B. Verwaltungsmarketing, Standortmarketing, Tourismusmarketing oder City-Marketing.

Inhaltlicher Ausblick

Das Praxishandbuch Stadtmarketing umfasst drei Teile: einen einführenden Teil, die Beiträge zu den unterschiedlichen Themen- und Kompetenzfeldern und einen Schlussteil, in dem das Berufsbild bestimmt wird.

Teil I: Einführung
Im ersten einführenden Beitrag skizziert Andreas Reiter zukünftige Aufgaben und Herausforderungen für das Stadtmarketing und diskutiert, welche Potenziale sich dadurch für Städte insgesamt ergeben.

Jürgen Block führt in seinem Beitrag in die Praxis des Stadtmarketings ein. Er beschreibt den Stadtmarketingprozess von der Zielsetzung über die Strategiefindung und Konzepterstellung bis zur Prozesssteuerung und thematisiert Inhalte, Aufgaben und Potenziale des Stadtmarketings. Dabei steht immer die Zusammenarbeit der verschiedenen Akteure im Vordergrund.

Vorwort

Teil II: Themen- und Kompetenzfelder

Die Themen- und Kompetenzfelder des Stadtmarketings sind vielfältig und schwer zu ordnen oder gar zu priorisieren. Der Herkunft des Stadtmarketings entsprechend beginnt dieser Teil mit dem Thema „Integrierte Stadtentwicklung". In ihrem Beitrag machen Beate Hollbach-Grömig und Martin zur Nedden vom Deutschen Institut für Urbanistik deutlich, dass globale Trends sich auch und insbesondere in den Städten manifestieren. Zudem zeigen sie auf, welche Rolle das Stadtmarketing in der integrierten Stadtentwicklung spielen kann.

Stadtmarketing findet, wie es der Name schon sagt, immer im städtischen, im kommunalen Kontext statt. Die Rahmenbedingungen des eigenen Handelns zu kennen, ist also unerlässlich. Diese stellt Roland Wölfel in seinem Beitrag zu den kommunalen Strukturen vor. Einen weiteren Schwerpunkt legt er auf Partizipation und Moderation – beides Grundprinzipien des Stadtmarketings mit seiner permanenten und umfassenden Beteiligungskultur.

Seit jeher hat das Stadtmarketing mit seinem Namen zu kämpfen, wird doch im deutschsprachigen Raum der Begriff Marketing schnell missverstanden und mit klassischer Werbung verwechselt und diskriminiert. Deshalb widmet sich ein Beitrag der Vermittlung von Grundlagen des Marketings. Helmut Schneider beschreibt zunächst, worum es im Marketing geht und welche Aufgaben und Ziele damit verbunden sind. Dabei steht das Herbeiführen wünschenswerter Austauschprozesse im Mittelpunkt. Anschließend wird dies auf die Stadt und das Stadtmarketing übertragen und insbesondere die Thematik der Ziele (Wettbewerbsvorteile schaffen) und der Umsetzung mit einer Vielzahl an Stakeholdern in den Vordergrund gestellt.

Im darauf folgenden Beitrag erläutert Sebastian Zenker das Konzept der Stadtmarke und deren Bedeutung für das Stadtmarketing. Der Beitrag geht auch auf das Management von Stadtmarken ein, also auf die entsprechenden Aufgaben für die Stadtmarketingorganisation von der Erhebung der Marke über die Strategiesetzung bis hin zur Markenkommunikation. Ein besonderes Augenmerk wird auf die Erfolgsmessung gelegt.

Den Bereich „Recht im Stadtmarketing" in einem einzigen Artikel abzuhandeln, war sicherlich ambitioniert, denn Stadtmarketing hat mit einer Vielzahl an Fragestellungen und Themen zu tun, die den Bereich des Rechts betreffen – angefangen bei der Suche nach der am besten geeigneten Organisationsform über die umfassende Welt des Arbeitsrechts bis hin zu projekt- und aufgabenbezogenen Fragestellungen wie beispielsweise dem Urheberrecht. Hinzu kommen stets neue Regelungen und Urteile, die auch Stadtmarketingorganisationen betreffen können, wie in jüngerer Zeit das EU-Beihilfe-, Steuer- und Vergaberecht. Der Artikel von Andreas und Alexandra Schriefers gibt einen Überblick über die Vielfalt an Themen und bietet erste Handlungsansätze.

Der folgende Beitrag widmet sich einem der thematischen Dauerbrenner im Stadtmarketing: der Finanzierung. Jan-Peter Halves und Thomas Severin, beide seit vielen Jahren und in unterschiedlichen Organisationsformen erfolgreich im Stadtmarketing tätig, erörtern verschiedene Finanzierungsmodelle und geben viele praktische Tipps.

In den darauf folgenden Beiträgen werden unterschiedliche Praxisfelder diskutiert. Christina Borrmann skizziert die für das Stadtmarketing besonders wichtige Presse- und Öffentlichkeitsarbeit. Ausgehend von der These, dass über die Stadt ohnehin gesprochen wird, sich Stadtmarketing also nur entscheiden kann, ob es am Dialog teilnimmt oder nicht, stellt sie Instrumente und Methoden vor und gibt Einblick in ihre Arbeit bei der Braunschweig Stadtmarketing GmbH. Ein besonderes Augenmerk liegt auf dem für viele Stadtmarketingorganisationen noch neuen Bereich der Nutzung der sozialen Medien.

In dem Beitrag zu Projektmanagement erläutert Hannah Nölle, warum Projekte zum Kerngeschäft und deren Management damit zu den Kernkompetenzen im Stadtmarketing zählen und beschreibt anhand der fünf Phasen Initiierung, Definition, Planung, Steuerung und Abschluss den Ablauf von Projektmanagement.

Veranstaltungen zählen zu den häufigsten Stadtmarketingprojekten. Deshalb ist diesem Bereich ein eigener Beitrag gewidmet. Norbert Käthler hebt darin vor allem die Bedeutung von Veranstaltungen für die Inszenierung und Emotionalisierung von Orten hervor. Dabei geht er auch auf das Spannungsfeld zwischen identitätsstiftender Veranstaltung und Eventisierung ein. Er erläutert, inwiefern Veranstaltungen Marketing- und Kommunikationsinstrumente sind und gibt anhand eines Praxisbeispiels Handlungsempfehlungen für das Stadtmarketing.

Die darauf folgenden Beiträge widmen sich verschiedenen Teildisziplinen des Stadtmarketings: Citymanagement, Wirtschaftsförderung und Tourismus. Zunächst skizziert Michael Karutz die Beziehung zwischen Einzelhandel und Innenstadt und deren Entwicklung. Neben den Grundlagen und der Geschichte des Einzelhandels in den Städten diskutiert er auch neuere Einflüsse wie Digitalisierung und verändertes Konsumverhalten und schlägt über Einzelhandelskonzepte die Brücke zu Profilierungsstrategien für Innenstadt und Einzelhandel und damit zum Citymanagement. Citymanagement steht thematisch auch im Zentrum des folgenden Beitrags. Michael Gerber, seit mehr als 20 Jahren in diesem Feld tätig und durch sein Engagement im Bundesvorstand der bcsd an vielen Diskussionen zum Thema beteiligt, geht darin ausführlich auf die Entwicklung der Innenstädte ein, auf deren Wandel und die Notwendigkeit der Installation eines Citymanagements. Er skizziert Rahmenbedingungen, Handlungsfelder und Instrumente und betont die Bedeutung von Citymanagement auch angesichts der aktuellen Herausforderungen durch die Digitalisierung.

Das Themenfeld Standortmarketing und Wirtschaftsförderung erläutert Peter Markert. Er beschreibt Ziele, Aufgaben und Strukturen und legt besondere Schwerpunkte auf die Erfolgskontrolle und die Notwendigkeit der strategischen Ausrichtung. Anhand zahlreicher Praxisbeispiele werden die Grundlagen der Wirtschaftsförderung anschaulich erklärt. Der Beitrag schließt mit Thesen zur Zukunft von Standortmarketing und Wirtschaftsförderung.

Bettina Bunge skizziert das Aufgabenfeld Tourismus. Sie konzentriert sich hierbei nach einer kurzen allgemeinen Einführung auf die Wirkung von Trends im Bereich Tourismus und natürlich auf den für das Stadtmarketing relevanten Bereich des Städtetourismus. Dabei skizziert sie Ziele, Aufgaben und Instrumente und legt einen besonderen Schwerpunkt auf die Erfolgsmessung.

Vorwort

Die letzten Beiträge des zweiten Teils widmen sich aktuellen und zukünftigen Herausforderungen und Aufgabenstellungen: der Integration und der Willkommenskultur, der digitalen Stadt und den Zukunftsthemen Kultur, Geschichte und Wissenschaft. Der Beitrag von Andreas Vlašić beschreibt Grundlegendes zu den Themen Migration und Integration, erörtert den Begriff der Willkommenskultur und zeigt auf, in welchem Rahmen dies ein Handlungsfeld für Stadtmarketing sein kann. Den Herausgebern war die Aufnahme dieses Themenfeldes in das Praxishandbuch City- und Stadtmarketing insbesondere vor dem Hintergrund der sogenannten Flüchtlingskrise ab dem Jahr 2015, der vermehrten Zuwanderung in deutsche Städte und den damit verbundenen Herausforderungen für die gesamte Gesellschaft wichtig. Stadtmarketing muss sich mit Fragen der Migration und Integration beschäftigen, will es nicht nur Imageschäden durch Rechtspopulismus abwenden, sondern eine lebenswerte Heimat für alle bieten.

Auch die Digitalisierung hat die Städte, die Gesellschaft und unseren Alltag maßgeblich verändert und wird sie weiter verändern. Andreas Haderlein setzt sich in seinem Beitrag mit Themen wie „digitale Aufenthaltsqualität", Daten, Online-Plattformen, Echtzeitkommunikation und Virtual Reality auseinander. Dabei werden Begriffe anschaulich erklärt und eingeordnet. Abschließend werden mögliche Rollen und Aufgaben für das Stadtmarketing skizziert.

Themen mit Zukunftspotenzial stehen auch im Zentrum des Beitrags von Bernadette Spinnen. Nachdem die Frage diskutiert wird, wie zentrale Stadtthemen identifiziert werden können, konzentriert sich der Beitrag exemplarisch auf die Bereiche Kultur, Geschichte und Wissenschaft und skizziert anhand von Beispielen, welch üppige Ressource diese Felder für die Inhalte von Stadtmarketingprojekten und vor allem -strategien bieten.

Zum Abschluss des zweiten Teils erklärt Frank Tentler im Interview, wie Städte den digitalen Wandel vollziehen können. Er macht die Notwendigkeit deutlich, sich als Stadtmarketing mit den Möglichkeiten und Grenzen der Digitalisierung und ihrem Einfluss auf verschiedene Lebensbereiche zu befassen, beschreibt Herangehensweisen an diese umfassende Aufgabe und den Prozess des digitalen Wandels in der Stadt.

Teil III: Zusammenführung und Bestimmung des Berufsbildes
Gerold Leppa hat das Stadtmarketing seit dessen Anfängen begleitet und mitgestaltet. Im Interview erläutert er, welche besonderen Kompetenzen und persönlichen Qualitäten es im Stadtmarketing braucht, wie sich das Stadtmarketing (als Beruf) und dessen Stellenwert wandelt und weiterentwickelt, wie der Einstieg in den Beruf aussehen kann und vor welchen Herausforderungen Stadtmarketingverantwortliche in Zukunft stehen werden. Er führt die Erkenntnisse der anderen Beiträge zusammen und zeichnet ein umfassendes Berufsbild, „das mehr ist als ein Job".

Dank

Das vorliegende Handbuch vereint Beiträge zu allen Stadtmarketingthemen, die sich im Laufe der letzten Jahrzehnte in der Praxis als relevant erwiesen haben. Es reflektiert die Entwicklung des Stadtmarketings aus der Perspektive der Wissenschaft, zeichnet die Verschiebungen im (Selbst-)Verständnis nach und lässt praktisch Arbeitende zu Wort kommen, die unter ganz verschiedenen lokalen Bedingungen Arbeitsweisen entwickelt und getestet haben und sie hier für alle verfügbar machen. Das Buch leistet dabei einen wichtigen Beitrag zur Definition des Berufsbildes Stadtmarketing. Es ist ein eindrückliches Beispiel für einen lebendigen und fruchtbaren Diskurs zwischen Theorie und Praxis – einem Diskurs, der mit Erscheinen des Buches nicht zu Ende sein sollte.

Dass dieses Werk nun vor Ihnen liegt, erfüllt die Herausgeber mit Freude und Stolz. Dies hat weniger mit der eigenen Leistung zu tun als vielmehr mit der Tatsache, dass wir es geschafft haben, so viele stark beschäftigte und kreative Experten als Autorinnen und Autoren für unsere Idee zu gewinnen. Unser Respekt und unsere Dankbarkeit sind während der Genese des Buches stetig gewachsen, denn trotz gängelnder inhaltlicher, formaler und zeitlicher Vorgaben, spürten wir stets ihre ehrliche Unterstützung und die gemeinsame Leidenschaft für dieses Projekt. Deshalb bedanken wir uns herzlich für die inspirierende Zusammenarbeit und hoffen auf viele weitere gemeinsame Vorhaben zum Wohle des Stadtmarketings und der Bürgerinnen und Bürger unserer Städte.

Insbesondere Herausgeberbände können nur verwirklicht werden, wenn es jemanden gibt, der in stürmischen Zeiten die Ruhe bewahrt, bereit ist, auch unangenehme Botschaften zu überbringen, nebenbei den roten Faden im Auge behält und mit klugen Gedanken von der Idee über die Konzeption und Redaktion bis hin zur Veröffentlichung das Projektmanagement gleich „doppelt" übernimmt – vielen Dank Hannah Nölle.

Auch der stets fordernde und konstruktive Gedankenaustausch im Vorstand sowie die Diskussionen innerhalb der Geschäftsstelle der bcsd haben entscheidend zum Gelingen beigetragen.

Barbara Roscher und Jutta Hinrichsen vom Springer Gabler Verlag danken wir für die sehr angenehme Zusammenarbeit. Wir haben von unserer Lektorin, Karoline Tschuggnall, lernen dürfen, wie man unaufgeregt mit Mut und Verstand die Lesbarkeit eines jeden geschriebenen Artikels noch steigern kann; hierfür und auch der Agentur DreiDreizehn für die ansprechende Gestaltung der Abbildungen in diesem Buch – vielen Dank.

Heribert Meffert
Bernadette Spinnen
Jürgen Block

Literatur

bcsd (Bundesvereinigung City- und Stadtmarketing Deutschland e. V.). (2014). *Stadtmarketing im Profil – Aufgabe Bedeutung und Entwicklung. Auswertung der bcsd-Mitgliederumfrage 2014.* Berlin: bcsd (Bundesvereinigung City- und Stadtmarketing Deutschland e. V.).

Birk, F., Grabow, B., & Hollbach-Grömig, B. (Hrsg.) (2005). *Stadtmarketing – Status quo und Perspektiven.* Berlin: Deutsches Institut für Urbanistik.

Kaiser, C. (1996). *Stadtmarketing – eine Bestandsaufnahme in deutschen Städten. Aktuelle Information des Deutschen Instituts für Urbanistik.* Berlin: Deutsches Institut für Urbanistik.

Meffert, H. (1989). Städtemarketing – Pflicht oder Kür? *Planung und Analyse, 16*(8), 273–280.

Meffert, H. (2015). *Marketing weiterdenken.* Rede anlässlich der Verleihung des Marketing Lifetime Award auf dem 42. Deutschen Marketing Tag am 3.12.2015.

Inhaltsverzeichnis

Teil I Einführung

Perspektiven für das Stadtmarketing von morgen 3
Andreas Reiter

Stadtmarketing denken, planen, machen 11
Jürgen Block

Teil II Themen- und Kompetenzfelder

Integrierte Stadtentwicklung 29
Beate Hollbach-Grömig und Martin zur Nedden

Kommunale Strukturen: Grundlagen, Partizipation, Moderation 39
Roland Wölfel

Grundlagen des (Stadt-)Marketings 53
Helmut Schneider

Die Stadt als Marke 69
Sebastian Zenker

Recht im Stadtmarketing 77
Andreas Schriefers und Alexandra Schriefers

Finanzierung 105
Jan-Peter Halves und Thomas Severin

Presse- und Öffentlichkeitsarbeit 119
Christina Borrmann

Projektmanagement 139
Hannah Nölle

Stadtinszenierung durch Veranstaltungen 155
Norbert Käthler

Handel und Innenstadt 173
Michael Karutz

Citymanagement 191
Michael Gerber

Wirtschaftsförderung und Standortmarketing 205
Peter Markert

Tourismus 225
Bettina Bunge

Integration und Willkommenskultur 243
Andreas Vlašić

Die digitale Stadt 257
Andreas Haderlein

**Stadtthemen mit Zukunftspotenzial: Kultur,
Geschichte und Wissenschaft** 271
Bernadette Spinnen

**„Wir brauchen Mut zur ständigen Veränderung" –
Stadtmarketing und digitale Transformation.** 283
Interview mit Frank Tentler

Teil III   Zusammenführung und Bestimmung des Berufsbildes

„Stadtmarketing ist mehr als ein Job" 297
Interview mit Gerold Leppa

Herausgeberverzeichnis

Professor Dr. Dr. h. c. mult. Heribert Meffert leitete von 1968 bis 2002 an der Westfälischen Wilhelms-Universität Münster das erste Institut für Marketing an einer deutschen Hochschule. Von 1995 bis 1997 übernahm er zusätzlich die wissenschaftliche Geschäftsführung (Rektor) der wiederbegründeten privaten Handelshochschule Leipzig (HHL) und war dort Inhaber des Lehrstuhls für Marketingmanagement. Er war Gründungsmitglied der Wissenschaftlichen Gesellschaft für Marketing und Unternehmensführung e. V. und etablierte 1999 gemeinsam mit Dieter Ahlert und Klaus Backhaus das Marketing Center Münster (MCM). Heribert Meffert war von 2001 bis 2009 Vorsitzender des Beirats für Stadtentwicklung und Stadtmarketing der Stadt Münster. Von 2002 bis 2005 war er Vorstandsvorsitzender der Bertelsmann Stiftung. Seine Schriften sind Standardwerke der Marketingwissenschaft. Für seine Verdienste wurde Heribert Meffert mit zahlreichen Preisen, Medaillen und Ehrendoktorwürden ausgezeichnet.

Bernadette Spinnen, Jahrgang 1959, studierte in Münster, Innsbruck und Tübingen Katholische Theologie und Germanistik. Nach Stationen als Bildungsreferentin beim Kolpingbildungswerk in Münster und Leitung der städtischen Koordinierungsstelle für Auslandsbeziehungen, leitete sie von 1989 bis 2001 das Kulturamt der Stadt Münster. 2001 wurde der städtische Eigenbetrieb Münster Marketing gegründet, dessen Leiterin Bernadette Spinnen von Beginn an ist. Seit 2009 ist sie im Vorstand der Bundesvereinigung City- und Stadtmarketing Deutschland, seit 2016 Bundesvorsitzende. Sie ist Verfasserin zahlreicher Publikationen zu Themen des integrierten Stadtmarketings.

Jürgen Block, Jahrgang 1969, ist seit 2010 Geschäftsführer des Bundesvereinigung City- und Stadtmarketing Deutschland e.V. Nachdem er an der Universität Hannover den Magisterstudiengang in den Hauptfächern Politische Wissenschaft und Pädagogik abgeschlossen hat, betreute er dort das Forschungsprojekt „Ökologische Effizienzprojekte". Anschließend arbeitete er in der Geschäftsstelle des europäischen Vereins PARTNER e. V., einem Netzwerkcenter für eigenständige Regionalentwicklung in Europa. 2001 übernahm er als Gründungsgeschäftsführer die Stadtmarketing Holzminden GmbH.

Die **Bundesvereinigung City- und Stadtmarketing Deutschland (bcsd e. V.)** wurde 1996 in Berlin gegründet. In der bcsd sind rund 400 City- und Stadtmarketingeinrichtungen organisiert (Stand Juli 2017).

Sie vertritt als Berufsverband die Interessen der bundesweiten Stadtmarketingszene und unterhält ein lebendiges Netzwerk der relevanten Akteure des City- und Stadtmarketings.

Neben dem Erfahrungsaustausch unterstützt die bcsd die City- und Stadtmarketingorganisationen bei der Professionalisierung und der kontinuierlichen Weiterbildung ihrer Mitarbeiterinnen und Mitarbeiter. Darüber hinaus fördert und unterstützt die bcsd alle, die sich in den Städten in jeder Form des City- und Stadtmarketings gemeinsam mit den Menschen für eine vitale und funktionierende Stadt einsetzen.

Die Entwicklung der Stadt sollte im Dialog mit den Menschen und in Kooperation mit allen wichtigen Vertretern der Funktionsbereiche Wohnen, Arbeiten, Einkaufen, Erholen und Stadtgestaltung erfolgen. Aufbauend auf dem Bekenntnis zum Bild der europäischen Stadt, die mit ihrer lebendigen und multifunktionalen Innenstadt Bürger und Gäste anzieht und sie zum Aufenthalt einlädt, stärkt die bcsd die Entwicklung des Stadtmarketings, erkennt neue Fragestellungen, bietet Expertise und schafft Netzwerke für die Diskussion um die Stadt der Zukunft.

Weitere Informationen zu den Zielen, Aufgaben und Angeboten der Bundesvereinigung City- und Stadtmarketing Deutschland finden Sie unter www.bcsd.de.

Teil I
Einführung

Perspektiven für das Stadtmarketing von morgen

Andreas Reiter

> **Zusammenfassung**
> In der digitalen Moderne wird das Gewebe der Stadt radikal verändert – Digitalisierung und gesellschaftlicher Wandel (soziale Mobilität, Migration etc.) treiben die Transformation der Stadt rasant voran. Diese Veränderungen proaktiv zu gestalten, aus der DNA der Stadt heraus – gemeinsam mit anderen städtischen Akteuren – wirtschaftliche und soziokulturelle Profilierungsfelder zu entwickeln, die urbane Lebensqualität an allen *Touchpoints* (Kontaktpunkte der Stadtnutzer) zu verbessern und mit konsistentem *Storytelling* die eigenen Stärken zu kommunizieren, sind zentrale Aufgaben des Stadtmarketings von morgen.

1 Einleitung

Städte sind Spiegelbilder der Gesellschaft, dort kündigen sich kulturelle, gesellschaftliche und technologische Veränderungen meist als Erstes an. Neue Lebensstile und Konsumformen, Moden und Milieus nehmen ihren Anfang zumeist in Städten.

Städte sind und waren nie einfach, sondern vielfach – bunte Soziotope, Geflechte unterschiedlicher Interessen und Wertehaltungen, Marktplätze von Waren und Sehnsüchten, Informationen und Eitelkeiten. Dieser Diversität gilt es Rechnung zu tragen. Die Interessen der städtischen Anspruchsgruppen müssen im Sinn des großen Ganzen, einer prosperierenden Stadt-(Gesellschaft), moderiert werden. Das Stadtmarketing agiert dabei – im Netzwerk mit anderen städtischen Akteuren wie der kommunalen Wirtschaftsförderung

---

A. Reiter (✉)
ZTB Zukunftsbüro, Wien, Österreich
E-Mail: a.reiter@ztb-zukunft.com

© Springer Fachmedien Wiesbaden GmbH 2018
H. Meffert et al. (Hrsg.), *Praxishandbuch City- und Stadtmarketing*,
https://doi.org/10.1007/978-3-658-19642-4_1

oder dem Tourismus als Kümmerer und Kurator, der mit seiner Expertise die städtischen Puzzlesteine zusammenfügt und strategisch in Beziehung setzt. Welche Aufgaben und welche Bedeutung dem Stadtmarketing zukommen und unter den sich verändernden Bedingungen auch zukünftig zukommen werden, will dieser Beitrag aufzeigen.

2 Stadt und Wandel

Städte stehen miteinander in einem massiven Wettbewerb um Talente, um Investoren und Touristen, um einen Zugewinn an Kaufkraft und Wertschöpfung. Im überregionalen Standortwettbewerb gewinnen in erster Linie die Großstädte mit ihrer strategischen Verzahnung von Produktion, Wissen und Innovation (Universitäten, Forschung und Entwicklung, Start-ups, kreative Dienstleister etc.) sowie einer hohen Lebensqualität.

Schwarmstädte – pulsierende Städte, in die es insbesondere junge Kohorten (zwischen 19–35 Jahren) zieht – sind aber nicht nur die großen Metropolen wie München, Hamburg, Berlin, sondern häufig auch mittlere und kleinere Städte mit Spillover-Effekten, z. B. aus Hochschul-/Forschungseinrichtungen. Insbesondere für diese mittleren und kleineren Städte ist es überlebenswichtig, ein markantes Profil zu entwickeln und zukunftsträchtige Themen strategisch zu besetzen.

Digitale Transformation
Digitale Geschäftsmodelle fegen viele stationäre Formate hinweg. Nicht nur der Handel, sondern auch Dienstleistungen (z. B. Banken) und Produktion werden zunehmend virtualisiert; viele Dienstleistungen werden künftig durch das Internet der Dinge (Automatisation, Robotik, Industrie 4.0 u. a.) großteils gar ersetzt. Diese Entwicklung verändert das Display der Stadt, ihre „Benutzeroberfläche". In diesem Kontext eine passende Strategie für eine Neujustierung des städtischen (und auch des gewerblich genutzten) Raums zu entwickeln, ist mit eine künftige Aufgabe des Stadtmarketings.

Die virtuelle 24-h-Ökonomie mit ihrer asynchronen Taktung perforiert die Raum- und Zeitstrukturen der Stadt. Das Netz zerstreut Identitäten und verteilt dafür temporäre Heimaten, online wie offline: Da wird ein Pop-up-Store oder ein veganer Eissalon aufgesucht, dort wird ein Video auf Snapchat bei einem Matcha Latte konsumiert – zeitgemäße Boxenstopps für digitale Nomaden. Flanieren im Netz und Flanieren im physischen Raum gehen ineinander über.

3 Konsequenzen des Wandels für Stadt und Stadtmarketing

3.1 Urbane Lebensqualität

Die Verbesserung von Aufenthalts- und Lebensqualität wird zu einem zentralen Aktionsfeld des Stadtmarketings gerade im Kontext der Digitalisierung. Neben der Ausgestaltung harter Wettbewerbsfaktoren – attraktive Arbeitsplätze, leistbarer Wohnraum (vor allem für junge Familien), Ansiedlung von Unternehmen in Zukunftsbranchen – gewinnen vor allem die weichen Standortfaktoren wie Kultur, Bildung und Lebensqualität an Bedeutung. Eine Akzentuierung des innerstädtischen Lebensgefühls dient insbesondere auch dem Talentmarketing, also der strategischen Akquisition junger Qualifizierter. Nur Städte, die hochwertige Infrastrukturen und Ambiente-Leistungen anbieten, dank derer sich Einheimische wohlfühlen, ziehen Menschen von außen (Neubürger, qualifizierte Arbeitskräfte u. a.) an.

Der Faktor Lebensqualität ist so etwas wie die heimliche Leitwährung, das Betriebssystem einer Stadt. Jede Stadt hat ihre eigene Melodie, ihr spezifisches Erscheinungsbild. Im Idealfall ist die Stadt der Zukunft ausbalanciert, eine „Balanced City", in der die Grenzen zwischen Urbanität und Natur, smarter Funktionalität und attraktiven (analogen) Begegnungsräumen, zwischen Öffentlichkeit und Privatheit verwischen.

Lebensqualität ist für alle drei städtischen Anspruchsgruppen – Bewohner, Besucher und Unternehmen – gleichermaßen wichtig. Der Stadtplaner Jan Gehl hat den städtischen Wohlfühlfaktor einmal sehr schön auf die Formel 8/80 gebracht – eine Stadt ist dann lebenswert, wenn sich die 8-Jährigen ebenso sicher darin bewegen und wohlfühlen wie die 80-Jährigen.[1]

Die durch eine hohe Lebensqualität gekennzeichnete Stadt von morgen ist

- *smart:* sie verfügt über eine intelligente Infrastruktur und ein kompaktes urbanes Interface *(Smart City)*, das die Kundenkontaktpunkte geschmeidig gestaltet (z. B. virtuelles Rathaus mit effizientem Bürgerservice, digitale Verkehrsleitsysteme u. a.);
- grün: sie holt sich die Natur zurück (z. B. in Form von vertikalen Gärten, die an Häuserwänden hochklettern, Nachbarschaftsgärten, Urban Gardening u. a.), vor allem Städte in Skandinavien und Asien sind als *Green Cities* inzwischen Vorreiter;
- *slow:* sie bietet eine hohe (ökologische und sozialräumliche) Aufenthaltsqualität, ist fußläufig gut begehbar *(Walkable City)*, Fahrrad und ÖPNV haben Vorrang;
- partizipativ: sie verändert sich durch eine lebendige Beteiligungskultur, durch Nachbarschaftsprojekte, Sharing Economy (Co-Working-Spaces, Repair Cafés, Food-Sharing-Projekte, BlaBlaCar etc.) und Social-Business-Modelle sowie (ökonomisierte) Formen des Teilens wie AirBnB.

Urbane Lebensqualität muss an den digitalen Strukturwandel angepasst werden. So wie vor Jahren industrielle Relikte (Fabriken etc.) in Zentren für Kreative umfunktioniert wurden, so steht in Zukunft die Umnutzung vieler (ehemals gewerblich genutzter) Erdgeschossflächen abseits der 1A-Lagen an. Die Street-Lofts der Urbanauten oder das Grätzelhotel (beides ehemalige Gewerberäume als umgebaute Touristenappartements) in Wien oder der Umbau des Kaufhauses Schocken in ein (cooles) Archäologiemuseum in Chemnitz sind nur einige

---

[1]Vgl. dazu http://www.wienerzeitung.at/nachrichten/wien/stadtleben/?em_cnt=641801 (Zugegriffen: 17. Juli 2017).

der Good-Practice-Beispiele. Die kreative Umcodierung städtischer Räume kann zu einem Imagefaktor für Städte werden und ist somit Teil des *Urban Branding* (man denke etwa an die begrünte High Line in New York, inzwischen eine Ikone des „Green Apple").

Das Stadtmarketing hat in puncto Lebensqualität die Aufgabe, entsprechende Optimierungsprozesse anzustoßen und zu moderieren. Diese strategische Steuerung im Verbund mit kommunalen und privatwirtschaftlichen Partnern ist unabdingbar: Schließlich muss sich urbane Lebensqualität nicht nur an den Bedürfnissen der Stadtnutzer orientieren, sondern auch an den Ressourcen der Stadt. Zudem muss sie die Identität der Stadt, ihre lokalen Eigenheiten widerspiegeln. Die städtische Infrastruktur muss ständig weiterentwickelt, das urbane Interface laufend adaptiert werden.

3.2 Handel und Innenstadt

Seit einigen Jahren erlebt die Innenstadt ein großartiges Comeback. Die Wiederbelebung der City geht einher mit einem Werte- und Strukturwandel. Je polyzentrischer die Stadt wird, je mehr sie ausfranst in Agglomerationen und Subzentren, aber auch je virtueller die Stadtgesellschaft wird, desto wichtiger werden identitätsstiftende Räume.

Der emotional am stärksten besetzte Identifikationsraum ist die Innenstadt. Sie wird durch die städtische Dreifaltigkeit mit Leben erfüllt: Konsum, Kommunikation und Kultur. Der Handel ist dabei, gemeinsam mit der Gastronomie, die Herzschlagader der Innenstadt. Die Einkaufslandschaft bestmöglich zu differenzieren, ist eine der Aufgaben des Stadtmarketings. Stadtkonsumenten erwarten sich auf ihrer Shopping-Safari durch die Stadt einen inspirierenden Mix an Filialisten und Marken, sowie (in größeren Städten) ein buntes Biotop an *Concept Stores*. Die Renaissance der Innenstadt brachte in den letzten Jahren da und dort kleine, feine Shoppingtempel in der City hervor (z. B. die Fünf Höfe in München), aber auch wertige Einkaufszentren jenseits des Glamours (etwa die Arkaden in Münster) und bisweilen auch spannende stadträumliche Transformationen (z. B. ein zum EKZ umgebautes ehemaliges Dominikanerkloster in Leoben, Österreich).

Der Einzelhandel ist jedoch mitten in einem massiven strukturellen Umbruch und wird immer stärker fragmentiert. Charakteristisch für diesen Umbruch sind unter anderem die Konzentration durch die Vertikalisten, die Zunahme von Flagshipstores und Mono-Marken-Shops in der City, die Reduktion der Handelsflächen aufgrund des expansiven E-Commerce usf. Zwei Eckpunkte kennzeichnen die Entwicklung: einerseits das Entstehen neuer hybrider Formate im Handel, andererseits der Rückbau der Handelsflächen.

Mit dem Trend zur Virtualisierung einher geht eine verstärkte Emotionalisierung: Aus dem *Point of Sale* wird der *Point of Emotion*. Der Retailer wird zum *Storyteller,* der spannende markenkonforme Erlebniswelten bietet (die der Kunde im Netz nicht in der multisensuellen Tiefe bekommt). Es ist kein Zufall, dass viele *First Mover* des Online-Handels wie Amazon oder Mymuesli den stationären Handel wiederentdeckt haben. Eine Marke lässt sich nur physisch glaubwürdig darstellen und ist nur dort wirklich „begreifbar". Für den Einzelhandel heißt das: Wer starke Geschichten erzählt, weckt starke Gefühle und hat Zukunft. Neue multifunktionale Handelsplätze *(holistic experiences)* entstehen, wie etwa die avantgardistische Markthalle in Rotterdam, ein mit Obst- und Gemüsesujets opulent dekoriertes, elfstöckiges Gebäude (mit Restaurants, Obst- und Gemüseständen, mit Geschäften sowie Wohnungen an der Außenseite). „Die Digitalmoderne hat ein Faible für das Hybride. Sie verschleift, was eindeutig schien. Sie privatisiert das Öffentliche, veröffentlicht das Private, sie verunklart den Ort und die Zeit und die Funktionen" (Rauterberg 2013, S. 50 f.).

In der zunehmend virtuellen Stadt von morgen geht es um *Seamless Commerce,* um die konsequente Verschmelzung von stationärem und digitalem Handel. Dies stellt Handel und Stadtmarketing vor neue Herausforderungen: Es müssen narrative Erlebnisräume in den Stores wie in den Innenstädten entwickelt werden. Virtual Reality und physische *Touchpoints* werden sich überlappen, z. B. in *Mixed-Reality-Stores,* in denen der Kunde auf der Suche nach Bergschuhen einen virtuellen Felsen hochklettern kann oder in intelligenten Umkleidekabinen (nicht anwesende) Freunde oder Partner in Form von Hologrammen zur Unterstützung bei der Kleiderauswahl hinzuziehen kann.

Aber auch die Umnutzung von Handels- und Gewerbeflächen wird zu einer zentralen kommunalen Herausforderung. Schon heute ist etwa die Umschichtung in Stadtzentren vom Modehandel (Flächen werden aufgrund von E-Commerce deutlich reduziert) hin zur Gastronomie zu beobachten – *Food* statt *Fashion* heißt immer öfter die Devise.

Der Einzelhandel ist zwar der Animateur der Innenstädte, aber er braucht dafür auch ein wertiges Umfeld, allen voran inspirierende Raumqualitäten im Zentrum (konsumfreie Zonen, qualitätsvolle – markenkonforme – Stadtmöblierung, Grünflächen, *Waterscapes* u. a.). Die Innenstadt lebt von ihren Polen her – von Orten der Spannung und Entspannung, der Aktivität und der Ruhe. Sie lebt vom Wechselspiel zwischen öffentlichem und privatem Raum.

Die Aufenthaltsqualität deutscher Städte ist generell ausbaufähig. Eine Befragung von Innenstadtbesuchern in 121 deutschen Städten ergab die (bescheidene durchschnittliche) Schulnote 2,7 für Stadtzentren (IFH Köln 2016). Ambiente und Flair, so die wenig erstaunliche Erkenntnis dieser Studie, haben den größten Anteil bei der Bewertung der Gesamtattraktivität (noch vor dem Einzelhandelsangebot).

In einer digitalen Gesellschaft, deren Basis die Ort- und Zeitlosigkeit ist, kommt vor allem den *Hubs* der nomadischen Gesellschaft eine besondere Bedeutung zu: den Bahnhöfen und Flughäfen, den multifunktionalen Malls und Hotels. Und so geht es in der Stadt von morgen um einen gesunden Mix an unverrückbaren historischen Orten (eingespeichert ins kollektive Bewusstsein) und fluiden, offenen Stadträumen.

3.3 Interaktionsräume und städtische Mikrowelten

In Zeiten der Transformation und der zunehmenden Virtualisierung kommt den Innenstädten eine wachsende Bedeutung als Identifikations- und Erlebnisraum zu. Je virtueller die Welt wird, desto stärker wird die Sehnsucht der Stadtnutzer nach realen Erfahrungen, nach sinnlich-physischen Erlebnissen und nach magischen Orten, die Bedeutung in sich tragen und Identifikation ermöglichen. Innenstädte sind solche Transmitter, Epizentren der Emotion. Sie sind Speicher der kollektiven Identität und damit leuchtende Visitenkarten der Stadt.

Da Erlebnisse für heutige Konsumenten meist wichtiger als Produkte sind, wird das urbane *Place Making* immer wichtiger. Erlebnisse – kuratiert und vom Stadtmarketing im Sinn der Marke gesteuert – müssen die „Magie des Ortes" einfangen und die städtische Identität glaubhaft vermitteln. Die neuen Stadtnutzer wollen nicht mehr passiv (z. B. über Events) unterhalten werden, sie basteln sich ihre Erlebnis- und Erfahrungsräume lieber selbst. Junge Stadtkonsumenten etwa erobern sich vermehrt (meist ungefragt) den öffentlichen Raum. Wo sich die Gesellschaft verändert, zu neuen Möglichkeiten aufbricht, brechen auch ihre Räume auf. Ob als Bühne für Trendsportarten (*Urban Climbing, Free Running* u. a.) oder für künstlerische Transformationen – städtische Räume werden immer öfter aus ihrem ursprünglichen Kontext herausgelöst.

Städte sind Resonanzräume für gesellschaftliche Entwicklungen: Wenn die Stadtgesellschaft in kleine Einheiten zerfällt, dann spiegelt sich dies auch in ihrer räumlich-sozialen Struktur. Fragmente, Mikrowelten legen sich als loses Netz über die Stadt. In Amsterdam hat der Architekt Frans van Klingeren eine fragmentierte Mensa geplant. Statt einen Neubau zu errichten, wird die gesamte Altstadt zur Mensa – die Studenten bevölkern mittags die Lokale der Altstadt, das Essen wird bezuschusst.

Die Stadtgesellschaft wird generell fragmentierter und flüssiger: Beschleunigte Lebensläufe, kürzere Job-, Partnerschafts- und Wohnzyklen treiben die Umbrüche in den Städten voran. Auch die Migration verändert das kulturelle Selbstverständnis der mitteleuropäischen Stadt. Deutschland hat heute einen durchschnittlichen Migrantenanteil von 21 % (vgl. Statistisches Bundesamt und Wissenschaftszentrum Berlin für Sozialforschung 2016, S. 65 ff.). In vielen Industriestädten und Ballungsräumen liegt der Anteil der Einwohner mit Migrationshintergrund jedoch deutlich höher, z. B. in Mannheim bei aktuell 44,7 %[2].

Lebenswerte Städte sind inklusive Städte. Sie gestalten Diversität auch sozialräumlich. Dort, wo Migranten am öffentlichen Raum teilhaben und diesen aktiv mitgestalten können (in der Regel in kleinteiligen Quartieren), gelingt Integration am ehesten. So wie in Superkilen/Kopenhagen, wo in einem urbanen Landschaftspark farblich unterschiedliche Erlebniszonen geschaffen wurden (roter Platz als Marktplatz, schwarzer als Wohnzimmer etc.). Bei der Gestaltung dieser Begegnungsräume wurden alle Kulturen aus dem

---

[2]Vgl. https://www.mannheim.de/de/stadt-gestalten/daten-und-fakten/bevoelkerung/einwohner-mit-migrationshintergrund (Zugegriffen: 17. Juli 2017).

Viertel (dutzende Nationen) integriert: marokkanische Brunnen, türkische Bänke, japanische Kirschbäume, russische Neonreklamen usf.

Was die Innenstadt für die kollektive Identität, ist das Quartier, der Kiez für die individuelle Verortung. Wo alles in Transformation und Auflösung ist, sucht der Mensch Verortung im Lokalen, in seinem unmittelbaren Lebensumfeld. Das Lokale, das Kleinräumige, die Nachbarschaft, erhalten eine starke Aufwertung in einer Welt der „Nicht-Orte", die „keine Identität stiften (...), keine sozialen Beziehungen schaffen" (Augé 2014, S. 83).

Die räumlich kleinen Einheiten sind die wahren Assets der Stadtkultur. Sie spiegeln die pralle städtische Vielfalt wieder, die soziale und kulturelle Diversität – von den verschiedenen Szenen und Subkulturen über die deftigen Vorstadt-Soziotope bis hin zu bürgerlichen Wohngegenden. Aufgabe des Stadtmarketings ist somit auch – wiederum in kooperativen Prozessen mit städtischen Anspruchsgruppen – die Akzentuierung kleinräumiger Identitäten, die den lokalen Spirit ausmachen. Aus Vierteln werden Achtel und aus diesen Sechzehntel.

Städte sind komplexe Marken-Persönlichkeiten. Sie setzen sich aus vielen sozialen Orten und Erlebnisräumen zusammen. Diese gilt es unter *einer* städtischen Dachmarke zu orchestrieren und zu akzentuieren – lokale Mikroidentitäten, die die Vielfalt der Stadt widerspiegeln. Das Stadtmarketing steht künftig mehr denn je vor der Herausforderung, über eine wirksame Binnenarchitektur das Portfolio seiner städtischen Erlebnisräume zu managen, über Submarken urbane Mikrokosmen aufzuwerten.

4 Fazit

Die Zukunft unserer Gesellschaft wird in den Städten entschieden. Die Digitalisierung und der gesellschaftliche Wandel treiben die Veränderung der Städte besonders stark voran. Die digitale Transformation der Städte und neue Arbeits- wie Lebenskonzepte werfen wichtige stadtpolitische, ökonomische und gesellschaftliche Fragen auf. Die strategische Besetzung zukunftsträchtiger Profilthemen, die kreative Umcodierung städtischer Räume, innovative Nach- und Umnutzungskonzepte für aufgelassene Handels- und Gewerbeflächen stehen künftig ganz oben auf der Agenda des Stadtmarketings.

Städte müssen auf die kontinuierliche Weiterentwicklung ihrer Lebensqualität und eine authentische Profilierung setzen. Stadtmarketing ist in erster Linie Bürger- und Talentmarketing – nur dort, wo sich Einheimische wohlfühlen, tun es auch Touristen und Investoren. Es geht dabei vorrangig um die Akzentuierung des *spezifischen* Lebensgefühls der Stadt und dessen Übersetzung in wertige stadt- und begegnungsräumliche Nutzererlebnisse, im Großen wie im Kleinen, in der Innenstadt wie in den Quartieren. Dies erfordert ein integriertes Handeln, ein orchestriertes Vorgehen von Stadtmarketing und anderen städtischen Akteuren wie Standort- und Tourismusagenturen. Nur im konzertanten Zusammenspiel aller (kommunale Akteure, Bürger und Wirtschaft) wird die Stadt von morgen zum Klingen gebracht.

Literatur

Augé, M. (2014). *Nicht-Orte*. München: Beck.
IFH Köln. (2016). Vitale Innenstädte 2016. http://www.ifhkoeln.de/blog/details/vitale-innenstaedte-2016-groesste-innenstadtstudie-deutschlands-wird-fortgesetzt. Zugegriffen: 27. März 2017.
Rauterberg, H. (2013). *Wir sind die Stadt. Urbanes Leben in der Digitalmoderne*. Berlin: Suhrkamp.
Statistisches Bundesamt und Wissenschaftszentrum Berlin für Sozialforschung. (Hrsg.). (2016). Datenreport 2016. Ein Sozialbericht für die Bundesrepublik Deutschland. https://www.destatis.de/DE/Publikationen/Datenreport/Downloads/Datenreport2016.pdf;jsessionid=595DE79D465F1AB7072F0CEB877E2800.cae2?__blob=publicationFile. Zugegriffen: 25. April 2017.

Über den Autor

Mag. Andreas Reiter leitet das ZTB Zukunftsbüro in Wien. Er hat an der Universität Innsbruck und an der LMU München Soziologie und Übersetzung studiert. Seit 1996 ist er im Bereich strategische Beratung und Begleitung von Unternehmen, Destinationen, Kommunen und dem öffentlichen Sektor tätig. Seine Schwerpunkte sind: strategische Positionierung, Zukunftsfragen und markenkonforme Produktentwicklung.

Stadtmarketing denken, planen, machen

Jürgen Block

Zusammenfassung

Stadtmarketing ist ein komplexer Prozess, der nur unter bestimmten Bedingungen gelingen kann. Zum einen braucht es ein umfassendes Verständnis von Inhalten, Aufgaben und Potenzialen des Stadtmarketings. Zum anderen muss Stadtmarketing immer als eine Gemeinschaftsaufgabe vieler Partner der Stadtgesellschaft gesehen werden und schließlich ist Stadtmarketing als ein Prozess zu verstehen, der nie abgeschlossen ist. Einen Stadtmarketingprozess zu starten oder zu erneuern ist eine anspruchsvolle Aufgabe. Die größte Herausforderung ist es jedoch, diesen Prozess dauerhaft erfolgreich in Gang zu halten und ihn immer wieder durch neue Impulse und regelmäßige Reflexion zu organisieren. Dieser einführende Beitrag zeigt, wie ein Stadtmarketingprozess gelingen kann, wie im Zusammenspiel aller relevanten Kräfte gemeinschaftliche Ziele, Strategien und Konzepte erarbeitet und umgesetzt werden können und vor allem, welchen Beitrag eine Stadtmarketingorganisation zur Ausgestaltung dieses Orientierungsrahmens für die städtische Entwicklung leisten kann.

1 Ziele festlegen

„Gegenstand des Unternehmens ist die Verbesserung der räumlichen, sozialen, wirtschaftlichen und kulturellen Struktur der Stadt durch die Entwicklung und Förderung von Stadtmarketingmaßnahmen. Stadtmarketing wird dabei als ein umfassender Ansatz gesehen mit dem Ziel, die Attraktivität der Stadt zu steigern."

J. Block (✉)
bcsd e. V., Berlin, Deutschland
E-Mail: block@bcsd.de

So oder so ähnlich dürfte der Zweck vieler Stadtmarketingorganisationen in Gesellschaftsverträgen oder Vereinssatzungen in ganz Deutschland beschrieben sein. Wie man Attraktivität als Stadt erreicht oder auch nur beschreibt und welche Maßnahmen geeignet scheinen, um attraktiver zu werden, bleibt in solchen Verträgen meist wenig definiert. Das ist aus mehreren Gründen auch gut so – schon deshalb, weil an dieser Stelle die strategische und operative Arbeit des Stadtmarketings beginnt.

Neben das oberste Ziel, die Attraktivität der Stadt zu erhöhen, treten zusätzliche Ziele wie die Identifikation der Bürgerinnen und Bürger mit und die Teilhabe an ihrer Stadt zu stärken, die Zusammenarbeit der lokalen Wirtschafts- und Sozialpartner zu verbessern, einen Stadtmarkenprozess zu initiieren und zu gestalten oder den Einzelhandel vor Ort zu fördern (vgl. Abb. 1). Viele weitere Ziele vervollständigen die Liste und besitzen ebenfalls Gewicht (vgl. bcsd 2014, S. 12). Die große Vielfalt der Ziele lässt die Komplexität des Themas Stadtmarketing erahnen und auch wenn nicht in jeder Stadtmarketingorganisation alle Handlungsziele mit derselben Intensität und Priorität verfolgt werden, so sind die Schnittmengen – legt man die unterschiedlichen Stadt- und Organisationsgrößen zugrunde –, immer noch erstaunlich hoch.

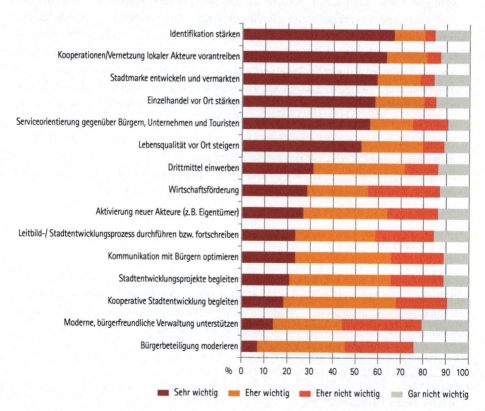

Abb. 1 Ziele unterschiedlicher Stadtmarketingorganisationen, nach Wichtigkeit geordnet. (Quelle: bcsd 2014, S. 12)

Diese vielen unterschiedlichen Ziele und damit oft verbundenen hohen Erwartungen an die Arbeit des Stadtmarketings können von Beginn des Stadtmarketingprozesses an eine Überforderung der handelnden Akteure vor Ort darstellen. „Städte sind komplexe und gewachsene Gebilde, die sehr unterschiedliche Funktionen für ganz unterschiedliche Interessensgruppen übernehmen. Sie gleichen in gewisser Hinsicht einem Kaleidoskop: Je nachdem aus welchem Blickwinkel man sie betrachtet zeigen sie ein anderes Bild und daraus resultieren vielfältige Interessenkonflikte" (Wesselmann und Hohn 2012, S. 12).

Um dem zu begegnen, ist es wichtig ein weitgehend einheitliches Verständnis der Aufgaben, Ziele und Kompetenzen des örtlichen Stadtmarketings zu entwickeln und zu kommunizieren. Dabei gilt es die einzelnen meist vertikal und strikt hierarchisch im städtischen Gefüge verankerten Disziplinen (z. B. Stadtentwicklung, Wirtschaftsförderung, Kulturmarketing, Tourismus, Citymarketing) und Organisationseinheiten (z. B. Ämter, kommunale Gesellschaften, Vereine, Kammern) genau zu betrachten. Nicht selten werden dadurch (Organisations-)Potenziale sichtbar, die durch die Beteiligung von privaten Partnern nochmals verstärkt werden. Allerdings sollte darauf geachtet werden, dass sich keine Parallelstrukturen entwickeln, sondern tatsächlich Ressourcen gebündelt werden. Letzteres ist wichtig, denn das übersektorale Denken, der konsequent kooperative Ansatz und eine Orientierung an den Anspruchsgruppen sind grundlegend für die Arbeit im Stadtmarketing. Diese umfassende oder auch ganzheitliche Ausrichtung unterscheidet das Stadtmarketing von allen anderen städtischen Ämtern und Einrichtungen, die allesamt über ihre spezifischen Zuständigkeiten definiert sind (vgl. bcsd 2011). Dies stellte Heribert Meffert bereits 1989 fest: „Städtemarketing fordert einen ganzheitlichen Denkansatz. Es beinhaltet die konsequente Planung, Steuerung und Kontrolle der Beziehungen einer Stadt mit ihren unterschiedlichen Anspruchsgruppen. Nur durch eine integrierte Gesamtsicht der Bedürfnisse der Anspruchsgruppen können Städte ihre Attraktivität steigern, ihr Image verbessern und damit ein eigenständiges Profil aufbauen" (Meffert 1989, S. 273). Es ist die Aufgabe des Stadtmarketings, gemeinsam mit den Partnern in den Fachressorts wichtige Profilfelder für die Stadt zu identifizieren, Strategien zur Attraktivitätssteigerung der Stadt zu entwickeln, Kompetenzen zu bündeln, als „Dolmetscher" zwischen den Aufgabengebieten und Akteuren zu wirken und Diskussionsprozesse zu moderieren, mit dem Ziel die gemeinsamen Ergebnisse mit einer Stimme zu kommunizieren. Das bedeutet, dass identifizierte Themen zwar weiterhin in den zuständigen Fachressorts umgesetzt werden, dass aber Themen von stadtzentraler Bedeutung unter Beteiligung des Stadtmarketings und seines Netzwerkes bearbeitet werden. So kann organisiertes und integriertes Handeln unter ganzheitlicher Betrachtung von städtischen Themenfeldern effizient gelingen.

2 Themen und Strategien finden

Im Stadtmarketingprozess werden Themen identifiziert, die das Profil einer Stadt schärfen, und Strategien entwickelt, die ihre Attraktivität erhöhen. Um jedoch eine hohe städtische Lebensqualität garantieren zu können, müssen die sich regelmäßig verändernden lokalen, nationalen und globalen Bedingungen berücksichtigt werden. Moden, Lifestylewellen, Zeitgeist, kurz- und langfristige Trends müssen beobachtet, hinterfragt und an den vielfältigen Zielgruppen des Stadtmarketings ausgerichtet werden. Die Stadtmarketingorganisation darf dabei jedoch nicht zu einer aktionistischen Lifestyleberatung oder Trendagentur werden; sie muss vielmehr das jeweilige Potenzial einer Stadt (er-)kennen und Strategien zur Erschließung und Nutzbarmachung dieses Schatzes finden. Dazu müssen Stadtentwicklungskonzepte gemeinsam mit Wirtschafts- und Sozialpartnern sowie der interessierten Öffentlichkeit ausgearbeitet werden. Diese Konzepte müssen zum einen das Fundament für jeden Stadtmarketingprozess und dessen Projekte bilden und zum anderen immer wieder reflektiert und aktuellen Entwicklungen angepasst werden.

Vier Themenblöcke sind für die inhaltliche Vorbereitung von Stadtentwicklungskonzepten und Stadtmarketingprozessen zu diskutieren.

- Stadtcharakter: Was macht eine Stadt einzigartig?
- Zeitgeist: Welche aktuellen gesellschaftlichen, kulturellen und technischen Trends lassen sich ausmachen?
- Kommunikation: Welche Formate werden benutzt, um mit den Bürgerinnen und Bürgern der Stadt in einen dauerhaften Dialog zu treten?
- Ressourcen: Welche finanziellen und personellen Ressourcen stehen der Stadtmarketingorganisation zur Verfügung? Welche Entscheidungskompetenzen hat sie?

Diese vier Themenblöcke bilden den Orientierungsrahmen für die zentralen Aufgaben einer Stadtmarketingorganisation: die Suche nach und die Nutzbarmachung von Wettbewerbsvorteilen und Alleinstellungsmerkmalen. Die eigene Stadt möglichst von allen anderen unterscheidbar zu machen, das versucht jede Stadt, egal welcher Größenordnung. Daraus ergibt sich zwangsläufig, dass die jeweilige *Stadtgeschichte* eine der wichtigsten Ressourcen für das (identitätsorientierte) Stadtmarketing darstellt. Die wichtigsten Differenzierungsmerkmale von Städten kommen aus der Vergangenheit – aus der einzigartigen Stadtgeschichte. Mit Stadtgeschichte ist dabei nicht die zeitliche Reihung und Aufzählung von stadthistorischen Ereignissen gemeint, sondern vielmehr der prägende Einfluss dieser Ereignisse auf die (heutige) Stadtgesellschaft. Stadtgeschichte entsteht erst durch die gegenwartsbezogene Lesart der Vergangenheit und ist damit nicht starr oder abgeschlossen, sondern lebendig und gestaltbar. „Über 80 Prozent der heutigen deutschen Städte können auf eine siebenhundert- bis tausendjährige Geschichte zurückgreifen. Dies bedeutet nicht nur einen immensen historischen Fundus an für die Markenidentität relevanten Ereignissen und Persönlichkeiten, sondern auch die Entwicklung einer stabilen, tief verwurzelten spezifischen Kultur einer Stadt" (Radtke 2013, S. 190).

Aber nicht nur historische Strukturen prägen die Eigenlogik einer Stadt[1], sondern auch *räumliche Strukturen,* also die gebaute Stadt und das Verhältnis von Gebäuden, Plätzen und Erholungsflächen zueinander. Architektonische Besonderheiten gehören genauso dazu wie die entwickelten und zur Verfügung gestellten Infrastrukturen. Die Eigenlogik einer Stadt wird zudem maßgeblich von *sozialen Strukturen* beeinflusst, z. B. durch die Verteilung von Eigentum oder Macht, die Qualität von Bildungseinrichtungen, das Verhältnis von Jung zu Alt, von Reich zu Arm, von religiösen zu atheistischen Menschen, von Alteingesessenen zu Neubürgern.

Auch *politische Strukturen* und Wege der Entscheidungsfindung sind prägend für den Charakter einer Stadt. Zwar ist in Deutschland das kommunale Verwaltungs- und politische Ordnungssystem gegenwärtig weitgehend einheitlich strukturiert. Aus der Geschichte heraus ergeben sich jedoch signifikante Unterschiede und Erkenntnisse darüber, wie Städte und deren Einwohner mit Problemen und Entwicklungschancen umgegangen sind. So zeigen sich meist große und bis in die Gegenwart hinein spürbare Unterschiede, je nachdem ob eine Stadt eine Residenz-, Hanse-, Ackerbürger- oder Industriestadt war. Die in der Lebensgeschichte einer Stadt vorherrschenden Entscheidungsstrukturen und angewandten Problemlösungs- und Entwicklungsstrategien machen das Handeln und Aussehen einer Stadt – bezogen auf die Gegenwart – oft mühelos nachvollziehbar.

Folgt man dem Konzept der Eigenlogik von Städten weiter, betrachtet man zur vollständigen Bestimmung des städtischen Charakters auch emotionale Bezugspunkte aus der städtischen Vergangenheit: „Als *Gefühlsstrukturen* werden emotionale Kulturen gefasst[,] ob eine Stadt eher melancholisch oder phlegmatisch funktioniert, ob sie Fortschritt eher durch Zuwanderung oder durch eigene lokale Kräfte erwartet. Gefühlsstrukturen bezeichnen auch die Emotionen, die sich direkt an die Stadt binden" (Löw 2011, S. 33). Gefühlsstrukturen sind also auf Ereignisse und Emotionen zurückzuführen, die die Identität einer Stadt, das Image oder beides maßgeblich beeinflussen.

„Die Eigenlogik der Stadt resultiert aus der spezifischen Verdichtung dieser verschiedenen Strukturen und Praxisformen. Sie zu untersuchen ist unerlässlich, wenn man wissen will, wie eine bestimmte Stadt funktioniert, wie sie gestimmt ist" (Löw 2011, S. 33). Die fünf beschriebenen Strukturdimensionen prägen eine gegenwärtige Stadtgesellschaft; sie schaffen eine spezifische Wahrnehmung der Stadt und sind damit auch stets Bestimmungsfaktoren für die Stadtidentität. Kulinarik und Kleidung, Handwerk und Industrie, Architektur, politische Ereignisse, gesellschaftliche und religiöse Entwicklungen, herausragende Persönlichkeiten, geografische Besonderheiten, Migrationserfahrungen, Mentalitäten und Mundarten – diese Besonderheiten können sich prägend auf die Entwicklung einer Stadt und ihrer Bewohner auswirken. Sie machen den Charakter

---

[1] Die Begriffsprägung Eigenlogik der Städte geht auf Helmuth Berking und Martina Löw zurück, die unter diesem Label mehrere Bücher zur interdisziplinären Stadtforschung veröffentlicht haben (vgl. Berking und Löw 2008; Löw und Terizakis 2011).

einer Stadt aus, offenbaren Wettbewerbsvorteile und Unterschiede zu anderen Städten. Diesen regionalen Besonderheiten ist eine Kraft für eine zukünftige und nachhaltige Entwicklung immanent. Stadtmarketing hat die Aufgabe diese Kraft freizusetzen und sie – gemeinsam mit vielen Partnern – zu nutzen und zu entwickeln (vgl. bcsd 2016).

Neben dem Stadtcharakter spielen drei weitere Bereiche eine wichtige Rolle für die Strategiefindung im Stadtmarketing: Zeitgeist, Kommunikation und der Einsatz von Ressourcen. Mit *Zeitgeist* sind dabei vor allem gesellschaftliche (z. B. aktuelle Auswirkungen der demografischen Entwicklung), kulturelle (z. B. „Essen als neue Religion") und technische Trends (z. B. die Digitalisierung und die *Smart City*) gemeint. So fügte sich für die Nutzer der Applikation „Pokémon go" im Sommer 2016 der analoge öffentliche mit dem digitalen Raum zu einer gemeinsamen Spielfläche zusammen. Aktuell gibt es viele weitere Beispiele einer spontanen Aneignung oder „Umnutzung" des öffentlichen Raums: Brachflächen werden begrünt und Grünflächen „gärtnerisch bewirtschaftet", auch werden verschiedenste Formen des gemeinschaftlichen Picknicks angeboten (Flashmobs, *Diner en blanc*, langer Tisch, Nachbarschaftstafel, Streetfood usw.). Der Zukunftsforscher Andreas Reiter erkennt in diesen Ausdrucksformen eine anthropologische Sehnsucht nach physischer Verortung[2], die durch den Trend der Digitalisierung und Individualisierung der Gesellschaft und der scheinbaren Auflösung von Zeit und Raum im Internet ausgelöst wird. Hier können Städte zum Beispiel durch die Bereitstellung von öffentlichem Mobiliar und entkommerzialisierten Begegnungsräumen oder durch das Angebot der (temporären) Neubetrachtung von Plätzen und Gebäuden einen Perspektivwechsel schaffen und eigene originelle Offerten kreieren.

Ein weiteres wichtiges Themenfeld für Stadtmarketing sind die *Kommunikationsformen*, die eine Stadt nutzt. Wie kommt eine Stadt mit ihren Bürgern und Besuchern in einen möglichst dauerhaften Dialog? Welche (interaktiven) Medien nutzt sie, um die Identifikation mit ihr zu stärken? Kennt sie ihr (digitales) Image? Liegen Selbst- und Fremdwahrnehmung nahe beieinander? Und durch welche Aktionen und Kampagnen kann es positiv beeinflusst werden? Auch in diesem Bereich gibt es zahlreiche Beispiele von Wohnsitz- und Standortkampagnen, Beteiligungsformaten, egal ob off- oder online, Ausstellungen, Veranstaltungen oder Wettbewerben, die alle die Verbundenheit mit der Stadt/Region befördern sollen. Über den Dialog zwischen einer Stadt und ihren Bürgern hinaus soll damit auch das bürgerschaftliche Engagement gestärkt und als wichtige Ressource für die Entwicklung der Stadt nutzbar gemacht werden.

Der Einsatz *weiterer Ressourcen* nimmt ebenfalls bestimmend Einfluss auf die Entwicklung des Stadtmarketingprozesses. Dabei ist vor allem darauf zu achten, dass entsprechend den Erwartungen an das Stadtmarketing auch ausreichende Personal- und Finanzressourcen zur Verfügung gestellt werden, um die gestellten Herausforderungen ganzheitlich angehen zu können. Hinzu kommt, dass neben dem Grundbudget

---

[2]Der Zukunftsforscher und Leiter des ZTB Zukunftsbüros (www.ztb-zukunft.com) in Wien verwendet diese Bezeichnung bei seinen Vorträgen zur „Zukunft der Innenstadt" (z. B. auf der Tagung des Bundesamtes für Bauwesen und Raumordnung in Berlin, November 2014).

auch ein Projektbudget eingeplant werden muss, da ansonsten zwar eine Organisation besteht, aber darüber hinaus kaum Handlungsspielraum für Aktivitäten vorhanden ist. Zusätzliche Ressourcen sollten durch Wirtschafts- und Sozialpartner bereitgestellt werden. Erfahrungsgemäß gelingt es keinem Stadtmarketing dauerhaft ohne kommunale Zuschüsse qualitativ hochwertige Leistungen zu erbringen. Wird die Finanzierung als freiwillige Aufgabe gesehen, drohen den Stadtmarketingorganisationen je nach Haushaltslage immer wieder starke Schwankungen bei den finanziellen Zuschüssen. Ein Stadtmarketingprozess ist jedoch auf Dauer angelegt und seine Erfolge sollten nicht durch kurzfristige Haushaltsinteressen gefährdet werden. Dadurch können Vertrauen und mühsam aufgebaute Netzwerke stark geschwächt werden. Als weitere wichtige Ressource ist die „Macht der Organisation" anzusehen. Dazu gehören die Bündelung der Ressourcen und die Vermeidung von Parallelstrukturen vor Ort, die möglichst eindeutige Aufgaben- und Kompetenzzuschreibung im kommunalen Gefüge sowie die Unterstützung durch die Verwaltungsspitze.

Berücksichtigen die städtischen Akteure diesen Kontext und seine Wechselwirkungen (vgl. Abb. 2), lassen sich aktuelle und individuelle Handlungsansätze identifizieren, die sich für besondere und authentische Maßnahmen zur Entwicklung von Städten eignen und einen Orientierungsrahmen für das Stadtmarketing bilden. Vernachlässigen die Akteure diesen Zusammenhang aber und versuchen das Ziel der Attraktivitätssteigerung der Stadt

Abb. 2 Identifizierung von Wettbewerbsvorteilen durch Stadtmarketing. (Quelle: eigene Darstellung)

beispielsweise allein durch die Umsetzung von aktuellen Trends zu erreichen, wird sich über kurz oder lang zeigen, dass es nicht die „eine" Erfolgsstrategie zur Entwicklung von Städten gibt, die vom Stadtmarketing vor Ort in einer Art Checklistenverfahren Punkt für Punkt abgehakt werden kann. Eine solche allgemeingültige Handlungsstrategie für das Marketing von Städten kann es nicht geben, da diese mit ihren unterschiedlichen Akteuren, ihren unterschiedlichen Strukturen, ihrem unterschiedlichen Erfahrungsschatz, ihrer unterschiedlichen Lebensgeschichte einzigartig sind. Es ist also weder sinnvoll noch möglich alle Städte zur Kultur-, Auto-, Sport- oder Kreativstadt zu machen. „Allen Städten zur Ansiedlung von Kulturindustrien zu raten, heißt zu ignorieren, dass Städte sich unterscheiden. Die *one size fits all*-Strategien haben zur Folge, dass manche Städte in ihrem neuen Kleid gut aussehen – andere nicht" (Löw 2011, S. 31).

3 Konzepte erstellen und Prozesse steuern

Um sich den oben beschriebenen Strukturdimensionen einer Stadt und den Zielen des Stadtmarketings zu nähern, gibt es mehrere Methoden. Ein erster wichtiger Schritt ist es, wie bereits beschrieben, sich den Stadtcharakter zu erschließen und so für eine spezifische Profilschärfung der Stadt zu sorgen. In der Regel ist dieser Prozess verbunden mit der Suche nach Alleinstellungsmerkmalen, Wettbewerbsvorteilen, aktuellen Handlungsempfehlungen und Zukunftsprojekten, die in einem integrierten Stadtentwicklungskonzept zusammengefasst werden. Die Stadtgeschichte ist aus Sicht des modernen Stadtmarketings ein unerschöpfliches Reservoir, aus dem für das *Storytelling* und die Konzept- und Markenentwicklung einer Stadt geschöpft werden kann. Dies sollte in einem ersten Schritt über die Zusammenarbeit mit dem Stadtarchiv und den zuständigen Stadthistorikern geschehen und parallel im Gespräch mit weiteren Experten der Stadtgesellschaft vertieft werden (vgl. bcsd 2016). Qualitative Interviews, der Besuch von Vereinstreffen und der Kontakt zu den Wirtschafts- und Sozialpartnern der Stadt bilden hierfür eine weitere unerlässliche Grundlage. Genauso sollten frühere Stadtentwicklungskonzepte, Leitbilder, Einzelhandelskonzepte und ähnliches gesichtet werden. Zudem empfiehlt es sich, die Wirtschafts- und Strukturdaten einer Stadt in Zeitreihen auszuwerten, diese in einer Stärken-Schwächen-Analyse (SWOT-Analyse)[3] festzuhalten und mit den Eindrücken aus den Expertengesprächen zu verbinden.

Bei einem Stadtentwicklungsprozess empfiehlt es sich darüber hinaus die ersten Analyseergebnisse auch durch eine Bürgerbefragung überprüfen zu lassen. Dies ist meist kostenaufwendig, erhöht aber das Wissen und die Akzeptanz vor Ort. Schließlich schützen alle Analyseergebnisse das zu erstellende Konzept gerade in der Anfangsphase vor Fehleinschätzungen. Auch sollte man sich bereits zum Start eines solchen Prozesses genau darüber Gedanken machen, wann und an welcher Stelle externe Dienstleister

---

[3]SWOT steht für Strengths (Stärken), Weaknesses (Schwächen), Opportunities (Chancen), Threats (Risiken, Bedrohungen).

hinzugezogen werden sollen. Im Stadtmarketingbereich gibt es inzwischen eine Reihe von erfahrenen und kompetenten Dienstleistungsagenturen, die mit ihrem übergreifenden Know-how jeden Prozess positiv begleiten können. Noch bevor man sich aber über die Rolle von Externen verständigt, ist es zwingend notwendig die eigene Rolle innerhalb eines Stadtentwicklungsprozesses zu definieren. Dabei ist es erfahrungsgemäß sinnvoll, dass das Stadtmarketing den jeweiligen Prozess „plant und strukturiert", ohne dabei inhaltlich zu stark Einfluss auf die Diskussionen und Ergebnisse zu nehmen. Vielmehr ist auch hier die Moderations- und Kommunikationsfunktion des Stadtmarketings, also die Einbindung und Motivierung der verschiedenen Partner zielführend.

Empfehlenswert ist es auch die Prozesssteuerung und das Controlling beim Stadtmarketing anzusiedeln. Um eine verantwortungsvolle Ressourcenkontrolle ausüben zu können, müssen der Verfügungsrahmen für den Prozess durchkalkuliert und ausreichend Mittel vorhanden sein. Ein gleichzeitig analytischer und beteiligungsorientierter Stadtentwicklungsprozess kostet Geld und bindet Ressourcen. Zugleich schafft er jedoch wieder wertvolle Ressourcen. Nicht nur in Hinblick auf sein Ziel – eine attraktive und lebenswerte Stadt –, sondern auch indem er Demokratie erfahrbar macht, die Stadtgesellschaft stärkt und Partizipation und Identifikation ermöglicht. Auf diese Ressourcen kann im weiteren Stadtmarketingprozess zugegriffen werden, wenn verantwortliche Teilhabe, integriertes Handeln vor Ort und damit „echte" und dauerhafte Bürgerbeteiligung gefragt sind.

Darüber hinaus meint Controlling auch die permanente Reflexion des Prozesses und seiner einzelnen Phasen, um auf Entwicklungen reagieren zu können und gegebenenfalls Veränderungen im Ablauf vorzunehmen. „Um Ressourcenverschwendung zu vermeiden sollte größte Aufmerksamkeit auf einer regelmäßigen strategischen wie operativen Kontrolle liegen. Zum einen sollte immer wieder kritisch hinterfragt werden, ob tatsächlich auch die richtigen Dinge getan und Ansätze verfolgt werden. […] Kundenbefragungen oder die Überprüfung von Kennzahlen oder Standards sind geeignet, rechtzeitig mögliche Umsetzungsfehler aufzudecken" (Held 2006, S. 183).

Des Weiteren sollte das Stadtmarketing für einen transparenten Austausch und die Kommunikation mit der interessierten Öffentlichkeit Verantwortung tragen. Grundsätzlich muss zu Beginn eines Prozesses auch definiert und kommuniziert werden, in welchem Umfang Kommunalpolitik, Verwaltung und Bürgermeister in den Prozess eingebunden werden und wie mit dem erarbeiteten Ergebnis in der Umsetzung verfahren wird bzw. welche Verbindlichkeit das erstellte Konzept erfährt.

Sind die Rahmenbedingungen für einen integrierten Stadtentwicklungsprozess und seine empirische Grundlage geklärt, sollte die eigentliche Ideenfindung und Themenarbeit zur grundsätzlichen Profilschärfung und Bestimmung der Zukunftsziele eingeläutet werden. Dies kann über die konsequente Anwendung verschiedener Moderationsmethoden und Prozessinstrumente erreicht werden. Wichtig sind hierbei Transparenz, Fairness, Ehrlichkeit, respektvoller Umgang aller Beteiligten unter- und miteinander und die Einhaltung von festgelegten Kommunikationsregeln. Ferner sollte die zeitliche Dauer sowie das zu erreichende Ziel (z. B. der Zustand der Stadt 2030) bis hin zum (öffentlichen) Vorstellungstermin des Entwicklungskonzepts feststehen.

Die alle Beteiligten fordernden Diskussions- und Gestaltungsprozesse können durch begleitende Aktionen und Veranstaltungen zur Emotionalisierung des Stadtcharakters (z. B. durch Ausstellungen, Foto- und Filmwettbewerbe, besondere Stadtführungen oder Best-Practice-Beispiele aus anderen Städten) aufgelockert und bereichert werden.

Nähert man sich dem Ende der Konzepterstellung werden die erarbeiteten Ergebnisse, Handlungsempfehlungen und Maßnahmen zur Erreichung der übergeordneten Ziele dokumentiert, von den Teilnehmenden priorisiert und verabschiedet. Hierbei ist nach Möglichkeit eine Mischung aus kurz-, mittel- und langfristig umsetzbaren Projekten mit verantwortlichen Akteuren (Kommune, Vereine, Wirtschafts- und Sozialpartner) zu favorisieren, damit schnelle Umsetzungserfolge sichtbar werden und der Veränderungsprozess von Anfang an positiv wahrgenommen wird. Auch dies erhöht die Verbindlichkeit und verdeutlicht, dass Stadtmarketing und Stadtentwicklung Gemeinschaftsaufgaben sind.

Analog zu dem geschilderten „Muster" zur Konzeptfindung können auch andere Zielaufgaben – etwa die Definition eines städtischen Leitbilds, eine (Stadt-)Markenentwicklung, ein Zukunftsprozess oder ein Einzelhandelsentwicklungskonzept – operativ angegangen werden. Genauso sind methodische Erweiterungen und die Anwendung zusätzlicher (kommunikativer) Instrumente zulässig und erhöhen gegebenenfalls das Beteiligungsengagement der Akteure.[4]

4 Spannungsfelder beachten und Kompetenzen definieren

Das Stadtmarketing erhält seine stadtgesellschaftliche Legitimation nicht allein durch strategische Arbeit, sondern auch und vor allem über erfolgreiche Projekte mit Strahlkraft. „Die Balance zwischen strategischer Arbeit und der Umsetzung in transparente Projekte ist einer der wichtigsten Erfolgsfaktoren für das Stadtmarketing, eine Unausgewogenheit gleichzeitig eine der größten Gefahren" (bcsd 2011).

Die Aufgaben des Stadtmarketings sind im Spannungsfeld von Werbung (z. B. Events und Marketingaktionen) und Dienstleistung (etwa Übernahme kommunaler Aufgaben) sowie Strategieentwicklung (z. B. Markenbildung und nachhaltige Konzeptionen) und Moderation (Management der Anspruchs- und Interessengruppen) angesiedelt. Im Idealfall sollten die Stadtmarketingorganisationen nicht nur in jedem dieser Bereiche Aufgaben wahrnehmen, sondern vielmehr auch darauf achten, dass ihr Wirken möglichst

---

[4]Aktuell stellt die Stadt Münster ihre strategische Zukunftsplanung unter dem Motto „Münster-Zukünfte 20 | 30 | 50" auf drei Säulen: Szenario-Prozess, Integriertes Stadtentwicklungskonzept, Zukunftsakteure „Gutes Morgen Münster" (vgl. Stadt Münster o. J.). In Cloppenburg wurde der Prozess zur Stadtkonzeption durch die Methode des *Design Thinking* erweitert (vgl. Stadt Cloppenburg o. J.).

ausgeglichen auf diese verteilt ist. Ist dies der Fall wird die Organisation in der Regel als kompetent und nützlich wahrgenommen und verstärkt respektiert. Hingegen führt ein Ungleichgewicht der Aufgabenverteilung oder gar eine einseitige Ausrichtung zu einer eingeschränkten Wahrnehmung und damit auch zu einer geringeren Akzeptanz vor Ort (vgl. Abb. 3).

Neben der im vorhergehenden Abschnitt ausführlich beschriebenen Kompetenz zur Entwicklung von Konzepten übernehmen die Stadtmarketingverantwortlichen in der tagtäglichen Arbeit besondere Mittlerfunktionen und verfügen über Know-how bei Beteiligungsformaten und Netzwerkarbeit (dauerhafte Bürgerbeteiligung bzw. Management der Anspruchsgruppen). Die berufliche und persönliche Kompetenz der verantwortlichen Akteure im Stadtmarketing ist für dessen Erfolg immens hoch. Die besondere Kombination der erforderlichen Kenntnisse in Betriebswirtschaft und (Verwaltungs-)Recht, Stadtentwicklung und Volkswirtschaft, Marketing und PR, Soziologie und Kommunikation werden durch die Anforderung ergänzt, sich im politisch geprägten Umfeld behaupten zu können.

Das Stadtmarketing hört zu, sendet Impulse, wirkt vermittelnd und moderiert die verschiedenen Anspruchsgruppen. Es richtet die städtische Kommunikationslinie nach Inhalten (Leitbild, Marke) und Instrumenten (Projekte, Veranstaltungen, Kampagnen, Aufwertung des Stadtbildes) an dem gemeinsam entwickelten städtischen Konzept aus und versteht sich dabei als Ermöglicher eines dauernden (interaktiven) Stadtgesprächs.

Abb. 3 Die Aufgaben des Stadtmarketings im Spannungsfeld von Werbung, Strategieentwicklung, Dienstleistung und Moderation (bcsd, eigene Darstellung, nach einer Idee von Frank Heinze). (Die Darstellung der Spannungsachsen des Stadtmarketings geht auf einen Diskussionsbeitrag von Frank Heinze im Arbeitskreis zur Erstellung des bcsd-Positionspapiers 2011 zurück)

In der Praxis ist es vor diesem Hintergrund für Arbeitgeber wie für Bewerber entscheidend, diese besonderen Herausforderungen anzuerkennen und bei Stellenbesetzungen (auch durch eine angemessene Vergütung) ausreichend zu berücksichtigen.

5   Organisationsrahmen bereitstellen

Selbst wenn die in den vorangegangenen Abschnitten beschriebenen Arbeitsschritte kompetent und professionell umgesetzt werden und vor Ort ein einheitliches Verständnis von den Aufgaben des Stadtmarketings vorherrscht, ist dies keine Garantie für einen erfolgreichen Stadtmarketingprozess und eine positive Stadtentwicklung. Um die komplexen Aufgaben und vielfältigen Erwartungshaltungen auch tatsächlich erfüllen zu können, braucht das Stadtmarketing ausreichend Ressourcen. Eine Stadt kann ihr Stadtmarketing nur dann als wirksames Instrument einsetzen, wenn die Spitzen in Politik und Verwaltung sich dazu bekennen und kooperieren. Nur wenn das Stadtmarketing an der zentralen Strategie bzw. an der Entwicklung der Stadt maßgeblich beteiligt ist und Definitionshoheiten geteilt bzw. abgegeben werden, kann vermieden werden, dass die Querschnittorganisation Stadtmarketing in die Konkurrenzmühlen städtischer Ämter gerät und darin aufgerieben wird.

Je weniger die formale Integration und die partnerschaftliche Haltung bei Fachbereichen ausgeprägt ist, umso entscheidender sind andere Ressourcen. Dazu zählen neben Finanzen und Personal auch die Möglichkeit auf wichtige Kontaktnetzwerke zuzugreifen sowie klare Zuständigkeiten und Aufgaben. Im Umkehrschluss bedeutet dies, dass Stadtmarketingorganisationen ohne städtische Unterstützung – auch bei größter Anstrengung zur Selbstfinanzierung und höchster qualitativer Arbeit – weder dem strategischen Anspruch gerecht werden, noch auf Dauer existieren können (vgl. bcsd 2011). „Dem Stadtmarkenmanagement kommt häufig eine äußerst undankbare Rolle zu: Im Falle von Misserfolgen müssen sie sich dafür rechtfertigen, warum ihre Maßnahmen nicht gewirkt haben. Geht es ihrer Stadt hingegen gut, wird der Erfolg anderen Faktoren zugeschrieben" (Zenker 2013, S. 17).

Für das Stadtmarketing bedeutet dies, dass es sich über übersektorale und an den Anspruchsgruppen orientierte Arbeit profilieren und dabei mehr als jedes andere Amt unter Beweis stellen muss, dass seine Arbeit einen Mehrwert für die Stadt darstellt. Dieses kontinuierliche Bemühen um eine positive und nachhaltige Stadtentwicklung sollte dementsprechend von den öffentlichen Verantwortungsträgern – aber auch von den privaten Akteuren – mit der verlässlichen Bereitstellung der notwendigen Ressourcen wertgeschätzt und gewürdigt werden.

Weiterhin ist die Ausgestaltung des organisationsrechtlichen Rahmens des Stadtmarketings von enormer Wichtigkeit, denn die teils bereits umgesetzten, teils in der Diskussion befindlichen Maßgaben des Europäischen Unionsrechts – vor allem das „richtige Nebeneinander" der verschiedenen Rechtsgebiete – wirken sich erheblich auf die Gestaltung, Steuerung, Führung, Finanzierbarkeit und Finanzierung von Organisationen aus, die durch die öffentliche Hand gefördert werden. Die Gewährleistung der rechtlichen Konformität öffentlicher Zuschüsse und Zahlungen unter Einbeziehung steuerrechtlicher Aspekte wird zunehmend zum Gradmesser eines auf Dauer rechtssicheren und zukunftsfähigen Stadtmarketingunternehmens (vgl. bcsd und Anwaltskontor Schriefers 2016). Auch hierfür müssen Stadtmarketingverantwortliche im Zusammenspiel mit den Kommunen, Behörden und externen Beratern besondere Sorge tragen. Die Stadtmarketingorganisation benötigt also eine klare Machtposition im kommunalen Gefüge, eine angemessene Finanz- und Personalausstattung und einen weitestgehend rechtssicheren Rahmen, um die ihr übertragenen Dienstleistungsaufgaben, die überwiegend im allgemeinen wirtschaftlichen Interesse angesiedelt sind (DAWI), professionell und erfolgreich erfüllen zu können.

6   Fazit und Ausblick

Sind die oben genannten Bedingungen erfüllt, schafft ein erfolgreiches strategisches Stadtmarketing Kurz,- Mittel- und Langfristperspektiven für wesentliche Bereiche des städtischen Lebens. Es formuliert Antworten auf Fragen der Stadtentwicklung und des Städtebaus, der Handelsentwicklung sowie des stadtgesellschaftlichen Zusammenhalts, der Inszenierung des öffentlichen Raums, der Gestaltung öffentlicher Infrastruktur und damit auf fast alle Fragen des Zusammenlebens der Menschen in einer Stadt. „Ambitioniertes und professionell umgesetztes Stadtmarketing verändert die Sicht der Dinge, fördert neue oder verschüttete Wahrheiten zutage, stiftet oder reanimiert Identitäten, indem es den Blick hinter die Kulissen wagt, Normalitäten infrage stellt, Unhinterfragtes anzweifelt, oder bislang Undenkbares in die Tat umsetzt und so den Blick auf die wahre – oder eine andere, bislang nicht gedachte oder gelebte – Gestalt der Dinge frei macht" (Imorde und Schnell 2006, S. 14).

Angesichts der vielfältigen Veränderungsprozesse, in denen wir uns gegenwärtig befinden, müssen einschneidende Entwicklungen rechtzeitig antizipiert und angegangen werden. In den nächsten Jahren werden insbesondere die Auswirkungen der dynamischen digitalen Transformation und des demografischen Wandels, die Bedeutung eines attraktiven Stadtimages im Wettbewerb um „Wissensträger", die Integration von Neubürgern, die Erhaltung der Multifunktionalität von (Innen-)Städten sowie einer hohen Lebensqualität mit einem ausgewogenen Verhältnis von Ökonomie, Sozialem und Ökologie die zentralen Herausforderungen für Städte und Stadtmarketingeinrichtungen sein. Vor diesem Hintergrund und dem Beitrag den das Stadtmarketing für die Zukunftsentwicklung einer Stadt leisten kann, ist die klare Ausgestaltung sowohl des Aufgabenbereichs als auch der organisatorischen Verankerung im städtischen Gefüge von zentraler Bedeutung.

Dass der Stellenwert des Stadtmarketings in den letzten 30 Jahren stetig gestiegen ist, lässt sich aus verschiedenen Befragungen (vgl. Kaiser 1996; Hollbach-Grömig et al. 2005; bcsd 2014, S. 6) ablesen. Dies korrespondiert mit den Forderungen der administrativ verantwortlichen Personen und Institutionen auf kommunaler, Landes- und Bundesebene nach einem integrierten Handeln, damit die Aufgaben und Herausforderungen der Zukunft bewältigt werden können – eine Forderung, die bei jeder Gelegenheit erhoben wird, ohne allerdings das Stadtmarketing für die Organisation solcher gemeinschaftlichen Prozesse explizit zu benennen (vgl. BMUB 2014; BBSR 2010; Habitat III Secretariat 2016).

> Integrierte Stadtentwicklungspolitik ist ein Prozess. [...] Die Einbeziehung der wirtschaftlichen Akteure, Interessengruppen und der Öffentlichkeit sind hierbei unabdingbar. Integrierte Stadtentwicklungspolitik ist eine zentrale Voraussetzung für die Umsetzung der europäischen Nachhaltigkeitsstrategie. [...] Durch die Bündelung von Wissen und finanziellen Ressourcen wird die Wirksamkeit der knappen öffentlichen Mittel vergrößert. Öffentliche und private Investitionen werden besser aufeinander und untereinander abgestimmt. Integrierte Stadtentwicklungspolitik bindet verwaltungsexterne Akteure mit ein und beteiligt Bürger aktiv an der Gestaltung ihres unmittelbaren Lebensumfeldes. Zugleich kann damit eine größere Planungs- und Investitionssicherheit erreicht werden (BBSR 2010, S. 316).

Die der jeweiligen Stadtmarketingorganisation übertragenen Aufgaben bilden überwiegend wirtschaftliche Tätigkeiten ab, die mit besonderen Gemeinwohlverpflichtungen verbunden sind und die im Interesse der Allgemeinheit erbracht werden. So verstanden ist Stadtmarketing Daseinsvorsorge für Stadt und Bürger im Sinne der Leipzig Charta. Das übersektorale Denken, der konsequent kooperative Ansatz und eine Orientierung an den Anspruchsgruppen sind grundlegend für die Arbeit und den Erfolg des Stadtmarketings.

Hier zeigt sich jedoch auch, dass das Instrument Stadtmarketing weder den uneingeschränkten Status als querschnittsorientierte Organisationseinheit vor Ort noch den nötigen Bekanntheits- und Wirkungsgrad generell erlangt hat. Dabei schränkt sicherlich die Komplexität der Aufgabenbereiche und somit die nicht eindeutig leistbare Zuordnung zu einem Politikfeld die Sichtbarkeit der Erfolge des Stadtmarketings ein. Hinzu kommen Vorbehalte gegen die Begrifflichkeit des Marketings aus verschiedenen „etablierten" und meist vertikal organisierten Gesellschafts-, Kultur- und Politikbereichen und Zweifel daran, ob man die „Marke" einer Stadt definieren und daraus ein Produkt entwickeln und verkaufen kann. Auch die oft sehr hohen Erwartungen an das Stadtmarketing können nicht in jedem Stadtmarketingprozess erfüllt werden und nähren somit das Misstrauen in das Instrument an sich. Und doch ist das Stadtmarketing – und seine Bedeutung – kontinuierlich in diesem potenziell unfreundlichen Umfeld gewachsen und behauptet sich immer mehr als sinnvolle Ergänzung zu herkömmlichen städteplanerischen Vorgängen in der Kommune.

Die Erkenntnis, dass die Mehrzahl der Innovationsprozesse erst durch die Zusammenarbeit verschiedener Disziplinen sichtbar und verwertbar gemacht werden können, setzt sich verstärkt durch. Damit das Stadtmarketing vollständig erwachsen werden kann, muss es in eine neue Phase eintreten, in der sowohl die Stadtmarketingszene selbst ihren Qualitätsanspruch – etwa durch verbesserte Aus- und Weiterbildungsmaßnahmen, effizienten Erfahrungsaustausch und qualitative Netzwerkarbeit – verstärkt einlöst als auch die konsequente Unterstützung durch Politik, Administration und Kooperationspartner erfährt. Letzteres schließt die notwendige Einbettung in die administrativen Organisationseinheiten bei Bund, Ländern und Kommunen ein. Konkret muss das Instrument Stadtmarketing mit seinem interdisziplinären Ansatz zukünftig gezielt Berücksichtigung bei Förderrichtlinien und -programmen erfahren und als geeignetes Organisationsformat für das integrierte Handeln in der Stadt erkannt werden. Es sollte eine eindeutige Verankerung im städtischen Gefüge und die Ausstattung der Stadtmarketingorganisationen mit ausreichenden Ressourcen erfolgen. Auch Kooperationspartner wie Verbände, Kammern und Unternehmen sollten sich unabhängig von eigenen Befindlichkeiten über Zuständigkeiten und althergebrachte Themenzugänge noch stärker zum Instrument Stadtmarketing bekennen und sich gemeinsam an Lösungen für die Stadt der Zukunft beteiligen.

Bei der Berücksichtigung der in diesem Beitrag geschilderten Voraussetzungen und Zusammenhänge haben Kommunen mit dem Stadtmarketing ein weiteres wertvolles Instrument für die Gestaltung ihrer Zukunft im Werkzeugkasten. Es werden jene Städte und Stadtgesellschaften den Standortwettbewerb anführen, die ihre Eigenlogik kennen, die ihre Stärken bündeln und weiterentwickeln sowie integriertes Handeln, Netzwerk- und Konzeptarbeit und gute Kommunikation zu ihren Handlungsmaximen erheben.

Literatur

BBSR (Bundesinstitut für Bau-, Stadt- und Raumforschung) im Bundesamt für Bauwesen und Raumordnung (BBR). (Hrsg.). (2010). Leipzig Charta zur nachhaltigen europäischen Stadt. In *Integrierte Stadtentwicklung – Politische Forderung und Praxis. Informationen zur Raumentwicklung, 4*, 315–319. http://www.bbr.bund.de/BBSR/DE/Veroeffentlichungen/IzR/2010/4/Inhalt/DL_LeipzigCharta.pdf%3F__blob%3DpublicationFile%26v%3D2. Zugegriffen: 23. April 2017.

bcsd (Bundesvereinigung City- und Stadtmarketing Deutschland e. V.). (2011). *Stadtmarketing zwischen Werbung und Strategie, Positionspapier der Bundesvereinigung City- und Stadtmarketing Deutschland e. V.* Berlin: bcsd.

bcsd (Bundesvereinigung City- und Stadtmarketing Deutschland e. V.). (2014). *Stadtmarketing im Profil – Aufgabe Bedeutung und Entwicklung. Auswertung der bcsd-Mitgliederumfrage 2014.* Berlin: bcsd.

bcsd (Bundesvereinigung City- und Stadtmarketing Deutschland e. V.). (2016). *Zukunft braucht Geschichte – Stadtmarketing und Geschichte.* Berlin: bcsd.

bcsd (Bundesvereinigung City- und Stadtmarketing Deutschland e. V.) & Anwaltkontor Schriefers Rechtsanwälte, RA Andreas Schriefers. (2016). *Stellungnahme und ergänzende Vorschläge zur Erweiterung der Allgemeinen Gruppenfreistellungsverordnung um Beihilfen für Tourismus.* Berlin: bcsd.

Berking, H., & Löw, M. (2008). *Die Eigenlogik der Städte. Neue Wege für die Stadtforschung.* Frankfurt: Campus.

BMUB (Bundesministerium für Umwelt, Naturschutz, Bau und Reaktorsicherheit). (Hrsg.). (2014). *Kommunale Weißbücher. Zukunft Innenstadt gestalten.* Berlin: BMUB.

Habitat III Secretariat. (2016). Integrated Strategic Planning and Management. http://habitat3.org/wp-content/uploads/event_files/oqNHt6Nqp9IgjKUCVm.pdf. Zugegriffen: 28. März 2017.

Held, H. (2006). Strategische Planungsprozesse effizient gestalten! In imakomm Akademie & Institut für Marketing und Kommunalentwicklung, Aalen (Hrsg.), *Betriebswirtschaft und Management für Wirtschaftsförderer. Eine praxisorientierte Einführung* (S. 161–187). Aalen: H.S.H. Verlag.

Hollbach-Grömig, B., Grabow, B, Birk, F., & Leppa, G. (2005). Stadtmarketing – Bestandsaufnahme und Entwicklungstrends. *Difu-Berichte 1–2/2005*.

Imorde, J., & Schnell, F. (2006). Darf's ein bisschen mehr sein? Zu diesem Buch. In U. Hatzfeld, J. Imorde, & F. Schnell (Hrsg.), *100 + 1 Idee für die Innenstadt* (S. 14–15). Eppstein: Stadtanalyse Verlag.

Kaiser, C. (1996). Stadtmarketing – Eine Bestandsaufnahme in deutschen Städten. *Difu-Berichte 1/1996*.

Löw, M. (2011). Lokale Ökonomie – Lebensqualität als Standortfaktor. In M. Löw & G. Terizakis (Hrsg.), *(2011), Städte und ihre Eigenlogik: Ein Handbuch für Stadtplanung und Stadtentwicklung* (S. 28–35). Frankfurt: Campus.

Löw, M., & Terizakis, G. (Hrsg.). (2011). *Städte und ihre Eigenlogik: Ein Handbuch für Stadtplanung und Stadtentwicklung*. Frankfurt: Campus.

Meffert, H. (1989). Städtemarketing – Pflicht oder Kür? *Planung und Analyse, 16*(8), 273–280.

Radtke, B. (2013). *Stadtslogans zur Umsetzung der Markenidentität von Städten. Eine theoretisch-konzeptionelle und empirische Untersuchung*. Wiesbaden: Springer Gabler.

Stadt Cloppenburg. (o. J.). Was ist eine Stadtkonzeption?. http://stadtkonzeption.cloppenburg.com.de/vorschau.php?article_id=52. Zugegriffen: 28. März 2017.

Stadt Münster. (o. J.). Gemeinsam Zukunft gestalten. Der Zukunftsprozess "MünsterZukünfte 20 | 30 | 50". http://www.stadt-muenster.de/zukuenfte/startseite.html. Zugegriffen: 28. März 2017.

Wesselmann, S., & Hohn, B. (2012). *Public Marketing. Marketing-Management für den öffentlichen Sektor* (3. Aufl.). Wiesbaden: Springer Gabler.

Zenker, S. (2013). Eine Stadtmarke ist kein Luxus – Sondern ökonomische Notwendigkeit. In T. Kausch, P. Pirck, & P. Strahlendorf (Hrsg.), *Städte als Marken. Strategie und Management* (S. 14–18). Hamburg: New Business Verlag.

Über den Autor

Jürgen Block, Jahrgang 1969, ist seit 2010 Geschäftsführer des Bundesvereinigung City- und Stadtmarketing Deutschland e. V. Nachdem er an der Universität Hannover den Magisterstudiengang in den Hauptfächern Politische Wissenschaft und Pädagogik abgeschlossen hat, betreute er dort das Forschungsprojekt „Ökologische Effizienzprojekte". Anschließend arbeitete er in der Geschäftsstelle des europäischen Vereins PARTNER e. V., einem Netzwerkcenter für eigenständige Regionalentwicklung in Europa. 2001 übernahm er als Gründungsgeschäftsführer die Stadtmarketing Holzminden GmbH.

Teil II
Themen- und Kompetenzfelder

Integrierte Stadtentwicklung

Beate Hollbach-Grömig und Martin zur Nedden

Zusammenfassung

Die Städte in Deutschland stehen vor erheblichen Herausforderungen. Dazu gehören beispielsweise der ökonomische und technologische Wandel (Stichwort: Digitalisierung), technische und soziale Innovationen, die demografische Entwicklung, Fragen des Umgangs mit dem Klimawandel und natürlichen Ressourcen. Zu ihrer erfolgreichen Bewältigung bedarf es integrierter Stadtentwicklungskonzepte, die tatsächlich *alle* wesentlichen Felder der Stadtentwicklung beinhalten und so eine sachgerechte Abwägung der unterschiedlichen Belange ermöglichen. Neben der inhaltlichen Komponente bedeutet Integration darüber hinaus die Einbindung aller für die Stadtentwicklung relevanten Akteure, sowohl im Erarbeitungsprozess als auch bei der Umsetzung. Bei ihrer Erstellung und Umsetzung spielt Stadtmarketing, vor allem mit seinen Kooperations- und Kommunikationskompetenzen, eine wichtige Rolle.

1 Rahmenbedingungen

Städte haben eine zentrale Bedeutung als Motoren der gesellschaftlichen, kulturellen und technologischen Entwicklung. Sie waren immer Veränderungen unterworfen. Auch aktuell erleben wir eine Phase, in der zahlreiche Herausforderungen maßgeblich die

---

B. Hollbach-Grömig (✉) · M. zur Nedden
Deutsches Institut für Urbanistik, Berlin, Deutschland
E-Mail: hollbach-groemig@difu.de

M. zur Nedden
E-Mail: zurnedden@difu.de

Stadtentwicklung beeinflussen. Ohne Prioritätensetzung und Anspruch auf Vollständigkeit seien hervorgehoben:

1. Die Globalisierung, die mit ihren neuen Austauschbeziehungen neben der Ökonomie auch Politik, Technologieentwicklung und Kultur bis in die Gesellschaftsstrukturen hinein in immer noch zunehmendem Maße beeinflusst, und dadurch Risiken und Unsicherheiten, was die Zukunft anbelangt, vergrößert.
2. Die Klimaveränderung, über deren Eintritt und Auswirkungen zwar schon seit circa 40 Jahren diskutiert wird, sich aber erst jetzt die Erkenntnis durchsetzt, dass es notwendig ist, auf der einen Seite klimabeeinflussende Faktoren wie den CO_2-Ausstoß drastisch zu reduzieren und andererseits Strukturen – wie zum Beispiel unsere Städte – an schon nicht mehr revidierbare Klimaveränderungen anzupassen.
3. Die digitale Revolution bietet in technologischer Hinsicht viele neue Möglichkeiten, droht aber gleichzeitig Machtstrukturen und gesellschaftliche Werthaltungen in erheblichem Maße mit noch nicht fundiert zu beurteilenden Konsequenzen zu verändern.
4. Der demografische Wandel, der in Teilen Europas – vor allem in der Bundesrepublik Deutschland – dazu führt, dass die Bevölkerung „weniger, älter, bunter" wird.
5. Die Gefahr zunehmender sozialer Segregation durch die sich im globalen Maßstab die Unterschiede zwischen in ökonomischer Hinsicht reichen Staaten und armen Staaten, im nationalen Maßstab zwischen reichen Regionen und armen Regionen sowie Städten verstärken. Auch in den Städten selbst entwickeln sich Stadtteile und -quartiere verstärkt in entgegengesetzte Richtungen.
6. Das Fehlen einer ausreichenden Finanzausstattung der Kommunen, die diese in die Lage versetzen würde, die vielfältigen Aufgaben und Herausforderungen sachgemäß zu erfüllen.
7. Sich verändernde Ansprüche an das Zusammenwirken von Kommunalpolitik, Kommunalverwaltung und Zivilgesellschaft, die zu neuen Formen von Engagement und Beteiligung führen.

Gleichzeitig wächst seit einigen Jahren die Bevölkerung in einer Reihe von Städten in der Bundesrepublik Deutschland, selbst in von Bevölkerungsrückgang gekennzeichneten Regionen. Die von Planern seit 40 Jahren als Entwicklungsziel formulierte „Reurbanisierung" wird in vielen Städten Realität. Dieser Erfolg jahrzehntelanger Bemühungen strategischer Stadtentwicklung darf nicht durch kurzfristige „Ad-hoc-Maßnahmen" zur Bewältigung der aktuellen Herausforderungen gefährdet werden.

Die zunehmende räumliche Ausdifferenzierung von Entwicklungen hat zur Konsequenz, dass es zur Bewältigung der Herausforderungen keine „Patentrezepte" mehr gibt (so es sie denn je gegeben hat), sondern es spezifische, den jeweiligen örtlichen Rahmenbedingungen entsprechende Strategien und Maßnahmen braucht.

2 Herausforderungen

Aus dem umfangreichen Bündel von Herausforderungen sollen nachfolgend fünf vertiefter betrachtet werden:

2.1 Klimawandel/Klimaanpassung

Inzwischen sind die Folgen des Klimawandels auch in den Städten zu spüren. Beispielhaft genannt seien die Zunahme von Temperaturextremen, Probleme bei der Speicherung und Abführung von Starkregen und die Auswirkungen von schweren Stürmen.

Zurzeit sind die Städte global betrachtet wesentliche Verursacher der zu beobachtenden Klimaveränderungen. So finden circa 75 % sowohl des globalen CO_2-Ausstoßes wie des globalen Energieverbrauchs in Städten statt.

Die Städte haben allerdings auch das Potenzial, einen wesentlichen Beitrag zur Lösung der Probleme zu leisten. Vergleichsweise kompakte Strukturen und die Bevölkerungsdichte bieten günstige Voraussetzungen. Genannt seien als optionale Handlungsfelder die Nachhaltigkeitszielen genügende Weiterentwicklung der Baustrukturen und des Verkehrs, neue Formen der Energieproduktion und Optimierung des Energieverbrauchs, die Abfallbehandlung, die Wasserversorgung und Wasserentsorgung, die Produktion von Nahrungsmitteln und das breite – allerdings bisher nur unscharf definierte – Feld der *Smart City*.

Allerdings gibt es sowohl zwischen einzelnen Handlungsfeldern als auch innerhalb der Felder Zielkonflikte. Am Beispiel der zurzeit viel diskutierten „Nachverdichtung" wird dies deutlich. „Dichte" ist, wie bereits oben skizziert, in mehrfacher Hinsicht eine wichtige Eigenschaft von Städten. Einwohner-/Nutzerdichte und damit bauliche Dichte sind zentrale Voraussetzung sowohl für „Urbanität" in ihren unterschiedlichen Facetten als auch für die effiziente Nutzung von (Infra-)Strukturen. Dabei bedarf es allerdings des Augenmaßes und der sorgfältigen Abwägung. Der Erhalt von Frischluftschneisen und die Sicherung wohnungsnaher Freiräume sind nur zwei Aspekte, die in die Prüfung einzustellen sind. „Dichte" ist also kein positiver Wert an sich und es ist daher nicht auszuschließen, dass es nach sorgfältiger Abwägung geboten ist, auf bauliche Inanspruchnahme von innerstädtischen Flächen zu verzichten, trotz des unzweifelhaft richtigen Zieles, den Stadtraum zu verdichten.

Von besonderer Bedeutung ist angesichts der Notwendigkeit eines sparsamen Umgangs mit den Flächen die interkommunale und regionale Zusammenarbeit. Auch sie fördert die Optimierung der Flächennutzung und eine effiziente Ausnutzung von (bestehenden) Infrastrukturen.

2.2 Ökonomischer Strukturwandel

Die Ökonomie der Zukunft wird stark durch die „digitale Revolution" beeinflusst. Dies birgt durchaus Chancen für Städte. Beispielsweise haben neue Formen der Kultur- und Wissensproduktion häufig eine Affinität zu innerstädtischen Quartieren.

Die Geschwindigkeit des Strukturwandels ist dabei enorm. So wird die „digitale Revolution" ganz wesentlich auch die weitere Entwicklung des industriellen Sektors beeinflussen. In Deutschland firmiert dieser Prozess unter dem Begriff Industrie 4.0. Die Auswirkungen auf die Allokation der Produktionsstandorte und damit der Arbeitsplätze ist zurzeit noch kaum absehbar.

Nicht ausgeschlossen ist, dass sich aufgrund dieser Entwicklung weitere Möglichkeiten einer stärkeren Nutzungsmischung in Städten und Gemeinden ergeben. Auch diese beispielsweise unter Umweltaspekten grundsätzlich begrüßenswerte Entwicklung bedarf allerdings einer sorgfältigen Prüfung vor dem Hintergrund der jeweiligen örtlichen Rahmenbedingungen. So sind etwa die gesundheitlichen Beeinträchtigungen durch übermäßigen Lärm inzwischen durch zahlreiche Untersuchungen nachgewiesen. Hinzuweisen ist in diesem Zusammenhang ferner auf die soziale Komponente. Wie Analysen zeigen sind in Städten häufig gerade die Wohnstätten sozial schwächerer Schichten in Bereichen, die stärkeren Lärmimmissionen ausgesetzt sind.

In Zusammenhang mit der „digitalen Revolution" sei das Thema *Smart City* wenigstens angerissen. Auf eine Definition wird hier verzichtet. Es gibt vielfältige Ansätze. Effizienzsteigerungen städtischer Systeme mithilfe der Informationstechnologie stellen ganz sicher in vielerlei Hinsicht eine Chance dar. Allerdings sind Konzepte und (Pilot-) Projekte aktuell überwiegend technologiegeprägt. Eine Ursache dafür dürfte in der starken Rolle der Industrie im derzeit laufenden Prozess liegen, die hier zu Recht eine neue interessante Erwerbsquelle sieht. Umso dringlicher ist die Einbeziehung auch der gesellschaftlichen Komponente.

2.3 Demografischer Wandel und Integration

Für Deutschland ist die Kurzcharakteristik des demografischen Wandels „weniger, älter, bunter" schon fast zum „geflügelten Wort" geworden. Wie schon angesprochen trifft der Aspekt „weniger" zumindest aktuell nicht auf alle Städte in Deutschland zu.

Neben der Bewältigung der Binnenwanderung innerhalb Deutschlands wird mittel- und langfristig auch die Aufnahme und Integration von Flüchtigen Aufgabe der Kommunen sein. Ein wesentliches konstituierendes Element der „europäischen Stadt" war immer schon die Fähigkeit zur Integration von „Fremden". Diese wiederum trugen entscheidend zur Rolle von Städten als „Innovationsmotor" bei. Für eine positive Entwicklung der Städte im 21. Jahrhundert wird es also auch wesentlich darauf ankommen, dass sie weiterhin in der Lage sind, diese Integrationsleistung zu vollbringen. Wichtige Voraussetzung für das Gelingen von Integration ist „Bildung". Neben den Fragen des „Wie" der Bildungsvermittlung geht es auch um den Aspekt des „Wo"; beide Themen sind miteinander zu verknüpfen. Pilotprojekte wie „Schule im Quartier" geben dafür wichtige Hinweise.

Die Veränderung der Alterspyramide hin zu einem höheren Anteil älterer und vor allem hochaltriger Menschen stellt für die Städte unabhängig davon, ob sie von Bevölkerungswachstum oder -rückgang geprägt sind, eine erhebliche Herausforderung dar. Die Aufgabe ist, die Stadt in all ihren Bestandteilen altersgerecht zu gestalten. Es geht also nicht nur um die Wohnung, sondern um das gesamte Spektrum von Lebensqualität, also die Möglichkeit, aktiv am Leben in der Stadt teilzunehmen. Vordringlich ist dabei die Gewährleistung der Daseinsvorsorge mit dem Ziel, den älter werdenden Menschen möglichst lange das Verbleiben in der gewohnten Umgebung zu ermöglichen. Hier gibt es direkte Interventionsmöglichkeiten wie zum Beispiel die barrierefreie Gestaltung des öffentlichen Raumes, aber auch indirekt wirkende Instrumente, so zum Beispiel gesamtstädtische Einzelhandelskonzepte, die eine wohnungsnahe Grundversorgung gewährleisten.

2.4 Gefahr der sozialen Segregation und Wohnungsversorgung

Tendenzen zur Verschärfung der sozialen Segregation sind sowohl in schrumpfenden wie auch in wachsenden Städten zu beobachten. Segregation völlig zu vermeiden ist kaum möglich. Die Diskussion, inwieweit sie nicht sogar in einem gewissen Maße ein Merkmal von Städten ist, wird seit Langem geführt. In jedem Fall muss es Ziel sein, sie in vertretbarem Rahmen zu halten. Das wird nur durch eine entsprechende Einflussnahme von Staat und Stadt möglich sein.

Eine wesentliche Rolle spielt dabei die Wohnungsversorgung. In Deutschland zeigt sich gerade, wie gut beraten die Städte waren, die trotz finanzieller Engpässe der Verlockung ihre Wohnungsunternehmen zu veräußern, widerstanden haben. Gerade in wachsenden Städten sind sie ein wichtiges Handlungsinstrument der Wohnungspolitik. Neben der Anwendung der „klassischen" Instrumente wie zum Beispiel der finanziellen Förderung des sozialen Wohnungsbaus, einer die Belange der Mieter schützenden Mietrechtssetzung oder der Einrichtung kommunaler Wohnungsbaugesellschaften sind weitergehende Überlegungen erforderlich. Zu nennen ist das Bodenrecht, das ein wesentliches Instrument zur Gewährleistung einer den Nachhaltigkeitszielen entsprechenden Bodenmobilisierung und -nutzung darstellt.

2.5 Urban Governance

Angesichts der aktuellen Rahmenbedingungen und erkennbarer Entwicklungstendenzen muss die öffentliche Hand ihre zentrale Rolle bei der Gewährleistung einer nachhaltigen Stadtentwicklung ausfüllen. Die Erfahrungen zeigen, dass die Annahme, die in

Deutschland in den 1990er Jahren weit verbreitet war – und unter anderem auch zum Aufschwung des Stadtmarketings beigetragen hat –, die Städte müssten nunmehr privatwirtschaftlich organisiert werden und entsprechend agieren, zu „Fehlsteuerungen" geführt hat, um im Sprachduktus der Privatwirtschaft zu bleiben.

Städte stellen eben keine „Produkte" her, die mit Kennziffern im Hinblick auf Zielerreichung in jedem Falle versehen werden können und „Bürger" sind etwas anderes als „Kunden". Selbstverständlich müssen Städte sehr sorgsam mit den ihnen zur Verfügung stehenden bzw. zur Verfügung gestellten Ressourcen umgehen. Aber in vielen Handlungsfeldern sind „Input" und „Output" nicht die angemessenen Kriterien.

Dabei ist es von zentraler Bedeutung, inwieweit es gelingt die Bürger in die Planungs- und Entscheidungsprozesse einzubeziehen. Gerade in der Stadtentwicklung gibt es inzwischen jahrzehntelange Erfahrungen, die zeigen, welche Verfahren der jeweiligen Thematik angemessen sind, aber auch welche eventuellen Grenzen bei Beteiligungsmöglichkeiten bestehen.

Einbindung der Bürgerinnen und Bürger kann auch nicht heißen, jede Entscheidung an diese zu delegieren. Das Entscheidungsmodell der repräsentativen Demokratie behält seine Gültigkeit. Nur dadurch können Interessenausgleich und sachgerechte Abwägung im Interesse einer positiven Gesamtentwicklung der Stadt gewährleistet werden.

Gerade die neuen so genannten sozialen Medien bergen die Gefahr in sich, dass artikulationsfähige Gruppen – wie die gut situierte Mittelschicht – ihre Interessen besonders deutlich machen mit der Folge, dass sozial schwächere Gruppen im Meinungsbild unterrepräsentiert sind. Auch hier sind Stadtpolitik und Stadtverwaltung gefordert, ihre Verantwortung wahrzunehmen. Die Rolle der Planung kann sich dabei nicht nur auf eine Moderatorenfunktion beschränken. Sie sollte nach wie vor ihr Fachwissen einbringen und Entscheidungsvorschläge formulieren.

3   Integrierte Stadtentwicklungskonzepte

Die Fülle der Herausforderungen, ihre Komplexität sowie Zielkonflikte intern als auch mit anderen Handlungsfeldern erfordern zu ihrer Bewältigung und zur Weiterentwicklung der Städte entsprechend den Prinzipien der Nachhaltigkeit integrierte Stadtentwicklungskonzepte. Dies haben auch die für Stadtentwicklung zuständigen Minister Europas 2007 in der Leipzig Charta festgestellt. Nur integrierte Konzepte, die tatsächlich *alle* wesentlichen Felder der Stadtentwicklung beinhalten, ermöglichen eine sachgerechte Abwägung der unterschiedlichen Belange. Neben der inhaltlichen Komponente bedeutet Integration darüber hinaus die Einbindung aller für die Stadtentwicklung relevanten Akteure, sowohl im Erarbeitungsprozess als auch bei der Umsetzung. Sie ist zentrale Voraussetzung für den Erfolg. Erforderlich ist weiterhin eine kontinuierliche Evaluation von Konzepten und Maßnahmen sowie gegebenenfalls deren Weiterentwicklung. Integrierte Stadtentwicklungskonzepte haben Prozesscharakter und sind kein statisches Instrument.

Immer mehr Städte haben unabhängig von ihrer Größe die Notwendigkeit integrierter Stadtentwicklungskonzepte erkannt. Zur Konkretisierung und Umsetzung integrierter Stadtentwicklungskonzepte haben sich in inhaltlicher Hinsicht Fachkonzepte zu einzelnen Handlungsfeldern und in räumlicher Hinsicht Quartierskonzepte bewährt. Als formelle Instrumente sind vor allem der Flächennutzungsplan, die verbindliche Bauleitplanung sowie die weiteren Instrumente des Baugesetzbuches zu nennen.

Für die Erarbeitung integrierter Stadtentwicklungskonzepte gibt es keine Patentlösungen. Sie müssen vielmehr den jeweiligen örtlichen Gegebenheiten Rechnung tragen. Zu den grundsätzlichen Prinzipien gehört es sicherzustellen, dass Verwaltungsressorts einbezogen werden. Darüber hinaus kommt der Einbindung der Bürgerschaft sowie der Akteure der Wirtschaft, der Zivilgesellschaft etc. große Bedeutung zu. Vielfältige Beteiligungsformate sind inzwischen dazu entwickelt worden. Beispielhaft genannt seien Arbeitskreise, Workshops und Bürgerforen.

Sowohl im Rahmen des Erarbeitungsprozesses integrierter Stadtentwicklungskonzepte als auch bei deren weiterer Konkretisierung und Umsetzung sind Stadtmarketingorganisationen gefragt, die sich in diesem Umfeld mit ihren spezifischen Stärken positionieren müssen. Beginnend bei der Zielformulierung bis hin zu konkreten Einzelmaßnahmen müssen die entsprechenden Belange in die Abwägung einbezogen werden.

4   Stadtmarketing und integrierte Stadtentwicklung

Stadtmarketing galt in den 1980er und 1990er Jahren als zeitgemäßes und effektives (Management-)Instrument. Mit der Übertragung des betriebswirtschaftlichen Ansatzes auf Themen der Stadtentwicklung wurde eine Marktorientierung kommunaler Aktivitäten propagiert, die sich in Leitbildern wie „Stadt als Unternehmen" oder auch „Stadt als Produkt" ausdrückte. Seitdem hat sich Stadtmarketing kontinuierlich weiterentwickelt und als feststehende Größe etabliert. Es gilt als *das* Kooperations- und Kommunikationsinstrument in Städten und Gemeinden. In den letzten Jahren ist im Stadtmarketing eine Tendenz zu einem stärker pragmatischen und umsetzungsorientierten Vorgehen festzustellen. Der ökonomische Anspruch und die ökonomischen Erfordernisse sind gewachsen. Der Wettbewerbsgedanke hat an Bedeutung gewonnen. Dies zeigt sich beispielsweise in der ausgeprägten Einzelhandelsorientierung vieler Aktivitäten und ihrer Konzentration auf die Innenstadt.

Der Begriff Stadtmarketing bleibt jedoch unscharf. Mit dem Etikett werden ganz unterschiedliche Konzepte und Projekte versehen, die alle als gemeinsames Ziel die Verbesserung und Kommunikation von Stadtqualitäten haben. Die Ansätze reichen von einem breit aufgestellten Stadtmarketing über Citymanagement bis hin zum Einzelhandelsmarketing und zur Stadt- oder Tourismuswerbung. Der umfassendste Ansatz kann als kooperative Stadtentwicklung auf Basis partnerschaftlich erarbeiteter Leitlinien beschrieben werden. Im Kern geht es in jeder Stadt oder Gemeinde darum, die Attraktivität der Stadt zu erhöhen und Kooperation und Kommunikation privater und öffentlicher Akteure – zum Wohl der Stadt – zu vertiefen. Die Bandbreite der Themen ist vielfältig: von Tourismus, Wirtschafts- und Einzelhandelsförderung über Öffentlichkeitsarbeit, Verkehr, Kultur, Soziales, Sport und Freizeit bis hin zu Natur und Umwelt.

Grundsätzlich sollten in einer Stadt oder Gemeinde das Verständnis von und die Erwartungen an Stadtmarketing geklärt sein: Soll es ein umfassendes Marketing sein oder geht es vor allem um außenorientierte Marketingmaßnahmen? In welchem Umfang sollen Einnahmen generiert werden? In welcher Form und in welchem Maß sollen Bürger einbezogen werden? Wie gestaltet sich die Bürgerkommunikation? Welche aktuellen Entwicklungen sind so relevant, dass Stadtmarketing auf sie reagieren sollte? Diese Themen sollten regelmäßig auf der Tagesordnung stehen, damit Klarheit über Ziele und Maßnahmen besteht und entsprechend nach- und umgesteuert werden kann.

Wichtig ist es, dass Stadtmarketing konzeptionell eingebettet ist. Viele Beispiele belegen, dass es sinnvoll ist, dies im Rahmen eines breit angelegten Stadtentwicklungsprozesses zu tun (integriertes Stadtentwicklungskonzept, Leitbild, Markenentwicklungsprozess), unter Beteiligung von Akteuren aus Wirtschaft und Stadtgesellschaft. Dies geht nur mit Unterstützung durch die Stadtspitze, die den Prozess vorantreibt und absichert. Ergebnis dieses Entwicklungsprozesses sollte eine Verständigung auf ein Leitbild und ein Konzept mit Zielen und Maßnahmen zur Profilierung und Zukunftsausrichtung der Stadt sein. Die beteiligten Akteure aus Einzelhandel, Vereinen, Hochschulen etc. sollten auch dauerhaft an der Umsetzung der gemeinsam identifizierten Maßnahmen beteiligt werden. Hier kann Stadtmarketing eine seiner zentralen Stärken nutzen: Stadtmarketingakteure sind geübt in der Zusammenführung von Akteuren aus Verwaltung, Unternehmen, Eigentümern, NGOs und anderen Interessenvertretern.

Innerhalb des konzeptionellen Rahmens ist es Aufgabe des Stadtmarketings, gemeinsam mit den Partnern in den Fachressorts wichtige Profilfelder für die Stadt zu identifizieren, Kompetenzen zu bündeln und mit einer Stimme zu kommunizieren. Die Kommunikationskompetenzen des Stadtmarketings sind erfahrungsgemäß sehr ausgeprägt: Binnen- wie Außenkommunikation und Öffentlichkeitsarbeit sind Kernelemente von Marketingaktivitäten. Web 2.0 und „soziale Medien" haben darin inzwischen einen hohen Stellenwert. Das Fördern der Kommunikation zwischen den verschiedenen Gruppen wird immer wieder als einer der größten Erfolge des Stadtmarketings genannt (vgl. Hollbach-Grömig et al. 2005; bcsd 2014).

Dabei steht das Stadtmarketing auch für den markenorientierten Ansatz. Städte und Regionen werden vor dem Hintergrund des sich noch verstärkenden Städte- und Regionenwettbewerbs zunehmend als Marken diskutiert (vgl. Kausch et al. 2013). Dahinter steht auch die Erkenntnis, dass Städte und Regionen mit ihrer jeweiligen Geschichte und Prägung unverwechselbar sind (vgl. zum Begriff der Eigenlogik: Löw und Terizakis 2011).

Wenn Stadtmarketing diese Stärken nutzt, kommt ihm eine zentrale Rolle im Prozess der integrierten Stadtentwicklung zu. So kann es auch zukünftig wichtige Impulse geben, um die Handlungsfähigkeit und Attraktivität von Städten zu verbessern. Stadtmarketingeinrichtungen – unabhängig von ihrer Organisationsform und ihrer Verortung innerhalb oder außerhalb der Stadtverwaltung – haben in den vergangenen Jahren ihre Fähigkeit unter Beweis gestellt, sich als Organisationen zu wandeln und pragmatisch flexible wie effiziente Angebote für Problemlösungen zu erarbeiten. Genau diese Wandlungs- und Anpassungsfähigkeit werden die Kommunen in Zukunft noch viel dringender benötigen.

Literatur

bcsd (Bundesvereinigung City- und Stadtmarketing Deutschland e. V.). (2014). *Stadtmarketing im Profil. Aufgabe, Bedeutung und Entwicklung. Auswertung der bcsd-Mitgliederumfrage 2014.* Berlin: bcsd.

Hollbach-Grömig, B., Grabow, B., Birk, F., & Leppa, G. (2005). Stadtmarketing – Bestandsaufnahme und Entwicklungstrends. *Difu-Berichte 1–2/2005.*

Kausch, T., Pirck, P., & Strahlendorf, P. (Hrsg.). (2013). *Städte als Marken. Strategie und Management.* Hamburg: New Business.

Löw, M., & Terizakis, G. (Hrsg.). (2011). *Städte und ihre Eigenlogik. Ein Handbuch für Stadtplanung und Stadtentwicklung.* Frankfurt a. M.: Campus.

Über die Autoren

Dr. Beate Hollbach-Grömig, Dipl.-Geographin, ist gegenwärtig als Wissenschaftliche Mitarbeiterin am Deutschen Institut für Urbanistik tätig. Schwerpunktmäßig beschäftigt sie sich mit kommunaler Wirtschaftspolitik und Wirtschaftsförderung, nachhaltiger Stadtentwicklung, Stadtmarketing, demografischer Entwicklung und interkommunaler Kooperation.

Prof. Dipl.-Ing. Martin zur Nedden war zwischen 1994 und 2006 als Stadtplaner in verschiedenen Kommunen, in Unna und Bochum als Beigeordneter tätig. Zuletzt war er von 2006–2013 Bürgermeister und Beigeordneter für Stadtentwicklung und Bau der Stadt Leipzig. Seit November 2013 ist er wissenschaftlicher Direktor und Geschäftsführer des Deutschen Instituts für Urbanistik GmbH.

Kommunale Strukturen: Grundlagen, Partizipation, Moderation

Roland Wölfel

Zusammenfassung

In diesem Beitrag werden die kommunalen Rahmenbedingungen für kooperatives Stadtmarketing dargelegt. Neben der Darstellung organisationaler und rechtlicher kommunaler Strukturen, liegt der Fokus insbesondere auf partizipativen Herausforderungen und bewährten Moderationsmethoden. Hierbei werden auch neue Formate im Kontext von Digitalisierung und die zunehmenden Beteiligungsansprüche der Bevölkerung beleuchtet. Die theoretischen Inhalte werden dabei durch praxisnahe anwendungsorientierte Anregungen ergänzt.

1 Einleitung

Obwohl Marketing für Städte, Regionen und Kommunen unabdingbar geworden ist, wird dessen tatsächliche Rolle in der Praxis noch immer höchst unterschiedlich definiert. Kooperatives Stadtmarketing ist als essenzielles Wirtschafts- und Stadtentwicklungsinstrument nicht auf Werbungsverantwortung für Stadt und Handel zu reduzieren. Zwar führt ein erfolgreiches Marketing auch zur Optimierung des Außenauftritts. Das größte Potenzial liegt jedoch in einer verbesserten Koordination und Kooperation von Politik, Verwaltung und privaten Akteuren aus Wirtschaft, Vereinen und Bürgerschaft. Zeitgemäßes Stadtmarketing stellt damit eine dauerhafte Plattform für öffentlich-private Kooperationen unter einer ganzheitlichen Betrachtungsweise dar. Denn grundlegend für den Erfolg von Projekten ist neben der Kenntnis politischer Handlungsspielräume das Wissen

R. Wölfel (✉)
CIMA Beratung + Management GmbH, München, Deutschland
E-Mail: woelfel@cima.de

Tab. 1 Bereiche der kommunalen Selbstverwaltung

Personalhoheit	Recht der Gemeinden, Personal auszuwählen, anzustellen, zu befördern und zu entlassen
Organisationshoheit	Recht zur eigenen Gestaltung der Verwaltungsordnung
Planungshoheit	Recht zur eigenverantwortlichen Aufstellung von Bauleitplänen (Flächennutzungs- und Bebauungspläne)
Rechtssetzungshoheit	Recht zur Erlassung kommunaler Satzungen
Finanzhoheit	Recht zur eigenverantwortlichen Einnahmen- und Ausgabenwirtschaft
Steuerhoheit	Recht zur Erhebung von Steuern (soweit das Recht nicht durch übergeordnete Gesetze zum Finanzausgleich wieder rückgängig gemacht wird)

um relevante Akteure und ihre frühzeitige Einbindung. Im Folgenden werden daher aufbauend auf der Darlegung grundlegender Strukturen von kommunaler Selbstverwaltung insbesondere Instrumente und Methoden für Beteiligungsprozesse erläutert und abschließend im Kontext der Aufgaben eines effektiven Stadtmarketings beurteilt.

2 Grundlagen kommunaler Selbstverwaltung

Kommunen unterstehen mit ihren kreisfreien Städten sowie ihren Landkreisen und dazugehörigen Gemeinden Kraft Gesetz Bund und Ländern. Allerdings haben sie das Recht auf Selbstverwaltung (vgl. Art. 28 Abs. 2[1] Grundgesetz).

Unter kommunaler Selbstverwaltung kann allgemein das „verfassungsrechtlich eingeräumte Recht auf eigenständige, d. h. staatsunabhängige Organisation und Regelung der eigenen Angelegenheiten" verstanden werden (Brandl et al. 2014, S. 51). Tab. 1 veranschaulicht diese rechtlich verankerte Verwaltungshoheit nach ihren funktionalen Bereichen.

Im Rahmen der weitgehenden Verwaltungseigenständigkeit von Kommunen lässt sich ihr Aufgabenspektrum in Pflichtaufgaben und freiwillige Aufgaben unterteilen. Erstere müssen aufgrund der vorgeschriebenen Rechtsordnung vorrangig bearbeitet werden. Hierunter fallen unter anderem Aufgaben aus dem Gesundheits-, Verkehrs-, Bau- und Meldewesen. Je nach verfügbaren finanziellen Ressourcen können Kommunen nach primärer Erfüllung ihrer Pflichtaufgaben freiwillige Aufgaben umsetzen. Darunter werden beispielsweise Maßnahmen wie die Bewirtschaftung von Grünflächen, die Optimierung des öffentlichen Nahverkehrs oder Aufgaben im Sportbereich gefasst (Neunecker 2015, S. 122 f.).

---

[1]„Den Gemeinden muss das Recht gewährleistet sein, alle Angelegenheiten der örtlichen Gemeinschaft im Rahmen der Gesetze in eigener Verantwortung zu regeln" (Auszug aus Art. 28 Abs. 2 GG).

Stadtmarketing und Wirtschaftsförderung zählen im engeren Sinne zu den „freiwilligen Aufgaben" für Kommunen. Gerade diese Bereiche sind aber insbesondere für strukturschwache, gefährdete Räume ausschlaggebende Bausteine der Strukturentwicklung.

2.1 Kommunale Finanzen

Basierend auf ihrer Finanzhoheit steuern und kalkulieren Kommunen eigenverantwortlich Einnahmen und Ausgaben.

Kommunale Einnahmen umfassen Gebühren für behördliche Leistungen (z. B. Abfallentsorgung) sowie für die Nutzung öffentlicher Einrichtungen (etwa Kindergärten, Bäder), Beiträge zur Kostendeckung öffentlicher Einrichtungen und Leistungen (z. B. Wasserversorgungsanlagen, Straßenbau), Einnahmen aus fiskalischem Handeln (z. B. Verkauf, Pacht), Steuern (gemeindliche Steuern, Gewerbe-, Grund-, Hunde- und Zweitwohnungssteuer), Zuweisungen, Einkommens- und Grunderwerbssteueranteil, Schlüsselzuweisungen und Staatszuschüsse. Dabei ist grundsätzlich zwischen Abgaben, die zweckgebunden sind, und Steuern, die im Gegensatz dazu nicht zweckgebunden sind, zu unterscheiden.[2]

Die Einnahmewirtschaft unterliegt nach Art. 62 Abs. 2 Gemeindeordnung einer eigenen hierarchischen Reihenfolge. Entsprechend sind Kommunen dazu verpflichtet zuerst Einnahmen aus Finanzausgleich, Einkommenssteuerbeteiligung, Zinseinnahmen aus Kapitalanlagen, Pacht- und Mieterträge sowie Ausschüttungen aus gemeindlichen Eigenbetrieben und kommunalen Eigengesellschaften zu verwenden. Hiernach folgen auf zweiter Stufe die besonderen Entgelte und zuletzt die kommunalen Steuern. Ziel dieser Einnahmenpriorisierung ist die primäre finanzielle Belastung für die tatsächliche oder potenzielle Inanspruchnahme einer kommunalen Leistung, welche sich konkret in den jeweils erhobenen Gebühren und Beiträgen widerspiegelt. Gewerbesteuer und Grundsteuer werden von Kommunen kraft Gesetz erhoben und wirken als Realsteuern[3]. Während sich die Grundsteuer auf den Grundstückswert und dessen Beschaffenheit bezieht, wird die Gewerbebesteuerungsbasis anhand des Gewerbeertrags lokaler Betriebe festgesetzt (Schneider 2014, S. 212 ff.; Neunecker 2015, S. 126 ff.). Tab. 2 legt die grundlegenden kommunalen Besteuerungskomponenten im Überblick dar.

---

[2]Entsprechend wird beispielsweise in Rheinland-Pfalz eine (zweckgebundene) Tourismusabgabe erhoben, die dann vollständig der Förderung des Tourismus zugutekommt. Würden Steuern erhoben, könnten diese auch für andere Zwecke eingesetzt werden (vgl. dazu http://rlp.tourismusnetzwerk.info/2015/06/11/die-tourismusabgabe-tourismus-fair-und-nachhaltig-finanzieren/ Zugegriffen: 3. Mai 2017).

[3]Realsteuern sind „die Steuern, bei denen einzelne Vermögensgegenstände (Grundstück, Betrieb) besteuert werden. Beispiele sind die Gewerbe- und Grundsteuer. Das Aufkommen der Realsteuern steht grundsätzlich den Gemeinden zu" (Bundeszentrale für politische Bildung; http://www.bpb.de/nachschlagen/lexika/lexikon-der-wirtschaft/20447/realsteuern Zugegriffen: 3. Mai 2017).

Tab. 2 Übersicht kommunale Besteuerungsformen

Gewerbesteuer	Grundsteuer	Einkommensteuer	Gemeindeanteil an der Umsatzsteuer
• Realsteuer (Sach- oder Objektsteuer) • Steuerobjekt: Gewerbebetriebe • Besteuerungsgrundlage: Gewerbeertrag • Vorauszahlung	• Realsteuer • Steuerobjekt: Grundbesitz • Besteuerungsgrundlage: Beschaffenheit und Wert des Grundstücks	• Verteilung des Einkommensteueranteils an Gemeinden nach Schlüsselzahl	• Verteilung des Umsatzsteueranteils an Gemeinden nach Gewerbesteueraufkommen (1990–1997), durchschn. Anzahl der im Gemeindegebiet sozialversicherungspflichtig Beschäftigten (1990–1998) sowie der Gewerbekapitalsteuer (1995)
• Bildet fast 50 % der kommunalen Steuereinnahmen • Unterliegt konjunkturellen Schwankungen • Ergiebige, aber schwer kalkulierbare Einnahmequelle • Erhebliche Unterschiede zwischen steuerstarken und steuerschwachen Gemeinden	• Kaum Schwankungen	• Bedeutendste Einnahmequelle der öffentlichen Haushalte • Beeinflussung durch demografische Struktur, Erwerbsbeteiligung, Lohnniveau	

Kommunale Strukturen: Grundlagen, Partizipation, Moderation

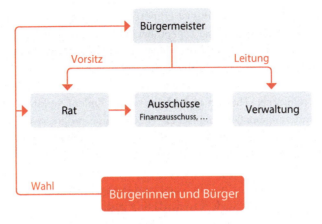

Abb. 1 Vereinfachte Darstellung kommunaler Organisationsstrukturen. (Quelle: eigene Darstellung)

2.2 Kommunale Organisationsstrukturen

Die Wahlgesetze und Verfassungen der Bundesländer bestimmen die genauen Regelungen der Kommunalwahlen.[4] Demnach sind Bürgerinnen und Bürger ab 16 bzw. 18 Jahren dazu berechtigt in ihrer Kommune Bürgermeister oder Bürgermeisterin sowie Gemeinderat zu wählen. Die Gesamtzahl an wählbaren Ratsmitgliedern hängt grundsätzlich von der Einwohnerzahl der Kommune ab (Walchshöfer 2014, S. 120). Der Bürgermeister wird in der Regel direkt gewählt und übernimmt als Repräsentant der Kommune neben der Rolle des Verwaltungschefs zusätzlich den Ratsvorsitz (in Brandenburg, Hessen, Mecklenburg-Vorpommern, Niedersachsen, Sachsen-Anhalt und Schleswig-Holstein wird der Vorsitz vom Rat selbst gewählt). Entsprechend obliegen ihm Vorbereitungs-, Vollziehungs-, Willensbildungs- und die mit dem Rat geteilten Kontrollkompetenzen. Im Kontext eines hierarchisch strukturierten Verwaltungsgefüges können sich hieraus unterschiedliche Macht- und Entscheidungskonstellationen ergeben.

Kommunale Ausschüsse dienen der Entlastung des Stadtrates. Dabei gilt es zwischen fakultativen und obligatorischen Ausschüssen zu unterscheiden. Diese agieren in der Regel mit vorbereitender und beschließender Funktion (Senat) oder beratender und beschließender Funktion (Regelung durch Geschäftsordnung). Beispielhaft sei hierfür auf Planungs-, Wirtschafts-, Sozial-, Sport- und Kulturausschüsse verwiesen. Obligatorische Ausschüsse sind dagegen gesetzlich vorgeschrieben und nehmen in erster Linie eine beschließende Funktion ein. Dazu zählen zum Beispiel Haupt-, Finanz-, Personal- sowie der Rechnungsprüfungsausschuss, wobei letzterer keine Vollzugsbemächtigung besitzt. Zusammenfassend sollen grundlegende Organisationsstrukturen in Abb. 1 vereinfacht dargestellt werden (je nach Bundesland können sich Abweichungen ergeben).

---

[4]Vgl. http://www.wahlrecht.de/gesetze.htm (Zugegriffen: 3. Mai 2017).

Für Stadt- und/oder Citymarketing ist grundsätzlich von zentraler Bedeutung, ob und welchen politischen Ausschüssen sie zugeordnet sind, da erfolgreiches Marketing neben einem ganzheitlichen, strategischen Fokus auch an aktuellen Dynamiken auszurichten ist und einen entsprechend stabilen, zielorientierten Rahmen für die lokale Umsetzung benötigt. Dahin gehend bedarf es gerade für strategische bzw. längerfristige Ausrichtungen der „Omnipräsenz" relevanter Themen und Maßnahmen. Zudem verlangt die Orientierung des Marketings an zeitgemäßen städtischen Themen eine progressive Kompetenz-, Verantwortungs- und Bearbeitungsstruktur innerhalb der kommunalen Verwaltung.

Folgende Fragen müssen geklärt werden:

- Wo ist Stadt-/Citymarketing politisch und verwaltungstechnisch verortet?
- Welcher Ausschuss ist für Stadt-/Citymarketing zuständig?
- Wer trägt die politische Verantwortung für Stadt-/Citymarketing?
- In welchen Bereichen besteht Potenzial für Lobbyarbeit?

▶ **Tipp** Versuchen Sie einen eigenen politischen Ausschuss oder Stadtmarketingreferenten im Stadtrat zu installieren. Damit schaffen Sie die Voraussetzung, dass sich die Politiker verpflichtet fühlen für City- und/oder Stadtmarketing einzutreten und Sie ein „gesetztes" Thema in der Politik sind.

3 Instrumente und Verfahren der Partizipation

Im Zeitalter der Informationsgesellschaft und zunehmender „Share Economy" sowie im Zuge des Bedeutungsgewinns des städtischen Raums werden politische Partizipation und Teilhabe immer wichtiger. Einhergehend ist ein Trend der Schwerpunktverlagerung von formellen Beteiligungsverfahren hin zu informellen festzustellen. Gleich welches Verfahren gewählt wird: Grundvoraussetzung für erfolgreiche Beteiligung ist eine klare Kommunikation, was von den Bürgern erwartet wird. Sollen sie Ideen einbringen, geht es nur um einen Meinungsaustausch oder sollen konkrete umsetzbare Konzepte und Projekte entwickelt werden? Bürgerliche Mitbestimmung kann als grundlegende demokratische Praxis in vielfältiger Art und Weise innerhalb kommunaler Entwicklungsstrategien Eingang finden (vgl. dazu auch Schulze und Kast 2011; Brückner und Märker 2015).

Die zunehmende Relevanz projektbezogener Bürgerbeteiligung ist jedoch nicht nur auf eine gewachsene Anspruchshaltung hinsichtlich Information, Transparenz und Mitwirkung zurückzuführen. Vielmehr fußt ganzheitliches Stadtmarketing auf dem kooperativen Einbezug von Bürgerinnen und Bürgern. Gerade durch Partizipation oftmals stark heterogener Interessensgruppen lassen sich umstrittene, strukturverändernde (Groß-)Projekte umfassend vermitteln, Probleme identifizieren und entsprechende Anpassungen ableiten. Von daher liegt es in der Verantwortung der Kommunen ihre Bürger frühzeitig und sinnstiftend in Planungsprozesse einzubinden. Der Bevölkerung steht gesetzlich das Recht zu sich bei Missständen an Gemeinderat, Bürgermeister oder Aufsichtsbehörde zu richten. Den Bürgerinnen und Bürgern stehen verschiedene Mittel und Wege zur Verfügung, um

Tab. 3 Instrumente der informellen Bürgerbeteiligung. (Quelle: Rosenthal und Wölfel 2014, S. 343 f.)

Art der Beteiligung	Methoden	Ziele
Bürgerinformation	• Informationsveranstaltung • Öffentlichkeitsarbeit: Print- und Onlinemedien nutzen	• Transparenz schaffen • Vertrauen aufbauen
Bürgereinbindung Bürgermitsprache	• Planungs-, Ideen- und Bürgerwerkstätten • E-Partizipation mit diversen Beteiligungsmöglichkeiten • *World-Café*, Zukunftswerkstatt, Stadtdialog, Stadtteilkonferenz… • Moderierte Arbeitskreise	• Konzepte und Prioritäten vorstellen/erarbeiten • Ideen und Meinungen der Bürger erfahren • Lösungen und Varianten diskutieren • Argumente kennenlernen und abwägen • Risiken einschätzen • Entscheidungshilfen bzw. -sicherheit erhalten
Bürgerabstimmung	• Bürgerentscheid	• Bürger übernimmt Entscheidungsverantwortung
Bürgerengagement	• Einbindung Ehrenamtler • Sponsoring • Strukturelle Beteiligung • Bürgergesellschaft, Bürgergenossenschaft	• Ressourcen der Bürger (Zeit, Geld) mit einbringen • Entlastung der Kommune • Verantwortungsübernahme und Trägerschaft durch Bürger

sich mit ihren Anliegen an die Politik zu wenden, wie beispielsweise Bürgerversammlungen, Bürgerbegehren oder Bürgerentscheide[5]. Diese klassischen Partizipationsmöglichkeiten wurden im Zuge der Digitalisierung enorm erweitert.

▶ **Tipp** Grundsätzlich sollte die Bevölkerung erst dann von Projektmaßnahmen informiert werden, wenn unter den Projektverantwortlichen sinnvolle Alternativen zur Initiierung zielgerichteter Dialoge vorliegen. Um den Verdacht auf „Scheinbeteiligungen" und damit potenzielle Akzeptanzprobleme zu umgehen, empfiehlt es sich im Falle, dass keine bzw. zu wenige projektrelevante Informationen vorhanden sind, dies frühzeitig öffentlich zu kommunizieren.

Was aber muss bei Partizipationsverfahren berücksichtigt werden, um festgefahrenes Lagerdenken zwischen Interessensgruppen zu vermeiden (z. B. zwischen Investoren und Bürgern, oder Politik und Interessensverbänden)? Art und Umfang der Bürgerbeteiligung stellen hierzu ein entscheidendes Kriterium dar. Entsprechend steht kommunalen Entscheidungsträgern neben der gesetzlich vorgeschriebenen Öffentlichkeitsbeteiligung zusätzlich ein breites informelles Instrumentarium zur Verfügung, welches je nach erforderlicher Beteiligungsintensität und -gestaltung variiert werden kann und in Tab. 3 zusammenfassend dargestellt wird.

---

[5]Zu den juristischen Grundlagen vgl. http://www.gesetze-bayern.de/Content/Document/BayGO-18a (Zugegriffen: 3. Mai 2017).

Das informelle Instrumentarium kann prozessbegleitend auf der gewünschten Projektentwicklungsstufe zum Einsatz kommen, beginnend bei einer grundlegenden Sensibilisierungs- und Informationsphase über die Meinungsabfrage von Bürgern und anderen relevanten Akteursgruppen bis hin zur aktiven Einbindung und Verantwortungsübertragung, siehe hierzu auch Abb. 2.

In den frühen Phasen stellen Bürgerworkshops, Planungs-, Ideen-, Bürger- sowie Zukunftswerkstätten gängige Maßnahmen dar, um Bürgerinteressen abzufragen und grundlegende Informationen zu vermitteln. Dabei ermöglichen gemischte Teilnehmerkonstellationen aus Bürgern, Experten, Entscheidungsträgern und Moderatoren tief gehende Dialoge und die Entwicklung gesamtheitlicher Maßnahmen.

▶ **Tipp** Bürgerinnen und Bürger, die sich in kommunalen Projekten engagieren, bringen in der Regel eine hohe Motivation zu gestalten und sich auszutauschen mit. Deshalb sind innerhalb jeder guten Moderation von Halb- oder Ganztagsveranstaltungen Dialogpausen einzuplanen. Hohe Zufriedenheit wird dann erreicht, wenn die Beteiligten selbst an den Lösungen mitarbeiten und ihre Kreativität einbringen können.

Während diese Workshops terminliche Bindungen und Präsenz voraussetzen und nur punktuell umgesetzt werden (können), ermöglicht die Online-Partizipation eine räumlich und zeitlich ungebundene Alternative der Bürgerinformation und -beteiligung. Zusätzlich besteht eine größere Chance jüngere Generationen zu animieren um deren Interessen

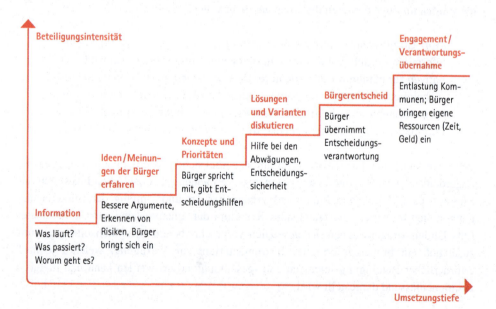

Abb. 2 Stufen der informellen Bürgerbeteiligung. (Quelle: eigene Darstellung)

entsprechend berücksichtigen zu können. Im Hinblick auf die zunehmende Digitalisierung gewinnt diese Beteiligungsform immer mehr an Bedeutung. Die Kommunikationsmöglichkeiten sind vielseitig (Foren, Chats, Online-Abstimmungen). Darüber hinaus versetzen Online-Dienste die Kommunen in die Lage, neue Wege sowohl in der Außendarstellung als auch im Projektmanagement zu gehen.

Insbesondere die Bereitstellung und Verwaltung von Online-Informationen ist im Gegensatz zu „traditionellen" Medien, wie Aushängen und Broschüren, sehr viel besser. So sind beispielsweise mit Hilfe von Online-Archiven einzelne Projektmaßnahmen nicht nur jederzeit einsehbar, sondern zugleich im Kontext des Gesamtprojekts zu verorten. Aufgrund des ungebrochenen Nutzerzustroms auf Social-Media-Plattformen wie Facebook, Google+, Twitter gilt für Städte und Kommunen, diese als Chance wahrzunehmen. Im Bereich des Marketings ist die Einbindung von Social Media mittlerweile erforderlicher Standard für eine zielgerichtete Ansprache gewünschter Akteursgruppen.

Aktuell stellen neben Online-Diskussionsforen auch Online-Petitionen, Open-Space-Echtzeit-Konferenzsysteme und Ideenwettbewerbe gängige E-Partizipationsformen dar. Insbesonders letztere kommen vermehrt sowohl bei online ausgeschriebenen Ideenvorschlägen als auch bei Abstimmungen und Befragungen von Bürgern seitens der Kommunen zum Einsatz. Die zunehmende Bedeutung zeigt sich nicht zuletzt anhand des im Jahr 2012 ins Leben gerufenen Wettbewerbs um den „Preis für Online-Partizipation", welcher im deutschen Sprachraum jährlich ausgeschrieben wird.

Voraussetzungen für Beteiligungsverfahren sind ein gegenseitiges Einverständnis, ein funktionierender Informationsfluss sowie ein kooperatives Miteinander von Bürgern und Politikvertretern. Die dauerhafte Beteiligung und das Management der verschiedenen Anspruchsgruppen sind dabei klassische Stärken des Stadtmarketings. Darüber hinaus ist es unabdingbar, vor einer möglichen Partizipation grundsätzlich deren Sinn und Zweck in Bezug auf das gewünschte Ziel abzuwägen. Die Basis zielgerichteter Beteiligungen – sei sie off- oder online – bildet stets eine gute Moderation (siehe Abschn. 4). Bei Online-Verfahren ist diese beispielsweise innerhalb von Chat-Foren notwendig, um unsachgemäße Beiträge zu entfernen und auf Kritik und Fragen zu reagieren. Der Fokus sollte hierbei auf einer strukturierten Nutzerführung und bestmöglichen Transparenz bezüglich der Verwertung der Ergebnisse liegen. Im Idealfall wird in der Praxis ein Mix aus On- und Offline-Komponenten für Partizipationsprozesse herangezogen. Zumindest aber sollten Online-Medien grundsätzlich als gleichwertige Alternative zu bisherigen Informations- und Beteiligungsmaßnahmen betrachtet werden und bei der Umsetzung Berücksichtigung finden.

Dennoch gilt: Innerhalb einer Kommune können Beteiligungsverfahren noch so anerkannt und problemlos vonstattengegangen sein, das Ergebnis wird nicht jedem einzelnen Anspruch der unterschiedlichen Interessensgruppen gerecht werden! Insbesondere bei knappen Entscheiden sind meist die wenigsten zufrieden. Stadtmarketingorganisationen sind aufgefordert – und durch ihre Schnittstellen- und Moderationsfunktion dazu prädestiniert – einen breit getragenen Konsens zu erwirken.

Um den Prozess für alle Beteiligten angenehm und zielführend zu gestalten, sind einige Prinzipien zu beachten. So sollten klare Kommunikationsregeln aufgestellt und der Beteiligungsspielraum und die Ziele genau vorab geklärt werden. Für ein positives Erlebnis aller Beteiligten gilt außerdem, sowohl Unter- als auch Überforderung zu vermeiden. Es ist Aufgabe des Stadtmarketings als Initiator und Moderator von Beteiligungsprozessen diese entsprechend zu planen und zu gestalten. Hierzu gehört selbstverständlich auch der Umgang mit Ungeplantem und Unerwünschtem, beispielsweise mit Menschen, die die Diskussion auf welche Art auch immer hemmen, mit Populisten und anderen extremen Positionen und letztlich auch der Umgang mit den Medien.

4 Prozessbegleitende Moderation

Demokratisierungs- und Transparenzprozesse in der kommunalen Politik verlangen zeitgemäße Anpassungen der begleitenden Dialogformen. Moderatoren müssen je nach lokalen Rahmenbedingungen künftig die Rolle von Dialogberatern einnehmen. Prozessbegleitende Moderation beginnt mit der grundlegenden Strukturierung der Teilinteressen. Darauf aufbauend werden Ziele formuliert und projektrelevante Stakeholder eingebunden und sensibilisiert. Die Einbindung erfolgt dabei in öffentlichen Veranstaltungen, über Arbeitssitzungen oder Einzelgespräche. Die frühzeitige Einbindung der heterogenen Akteursgruppen sowie deren zielgerichtete Führung im gegenseitigen Dialog sind notwendig für die Schaffung einer breiten Akzeptanzbasis.

Entsprechend ist unabdingbar, Kenntnisse bezüglich grundlegender Prinzipien und Techniken der Moderation zu besitzen. Moderation dient im Grunde dazu einer Gruppe bei der Formulierung eigener Wünsche und Ziele zu helfen, Problemlösungen zu erarbeiten und Umsetzungsmaßnahmen zu generieren. Hierbei gilt, nicht nur Raum für Meinungen, Wünsche und Entscheidungen zu gewähren, sondern diese auch sinnvoll aufeinander abzustimmen ohne dabei Einfluss auf Gesprächsinhalte zu nehmen. Wichtige Eckpfeiler von Moderationen stellen permanente Visualisierungen, Einbezug und Aktivierung der Teilnehmer sowie eine bestmögliche Arbeitsatmosphäre dar (vgl. Malorny und Langner 2007, S. 36).

Moderatoren und die leitenden Stadtmarketingakteure müssen soziales und psychisches Einfühlungsvermögen besitzen, da sie nicht nur die Rolle eines Fachexperten einnehmen, sondern vielmehr die Aufgabe haben zwischenmenschliche Kommunikation anhand einer fragend-entwickelnden Haltung bestmöglich zu gestalten und Teilnehmer zur aktiven Mitarbeit zu bewegen. Moderatoren sollten dabei stets eine neutrale Haltung einnehmen. Wertungen oder eine Diskussionslenkung hin zur eigenen Meinung sind fehl am Platz. Persönliche Standpunkte können nur eingebracht werden, wenn der Moderator sichtbar seinen kurzzeitigen Rollenwechsel den Teilnehmern mitteilt und dafür bereits eine tiefere Verbindungsbasis mit der Gruppe vorhanden ist. Fachliche Statements sind angebracht, um die Entscheidungssicherheit zu stärken. Da Moderationen den Zweck der zielorientierten Maßnahmenentwicklung innerhalb eines problemorientierten Lösungsprozesseses erfüllen sollen, empfiehlt es sich Teilnehmer frühzeitig abzuholen, Erwartungen zu klären und Schritt für Schritt Problem- und Handlungsfelder zu identifizieren. Dabei haben sich die folgenden in Abb. 3 veranschaulichten Einzelphasen innerhalb des Moderationszyklus bewährt.

Ein guter Einstieg ist richtungsweisend für den Verlauf der jeweiligen Moderationsveranstaltung. Wichtig ist eine angemessene Dialogatmosphäre zu schaffen. Essenzielle Bestandteile sind gegenseitiges Kennenlernen der Diskussionsteilnehmer, die Vorstellung des geplanten Ablaufs und eine Erwartungsabfrage. Daran knüpfen Phase 2 und 3 mit der eigentlichen Themenfindung an. Hierzu werden Probleme gesammelt, thematisch geclustert und zuletzt nach Priorität bewertet. Danach können mögliche Problemursachen mithilfe eines geeigneten Problem-Analyse-Schemas (z. B. der SWOT-Analyse) ganzheitlich analysiert sowie im nächsten Schritt ein Ideen- und Maßnahmenplan erarbeitet werden. Zum Abschluss wird der Arbeitsprozess gemeinsam mit den Teilnehmerinnen und Teilnehmern reflektiert und es werden Vereinbarungen für das weitere Vorgehen und die nächsten Arbeitsschritte getroffen. Je nach Aufgabenstellung übernimmt das Stadtmarketing sehr häufig diese Moderatorenrolle und steuert den Dialog. Bei umfangreichen Prozessen mit starker auch inhaltlicher Betroffenheit des Stadtmarketings ist möglicherweise eine externe Moderation effizienter, weil sie Neutralität mitbringt und die Stadtmarketingverantwortlichen nicht unter Steuerungsverdacht geraten.

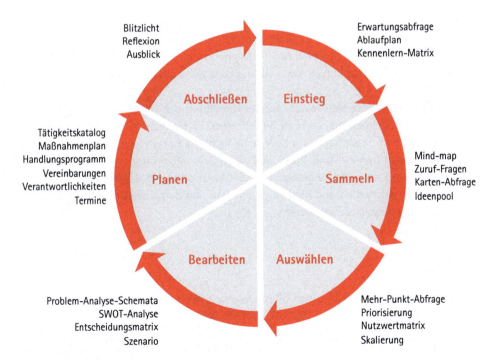

Abb. 3 Der Moderationszyklus. (Quelle: eigene Darstellung)

Praxis-Exkurs: Die „Modipulation"

Im Hinblick auf das eigentliche Ziel einer moderierten Veranstaltung ist jedoch methodische Flexibilität unabdingbar. Dies betrifft zum einen die Rolle des Moderators, zum anderen den Einsatz der Technik der *Modipulation* (Moderation + Manipulation). Bezüglich der Rolle des Moderators gilt festzuhalten, dass seine vollständige Neutralität oftmals nur bedingt sinnvoll erscheint. Insbesondere als Unterstützung bei inhaltlichen Priorisierungsprozessen oder der Ideengenerierung stellt die Einbringung fachlicher Expertise durchaus ein probates Mittel zur Gewährleistung eines zielgerichteten Ablaufs dar. Auch mit Blick auf die Komplexität von Planungsaufgaben im kommunalen Zusammenhang ist dies wichtig. Zudem ist es mitunter sachdienlich, neben zusammenfassenden Zwischenfazits auch einzelne Eckpunkte oder verzweigte Themenbündel auf einen gemeinsamen Punkt zu bringen. Ergänzend dazu ermöglichen zugespitzte Fragen und aussageorientiertes Nachfragen Anstöße für bisher weniger stark wahrgenommene Themenfelder.

Modipulation verfolgt im Kern ein ähnliches Ziel wie die punktuelle Aufgabe des Neutralitätsgebots. Die eigentliche Moderationsmethode richtet sich hierbei nach der gewünschten Zielsetzung. Liegt der Schwerpunkt auf der Generierung von Ideen oder der Ableitung einer Vision? Sollen konkrete Projekte entwickelt oder direkte Umsetzungsvorbereitungen im Sinne von Verantwortungszuschreibung und substanziellen Beteiligungen erarbeitet werden? Mittels gezielter kreativitätsfördernder Methoden, wie Gruppentische oder Rollenspiele, steht bei der *Modipulation* die Erarbeitung von alternativen Betrachtungsweisen im Fokus.

Letztendlich hängt die Qualität einer Moderation in ihrer Gesamtheit allerdings stets sowohl von der Person des Moderators/der Moderatorin als auch dem sinnstiftenden Einsatz von Frage- und Antworttechniken sowie einer angemessenen Visualisierungsmethodik ab.

▶ **Tipp** Die absolute Neutralität und Zurückhaltung des Moderators ist in der Realität manchmal durchaus zu hinterfragen. Tatsächlich muss ein Moderator gerade im Stadtmarketing über hohe fachliche Kompetenz verfügen und stellenweise Impulse und Ideen einbringen. Ein Moderator mit fachlichem Hintergrund ist in der Regel in der Lage durch objektive Bewertungen Entscheidungssicherheit und Klarheit zu schaffen und damit die Umsetzungsorientierung deutlich zu verbessern.

5 Fazit

An aktiven Partizipationselementen führt heute kein Weg vorbei. Die Bausteine für derartige Prozesse sind vorhanden. Sie müssen lediglich themen- und zielgruppenorientiert angepasst und eingesetzt werden, wofür mittlerweile umfangreiche Sammlungen an Erfahrungswerten und Best-Practice-Beispielen für jegliche Projektdimensionen oder Partizipationsphasen und sachdienliche Ausgestaltungsformen zur Verfügung stehen.

Ebenso wie sich gesellschaftliche Beteiligungsansprüche weiterentwickeln, müssen auch formale Prozesse zeitgemäß angepasst werden. Denn projektplanerische Herausforderungen können nur im wechselseitigen Verständnis innerhalb des dafür vorgesehenen gesetzlichen Rahmens erfolgreich und zielorientiert bewältigt werden. Stadtmarketing übernimmt innerhalb dieses partizipativ-kooperativen Stadtentwicklungsparadigmas eine Schlüsselrolle. Entgegen der oftmals pauschalen Ansicht, dass Stadtmarketing sich auf die Vermarktung der Stadt nach außen konzentriert, zeigen sich gerade im nach innen gerichteten Blick die kommunikativen und kooperativen Potenziale für ganzheitliche, zukunftsorientierte Entwicklungen. In seiner partizipativen und querschnittsorientierten Funktion muss Stadtmarketing auch als permanenter, zeitgemäßer Prozess der Innovation, Verständigung, Vermittlung und Moderation verstanden werden. Im städtischen Gefüge nimmt Stadtmarketing dabei einen besonderen Platz ein, denn es ist nicht wie die anderen Ressorts über Zuständigkeiten definiert, sondern dient als Schnittstelle zwischen Verwaltung und Stadtgesellschaft. Themen, die für die Stadt von zentraler Bedeutung sind, werden deshalb nicht nur in den entsprechenden Fachressorts, sondern gemeinsam mit dem Stadtmarketing bearbeitet. Für diesen Anspruch entwicklungsrelevanter Vielfältigkeit braucht das Stadtmarketing die entsprechende institutionelle und organisationale Basis: die kommunalen Strukturen.

Literatur

Brandl, U., Huber, T., & Walchshöfer, J. (2014). *Praxiswissen für Kommunalpolitiker. Erfolgreich handeln als Gemeinde-, Stadt-, Kreis- und Bezirksrat* (4. Aufl.). Heidelberg: Jehle.

Brückner, M., & Märker, O. (2015). E-Partizipation: Elektrifizierung der Bürgerbeteiligung. *Standort. Zeitschrift für Angewandte Geographie, 39*(2), 112–119.

Malorny, C., & Langner, M. A. (2007). *Moderationstechniken. Werkzeuge für die Teamarbeit* (3. Aufl.). München: Hanser.

Neunecker, M. (2015). *Partizipation trifft Repräsentation. Die Wirkungen konsultativer Bürgerbeteiligung auf politische Entscheidungen*. Wiesbaden: Springer.

Rosenthal, K., & Wölfel, R. (2014). Kommunales Marketing. In U. Brandl, T. Huber, & J. Walchshöfer (Hrsg.), *Praxiswissen für Kommunalpolitiker. Erfolgreich handeln als Gemeinde-, Stadt-, Kreis- und Bezirksrat* (4. Aufl., S. 332–386). Heidelberg: Jehle.

Schneider, E. (2014). Die Finanzhoheit der Kommunen. In U. Brandl, T. Huber, & J. Walchshöfer (Hrsg.), *Praxiswissen für Kommunalpolitiker. Erfolgreich handeln als Gemeinde-, Stadt-, Kreis- und Bezirksrat* (4. Aufl., S. 209–263). Heidelberg: Jehle.

Schulze, G., & Kast, A. (2011). Von A wie Agendakonferenz bis Z wie Zukunftswerkstatt. *Formen informeller Beteiligung. Politische Ökologie, 29*(127), 36–41.

Walchshöfer, J. (2014). Der kommunale Mandatsträger. In U. Brandl, T. Huber, & J. Walchshöfer (Hrsg.), *Praxiswissen für Kommunalpolitiker. Erfolgreich handeln als Gemeinde-, Stadt-, Kreis- und Bezirksrat* (4. Aufl., S. 109–178). Heidelberg: Jehle.

Über den Autor

Diplom-Geograph Roland Wölfel, Jahrgang 1962, ist seit deren Gründung 1988 im Unternehmensverbund der CIMA Beratung + Management GmbH tätig, seit 1995 deren Geschäftsführer und seit 2009 Mitgesellschafter und Partner. Zuvor war er unter anderem für eine Unternehmensberatung im Freizeitsektor und für die Forschungsstelle für Raumanalysen, Regionalpolitik und Verwaltungspraxis tätig. Er ist einer der Initiatoren zur Gründung der Bundesvereinigung City- und Stadtmarketing Deutschland sowie des Instituts für City- und Regionalmanagement Ingolstadt, dessen Vorsitzender er ist. Roland Wölfel ist als Dozent an verschiedenen Hochschulen tätig und ein gefragter Moderator und Referent für Stadtmarketingthemen.

Grundlagen des (Stadt-)Marketings

Helmut Schneider

Zusammenfassung

Der Beitrag vermittelt überblicksartig, worum es im Marketing geht, welche Aufgaben es hat und welche Wege sich anbieten, um Marketingziele zu erreichen. Hierzu wird zunächst das *Herbeiführen wünschenswerter Austauschprozesse im Wettbewerb* (HWAIW [sprich hawei]) als zentrale Aufgabe der Marketingdisziplin beschrieben und die Unterscheidung zwischen *Marketing denken* und *Marketing machen* eingeführt. Anschließend folgt der Transfer auf das Objekt Stadt und eine Skizze der Aufgabenstellungen des Stadtmarketings in strategischer und operativer Hinsicht.

---

1 Zielsetzung und Aufbau des Beitrages

Das Verfassen eines Beitrages in einem Herausgeberwerk ist vermutlich für jeden Autor, sicher aber für diesen Autor, eine Aufgabe mit gewisser Brisanz. Die Herausgeber, hier einmal mit Restaurantbesitzern verglichen, haben die Idee für ein mehrgängiges Menü und bitten unterschiedliche Köche darum, die einzelnen Komponenten des Menüs zuzubereiten. Um sicherzustellen, dass bei dieser dezentralen Art des Kochens am Ende auch etwas Schmackhaftes herauskommt, bemühen sich die Herausgeber erstens um eine möglichst sinnvolle Aufgabenteilung und versehen zweitens jeden Autor mit mehr oder weniger detaillierten Lastenheften. Damit fängt das Drama auch schon an: Natürlich ist jeder der Köche der Überzeugung, dass er nicht nur einen spektakuläreren Menüplan hätte aufstellen können, sondern ist darüber hinaus latent erbost über die Beschneidung seiner

---

H. Schneider (✉)
Steinbeis-Hochschule Berlin, Berlin, Deutschland
E-Mail: h.schneider@steinbeis-smi.de

© Springer Fachmedien Wiesbaden GmbH 2018
H. Meffert et al. (Hrsg.), *Praxishandbuch City- und Stadtmarketing*,
https://doi.org/10.1007/978-3-658-19642-4_5

Kreativität aufgrund des Lastenheftes; schließlich ist man ja Koch und nicht Küchenjunge. Die Übernahme einer solchen Aufgabe bedarf also schon einer besonderen Beziehung zu den Restaurantbesitzern. Man muss sie mögen (trifft hier zu), fürchten (trifft hier nicht zu), bewundern (trifft hier natürlich auch zu) oder respektieren (trifft hier zu).

Nach diesem kurzen Einblick in das Seelenleben eines Autors von Beiträgen in Herausgeberwerken, nun zur gestellten Aufgabe und damit zum Inhalt dieses Beitrages. Mein Teil des Menüs war mit der Überschrift „Grundlagen Marketing" versehen. Dies gleicht einer Herkulesaufgabe, haben doch die üblichen Werke mit dem Anspruch einer Einführung in die Grundlagen des Marketings Umfänge von annähernd 1000 Seiten (vgl. z. B. Meffert et al. 2015), dieser Beitrag aber eine Begrenzung von knapp 20 Seiten. Zudem sollten die Überlegungen auf das eigentliche Thema Stadtmarketing Bezug nehmen, was die Aufgabe zusätzlich erschwert. Die nachfolgenden Ausführungen sind daher prinzipiell eher auf Breite als auf Tiefe ausgelegt und zudem höchst selektiv. Der Beitrag soll überblicksartig vermitteln, worum es aus Sicht des Autors im Marketing geht, welche Aufgabenstellungen sich daraus ergeben, wie diese gelöst werden können und was das alles mit Städten zu tun hat. Dieses Ziel wird über zwei Hauptetappen erreicht. Im sich anschließenden zweiten Abschnitt wird zunächst das *Herbeiführen wünschenswerter Austauschprozesse im Wettbewerb* (HWAIW [sprich hawei]) als Kern der Marketingdisziplin beschrieben (Abschn. 2.1) und die Unterscheidung zwischen *Marketing denken* und *Marketing machen* eingeführt (Abschn. 2.2). In Abschn. 2.3 folgt der Transfer auf das Objekt Stadt und damit eine Skizze der Aufgabenstellungen des Stadtmarketings. Der dritte Abschnitt ist strategischen und operativen Fragen des (Stadt-)Marketings gewidmet. Abschn. 3.1 beschreibt dabei die Sicherung von Wettbewerbsvorteilen als Kernaufgabe des Strategischen Marketings. In Abschn. 3.2 geht es schließlich um die operative Ausgestaltung der Marketinginstrumente. Der Beitrag endet mit einem zusammenfassenden Fazit.

2 What the hell is (Stadt-)Marketing?!

2.1 Herbeiführen wünschenswerter Austauschprozesse im Wettbewerb (HWAIW [hawei]) als Kernaufgabe des Marketings

Das Jahr 1969 markiert eine Zeitenwende für die deutschsprachige Marketingwissenschaft. In diesem Jahr gründete Heribert Meffert an der Universität Münster das erste Institut für Marketing an einer deutschen Universität. In kurzer Zeit folgten Gründungen an den Universitäten Mannheim, Bochum, Frankfurt, Saarbrücken und München (vgl. Voeth et al. 2011). Heute (Stand Juli 2017) hat die Kommission für Marketing im Verband der Hochschullehrer für Betriebswirtschaft (VHB) 346 Mitglieder. Damit zählt das Fach – gemessen an der Gesamtmitgliederzahl im VHB – gemeinsam mit den Fächern Organisation (394 Mitglieder) und Rechnungswesen (374 Mitglieder) zu den größten Teildisziplinen innerhalb der deutschen Betriebswirtschaftslehre.

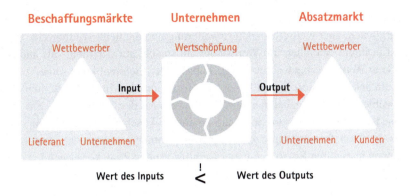

Abb. 1 Prinzip der Wertschöpfung. (Quelle: eigene Darstellung)

Mit dem starken Wachstum des Faches ging auch eine Spezialisierung und Ausdifferenzierung einher. Damit sind nicht nur die insbesondere von der Beraterzunft benutzten „Bindestrich-Marketing-Konzepte" gemeint (etwa Turbo-Marketing, Guerilla-Marketing, Aktien-Marketing usw.; vgl. Meffert 1994), sondern auch ernst zu nehmende Spezialisierungen in der Wissenschaft. So finden sich heute beispielsweise etablierte Lehrbücher zum Industriegüter- (vgl. z. B. Backhaus und Voeth 2010), Dienstleistungs- (vgl. z. B. Bruhn und Meffert 2012), Handels- (vgl. z. B. Ahlert und Kenning 2007), Relationship- (vgl. z. B. Bruhn 2009) oder auch Nonprofit-Marketing (vgl. z. B. Sargeant 2009).

Für das Verständnis des (Stadt-)Marketings erscheint es angesichts der zahlreichen divergierenden Spezialisierungen unentbehrlich, die Frage nach dem gemeinsamen Kern der Disziplin zu stellen. Hierzu ist ein Rückgriff auf das Mutterfach der Marketingwissenschaft, die Betriebswirtschaftslehre, erforderlich. Dieser einzelwirtschaftlich ausgerichtete Teil der Wirtschaftswissenschaft analysiert – wie der Name schon sagt – das Wirtschaften in Betrieben. Dieses Wirtschaften kann man unter dem Begriff der Wertschöpfung subsumieren. Unternehmen[1] beschaffen unterschiedliche Input-Faktoren (Material, Ideen, Personen, Kapital, Standorte etc.) und kombinieren diesen Input in irgendeiner Form zu einem Output (vgl. Abb. 1). Allerdings ist dieser Transformationsprozess an eine kleine, aber folgenreiche Nebenbedingung geknüpft: Der Wert des Outputs muss größer sein als der Wert des Inputs. Mit anderen Worten ist für die dauerhafte Existenz eines Unternehmens ein Mindestmaß an Wertschöpfung, festgemacht an der wertmäßigen Differenz zwischen Output und Input, unerlässlich.

Letztlich befassen sich alle Teildisziplinen der Betriebswirtschaftslehre mit diesem Wertschöpfungsprozess, fokussieren dabei aber jeweils unterschiedliche Teilaspekte. Um das Erkenntnisobjekt der Marketingwissenschaft im Zusammenhang mit

---

[1]Unternehmen sind eine Subkategorie von Betrieben als fremdbedarfsdeckende Wirtschaftseinheiten, die sich durch Merkmale wie Autonomieprinzip, erwerbswirtschaftliches Prinzip und Privateigentum auszeichnen (vgl. Schierenbeck und Wöhle 2012, S. 29 ff.).

Wertschöpfungsprozessen zu präzisieren, bedarf das skizzierte Wertschöpfungsmodell einer marginalen, aber weitreichenden Erweiterung und die heißt Wettbewerb. Unternehmen sind in ihrem Bemühen um Wertschöpfung sowohl auf der Input- als auch auf der Output-Seite Wettbewerb ausgesetzt (vgl. Abb. 1). Der Lieferant kann seine Vorprodukte auch an ein anderes Unternehmen liefern. Ebenso kann ein Mitarbeiter seinen Arbeitgeber frei wählen. Gleichermaßen herrscht Wettbewerb auf der Output-Seite. Ein intendierter Wertschöpfungsprozess wird erst dann zu einer faktischen Wertschöpfung, wenn das Ergebnis des Transformationsprozesses einen Abnehmer gefunden hat. Kunden können ihre knappen monetären Ressourcen aber auch für weitere Zwecke verwenden und damit anderen Unternehmen zukommen lassen.

Zusammenfassend sind Unternehmen in ihrer Rolle als wertschöpfende Transformatoren sowohl auf der Input- wie auf der Output-Seite auf Beiträge von Austauschpartnern angewiesen. Diese haben aufgrund der wettbewerblichen Grundordnung von Marktwirtschaften allerdings Alternativen, sodass ein Unternehmen den für sie bedeutsamen Austauschpartnern ein wettbewerbsüberlegenes Angebot unterbreiten muss, das gleichzeitig die Unternehmensinteressen berücksichtigt. Damit ist auch schon umschrieben, worauf das Augenmerk der Marketingdisziplin im Kontext von Wertschöpfungsprozessen liegt: Ihr Erkenntnisobjekt sind wettbewerbliche Austauschprozesse, in anderen Worten die wettbewerblich organisierten Schnittstellen des Unternehmens auf Input- und Output-Seite.

Die Einsicht, dass sich die Wissenschaft des Marketings vor allem mit wettbewerblichen Austauschprozessen beschäftigt, mag aufschlussreich, aber nicht sonderlich aufregend sein. Jede Wissenschaftsdisziplin fokussiert einen bestimmten Teil der Wirklichkeit oder dessen, was sie für Wirklichkeit hält. Sie stellt ihre Wahrnehmung im Hinblick auf die sie interessierenden Phänomene scharf, den Rest blendet sie mehr oder weniger aus: Glaziologen befassen sich mit dem Entstehen respektive Verschwinden von Gletschern; Stauforscher untersuchen Gründe für die Entstehung von Verkehrsstaus; Klimaforscher versuchen die Veränderungen des Klimas zu verstehen und Marketingwissenschaftler befassen sich mit wettbewerblichen Austauschprozessen. So weit, so gut.

Die Marketingwissenschaft weist jedoch im Hinblick auf ihr Erkenntnisziel eine Besonderheit auf, die sie von den meisten anderen (Sozial-)Wissenschaften unterscheidet und die durchaus aufregend ist oder zumindest sein kann. In ihrem für das Fach charakteristischen praktisch-normativen Selbstverständnis sind Marketingwissenschaftler nicht nur daran interessiert, wettbewerbliche Austauschprozesse zu beobachten, zu klassifizieren und zu erklären. Vielmehr sind dies alles nur Etappenziele, die dem letztlichen Wissenschaftsziel dienen sollen: der Ableitung von Gestaltungs- respektive Handlungsempfehlungen (vgl. Franke 2002, S. 53 ff.). Deren Generierung erfordert eine Zielfunktion, vor deren Hintergrund die Bewertung eines Sachverhaltes als wünschenswert überhaupt erst möglich ist. Und damit verlangen wertende Aussagen immer auch nach einer Akteursperspektive, da die Frage, was wünschenswert ist, vom Standpunkt des Betrachters, von seiner individuellen Zielfunktion abhängt. Die Marketingwissenschaft nimmt dabei typischerweise den Standpunkt von Unternehmen ein. Sie versucht also wettbewerbliche Austauschprozesse zu verstehen, um darauf aufbauend Vorschläge zu entwickeln, wie diese aus Sicht der Unternehmen besser gestaltet werden könnten.

Zusammenfassend kann man Marketing als die Lehre vom Herbeiführen wünschenswerter Austauschprozesse im Wettbewerb (HWAIW [sprich: hawei]) interpretieren (vgl. Schneider 2015). Dabei zeigen die letzten drei Buchstaben (AIW) das Erkenntnisobjekt der Disziplin auf. Die Marketingwissenschaft befasst sich mit wettbewerblich organisierten Austauschprozessen. Die ersten beiden Buchstaben (HW) resultieren aus der praktisch-normativen Perspektive der Marketingdisziplin. Ähnlich wie eine Diagnose in der Medizin nur Mittel zum Zweck, dort einer passgenauen Therapie ist, ist die Erklärung wettbewerblicher Austauschprozesse für die Marketingwissenschaft nur Mittel, um Hinweise für deren bessere Gestaltung zu geben. Damit untrennbar verbunden ist die Perspektivität des Faches, denn die Ableitung von Handlungsempfehlungen verlangt nach einer Definition der Ziele, die ihrerseits einer Akteurszentrierung bedarf. In der Regel nimmt der Marketingwissenschaftler dabei die Sichtweise von Unternehmen ein. Allerdings muss das nicht so sein: Es gibt auch zahlreiche Marketingwissenschaftler – insbesondere im Kontext der Konsumentenverhaltensforschung (vgl. zur Diskussion Kroeber-Riel und Gröppel-Klein 2013, S. 31 ff.) –, die sich ausdrücklich vom praktisch-normativen Ansatz distanzieren oder wettbewerbliche Austauschprozesse zum Vorteil von Kunden zu gestalten suchen (etwa im Kontext des Verbraucherschutzes).

2.2 Marketing machen und Marketing denken

Das Herbeiführen wünschenswerter Austauschprozesse im Wettbewerb ist eine für die Wertschöpfung von Unternehmen essenzielle Aufgabe. Von einem Wertschöpfungsprozess kann man erst dann sprechen, wenn das Ergebnis des Transformationsprozesses einen Abnehmer gefunden hat oder anders ausgedrückt, wenn das Unternehmen Umsatz erzielt (notwendige Bedingung). Der Umsatz muss dabei den bewerteten Ressourcenverbrauch – die Kosten – übersteigen (hinreichende Bedingung).

Diese Erkenntnis ist nicht wirklich neu: Wird das Wirtschaftsleben über Märkte koordiniert, war das immer so und wird auch immer so bleiben. Allerdings haben sich die Bedingungen, unter denen sich der Absatz oder Verkauf vollzieht, deutlich verändert. Lange Zeit war es für Unternehmen auch in Deutschland keine große Schwierigkeit, ihre Waren „an den Mann respektive die Frau zu bringen". Wenn die Nachfrage das Angebot übersteigt – man nennt dies einen Verkäufermarkt –, bilden sich vor allen Geschäften mehr oder weniger lange Schlangen.

Auch zu dieser Zeit hat sich die Betriebswirtschaftslehre schon mit Fragen des Absatzes befasst. Allerdings hieß das Fach damals noch nicht Marketing, sondern Absatzlehre. Das Selbstverständnis des Faches wird an folgendem Zitat aus einem Lehrbuch über die Absatzlehre des damaligen Direktors des Instituts für Absatzwirtschaft an der Ludwig-Maximilians-Universität München, Prof. Eugen Leitherer, deutlich:

„In der Industriewirtschaft müssen die Unternehmer grundsätzlich ihre Waren oder Leistungen gegen Entgelt auf einem Markt anbieten, auf dem diese von Kunden gekauft werden. Der Produktion muss hier die Lieferung an Kunden auf dem Markt folgen, der Absatz (oder Vertrieb)" (Leitherer 1964, S. 9).

In dieser Perspektive wird die Leistungserstellung (Einkauf und Produktion) von der Leistungsverwertung (Absatz oder Vertrieb) separiert: Zunächst wird produziert, anschließend verkauft. Mit anderen Worten wird die Wertschöpfung von links nach rechts gedacht. Fragen des Absatzes rücken am Ende eines Wertschöpfungsprozesses in den Vordergrund und werden an eine darauf spezialisierte Abteilung (*Sales*, Vertrieb, Marketing oder Ähnliches) delegiert. Diese betriebliche Abteilung ist für das Herbeiführen wünschenswerter Austauschprozesse im Wettbewerb verantwortlich. Dieses Verständnis des Faches wird hier als *Marketing machen* umschrieben. Im Kern des Marketing-Machens steht die Konfiguration der Marketinginstrumente, wie sie beispielsweise über die 4 Ps *(Price, Product, Place, Promotion)* paradigmatisch systematisiert wurden. Typische hierbei zu lösende Aufgaben sind etwa: Welche Vertriebskanäle sind adäquat *(Place)*, welche Geschichten können zu dem Produkt erzählt werden *(Promotion)*, zu welchem Preis lässt sich das Produkt verkaufen *(Price)*, welche Verpackung erhöht die Absatzchancen *(Product)*? Auch wenn diese Umschreibung des funktionalen Marketingverständnisses stark verkürzt ist – zu jedem dieser Instrumente gibt es eigenständige Lehrbücher –, ändert dies nichts am Prinzip der handwerklich-funktionalen Interpretation der Marketingdisziplin.

Dieses funktionale Verständnis wurde Ende der 1960er Jahre in Deutschland unter dem Begriff der Marktorientierung durch eine kulturelle Interpretation ergänzt. Damit einher ging die sukzessive Substitution des Begriffes Absatzlehre durch den Terminus Marketing. Die Begrenztheit monokausaler Erklärungen anerkennend, kann als wesentliche Ursache dieser Entwicklung die grundsätzliche Verschärfung der Wettbewerbssituation ausgemacht werden. Im Zuge der prosperierenden wirtschaftlichen Entwicklung Nachkriegsdeutschlands wandelten sich zahlreiche Märkte von Verkäufer- zu Käufermärkten: Das gesamtwirtschaftliche Angebot war also nicht mehr kleiner, sondern größer als die Nachfrage. Das Herbeiführen wünschenswerter Austauschprozesse im Wettbewerb ist unter den Bedingungen eines Käufermarktes ungleich schwerer als in Verkäufermärkten. Folgerichtig stehen Kunden nicht mehr am Ende eines Wertschöpfungsprozesses, sondern an seinem Anfang. Die Wertschöpfung wird nun also quasi von rechts nach links gedacht. Die Analyse von Kundenanforderungen (und Wettbewerbsangeboten) ist Ausgangspunkt der unternehmerischen Tätigkeit, nicht deren Endpunkt. Konstitutiv für das kulturelle Marketingverständnis – hier als *Marketing denken* charakterisiert – ist somit der Begriff der Kundenorientierung: Das Denken in Produkten wird ersetzt durch das Denken in Kundenproblemen; das Unternehmen wird marktorientiert geführt. Funktionales Marketing wird durch die initiale Berücksichtigung der Kundenperspektive nicht obsolet. Vielmehr ist die Marktorientierung eine Ergänzung der funktionalen Marketingaktivitäten, um die Wahrscheinlichkeit des Herbeiführens eines wünschenswerten Austauschprozesses im Wettbewerb in einer Situation intensiven Wettbewerbs zu erhöhen.

Zusammenfassend ist für das heutige Marketingverständnis eine duale Auffassung kennzeichnend. Auf der einen Seite steht die funktionale Interpretation *(Marketing machen)*. Sie bildet die historische Wurzel des Faches: Im Fach Absatzlehre wurde schon lange vor Einführung des Marketingbegriffes in die deutschsprachige Betriebswirtschaftslehre das Herbeiführen wünschenswerter Austauschprozesse im Wettbewerb thematisiert. Heute spiegelt sich dieses Marketingverständnis in Fragen der adäquaten Konfiguration der Marketinginstrumente wieder. Mit der Verschärfung der Wettbewerbssituation im Zuge des Wandels der Märkte von Verkäufer- zu Käufermärkten erwies sich das rein funktionale Marketingverständnis als zunehmend dysfunktional. Waren oder Dienstleistungen zu verkaufen, die an den Erfordernissen von Kunden vorbei produziert werden, ist bei intensivem Wettbewerb in aller Regel unmöglich, werden die Marketinginstrumente auch noch so geschickt konfiguriert. Vor diesem Hintergrund wurde das funktionale Verständnis durch das Postulat einer marktorientierten Unternehmensführung *(Marketing denken)* ergänzt. Diese Ergänzung ist folgenreich, da dadurch der Wertschöpfungsprozess gleichsam umgedreht wird. In diesem Sinne findet Marketing nicht mehr länger nur in einer dafür spezialisierten Abteilung statt, sondern ist kulturprägend für die gesamte Organisation.

2.3 Und was hat das alles mit Städten zu tun? Konzeption des Stadtmarketings

Das Herbeiführen wünschenswerter Austauschprozesse im Wettbewerb als inhaltlicher Nukleus der Marketingdisziplin und funktionale (Marketing machen) sowie kulturelle (Marketing denken), zueinander komplementäre Interpretationen des Faches – das waren die Kernaussagen der vorangegangenen Abschnitte. Nachfolgend soll diskutiert werden, inwieweit diese Elemente auch für das Stadtmarketing tragfähig sind. Den Ausgangspunkt bildet dabei die Frage, ob das Herbeiführen wünschenswerter Austauschprozesse im Wettbewerb auch eine kommunale Aufgabenstellung ist.

Das Attribut wünschenswert lenkt den Blick dabei zunächst auf die Frage der kommunalen Zielfunktion. Kommunen als Non-Profit-Organisationen verfolgen im Gegensatz zu Unternehmen keine Formal-, sondern Sachziele (vgl. Bruhn 2012, S. 28). Damit geht einher, dass der Stellenwert der für das Erreichen der Organisationsziele relevanten Transaktionspartner, wie zum Beispiel Unternehmen, Touristen, Einzelhandelskunden oder Einwohner, homogener wird. Die im Profit-Marketing auszumachende Konzentration auf den Kunden als dem für die erwerbswirtschaftlichen Ziele zentralen Transaktionspartner weicht im Stadtmarketing folglich einer eher multiperspektivischen Ausrichtung auf eine Vielzahl ähnlich bedeutsamer Austauschprozesse (Sargeant 2009, S. 25 ff.). Zudem variiert die Bedeutung einzelner Transaktionspartner mit der konkreten Zielfunktion einer Kommune und den jeweils situativ priorisierten Zielen sowie den unterschiedlichen Wettbewerbsbedingungen im Hinblick auf die für diese Ziele relevanten Transaktionspartner. So wird beispielsweise für eine Kommune mit einer Arbeitslosenquote unter drei Prozent die Ansiedlung neuer Unternehmen vermutlich weniger prioritär sein als für eine Kommune mit einer Arbeitslosenquote im zweistelligen Prozentbereich. Typisch für das Stadtmarketing ist damit eine Vielzahl relevanter Transaktionspartner, deren Priorisierung je nach verfolgter Zielsetzung und Intensität des Wettbewerbs interkommunal sowie im Zeitverlauf auch intrakommunal variiert. Zusammenfassend ist das Stadtmarketing angesichts von Sachzielen auf das Herbeiführen einer Reihe ganz unterschiedlicher Austauschprozesse ausgerichtet, die einen positiven Beitrag zur Erreichung einer kommunalen Zielfunktion leisten. Dieser Unterschied zum Profit-Marketing ist zwar folgenreich, darf aber nicht über die aus Marketingsicht elementare Gemeinsamkeit von Unternehmen und Kommunen hinwegtäuschen: Zur Erreichung von Zielen sind freiwillige Beiträge von Transaktionspartnern erforderlich. Da die Transaktionspartner ihre zielrelevanten Beiträge auch anderen Kommunen zukommen lassen können, mit anderen Worten Wettbewerb besteht, scheint das Herbeiführen wünschenswerter Austauschprozesse im Wettbewerb auch für das Stadtmarketing die zentrale Aufgabenstellung zu sein.

Als zweites soll geprüft werden, inwieweit auch das Stadtmarketing funktional und kulturell interpretiert werden kann. Das Verständnis und die Gestaltung wettbewerblicher Austauschbeziehungen zwischen einer Kommune und ihren relevanten Transaktionspartnern hat in Marketingforschung und -praxis inzwischen eine lange Tradition. Seit den Grundlagenarbeiten, etwa von Meffert (1989), gehören die wettbewerblichen Austauschbeziehungen einer Kommune mit ihren relevanten Transaktionspartnern zu den relevanten Erkenntnisobjekten der deutschsprachigen Marketingwissenschaft (vgl. Töpfer 1993).

Ausgehend von einem kommunikationszentrierten, primär fremdbildfokussierten Marketingverständnis hat sich das Stadtmarketing dabei in den letzten Dekaden kontinuierlich weiterentwickelt (vgl. Ebert 2004, S. 5 f.) (vgl. Abb. 2).

Einerseits ist dabei eine Erweiterung des inhaltlichen Anspruchs, andererseits eine Ausweitung der relevanten Bezugsgruppen des Stadtmarketings auszumachen. Im Hinblick auf den inhaltlichen Fokus ist auch im Stadtmarketing eine Ergänzung des funktionszentrierten *Marketing machen* um die Idee einer marktorientierten Stadtentwicklung im Sinne eines *Marketing denken* zu beobachten (vgl. Meffert 1989). Stand im funktions-, insbesondere

Abb. 2 Entwicklungslinien des Stadtmarketings. (Quelle: eigene Darstellung)

kommunikationszentrierten Marketing noch die Außendarstellung einer Kommune gegenüber den relevanten Transaktionspartnern im Fokus, rückt im Zuge einer marktorientierten Stadtentwicklung ergänzend die gestalterische Frage ins Blickfeld, wie eine Kommune aus Sicht der relevanten Transaktionspartner unter Berücksichtigung des relevanten Wettbewerbsumfeldes sein sollte. Funktionsorientierte inhaltliche Schwerpunkte wie „City-Marketing" oder „Stadtwerbung" wurden in der Perspektive des Stadtmarketings als Führungsphilosophie ergänzt um Fragen der Markenführung (vgl. bspw. Schneider 2007; Zenker 2010 und in diesem Band), der Identität (vgl. bspw. Ebert 2005) oder der Integration von Stadtentwicklungsprozessen in das Stadtmarketing (vgl. bspw. Hauff et al. 2007).

Wie grundsätzlich im Non-Profit-Marketing (vgl. Schneider und Heinze 2008, S. 8), setzt auch im Stadtmarketing die Identität einer Kommune ihrer Marktorientierung Grenzen. Die Gestaltungsoptionen hinsichtlich des gewünschten Fremdbildes sind mit anderen Worten durch identitätsrelevante Merkmale des Selbstbildes limitiert. Zudem machen die Pluralität der kommunalen Anspruchsgruppen sowohl im Hinblick auf das Fremd- als auch das Selbstbild sowie kommunale Spezifika hinsichtlich Willensbildung und Durchsetzung die Aufgabe einer marktorientierten Kommunenentwicklung komplex (vgl. Ebert 2004, S. 7 ff.). Das Marketing-Denken gestaltet sich somit im Kontext des Stadtmarketings grundsätzlich anders als bei einer marktorientierten Unternehmensführung: Eine Kommune kann sich nicht beliebig an die Erfordernisse externer Transaktionspartner anpassen.

Mit Blick auf die Bezugsgruppen des Stadtmarketings ist eine Ausweitung von einzelnen, primär externen Zielgruppen einer Kommune – etwa Touristen, Einzelhandelskunden oder Unternehmen – hin zu einer integrativen Betrachtung aller relevanten Transaktionspartner, unter ihnen auch die Einwohner einer Kommune, auszumachen. Ausgangspunkt der Bürgerintegration in das Stadtmarketing war vor allem ihre essenzielle Funktion im Hinblick auf die Identität einer Kommune. Es setzte sich dabei die Einsicht durch, dass in den Prozess einer marktorientierten Entwicklung einer Kommune zur Steigerung der Wettbewerbsfähigkeit aus Sicht externer Anspruchsgruppen unverzichtbar die Perspektive der Bürgerinnen und Bürger auf ihren Lebensraum integriert werden muss (vgl. Ebert 2005). In einem solchen Verständnis sind die Bürger einer Kommune nicht unmittelbarer Bezugspunkt des Stadtmarketings, sondern eine mittelbar zu berücksichtigende Limitation im Rahmen eines nach wie vor in erster Linie auf externe Transaktionspartner gerichteten Marketings. Diese nur mittelbare Berücksichtigung von Bürgern erscheint nicht zuletzt vor dem Hintergrund der demografischen Veränderungen in Deutschland nicht mehr adäquat (vgl. Schneider 2013, S. 22 ff.). Für viele Kommunen sind Einwohner zu einer zunehmend knappen Ressource geworden, die gleichzeitig aufgrund der gewachsenen Bedeutung bürgerschaftlichen Engagements für das Erreichen kommunaler Zielsetzungen wertvoller geworden ist. Insofern erscheint es sinnvoll, Einwohner auch als eine unmittelbare Zielgruppe des Stadtmarketings, sowohl aus funktionaler wie auch kultureller Perspektive, zu betrachten. Inzwischen liegen hierzu auch erste Forschungsergebnisse vor: etwa hinsichtlich von Möglichkeiten der Einwohnergewinnung und -bindung (vgl. Windhaus 2014), den Optionen zur Ausweitung bürgerschaftlichen Engagements (vgl. Schlicht 2013) oder zur Ausgestaltung einer adäquaten Kommunikation mit den Bürgern (vgl. Schneider und Herbers 2013).

Auch das Stadtmarketing lässt sich somit funktional und kulturell interpretieren. Das funktionale Stadtmarketing ist dabei primär auf externe Zielgruppen ausgerichtet und kommunikationsdominiert. Erst in jüngerer Zeit werden Einwohner zu einer originären Zielgruppe funktionaler Marketingbemühungen. In kultureller Hinsicht ergeben sich mit Blick auf das Postulat einer Orientierung an den Erfordernissen der Transaktionspartner deutliche Limitationen. Eine Stadt kann vor dem Hintergrund sehr heterogener Zielgruppen und Begrenzungen, die aus ihrer Identität erwachsen, nur eingeschränkt marktorientiert agieren.

3 Strategische und operative Umsetzung des (Stadt-)Marketings

3.1 Komposition von Wettbewerbsvorteilen als Kernaufgabe des Strategischen (Stadt-)Marketings

Wohl kaum ein Terminus wird in der Betriebswirtschaftslehre so inflationär verwendet wie der Strategiebegriff: Preisführerstrategie, Diversitystrategie, Mehrkanalstrategie, Einkaufsstrategie sind nur einige Beispiele hierfür. Entsprechend umfangreich ist die Debatte um Wesen und Merkmale des „Strategischen". Diese soll hier nicht nachgezeichnet werden. Bei Interesse sei hierzu auf einschlägige Werke, wie z. B. Backhaus und Schneider (2009), Hungenberg (2014) oder Welge und Al-Laham (2003) verwiesen.

Weitgehende Einigkeit besteht in der Literatur darüber (vgl. bspw. Backhaus und Schneider 2009, S. 16; Becker 2013, S. 4 f.; Freiling und Reckenfelderbäumer 2010; Mintzberg 1978), dass Strategien eine hierarchische Mittelposition zwischen Zielen auf der einen Seite, z. B. Gewichtsreduktion um fünf Kilo in den nächsten sechs Monaten, und konkreten Maßnahmen auf der anderen Seite, z. B. dreimal wöchentliches Joggen im Umfang von wenigstens 30 min, einnehmen. Ziele sind die normativen Referenzpunkte, die Ausdruck eines wünschenswerten Zustandes sind. Maßnahmen sind Handlungen, die einen Beitrag zur Erreichung eben dieser Ziele leisten sollen. Ziele werden also durch konkrete Handlungen erreicht, nicht durch eine wie auch immer geartete Strategie.

Vor diesem Hintergrund könnte man sich die Frage nach der Existenzberechtigung von Strategien stellen. Wenn der Begriff angesichts seiner inflationären Verwendung ohnehin unscharf ist und Ziele durch konkretes Handeln, nicht aber durch eine Strategie erreicht werden, wozu braucht man dann noch Strategien? Zur Beantwortung dieser Frage wird auf eine Metapher von Becker (2013, S. 4 f.) zurückgegriffen, der den Dreiklang aus Zielen, Strategien und Maßnahmen mit Wunschorten (Ziele), Routen (Strategien) und Beförderungsmitteln (Maßnahmen) umschreibt. In diesem Bild wird deutlich, dass Wunschorte zwar nur durch ein konkretes Beförderungsmittel erreicht werden, hierfür aber dennoch so etwas wie eine Orientierung, eine Route erforderlich ist.

Wenn das Herbeiführen wünschenswerter Austauschprozesse im Wettbewerb (hawei) die Kernaufgabe (auch) des Stadtmarketings ist, dann folgt daraus konsequenterweise, dass im Zentrum des Strategischen Stadtmarketings die Planung von Routen nach hawei steht. Über die Routenplanung soll ein Rahmen geschaffen werden, der die Vielzahl operativer Einzelentscheidungen im Stadtmarketing sinnvoll kanalisiert und so Wettbewerbsvorteilspositionen ermöglicht.

Im Rahmen dieser Routenplanung kommt dem von Backhaus (2006) entwickelten Konzept des *Komparativen Konkurrenzvorteils* (KKV) essenzielle Bedeutung zu. Der KKV beschreibt dabei keine Marketingstrategie, sondern fungiert im Sinne eines Fixsterns als Navigator für konkrete Ausprägungen des Marktverhaltens (vgl. Backhaus und Schneider 2009, S. 3 ff.) und entfaltet auf diese Weise seinen strategisch-koordinativen Charakter.

Grundgedanke des KKV ist die Gleichzeitigkeit von Effektivität („die richtigen Dinge tun") und Effizienz („die Dinge richtig tun"). Effektivität und Effizienz sind dabei typischerweise negativ korreliert: Ein mehr an Effektivität führt zu nachlassender Effizienz und vice versa. Nach Backhaus sind für das Erreichen einer KKV-Position vier Merkmale konstitutiv: *bedeutsam* und *wahrgenommen* beschreiben dabei die Effektivitätsanforderung, *wirtschaftlich* und *verteidigungsfähig* das Effizienzpostulat.

Mit „bedeutsam" wird der Umstand adressiert, dass die Eigenschaften von Produkten, Dienstleistungen oder eben auch Städten für den Transaktionspartner Nutzen stiftend sein müssen, um sie anderen Wettbewerbsangeboten gegenüber vorzuziehen. Im Fokus stehen somit weniger technische Merkmale (z. B. größte Insel Deutschlands), sondern deren Beitrag zur Lösung eines Kundenproblems (z. B. schöne Ferien).

Hieran knüpft auch die zweite Ausprägung der Effektivitätsdimension an. „Wahrgenommen" bezieht sich auf den Umstand, dass die Transformation von Produkteigenschaften in Kundennutzen kein objektiver Prozess ist, sondern vielmehr der subjektiven Konstruktion des Kunden unterliegt. Ob und in welchem Ausmaß Kundennutzen entsteht, hängt also von der Wirklichkeitskonstruktion des Kunden, von seiner Wahrnehmung, ab. Selbst vermeintlich objektive Merkmale, wie z. B. Verkehrsanbindung oder Grundstückspreise, werden von unterschiedlichen Personen aufgrund divergierender Wahrnehmung unterschiedlich bewertet. Das Einnehmen der subjektiven Kundenperspektive ist somit zweites wesentliches Prinzip des KKV.

„Verteidigungsfähigkeit" ist der marketinginhärenten Wettbewerbsperspektive geschuldet. Wettbewerb ist immer dynamisch, da eine im Wettbewerb unterlegene Stadt versuchen muss, ihrerseits einen Wettbewerbsvorteil zu erzielen. Dabei wird sie möglicherweise in Betracht ziehen, wettbewerbsüberlegene Angebote nachzuahmen. Dieser Prozess aus Innovation und Imitation ist konstitutives Element des Wettbewerbs (vgl. Schumpeter 1997). Als Anreiz für eine Kommune zur Investition in eine grundsätzlich riskante Wettbewerbsvorteilsposition ist aber ein, wenn auch zeitlich befristeter Vorsprung im Wettbewerb essenziell. Andernfalls hätte die Stadt nur die Risiken der Investition in eine Wettbewerbsvorteilsposition zu tragen (die Idee könnte sich als Flop erweisen), könnte aber die damit verbundenen Chancen nicht absichern. Die Möglichkeit zu einer wenn auch temporär befristeten Absicherung einer Wettbewerbsvorteilsposition ist somit drittes Merkmal des KKV.

Viertens schließlich muss der Wettbewerbsvorteil für die Stadt wirtschaftlich sein. Auch unter den Bedingungen einer Non-Profit-Organisation sind in Anbetracht von Ressourcenknappheit in die Planung operativer Stadtmarketingmaßnahmen zwingend investive Überlegungen zu integrieren. Letztlich ist also zu fragen, ob sich der Aufwand durch positive Effekte auf die Zielfunktion lohnt oder nicht.

Angesichts der Sachzieldominanz im Stadtmarketing soll als fünftes Merkmal des KKV hier die Identitätskonformität hinzugefügt werden. Diese Anforderung nimmt Bezug auf die bereits skizzierten Limitationen einer Stadt sich marktgerecht zu verhalten. Damit ist weniger gemeint, inwieweit sich eine Stadt an die Erfordernisse unterschiedlicher Transaktionspartner anpassen kann, sondern vor allem, ob sie es will. Wettbewerbliche Austauschprozesse können unter den spezifischen Bedingungen der Willensbildung und -durchsetzung einer Kommune nicht um jeden Preis durchgeführt werden, sondern finden ihre Grenzen in den als identitätsprägend empfundenen Eigenschaften.

Zusammenfassend wurde die Komposition einer Wettbewerbsvorteilsposition als Kernaufgabe des Strategischen (Stadt-)Marketings definiert. Hierzu wurde auf das Konzept des Komparativen Konkurrenzvorteils zurückgegriffen, der den operativen Maßnahmen des Stadtmarketings einen koordinativen Rahmen verleiht. Eine KKV-Position im Stadtmarketing muss nicht nur Effektivitäts- (bedeutsam und wahrgenommen) und Effizienzanforderungen (verteidigungsfähig und wirtschaftlich) erfüllen, sondern darüber hinaus auch identitätskonform ausgestaltet sein.

3.2 Transaktions- oder beziehungsorientierter Einsatz der Marketinginstrumente als operatives Element des (Stadt-) Marketings

Hier kann und soll nicht der Versuch einer auch nur ansatzweisen Auseinandersetzung mit dem breiten Spektrum operativer Fragestellungen des Stadtmarketings unternommen werden. Stattdessen wird das Augenmerk auf eine grundsätzliche Frage bei der Konzeption operativer Marketingmaßnahmen gelenkt: Sollen diese eher transaktions- oder eher beziehungsorientiert ausgelegt werden? Diese auf den ersten Blick möglicherweise nicht aufregende Frage nach dem richtigen Modus Operandi des Stadtmarketings hat bei genauerer Betrachtung weitreichende Folgen.

Im Kern unterscheidet sich das Beziehungsmarketing, das in Marketingwissenschaft und -praxis seit den 1980er Jahren intensiv diskutiert wird, vom Transaktionsmarketing dadurch, dass die Zeitdimension anders berücksichtigt wird. Während das Transaktionsmarketing jede Transaktion isoliert betrachtet und damit zeitpunktorientiert ist, stehen im Beziehungsmarketing mögliche Interdependenzen zwischen einzelnen Transaktionen im Vordergrund. Eine einzelne Transaktion wird also im Beziehungsmarketing in eine Sequenz von Transaktionen eingeordnet. Insofern ist das Beziehungsmarketing zeitraumorientiert. Dieser perspektivische Unterschied zieht eine Reihe marketingrelevanter Konsequenzen nach sich (vgl. Tab. 1).

Tab. 1 Unterschiede zwischen Transaktions- und Beziehungsmarketing. (Quelle: in Anlehnung an Bruhn 2009, S. 15)

	Transaktionsmarketing	Beziehungsmarketing
Perspektive	Zeitpunktorientiert – Fokus auf diskrete Transaktion	Zeitraumorientiert – Fokus auf Geschäftsbeziehung
Kundenverständnis	Anonymer Transaktionspartner	Bekannter Geschäftspartner
Umsetzung	Fokus liegt auf Informationen in der Vorkaufphase Transaktionsengpass bestimmt Marketingaktivitäten	Fokus liegt auf Dialog in Vorkauf-, Kauf- und Nachkaufphase Beziehungsstatus bestimmt Marketingaktivitäten
Ökonomische Steuerungsgrößen	Deckungsbeitrag	Kundenwert

Ausgehend von den Unterschieden hinsichtlich Zeitpunkt- und Zeitraumorientierung ergeben sich Differenzen bezüglich des Kundenverständnisses. Im Transaktionsmarketing ist der Kunde eher anonymes Gegenüber, während er im Beziehungsmarketing in Folge einer Vielzahl von Transaktionen im Laufe der Zeit zum bekannten Geschäftspartner wird. Hinsichtlich der Umsetzung liegt der Schwerpunkt beim Transaktionsmarketing in der Vorkaufphase. Mit dem Kaufakt ist der Prozess der Transaktionsanbahnung erfolgreich abgeschlossen. Im Beziehungsmarketing hingegen ist der einzelne Kaufakt Teil eines Gesamtprozesses. Demzufolge werden Kauf- und Nachkaufphase als Teil eines neuen Kaufprozesses gewertet. Die Marketingaktivitäten im Transaktionsmarketing sind eher auf die einseitige Übermittlung von Informationen, im Beziehungsmarketing auf den wechselseitigen Dialog mit Kunden ausgerichtet. Im Transaktionsmarketing richten sich die Marketingaktivitäten wesentlich nach identifizierten Hindernissen für das Herbeiführen einer Transaktion. Diese können distributiver (z. B. zu geringer Distributionsgrad), kommunikativer (z. B. unzureichende Bekanntheit), preislicher (z. B. ungünstige Preisbeurteilung) oder produktpolitischer (z. B. unzureichende Infrastruktur) Natur sein. Im Beziehungsmarketing werden die Marketingaktivitäten wesentlich nach dem Status der Kundenbeziehung ausgerichtet: Die Gewinnung neuer Kunden erfordert andere Instrumente als die Bindung bestehender Kunden oder die Rückgewinnung abgewanderter Kunden. Dazu werden durchaus die im Transaktionsmarketing verwendeten Instrumente eingesetzt, allerdings werden sie anders konfiguriert. Wesentliche ökonomische Steuerungsgröße im Transaktionsmarketing ist der Deckungsbeitrag der einzelnen Transaktion. Im Beziehungsmarketing hingegen dient der (diskontierte) Einzahlungsüberschuss eines Kunden über seinen gesamten Lebenszyklus – sein Kundenwert – als Steuerungsgröße.

Ob eine spezifische Austauschkonstellation eher transaktions- oder beziehungsorientierter Natur ist, hängt im Wesentlich davon ab, ob eine wiederholte Transaktion für beide Beteiligten vorteilhafter ist als der Austausch mit einem jeweils neuen Transaktionspartner. Dies wird umso eher der Fall sein, je eher für beide Austauschpartner durch die Wiederholung Effektivitäts- und Effizienzvorteile entstehen. Effektivitätsvorteile resultieren insbesondere aus einer veränderten Risikoposition. Da bei einer wiederholten

Transaktion auf Informationen aus vorhergegangenen Austauschprozessen zurückgegriffen werden kann, ist das Eingehen einer Beziehung geeignet, das Risiko einer unbefriedigenden Transaktion zu senken (vgl. Backhaus 1997). Effizienzvorteile einer Beziehung sind insbesondere das Ergebnis verminderter Transaktionskosten. Dies sind Kosten, die für die Anbahnung, Abwicklung und Überwachung einer Transaktion entstehen. Hierzu zählen insbesondere Suchkosten, Verhandlungskosten und etwaige Kosten in Folge eines Konflikts zwischen den Transaktionspartnern (vgl. Kuß 2013, S. 228 ff.). Auch wenn hier eine detaillierte Prüfung dieser symmetrischen Bedingungskonstellation nicht erfolgen kann, spricht einiges dafür, dass das Stadtmarketing tendenziell beziehungsorientierter Natur ist. So erscheint es beispielsweise plausibel, dass für Touristen und Konsumenten als Zielgruppen des Stadtmarketings der risikomindernde Effekt wiederholter Transaktionen relevant ist. Im Hinblick auf Einwohner als Zielgruppe indizieren nicht zuletzt hohe Transaktionskosten eines Wohnortwechsels eine prinzipielle Bindungsbereitschaft der Bürger (vgl. Windhaus 2014).

Zusammenfassend konnte hier keine Skizze des operativen Stadtmarketings erstellt werden. Stattdessen wurde reflektiert, ob das Stadtmarketing tendenziell transaktions- oder beziehungsorientiert auszugestalten ist. Dabei spricht vieles für ein beziehungsorientiertes Stadtmarketing. Wenn dies so ist, dann ist die Analyse des Beziehungsstatus einzelner Transaktionspartner (z. B. Touristen, Konsumenten, Einwohner) und das Abwägen der richtigen Allokation im Sinne der Schwerpunktsetzung auf Neukundenakquise, Kundenbindung oder Kundenrückgewinnung die logische Konsequenz.

4 Fazit

Marketing wurde hier als die Lehre vom Herbeiführen wünschenswerter Austauschprozesse im Wettbewerb interpretiert. Ist dies eine Aufgabenstellung von Städten? Aus Sicht des Autors sicher ja: Städte haben Ziele und sind zur Zielerreichung auf Beiträge einer Vielzahl unterschiedlicher Transaktionspartner angewiesen, die ihrerseits Alternativen haben. Insofern ist Stadtmarketing keine Kür, sondern Pflicht (Meffert 1989). Mittlerweile hat sich das Stadtmarketing dabei aus den engen funktionalen Transfers (Marketing machen) im Sinne der kommunikativen Außendarstellung befreit. Ungeachtet der Limitationen hinsichtlich der Marktorientierung, die sich zwangsläufig aus den Sachzielen einer Stadt ergeben, bedarf der funktionale Stadtmarketingansatz der komplementären Idee des Marketing-Denkens. Die Frage nach dem identitätskonformen Wettbewerbsvorteil (KKV) einer Stadt könnte hierbei wertvolle Impulse geben. Zudem scheint es für viele Städte sinnvoll, Bürger von einer mittelbaren Zielgruppe des Stadtmarketings zu einer unmittelbaren zu machen. Der Wettbewerb um Einwohner nimmt ebenso wie ihre Bedeutung für die Stadtentwicklung zu. Schließlich gilt es, das Stadtmarketing noch stärker beziehungsorientiert zu interpretieren. Das Agieren im falschen Betriebssystem – dies zeigt zum Beispiel die Finanzdienstleistungsbranche, die trotz klarer Indikatoren für ein beziehungsorientiertes Marketing lange Zeit transaktionsorientiert agierte – erzeugt langfristige Folgeschäden.

Literatur

Ahlert, D., & Kenning, P. (2007). *Handelsmarketing: Grundlagen der marktorientierten Führung von Handelsbetrieben*. Berlin: Springer.

Backhaus, K. (1997). Relationship Marketing. Ein neues Paradigma im Marketing? In M. Bruhn & H. Steffenhagen (Hrsg.), *Marktorientierte Unternehmensführung. Reflexionen – Denkanstöße – Perspektiven* (S. 20–35). Wiesbaden: Gabler.

Backhaus, K. (2006). Vom Kundenvorteil über die Value Proposition zum KKV. *Thexis, 3*, 7–10.

Backhaus, K., & Schneider, H. (2009). *Strategisches Marketing* (2. Aufl.). Stuttgart: Schäffer Poeschel.

Backhaus, K., & Voeth, M. (2010). *Industriegütermarketing* (9. Aufl.). München: Vahlen.

Becker, J. (2013). *Marketing-Konzeption* (10. Aufl.). München: Vahlen.

Bruhn, M. (2009). *Relationship marketing* (2. Aufl.). München: Vahlen.

Bruhn, M. (2012). *Marketing für Nonprofit-Organisationen* (2. Aufl.). Stuttgart: Kohlhammer.

Bruhn, M., & Meffert, H. (2012). *Handbuch Dienstleistungsmarketing* (7. Aufl.). Wiesbaden: Springer Gabler.

Ebert, C. (2004). *Identitätsorientiertes Stadtmarketing. Ein Beitrag zur Koordination und Steuerung des Stadtmarketing*. Frankfurt a. M.: Lang.

Ebert, C. (2005). Identitätsorientiertes Stadtmarketing. In H. Meffert, C. Burmann, & M. Koers (Hrsg.), *Markenmanagement. Identitätsorientierte Markenführung und praktische Umsetzung* (2. Aufl., S. 563–587). Wiesbaden: Gabler.

Franke, N. (2002). *Realtheorie des Marketing*. Tübingen: Mohr Siebeck.

Freiling, J., & Reckenfelderbäumer, M. (2010). *Markt und Unternehmung: Eine marktorientierte Einführung in die Betriebswirtschaftslehre* (3. Aufl.). Wiesbaden: Gabler.

Hauff, T., Spinnen, B., & Tillmann, B. (2007). Marktorientierte Führung für Kommunen. Anspruch, Praxis und Perspektiven eines ganzheitlichen Stadtmarketings. In M. Bruhn, J. Meier, & M. Kirchgeorg (Hrsg.), *Marktorientierte Führung im wirtschaftlichen und gesellschaftlichen Wandel* (S. 349–384). Wiesbaden: Gabler.

Hungenberg, H. (2014). *Strategisches Management in Unternehmen* (8. Aufl.). Wiesbaden: Springer Gabler.

Kroeber-Riel, W., & Gröppel-Klein, A. (2013). *Konsumentenverhalten* (10. Aufl.). München: Vahlen.

Kuß, A. (2013). *Marketing-Theorie. Eine Einführung* (3. Aufl.). Wiesbaden: Springer Gabler.

Leitherer, E. (1964). *Absatzlehre*. Stuttgart: Poeschel.

Meffert, H. (1989). Städtemarketing – Pflicht oder Kür? *Planung & Analyse, 16*(8), 273–280.

Meffert, H. (Hrsg.). (1994). *Lexikon der aktuellen Marketingbegriffe*. Wien: Ueberreuter.

Meffert, H., Burmann, C., & Kirchgeorg, M. (2015). *Marketing. Grundlagen marktorientierter Unternehmensführung* (12. Aufl.). Wiesbaden: Springer Gabler.

Mintzberg, H. (1978). Patterns in strategy formation. *Management Science, 24*(9), 934–948.

Sargeant, A. (2009). *Marketing management for nonprofit organizations* (3. Aufl.). Oxford: Oxford University Press.

Schierenbeck, H., & Wöhle, C. (2012). *Grundzüge der Betriebswirtschaftslehre* (18. Aufl.). München: De Gruyter Oldenbourg.

Schlicht, J. (2013). *Einflussfaktoren des freiwilligen Engagements. Eine empirische Untersuchung der Extensivierungsperspektive*. Stuttgart: Steinbeis-Edition.

Schneider, H. (2007). Die Stadt als Marke. In E. Greipl & S. Müller (Hrsg.), *Zukunft der Innenstadt. Herausforderungen für ein erfolgreiches Stadtmarketing* (S. 73–77). Wiesbaden: Deutscher Universitätsverlag.

Schneider, H. (2013). Kommunale Bürgerkommunikation als essenzielle Vertiefung des Stadtmarketing. In H. Schneider & H. Herbers (Hrsg.), *Kommunale Bürgerkommunikation – Konzeptionelle Grundlagen – Empirische Befunde – Kommunale Praxis* (S. 13–31). Glückstadt: Hülsbusch.

Schneider, H. (2015). *HWAIW – Eine kommentierende Einführung ins Marketing*. Norderstedt: BoD.
Schneider, H., & Heinze, J. (2008). Markenrelevanz und -führung im Nonprofit-Sektor. In B. Hohn et al. (Hrsg.), *Arbeitshandbuch: Finanzen für den sozialen Bereich. Von der öffentlichen Förderung zur zukunftsorientierten Finanzierungsgestaltung* (S. 1–12). Hamburg: Dashöfer.
Schneider, H., & Herbers, H. (Hrsg.). (2013). *Kommunale Bürgerkommunikation – Konzeptionelle Grundlagen – Empirische Befunde – Kommunale Praxis*. Glückstadt: Hülsbusch.
Schumpeter, J. (1997). *Theorie der wirtschaftlichen Entwicklung – Eine Untersuchung über Unternehmergewinn, Kapital, Kredit, Zins und den Konjunkturzyklus* (9. Aufl.). Berlin: Duncker & Humblot (Erstveröffentlichung 1911).
Töpfer, A. (Hrsg.). (1993). *Stadtmarketing – Herausforderung und Chance für Kommunen*. Baden-Baden: FBO.
Voeth, M., Herbst, U., Bertels, V., & Scholz, H. (2011). Die Entwicklung der Marketing-Community an deutschsprachigen Universitäten (1969–2008). *Die Betriebswirtschaft, 71*(1), 63–82.
Welge, M., & Al-Laham, A. (2003). *Strategisches Management: Grundlagen – Prozess – Implementierung* (4. Aufl.). Wiesbaden: Springer Gabler.
Windhaus, S. (2014). *Kommunale Einwohnerbindung. Stellenwert und Einflussgrößen*. Stuttgart: Steinbeis-Edition.
Zenker, S. (2010). *Cities as brands: Quantifying effects in place marketing*. Dissertation, Universität Hamburg, Hamburg.

Über den Autor

Univ.-Prof. Dr. Dr. Helmut Schneider (Jg. 1966) hat Politik- und Kommunikationswissenschaft sowie Betriebswirtschaftslehre an der Universität Münster studiert und mit Arbeiten zur Rationalität von Wirtschaftspolitik (Dr. phil.) und Preisbeurteilung im Verkehrsdienstleistungsbereich (Dr. rer. pol.) promoviert. Mit einer Arbeit zur Markenführung in der Politik wurde er im Fach Betriebswirtschaftslehre an der Universität Münster habilitiert. Helmut Schneider leitete ein mehrjähriges Forschungsprojekt zur Kommunalen Bürgerkommunikation in Kooperation mit dem Deutschen Städte- und Gemeindebund und arbeitete am Integrierten Stadtmarketingkonzept der Stadt Münster mit. Helmut Schneider ist gegenwärtig Inhaber des SVI-Stiftungslehrstuhls für Marketing und Dialogmarketing an der Steinbeis-Hochschule Berlin.

Die Stadt als Marke

Sebastian Zenker

Zusammenfassung

Jede Stadt verfügt über eine Marke. Damit sind die Assoziationen zu der jeweiligen Stadt gemeint, die im Kopf der Konsumentinnen und Konsumenten verankert sind. Es wäre eine grobe ökonomische Nachlässigkeit, diese nicht zu nutzen. Ob die Marke erfolgreich ist, liegt dabei vor allem an der zugrunde liegenden Strategie: Hierfür braucht es 1) eine solide Markenerhebung, 2) klar definierte Ziele, 3) eine intelligente und passende Markenkommunikation und 4) eine klare Erfolgsmessung.

1 Von den Römern lernen heißt siegen lernen

Schon die Stadtväter des antiken Rom versuchten, ein bestimmtes Bild ihrer Stadt in den Köpfen der Konsumenten zu verankern: Rom als beeindruckendes und starkes Zentrum der Kultur. Durch prachtvolle Bauten sollte die Macht Roms demonstriert werden. Überall wurden kleine Abbilder von Rom (beispielsweise Köln alias Colonia Claudia Ara Agrippinensium) gebaut, die das strahlende Image der Hauptstadt in die Welt tragen sollten. Ohne tatsächlich einen Begriff von Marketing zu haben, gelang es so vermutlich eine der erfolgreichsten Stadtmarken aller Zeiten zu schaffen. Denn das Bild des starken Roms besteht bis heute fort.

S. Zenker (✉)
Marketing, Copenhagen Business School, Kopenhagen, Dänemark
E-Mail: mail@placebrand.eu

2 Jede Stadt hat eine Marke – ob sie will oder nicht

Das Wichtigste zuerst: Bei Marken geht es nicht um Logos oder Slogans, sondern um die Assoziationen und das Wissen über eine Stadt, das die Menschen im Kopf haben (Zenker 2011, 2013). Logos und Slogans sind bloß Mittel, die am Ende eines Markenprozesses die Kommunikation unterstützen können (wobei viele wissenschaftliche Untersuchungen zeigen, dass sie kaum – oder sogar gar keinen – Einfluss auf die Konsumenten im Stadtmarketing haben; vgl. Braun et al. 2014). Während im klassischen Produktmarketing Logos und Slogans dafür eingesetzt werden Produkte zu „markieren" und zu differenzieren, ist dies im Stadtmarketing nicht von Relevanz – hier differenziert der Markenname (und wer bspw. Bielefeld und Düsseldorf verwechselt, wird auch nicht durch ein Logo oder einen Slogan die beiden Städte auseinanderhalten können). Der ausschlaggebende Teil der Marke ist das Markenwissen – was unsere Kunden von der Marke (glauben zu) wissen, welche Assoziationen sie dazu haben und wie sie diese bewerten. Dieses Markenwissen lenkt ihre Entscheidungen, ob sie nun ein Produkt kaufen, als Tourist ihre nächste Urlaubsreise planen oder als Entrepreneur entscheiden, wo sie ihr Unternehmen gründen.

Städte haben einen Vorteil gegenüber Produkten – denn zu jeder Stadt existiert Markenwissen (und wenn es nur das Wissen ist, dass ich darüber nichts weiß). Die Frage ob eine Stadt eine Marke hat, stellt sich also gar nicht. Von Bedeutung ist vielmehr, ob man dieses Markenwissen brachliegen und ungelenkt lässt, oder ob wir das Potenzial, das es für die Stadt bietet, nutzen. Im klassischen Produktmarketing versuchen wir in der Markenkommunikation die Kernbotschaft oft auf eine spezifische und konkrete Aussage zu verdichten („Audi – Vorsprung durch Technik" vs. „BMW – Freude am Fahren"). Daher kommt auch der Irrglaube, dass eine Marke ein Logo und ein Slogan sei. Im Stadtmarketing funktioniert dies hingegen nicht, denn hier resultiert eine solche Fokussierung auf den „kleinsten gemeinsamen Nenner" immer nur in „Vielfalt" als Thema – und vielfältig ist wirklich jede Stadt. Im Stadtmarketing geht es um das Markenmanagement von Komplexität. Es geht darum verschiedene Themenbereiche zu finden, zu priorisieren und gemeinsam zu kommunizieren.

Nehmen wir beispielsweise *Hamburg*: Durch die bloße Nennung dieses Namens werden die meisten Menschen an die Reeperbahn, den Hafen oder die Elbphilharmonie denken. Zu Hamburg hat man in der Regel ein Bild im Kopf: die Markenassoziationen. Dabei haben verschiedene Zielgruppen oft unterschiedliche Assoziationen. Touristen denken zum Beispiel an die Landungsbrücken, Studierende an die Universität, Investoren vielleicht an die Elbvertiefung und die Wirtschaft. Trotzdem finden sich auch bestimmte Themenbereiche die eine gemeinsame Bedeutung für unterschiedliche Zielgruppen haben. Wichtig für das Management von Städtemarken ist es also das Markenwissen von potenziellen Zielgruppen zu erheben – und die Bedeutung dieser Markenassoziationen für die Markenkommunikation: Denn vielen Deutschen fällt bei Hamburg vielleicht auch das Bier „Astra" ein. Nach Hamburg gezogen ist deshalb wahrscheinlich noch niemand.

Was ist mit kleineren und unbekannten Städten? Natürlich haben wir zu fast jeder Großstadt Assoziationen im Kopf (ob wir nun schon da waren oder nicht). Aber zu kleineren

Städten wie beispielsweise *Landau in der Pfalz?* Die wenigsten werden diese Stadt, die im Landkreis Südliche Weinstraße liegt, wirklich kennen. Doch auch das sagt etwas über die Marke aus, denn haben wir keine spezifischen Assoziationen zu einer Stadt, so füllen wir sie mit all den Vorurteilen aus, die wir über so eine unbekannte Stadt haben und borgen uns zusätzlich Assoziationen der Region. Wahrscheinlich ist Landau klein (man kennt es ja nicht), wahrscheinlich eher ländlich gelegen und in der Pfalz hat sowieso fast alles mit Wein zu tun – fertig sind die Markenassoziationen. Unser Gehirn kann in einem solchen Fall sehr stereotyp und unbarmherzig sein.

Aber handelt es sich hier nicht nur um das Image einer Stadt? Was ist mit ihrer tatsächlichen Identität? Im Marketing sprechen wir oft von *Markenidentität*, wenn wir das gewählte Selbstbild eines Unternehmens oder Produkts beschreiben, und von *Image*, wenn es um das Fremdbild geht. Doch was hilft es uns im Stadtmarketing, wenn wir uns eine Identität definieren? Im Stadtmarketing haben wir nur wenig Spielraum eine Identität festzulegen – denn Städte und ihre Bewohner leben und kreieren ihre Identität von selbst. Trotzdem sollte die kommunizierte Marke der Identität der Stadt entsprechen. Am nächsten an der Identität einer Stadt ist wahrscheinlich noch die Innensicht der Bewohner – hier lohnt es sich daher besonders genau hinzuschauen, wenn man die Markenassoziationen erheben will. Am Ende entscheidet aber der Kunde (der auch ein Bewohner sein kann) und zwar basierend auf seiner eigenen Wahrnehmung (Image), ob er beispielsweise in der Stadt investieren will oder dort leben möchte. Das bedeutet, wir müssen die Identität verstehen, aber mit dem Image arbeiten.

3   Wie vermesse ich eine Stadt(-Marke)?

Für das erfolgreiche Nutzen von Stadtmarken müssen wir also zunächst die Markenassoziationen erheben. Diese Assoziationen sind, wie schon gesagt, oft von Zielgruppe zu Zielgruppe sehr unterschiedlich. Vor allem interne Zielgruppen (bspw. Bewohner/Bewohnerinnen) haben meist Markenwissen, das vielschichtiger und komplexer ist als das von externen Zielgruppen (Zenker und Beckmann 2013). Daher ist es unabdingbar eine solche Erhebung mit einer angemessen großen Zahl von Befragten durchzuführen und dabei auch die Bewohner einzubinden. Weitere relevante Zielgruppen (bspw. Touristen, Investoren) sollten idealerweise ebenfalls befragt werden, um die Unterschiede im Markenwissen zwischen Innensicht (Identität) und Außensicht (Image) zu ermitteln.

Zweitens muss die Bedeutung der Markenassoziation erfasst werden (Zenker 2011), denn häufig gibt es Assoziationen zu Städten, die keine oder kaum Relevanz für eine Attraktivitätsentscheidung bieten. Lübecker Marzipan ist zwar die Top-1-Assoziation zu Lübeck, kann aber sogar in Neuseeland gekauft werden und zieht deshalb noch keinen Besucher in die Hansestadt. Eine Universität zeigt eine hohe Relevanz für Studierende, jedoch nur eine untergeordnete Rolle bei Besuchern der Stadt (außer vielleicht für reisende Wissenschaftler). Wieder ist es daher ratsam die wichtigsten Zielgruppen gesondert zu untersuchen.

Zur Messung der Marke werden bisher häufig qualitative Verfahren genutzt (bspw. Messung der Top-Assoziationen; Experteninterviews; qualitative Fokusgruppenbefragungen), während die Ergebnisse von Städterankings oft mit quantitativen Methoden (Bewertung bestimmter abgefragter Aspekte) erzielt werden. Das Optimum liegt – wie so oft – in der Kombination beider Methoden (Zenker und Braun 2015). Während qualitative Verfahren die Erhebung der Assoziationen ermöglichen, braucht es quantitative Verfahren um eine größere Datenbasis herzustellen, Ergebnisse vergleichbar zu machen und die Bedeutung der Assoziationen für die Attraktivität einer Stadt zu erfassen. Die Messung der Bedeutung kann dabei indirekt (bspw. über sogenannte Treiberwirkungsanalysen) oder direkt erfolgen. Erst in der Kombination von qualitativen und quantitativen Informationen können wir im Stadtmarketing ein effizientes und effektives Markenmanagement durchführen. Dies lässt sich beispielsweise durch ein zweistufiges Verfahren erreichen (erst qualitativ dann quantitativ) oder durch sogenannte Kombiverfahren wie die *Advanced Brand Concept Map* (Schnittka et al. 2012), die mit einem Mindmap-Ansatz sowohl qualitative als auch quantitative Teile beinhaltet.

4 Das Management von Stadtmarken ist eine Herkulesaufgabe

Um eine Stadtmarke erfolgreich zu führen oder zu beeinflussen, müssen wir klare Ziele definieren. Stadtmarken können außerordentlich effektiv sein, wenn sie strategisch eine langfristige Zielsetzung verfolgen. Dabei ist es zentral, über die klassischen Ziele – wie mehr Investitionen, mehr Touristen, mehr Bewohner – hinauszudenken. So beeinflussen Stadtmarken beispielsweise auch die Motivation der städtischen Angestellten, die politische Bedeutung der Stadt oder die Zinssätze und Kreditrahmen bei Geldgebern oder Dienstleistern. All das macht eine starke Stadtmarke zu einem sehr wertvollen Aktivposten. Dies wird allerdings bislang in den seltensten Fällen berücksichtigt, wenn es um Stadtmarketingkonzepte geht.

Eines der meist verbreiteten Ziele ist es, ein bestimmtes Image (Markenwissen) im Kopf der Zielgruppen aufzubauen. So sollen Touristen bei Hamburg sofort an die Kultur denken und Investoren bei Landau auch an den attraktiven Mittelstand in der Region. Dies versuchen Städte durch Kommunikation zu erreichen, und zwar auf drei unterschiedliche Arten: physisch, werblich und durch Mund-zu-Mund-Propaganda (Kavaratzis 2008).

Kommen wir zurück zu unserem Anfangsbeispiel Rom und dessen Strategie der physischen Kommunikation: Auch heute werden bauliche Maßnahmen noch als Kommunikationsart eingesetzt – nehmen wir nur die Hamburger Elbphilharmonie als aktuellstes Beispiel. Kaum eine Stadt, die sich nicht ein (teures) Leuchtturmprojekt leistet. Aber auch die Verbesserung der Infrastruktur oder ganz alltägliche Dinge, wie die Begrünung von Freiflächen, gehören hierzu. Die physische „primäre Kommunikation" ist nach wie vor eine unserer stärksten Waffen in der Markenkommunikation von Städten. Doch der Einfluss von Markenmanagern auf die bauliche Entwicklung von Städten ist gering – Stadtmarketing ist nicht gleich Stadtplanung. Stadtmarketing bedient sich vor allem der klassisch-werblichen Kommunikation. Diese „sekundäre Kommunikation" zeigt in vielen unserer wissenschaftlichen Untersuchungen leider oft nur geringe Wirkung auf unsere Zielgruppen (Braun et al. 2014). Viele der Stadtmarketing-Kampagnen, Internetauftritte und Image-Filme laufen immer noch ins Leere. Den stärksten Erfolg zeigt die positive Mund-zu-Mund-Propaganda. Diese „tertiäre Kommunikation" umfasst alle Kommunikation von externen Partnern, seien es Bewohner, Besucher oder die Medien. Der Inhalt dieser Kommunikation wird oft als authentischer bewertet und genießt dadurch eine hohe Glaubwürdigkeit. Die Frage für Stadtmarkenmanager ist also: Wie schaffe ich es, dass meine Bewohner, Besucher und die Medien positiv von meiner Stadt erzählen?

Eine Strategie hierfür ist das sogenannte *Storytelling*. Hierbei wird ein *Problem*, das mein Kunde hat, mit einer *Lösung*, die ich als Stadt biete, in einen *unterhaltsamen Rahmen* gepackt. Bewohner in Kopenhagen müssen zum Beispiel wie alle Menschen auch jeden Tag von A nach B. Die Stadt bietet als Lösung hierfür ein gut ausgebautes Fahrradwegenetzwerk. In der Kommunikation von Kopenhagen werden daher immer wieder Geschichten kreiert und gefördert, die genau das zum Thema haben: sei es als Wirtschaftsgeschichte über den Fahrradhersteller Christiania Bikes oder lustige Youtube-Videos von Gratisumarmungen für Fahrradfahrer. Ganz nach dem Motto „steter Tropfen höhlt den Stein" wird hier mit unterschiedlichen Geschichten immer das gleiche Thema umkreist: Kopenhagen ist eine fahrradfreundliche und lebenswerte Stadt.

Ein verwandter Ansatz aus der Verhaltensökonomie ist das *Nudging* (Thaler und Sunstein 2011). Hierbei geht es darum positives Verhalten bei anderen anzustoßen, ohne dies zu verordnen. Dabei werden gezielt Anreize gesetzt, um von sich aus im gewünschten Sinne handeln zu *wollen*. Ein Beispiel ist Kassel: Mit dem Projekt „KulturTaxi" konnten Taxifahrer kostenlos an Kulturveranstaltungen der Stadt teilnehmen und sich damit eine Plakette als Kultur-Taxi erwerben. Diese sollte den Fahrern zu mehr Kunden verhelfen und der Stadt dazu, dass ihre Taxifahrer – oft als erster lokaler Kontakt für Gäste – ein profundes Wissen über die städtischen Kulturangebote vorweisen können.

Beide Ansätze zeigen eins: Die direkte Werbekommunikation wird im Stadtmarketing immer weniger wichtig. Heutzutage geht es vor allem darum indirekte Kommunikation zu schaffen – also andere über sich (positiv) reden zu lassen.

5 Erfolgsmessung: Wenn es gut läuft war es der Bürgermeister

Marketing im Allgemeinen und Marken im Speziellen werden auch in Unternehmen häufig noch immer als „weicher Faktor" verstanden, der schwer in harte Zahlen zu pressen ist. Das gilt umso mehr für einen so komplexen Bereich wie das Stadtmarketing. Meist sind es die langfristigen und vielschichtigen Wirkungen von Marken, die eine quantitative Messung des Markenerfolgs schwierig machen. Zusätzlich wird eine Erfolgsmessung durch die oft schwammigen und ungenau definierten Ziele im Stadtmarketing erschwert. Trotzdem müssen Städte die meisten Kosten (kurzfristig) begründen.

Dem Stadtmarkenmanagement kommt dabei häufig eine äußerst undankbare Rolle zu: Im Falle von Misserfolgen muss es sich dafür rechtfertigen, warum Maßnahmen nicht gewirkt haben. Läuft hingegen alles nach Plan, wird der Erfolg anderen Faktoren zugeschrieben. Was fehlt, ist eine systematische und aussagekräftige Erfolgsmessung.

Im Bereich der klassischen Markenerfolgsmessung lassen sich eine *Kunden-* und eine *Markenperspektive* einnehmen (Zenker und Martin 2011): Auf der Kundenseite bereits etabliert sind Messungen von Touristenzahlen (sogenannte *Overnight-Stays*) oder Investitionen von Firmen. Auch der Zuzug von neuen Bewohnern wird in einigen Städten als Erfolg gemessen. Dabei wird häufig versäumt, bestehende Kunden zu berücksichtigen – obwohl diese durch ihre regelmäßigen Steuerzahlungen die größten Geldgeber einer Stadt sind. Gerade für kleinere Städte ist es oft, bedingt durch den demografischen Wandel und den Trend zur Urbanität, eine große Herausforderung, ihre Bewohner zu halten.

Bisher eher stiefmütterlich behandelt wird im Stadtmarketing die Kundenzufriedenheitsmessung: Wie zufrieden sind Bürgerinnen und Bürger mit der Stadt, in der sie leben? Was ist ihnen wichtig? Gerade bei Städten sollten solche Fragen in Anbetracht der großen und wichtigen Rolle der Bewohner als Teil der Stadt zum Standard gehören und die Erfolgsmessung um diesen Faktor ergänzt werden.

Auch die Erhebung der internen Kundenperspektive (Stakeholder) kann für die Erfolgsmessung ein (zusätzlicher) Ansatz sein: Stadtmarketing ist vor allem die Arbeit mit Stakeholdern und Multiplikatoren. Hier können konkrete Key-Performance-Indikatoren (KPIs) als Ziele festgelegt werden und in die Erfolgsmessung einfließen. Einfache Befragungen der eigenen Kunden und Stakeholder (bspw.: „Wie zufrieden waren Sie in diesem Jahr mit unserer Zusammenarbeit? Was können wir verbessern?") sind dabei kostengünstig und liefern wertvolle Informationen.

Andererseits muss für eine umfassende Erfolgsmessung auch die Marke selbst berücksichtigt werden. Regelmäßige Imagemessungen sind also genauso nötig wie eine realistische Zielsetzung, welche Imageveränderung für die Stadt langfristig angestrebt werden soll. Den monetären Wert einer Stadtmarke zu erfassen, gestaltet sich hingegen häufig schwierig. Neue Ansätze versuchen, etablierte Methoden aus dem klassischen Marketing für das Stadtmarketing nutzbar zu machen, wie etwa die Zahlungsbereitschaft. So zeigen Studien beispielsweise, dass Menschen in einer Stadt mit einem urbanen Image eher bereit sind für weniger Gehalt zu arbeiten als in Städten mit einem ländlicheren Image (Zenker et al. 2013). Dies kann ein interessanter Impuls für eine fortschrittlichere monetäre Erfolgsmessung im Stadtmarketing sein.

6   Fazit

Angesichts der knappen Budgets von Städten und Gemeinden werden Investitionen in das Stadtmarketing häufig infrage gestellt. Der ökonomische Nutzen einer Stadtmarke wird dabei oft verkannt. Vielerorts mangelt es an klar definierten Zielen und aussagekräftigen Kriterien für eine effektive Erfolgsmessung. Trotzdem, ob es sich nun um Hamburg oder Landau in der Pfalz handelt – eine Marke hat eine Stadt immer! Es wäre eine grobe ökonomische Nachlässigkeit, diese nicht zu nutzen. Ob diese Marke erfolgreich ist, liegt dabei vor allem an den Zielsetzungen: Nur durch realistische und langfristig angelegte Strategien kann eine Stadtmarke ihre volle Kraft entfalten.

Die wichtigste Säule für eine erfolgreiche Strategie ist dabei die Markenanalyse: Welche Markenassoziationen haben meine Stadtkonsumenten? Wie unterscheiden sich diese zwischen den Zielgruppen? Und welche (unterschiedliche) Bedeutung haben diese Assoziationen für meinen Markenerfolg? Mit diesen Ergebnissen kann man sich an ein handhabbares Maß an Komplexität herantasten – ohne dabei zu sehr zu vereinfachen oder nach dem Gießkannenprinzip alles kommunizieren zu wollen. Denn so gerne wir es auch wollen, wir können nicht alles in die Kommunikation aufnehmen. Wir müssen priorisieren und sollten uns auf die Themen und Gegebenheiten konzentrieren, die sich am ehesten positiv auf die Stadt auswirken. Es geht also darum die Komplexität auf eine handhabbare Größe zu reduzieren, ohne sie zu eliminieren. Im Anschluss müssen wir diese Themenfelder immer und immer wieder mit passenden positiven Geschichten kommunizieren – ganz auf meine Zielgruppen und deren Bedürfnisse abgestimmt. Es ist wie ein Schaufenster, das man regelmäßig umdekoriert, ohne dabei die grundlegende Botschaft zu verändern. Dies ist ein langwieriger Prozess – eher ein Marathon als ein Sprint. Aber Rom wurde ja auch nicht an einem Tag erbaut.

Literatur

Braun, E., Eshuis, J., & Klijn, E.-H. (2014). The effectiveness of place brand communication. *Cities, 41*(1), 64–70.

Kavaratzis, M. (2008). *From city marketing to city branding: An interdisciplinary analysis with reference to Amsterdam, Budapest and Athens.* Dissertation, Rijksuniversiteit Groningen, Groningen.

Schnittka, O., Sattler, H., & Zenker, S. (2012). Advanced brand concept maps: A new approach for evaluating the favorability of brand association networks. *International Journal of Research in Marketing, 29*(3), 265–274.

Thaler, R., & Sunstein, C. (2011). *Nudge: Wie man kluge Entscheidungen anstößt.* Berlin: Ullstein.

Zenker, S. (2011). How to catch a city? The concept and measurement of place brands. *Journal of Place Management and Development, 4*(1), 40–52.

Zenker, S. (2013). Eine Stadtmarke ist kein Luxus – Sondern eine ökonomische Notwendigkeit. In T. Kausch, P. Pirck, P. Strahlendorf, & P. Strahlendorf (Hrsg.), *Städte als Marken. Strategie und Management* (S. 14–19). Hamburg: New Business Verlag.

Zenker, S., & Beckmann, S. C. (2013). My place is not your place – Different place brand knowledge by different target groups. *Journal of Place Management and Development, 6*(1), 6–17.

Zenker, S., & Braun, E. (2015). Rethinking the measurement of place brands. In M. Kavaratzis, G. Warnaby, & G. J. Ashworth (Hrsg.), *Rethinking place branding – Comprehensive brand development for cities and regions* (S. 211–224). Heidelberg: Springer.

Zenker, S., & Martin, N. (2011). Measuring success in place marketing and branding. *Journal of Place Branding and Public Diplomacy, 7*(1), 32–41.

Zenker, S., Eggers, F., & Farsky, M. (2013). Putting a price tag on cities: Insights into the competitive environment of places. *Cities, 30*(February), 1331–1339.

Über den Autor

Dr. Sebastian Zenker ist Professor für Stadtmarketing an der *Copenhagen Business School* (Dänemark). Vor seinem Studium der Betriebswirtschaftslehre an der Universität Hamburg arbeitete er zunächst in der Werbebranche. Nach seiner Promotion an der Universität Hamburg zum Thema „Städte als Marken" forschte er an der Erasmus Universität Rotterdam vor allem über das Markenmanagement von Städten und Regionen, bis er 2014 nach Kopenhagen wechselte. Seit mehr als fünf Jahren berät er außerdem Städte und Kommunen im In- und Ausland zum Thema Stadt- und Regionalmarketing. Sebastian Zenker unterrichtet im Rahmen des Weiterbildungsprogramms des bcsd e. V. auch den Bereich Markenmessung und Markenführung im Stadtmarketing. Er ist Autor mehrerer Buchbeiträge und wissenschaftlicher Artikel in renommierten Fachzeitschriften zu dem Thema sowie Gründungsmitglied der *International Place Branding Association* (IPBA).

Recht im Stadtmarketing

Andreas Schriefers und Alexandra Schriefers

Zusammenfassung

Für die erfolgreiche Führung von Stadtmarketingorganisationen ist es unverzichtbar die Fragestellungen zu kennen, die sich aus EU-Beihilferecht und Vergaberecht, Steuerrecht und Verwaltungsrecht, allgemeinem Zivil- und Handelsrecht, Arbeits- und Personalrecht sowie Haushalts- und Kommunalrecht ergeben. Der Beitrag führt in die juristischen Grundlagen des Stadtmarketings ein, wobei der Fokus auf dem EU-Beihilferecht, dem Vergaberecht und Steuerrecht liegt, da diese für die alltägliche Arbeit der Geschäftsführung von besonders hoher Relevanz sind. Zugleich wird eine erste Navigationshilfe bei der Frage geboten, welches Betriebsführungsmodell für eine Stadtmarketingorganisation gewählt werden soll. Der Beitrag schließt mit dem Appell an die Stadtmarketingverantwortlichen, Entwicklungen juristischer Natur beständig zu verfolgen, nicht nur um Rechtssicherheit zu erlangen, sondern auch um Gestaltungsspielräume zu erkennen.

A. Schriefers (✉) · A. Schriefers
anwaltsKontor Schriefers Rechtsanwälte GbR, Düsseldorf, Deutschland
E-Mail: mail@anwaltskontor-schriefers.de

A. Schriefers
E-Mail: mail@anwaltskontor-schriefers.de

Die rechtlichen Rahmenbedingungen des Stadtmarketings[1] werden oftmals als „überbordend" und kompliziert wahrgenommen. Allzu oft wird daher der Bereich „Recht" weniger als Gestaltungsinstrument denn als lästige Pflichterfüllung begriffen. Trotzdem gilt:

Die Vielschichtigkeit der im Stadtmarketing in rechtlicher Hinsicht zu beachtenden Aufgabenstellungen zeigt, dass Grundkenntnisse der sich aus EU-Beihilferecht und Vergaberecht, Steuerrecht und Verwaltungsrecht, allgemeinem Zivil- und Handelsrecht, Arbeits- und Personalrecht sowie Haushalts- und Kommunalrecht ergebenden Fragestellungen unverzichtbar für eine erfolgreiche und rechtskonforme Führung von Stadtmarketingorganisationen sind. Dies gilt sowohl für das Stadtmarketing an sich als auch für die entscheidungsverantwortlichen Organe und Personen, wie die Geschäftsführung oder die kommunalseitig in die Gremien der Stadtmarketingorganisationen entsandten Aufsichtsräte und Vorstände.

Ziel des Beitrags ist es, in die juristischen Grundlagen im Stadtmarketing einzuführen und anhand ausgewählter Fragestellungen für die jeweils eigenen Handlungsanforderungen zu sensibilisieren. Gerade den nicht juristisch vorgeprägten Lesern und Leserinnen sollen erste Grundlagen vorgestellt werden. Wegen der besonderen Relevanz für die alltägliche Arbeit der Geschäftsführung einer Stadtmarketingorganisation stehen insbesondere die Grundzüge des EU-Beihilferechts, des Vergaberechts und des Steuerrechts im Vordergrund der Betrachtung. Zugleich bietet der Beitrag eine Navigationshilfe für die Auswahl des passenden Betriebsführungsmodells mit Aspekten der Rechtsformwahl.

Von einer detaillierten Vorstellung einzelner Rechtsformen wird angesichts der vielfach veröffentlichten Darstellungen der einzelnen Rechtsformen abgesehen. Soweit möglich wird auf die Angabe von gesetzlichen Bestimmungen zugunsten der besseren Verständlichkeit verzichtet.

Eine Diskussion der rechtlichen Rahmenbedingungen aktueller Frage- und Themenstellungen im Stadtmarketing – beispielsweise im Kontext von Verkaufsoffenen Sonntagen, GEMA-Tarifen, Sicherheitskonzepten für Veranstaltungen oder dem Betrieb von Online-Marktplätzen – soll im Rahmen des Beitrags nicht geführt werden. Die Beantwortung dieser inhaltlich und juristisch gleichermaßen komplexen wie spannenden Fragen ist (auch) dem dynamischen Diskurs zwischen den Gerichten und der Praxis vorbehalten.

---

[1] Der Beitrag berücksichtigt nach bestem Wissen den Rechtsstand bis zum 15. Mai 2017. Angesichts der besonderen Dynamik insbesondere im EU-Beihilferecht und Steuerrecht, ersetzt der Beitrag weder eine Beratung im Einzelfall, noch beinhaltet oder beabsichtigt er eine Beratung für den jeweiligen Einzelfall. Über aktuelle Entwicklungen informieren und veröffentlichen beispielsweise die Wirtschaftsministerien des Bundes und der Länder sowie die kommunalen Spitzenverbände.

1 Organisationsmodelle im Stadtmarketing

Seit den 1990er Jahren sind in zahlreichen Kommunen Stadtmarketingorganisationen in der Rechtsform[2] der Gesellschaft mbH oder des eingetragenen Vereins (e. V.) gegründet worden. Regelmäßig sind solche Organisationen zum Zwecke einer möglichst breiten Beteiligung der lokalen Wirtschaft bzw. Akzeptanz und Unterstützung durch die Einwohnerinnen und Einwohner als eine *gemeinschaftliche* Einrichtung der kommunalen und privaten Wirtschaft gegründet worden. Das finanzielle Engagement der Akteure aus der Privatwirtschaft beschränkt sich dabei oftmals auf eine (minderheitliche) Beteiligung am Stammkapital der Gesellschaft und die Übernahme einer Sponsorenrolle im laufenden Geschäftsbetrieb. Seit 2005 sind die Kommunen – nicht zuletzt aus vergaberechtlichen Gründen – zunehmend Alleineigentümer der Organisationen.

Einzelheiten
Sowohl in den Fällen, in denen die Einrichtung gemeinschaftlich getragen wird als auch in den Fällen, in denen die Kommune formal Alleineigentümerin ist, werden die privaten Akteure zumeist – in Wahrnehmung des gerade im Stadtmarketing ausgeprägten Gedankens einer öffentlich-privaten Partnerschaft – in themen- oder projektbezogene Beiratsstrukturen als Mitsprache- und Einflussgremien und zur gemeinsamen Willensbildung eingebunden.

Die im Zusammenhang mit dem Betrieb einer Stadtmarketingorganisation entstehenden laufenden Verluste werden regelmäßig von den kommunalen Anteilseignern alleine bzw. vollständig getragen. Die jeweilige Gebietskörperschaft (Gemeinde, Stadt, Landkreis) unterstützt die Organisation, in dem sie dieser unter anderem Verlustabdeckungen, Investitionszuweisungen, Kapitaleinlagen und Kommunalbürgschaften gewährt.

Die beihilferechtliche, vergaberechtliche und steuerrechtliche Einordnung dieser Unterstützungsbeiträge von Kommunen bestimmen den Organisationsrahmen der jeweils gewählten Rechtsform wesentlich mit. Diese rechtlichen Rahmenbedingungen beeinflussen die Art der Betriebsführung und damit letztlich die Wahl der Rechtsform als solche.

Grundfälle
Begriffssystematisch können als *Organisations- und Betriebsführungsmodelle* im Stadtmarketing unterschieden werden:

1. die sogenannten *gemischten* Organisationen, die als Gemeinschaftseinrichtung kommunaler und privater Akteure an das Gesellschafts- oder Vereinsrecht als Organisationsrahmen anknüpfen *(„organisationsrechtlicher Bezugspunkt")*,

---

[2]Angesichts des geringen Verbreitungsgrades in der Praxis des Stadtmarketings und des begrenzten Seitenumfangs des Beitrags erfolgen keine Ausführungen zu den Rechtsformen UG & Still, GmbH & Co. KG sowie AG und eingetragene Genossenschaft (eG) und den Rechtsformen der Verwaltung (Eigenbetrieb, Regiebetrieb, AöR etc.).

2. die sogenannten *gemischt-wirtschaftlich* tätigen Organisationen, welche unabhängig von der Zusammensetzung ihres Anteilseigner-Kreises sowohl Dienstleistungen von allgemeinem wirtschaftlichen Interesse (DAWI) als auch Marktteilnahmeleistungen erbringen (*„beihilferechtlicher Bezugspunkt"*) sowie
3. die sogenannten *gemischt-spartenbezogen* tätigen Gesellschaften, die unabhängig von der Zusammensetzung ihres Anteilseigner-Kreises über verschiedene sektorenspezifische Sparten (Abteilungen) für z. B. Stadtmarketing, Tourismusmarketing und -vertrieb, Veranstaltungen im öffentlichen Raum verfügen und *Querschnittsaufgaben* wahrnehmen (*„spartenbezogener Bezugspunkt"*).

In der Praxis sind zudem sowohl Holdingmodelle (etwa Stadtmarketing als Tochtergesellschaft mbH eines eingetragenen Vereins oder als Abteilung einer Kommunalorganisation) als auch Mischformen vertreten. Die inhaltliche Beschreibung bzw. das Begriffsverständnis des Stadtmarketings liefert den notwendigen Anknüpfungspunkt für den herzustellenden rechtlichen Bezugsrahmen.

2 Rechtliche Rahmenbedingungen des Stadtmarketings

Die Bedeutung einzelner Rechtsgebiete für das Stadtmarketing hat sich im Verlauf der letzten fünf Jahre graduell verändert. Während noch vor 10 Jahren im Stadtmarketing zumeist Fragestellungen des klassischen Organisationsrechts (Gesellschaftsrecht, Vereinsrecht) und des Kommunalrechts im Vordergrund standen, beanspruchen aktuell vergaberechtliche, EU-beihilferechtliche und steuerrechtliche Themenstellungen eine hohe Aufmerksamkeit.

Im gleichen Maße bzw. Zeitraum haben Berichts- und Veröffentlichungspflichten und damit letztlich Haftungs- und Verantwortungspflichten zugenommen. Für viele Verwaltungen (und Geschäftsführungen kommunaler Gesellschaften) neu und noch nicht alltäglich ist, dass beispielsweise Instrumente aus dem angelsächsischen Rechtsraum hinzugekommen sind. Hierzu gehören etwa die Obliegenheiten zur Einrichtung und Unterhaltung von „Compliance-Systemen" und die Beachtung von Regeln der „Public Codex Corporate Governance", also der Grundsätze der „guten Unternehmensführung".

2.1 Organisationsrecht im Stadtmarketing

In der Gestaltung von GmbH- oder Vereinssatzungen im Stadtmarketing ergeben sich einerseits Besonderheiten aus den Vorgaben der Gemeindeordnungen bzw. Kommunalverfassungen und andererseits aus der Einbeziehung steuerlicher Aspekte.

2.1.1 Zwecke, Aufgaben und Gegenstand eines Unternehmens im Stadtmarketing

Die „klassische" Stadtmarketingorganisation bezweckt beispielsweise im Rahmen ihres Unternehmensgegenstandes

1. die Förderung der wirtschaftlichen, sozialen und kulturellen Entwicklung der Kommune,
2. die Unterstützung lokal ansässiger Wirtschaftsunternehmen, auch durch Vernetzung,
3. die Steigerung der Attraktivität der Kommune als Wohn-, Arbeits- und Lebensort, auch durch Vermarktung,
4. die Förderung und den Betrieb von kommunalen Einrichtungen, insbesondere auch als Informations- und Auskunftsstelle (allgemein als „Geschäftsstelle für Bürger und Besucher") und
5. das Management öffentlicher Teilräume durch Bewirtschaftung einschließlich der Veranstaltungsorganisation und -durchführung.

Der wesentliche Zweck bzw. die Hauptaufgabe einer Stadtmarketingorganisation ist also die Förderung des Wirtschaftsraums und des Wirtschaftsstandorts einer Gebietskörperschaft im Interesse der Einwohnerinnen und Einwohner sowie der Unternehmen im Gesellschafts- oder Vereinsgebiet. Damit ist zugleich der Organisationsrahmen in *rechtlicher Hinsicht* beschrieben, der *inhaltlich* auszugestalten ist.

2.1.2 Sparten und Geschäftsbereiche eines Unternehmens im Stadtmarketing

Die „klassische" Stadtmarketingorganisation setzt zum Beispiel folgende Maßnahmen und Aktivitäten um bzw. gliedert sich in Geschäftsbereiche und Produktgruppen wie

1. Maßnahmen im Kontext Einzelhandel/Öffentlichkeit, wie Informationskampagnen beispielsweise zu vorhandenen Parkmöglichkeiten und Nutzungskonditionen, die Organisation des Verkaufs von Gutscheinen über Kooperationspartner, Aktionen zur Aufwertung des Straßenraums und zu den Themen Umwelt, Freizeit, Gesundheit, Sehenswürdigkeiten,
2. Maßnahmen im Kontext der allgemeinen Marktförderung und Standortentwicklung, wie die Herausgabe von Informationsbroschüren einschließlich der Inserate/Werbung von Dienstleistern, Einzelhandel und Gastronomie, Hotellerie sowie Informationen über Veranstaltungen und Termine, Informationen und Auskunft über und Werbung für die Kommune,
3. Maßnahmen im Kontext des City-Managements und der City-Werbung, wie die Organisation und Bewerbung von Verkaufsoffenen Sonntagen und Nächten, Oster- und 1.-Mai-Aktionen,

4. Maßnahmen im Kontext mehrjährig laufender Projekte wie die Bewerbung für Wochen- und Themenmärkte, die Bearbeitung und das Management von Ladenleerständen, die Einführung und Bewerbung eines Parkgebührenrückvergütungssystems für den Einzelhandel und einheitlicher Ladenöffnungszeiten, die Begleitung und Bewerbung ortsteil- oder quartiersbezogener Aktivitäten und die Bewerbung und Organisation von Sonderprojekten im öffentlichen Raum (z. B. City-Beach, Eisbahn),
5. Maßnahmen im Kontext von Großveranstaltungen, wie die jährliche Organisation und Durchführung von Public-Viewing-Aktionen und von Bürger- und Stadtfesten,
6. Maßnahmen im Kontext jahreszeitbezogener Veranstaltungen, wie die Bewerbung und Organisation von Weihnachtsmärkten mit den damit verbundenen Aktivitäten und Veranstaltungen oder die Realisierung der Weihnachtsbeleuchtung,
7. Maßnahmen im Kontext von Einzelprojekten oder einmaligen Aktionen, wie z. B. die Unterstützung von Maßnahmen im Bereich Baustellenmanagement,
8. die Entwicklung von Markenstrategien und -konzepten und Leitbildern oder
9. Maßnahmen im Kontext der Vernetzung der lokalen Akteure des Stadtmarketings.

Allgemein sollen durch die Präsentation attraktiver Angebote für Besucher und durch Maßnahmen zur nachhaltigen Steigerung der Aufenthaltsqualität in der Innenstadt positive Effekte für die Entwicklung der Bevölkerungsstruktur der Kommune und in der Folge für die dort ansässigen Gewerbetreibenden erzielt werden. Dies konturiert den Organisationsrahmen einer Stadtmarketingorganisation in *inhaltlicher Hinsicht,* der zugleich *rechtlich konform* gestellt werden will.

2.1.3 Kommunalrecht im Stadtmarketing

Nahezu sämtliche Gemeindeordnungen bzw. Kommunalverfassungen enthalten dezidierte Regelungen, wonach es den Kommunen – abgesehen von dem Vorliegen der allgemeinen Voraussetzungen für die Errichtung eines Unternehmens in privater Rechtsform oder die Beteiligung an einem solchen etc. – nur unter bestimmten Bedingungen gestattet ist, eine Gesellschaft mit beschränkter Haftung zu errichten oder sich hieran zu beteiligen.

Je nach Landesgesetz sind bei der Gründung einer Gesellschaft mbH (GmbH) mit kommunaler Beteiligung gegenüber der Rechtsaufsicht verschiedene Anzeige- und Genehmigungserfordernisse zu erfüllen bzw. zu wahren. Der Gesellschaftsvertrag hat daneben bestimmte Mindestinhalte vorzusehen bzw. sicherzustellen.

Hierzu gehört, dass die Gesellschafterversammlung über die Übernahme neuer Aufgaben von besonderer Bedeutung im Rahmen des Unternehmensgegenstands beschließt, insbesondere über die Errichtung, den Erwerb und die Veräußerung von Unternehmen und Beteiligungen, sofern dies im Verhältnis zum Geschäftsumfang der Gesellschaft *wesentlich* ist. Weitere Mindestbeschlusslagen betreffen den Wirtschaftsplan, die Feststellung des Jahresabschlusses und die Verwendung des Jahresergebnisses.

Die Einzahlungsverpflichtungen (Gründungskapital, laufende Nachschusspflicht) und die Haftung der Kommune müssen auf einen der Leistungsfähigkeit der Kommune angemessenen Betrag begrenzt werden. Die Kommune darf sich nicht zur Übernahme von

Verlusten in unbestimmter oder unangemessener Höhe verpflichten. Die Gesellschaft muss für jedes Wirtschaftsjahr einen Wirtschaftsplan aufstellen, wobei der Wirtschaftsführung eine fünfjährige Finanzplanung zugrunde zu legen ist, die der Kommune zur Kenntnis gebracht wird.

Durch Ausgestaltung des Gesellschaftsvertrages ist sicherzustellen, dass der öffentliche Zweck des Unternehmens erfüllt wird und die Kommune einen angemessenen Einfluss, insbesondere im Aufsichtsrat oder in einem entsprechenden Überwachungsorgan, erhält. Das kommunale Vertretungsgremium (Gemeinde- oder Stadtrat) kann den von der Kommune bestellten oder auf Vorschlag der Kommune gewählten Mitgliedern des Aufsichtsrats Weisungen erteilen, soweit – wie in Fällen des Stadtmarketings üblich – die Bestellung eines Aufsichtsrates gesetzlich nicht vorgeschrieben ist.

Geschäftsführung und die in ein Kontrollgremium wie einen Aufsichtsrat entsandten Vertreter der Kommune haften korrespondierend für die Erfüllung und Sicherstellung der vorstehend skizzierten Verpflichtungen mit.

Einige Gemeindeordnungen enthalten „Vorrang-Bestimmungen" dergestalt, dass eine GmbH nur gegründet werden darf, soweit die Tätigkeit nicht ebenso gut durch einen Privaten angeboten und erfüllt werden kann. In anderen Gemeindeordnungen ist die GmbH-Gründung subsidiär zu der wirtschaftlichen Betätigung der Kommune in der Organisationsform des Kommunalunternehmens (Anstalt des öffentlichen Rechts, AöR).

2.1.4 Vorgaben des Haushaltsrechts für das Stadtmarketing

Zum Schutze der Interessen der Allgemeinheit erweitert das Haushaltsrecht die Möglichkeiten der öffentlichen Hand zur Einsicht in die Geschäftstätigkeit der privatwirtschaftlich organisierten Unternehmen, an denen sie mehrheitlich oder zumindest wesentlich beteiligt ist, in einem besonderen Umfang.

Im Anwendungsbereich des Haushaltsgrundsätze-Gesetzes (HGrG) kann die öffentliche Hand/der öffentlich-rechtliche Gesellschafter in Erweiterung des Umfangs der regulären Abschlussprüfung zusätzliche Nachweise einer wirtschaftlichen und sparsamen Haushaltsführung verlangen.

Hierzu gehören unter anderem die Prüfung der Ordnungsmäßigkeit der Geschäftsführung, die Darstellung der Entwicklung der Vermögens- und Ertragslage, der Liquidität und Rentabilität der Gesellschaft, die Darstellung der Verlust bringenden Geschäfte und deren Ursachen, wenn diese für die Vermögens- und Ertragslage von Bedeutung waren und die Darstellung der Ursachen für den in der Gewinn- und Verlustrechnung (GuV) ausgewiesenen Jahresfehlbetrag.

Wenngleich der Gesetzestext nur als „Kann-Vorschrift" ausgestaltet ist, wird diese – in Verbindung mit der Bundeshaushaltsordnung (BHO) bzw. den einschlägigen, in der Regel gleichlautenden Bestimmungen in den Haushaltsordnungen der Länder – als „Muss-Vorschrift" verstanden.

Vor diesem Hintergrund ist die Durchführung einer erweiterten Prüfung grundsätzlich unabhängig von der Größe, der Rechtsform und der Branche des jeweiligen Unternehmens vorzusehen.

Die vorgenannten gesetzlichen Einzeltatbestände des Haushaltsrechts erweitern also den Pflichten- und Haftungskanon der Ausführungs- und Kontrollorgane (Geschäftsführung, Aufsichtsrat) einer Stadtmarketing-GmbH[3].

2.1.5 Rechtsformbezogene Aspekte im Stadtmarketing

Stadtmarketing als Teildisziplin des *Gemeindewirtschaftsrechts* stellt sowohl die jeweils handelnde Organisation als auch die organisationsverantwortlichen Personen und Referate der Verwaltung einer Kommune vor teils erhebliche rechtliche Herausforderungen.

Grundfragen
Der Prüfungspunkt „Organisationsform und Gesellschafter- oder Mitgliederstruktur" wird im Wesentlichen von zwei Fragestellungen beherrscht:

1. „Welche Rechtsform ist unter Berücksichtigung der örtlichen Gegebenheiten die richtige Rechtsform für die Stadtmarketingorganisation?"
2. „Wer kann bzw. darf Gesellschafter oder Mitglied einer Stadtmarketingorganisation sein/werden und welche Aufgaben sollen von der Organisation übernommen werden? Welche Risiken sind hiermit für die Stadtmarketingorganisation oder für die Organ- und Funktionsträger verbunden?"

Diese Fragestellungen ergeben sich etwa bei der Neugründung einer Stadtmarketingorganisation, der Aufnahme von weiteren Gesellschaftern oder der Überleitung von Personal, eines Aufgabenbereiches oder wesentlicher Betriebsmittel von einem bestehenden Rechtsträger auf einen anderen Rechtsträger, der zukünftig das Aufgabenfeld Stadtmarketing ausführt.

Beispiel 1
Die Kommune Musterstadt möchte künftig gemeinsam mit verschiedenen Akteuren der privaten Wirtschaft Stadtmarketing betreiben. Die Neuorganisation soll mit öffentlichen Mitteln zum Defizitausgleich gefördert werden. Welches ist die passende Rechtsform, wenn sich die Kommune zusätzlich am Stammkapital der Neugesellschaft oder in Form einer Mitgliedschaft eines neuen Vereins an der weiteren Entwicklung des Stadtmarketingprozesses beteiligen möchte?

Rechtsfolge u. a.
Die „gemischte" Gesellschafter- oder Mitgliederstruktur führt gleichgültig der Rechtsform und je nach Wert des Auftrags im vergaberechtlichen Sinne zu einer europaweiten

---

[3]Die Vorgaben gelten in abgeschwächter Form analog für Geschäftsführung und Vorstand eines Stadtmarketingvereins.

Ausschreibungsverpflichtung der Kommune hinsichtlich der Vergabe des öffentlichen Marketingauftrags.

Beispiel 2
Der Aufgabenkreis, das Personal und sonstige wesentliche Betriebsmittel einer bislang als Verein geführten Stadtmarketingorganisation sollen in eine Stadtmarketing-GmbH, die sich im Alleinbesitz der Kommune Musterstadt befindet, übergeleitet werden. Hintergrund ist, dass eine Betriebsprüfung gezeigt hat, dass der Stadtmarketingverein erhebliche Nachzahlungen wegen zu Unrecht in Anspruch genommener Vorsteuer und in umsatzsteuerlicher Hinsicht wegen der Behandlung von städtischen Fördermitteln als „unechte Zuschüsse" zu leisten hat. Der Verein soll nach Übertragung liquidiert werden.

Rechtsfolge u. a.
Die Übertragung der Aufgaben sowie die Übernahme des Personals und der Betriebsmittel, mithin also die Übernahme der gesamten oder wesentlicher bzw. verselbstständigter Teile der operativen Grundlagen, hat einen Betriebsübergang im arbeitsrechtlichen Sinne zur Folge. Die neue Stadt-GmbH haftet für (Alt)Verbindlichkeiten des Vereins (mit).
Wurden bei dem Verein etwa über viele Jahre hinweg Sachverhalte steuerlich unzutreffend behandelt, mit der Folge, dass er im Falle einer Steuerprüfung in erheblichem Umfang mit Umsatzsteuernachzahlungen rechnen muss, wäre die Stadt-GmbH als Betriebsübernehmerin mit den drohenden Steuernachzahlungen belastet, die je nach deren Höhe auch Auswirkungen auf den Bestand der Neu-Gesellschaft haben könnten.

Beispiel 3
In der Kommune Musterstadt beschließen eine bereits seit Jahren bestehende Unternehmervereinigung (Gewerbeverein) sowie der lokale Verkehrsverein künftig nur noch eine gemeinsame Marketingorganisation zu unterhalten. Die Kommune möchte den neuen Rechtsträger finanziell unterstützen. Welches ist die passende Rechtsform, wenn sich die Kommune zusätzlich *nicht* am Stammkapital der Neu-Gesellschaft oder in Form einer Mitgliedschaft in einem Neu-Verein an der weiteren Entwicklung des Stadtmarketingprozesses beteiligen möchte?

Rechtsfolge u. a.
Ein Zusammenschluss kann sowohl in Form eines eingetragenen Vereins als Neu-Verein oder in Form einer Gesellschaft mbH, an der beide Vereine beteiligt sind, erfolgen. Auch hier führt die „gemischte" Gesellschafter- oder Mitgliederstruktur gleichgültig der Rechtsform zu einer möglicherweise europaweiten Ausschreibungsverpflichtung der Kommune hinsichtlich der Vergabe des öffentlichen Marketingauftrags.

2.1.6 Bedeutung des Organisationsrechts im Stadtmarketing

Neben den in den letzten Jahren gestiegenen Anforderungen an die Nachweis- und Berichtspflichten im Kontext rechtskonformen Verhaltens von Stadtmarketingorganisationen mit unionsrechtlichem Hintergrund, sind auch die Veränderungen in den gesetzlichen Maßgaben des Gemeindewirtschaftsrechts zu beachten. Dieses gilt grundsätzlich nachrangig im Verhältnis zu den europa- und bundesgesetzlichen Bestimmungen.

Die geltenden gesetzlichen Voraussetzungen sind im Hinblick auf die Möglichkeiten der Kommunen zur wirtschaftlichen Betätigung teils verschärft, teils erweitert worden. Auch deshalb sind Neugründungen im Stadtmarketing in Form der Kapitalgesellschaft mit einer Gesellschafterstruktur aus Kommune und Vertretern der Privatwirtschaft in jüngerer Zeit seltener festzustellen.

Die Synchronisierung der vergaberechtlichen- und gesellschafts- oder vereinsrechtlichen Rahmenbedingungen mit den Voraussetzungen des Haushalts- und Kommunalrechts erzwingt letztlich – soweit eine europaweite oder nationale Ausschreibung des Stadtmarketingauftrags einer Kommune nicht erwünscht ist – eine „Monobeteiligungskultur":

1. Bei Wahl der Betriebsform GmbH wird hierbei ausschließlich und unmittelbar die Beteiligung der Kommune oder mittelbar anderer ihr allein zuzurechnender Einrichtungen am Stammkapital der Stadtmarketinggesellschaft mbH möglich sein, wenn eine ausschreibungsfreie Vergabe des Stadtmarketingauftrags realisiert werden soll. Eine Beteiligung der Privatwirtschaft wird nur in Form von themen- oder projektspezifischen Beiratsformen, nicht aber am Kapital der Stadtmarketingorganisation möglich sein.
2. Bei Wahl der Betriebsform eingetragener Verein ist die Beteiligung der Kommune in Form einer ordentlichen Mitgliedschaft oder Fördermitgliedschaft auszuschließen und sicherzustellen, dass sie sich auf die Unterstützung (Förderung) in Form eines Zuschusses ohne gleichzeitige Mitgliedschaft oder Wahrnehmung eines Vorstandsamtes beschränkt.

2.1.7 Fazit zum Organisationsrecht im Stadtmarketing

Die Wahl der Rechtsform und die rechtskonforme Steuerung der Organisation sind – wie die vorgenannten Fallbeispiele zeigen – für alle an der öffentlichen Darstellung und Positionierung „ihrer Stadt" interessierten Personen und Institutionen von hoher Bedeutung.

2.2 Stadtmarketing und EU-Beihilferecht

Sowohl im Zusammenhang mit einer beabsichtigten Neugründung als auch im laufenden Betrieb ist die Finanzmittelausstattung der Stadtmarketingorganisation von signifikanter Bedeutung. Der Unterstützungsgrad aus öffentlichen Kassen beträgt oftmals bis zu 70 % des Gesamtbudgets. Nur 30 % fallen auf eigenerwirtschaftete Einnahmen (aus Rechnungslegung).

Bei den Zahlungen aus öffentlichen Kassen kann es sich um Beihilfen im Sinne des EU-Beihilferechts handeln. Grundsätzlich gelten Beihilfen als nicht mit dem (Binnen-)

Markt vereinbar, es sei denn, sie sind besonders genehmigt („notifiziert"), gesetzlich von einer Anmelde- oder Genehmigungspflicht „freigestellt" oder die Beihilfen empfangende Stadtmarketingorganisation ist durch einen besonderen Formalakt (z. B. Beschluss) der Beihilfe gewährenden Stelle mit der Erbringung von DAWI (Dienstleistungen von allgemeinem wirtschaftlichen Interesse) „betraut" worden. Die Bedeutung des EU-Beihilferechts ist entsprechend hoch. Ohne eine beihilferechtliche Statusqualifizierung lassen sich keine belastbaren Aussagen über die Rechtskonformität der aus öffentlichen Kassen geleisteten Finanzmittel treffen. Letztlich geht es also für die Stadtmarketingorganisation um die Frage der Berechtigung, diese Mittel entgegennehmen und zur Erfüllung der Unternehmenszwecke verwenden zu dürfen.

2.2.1 Grundlagen

Eine Beihilfe liegt nach Art 107 Abs. 1 des Vertrages über die Arbeitsweise der Europäischen Union (AEUV) vor, wenn staatliche Mittel an ein Unternehmen fließen, dem daraus ein wirtschaftlicher Vorteil erwächst. Diese Vorteilsgewährung muss Auswirkungen auf den grenzüberschreitenden Handel oder Wettbewerb haben. Beihilfen sind also Leistungen einer rechtsfähigen Einrichtung der öffentlichen Hand an eine von ihr zu unterscheidende rechtsfähige Einrichtung oder Person, die *ohne* marktmäßige Gegenleistung gewährt werden und helfen soll, Ziele im öffentlichen Interesse zu verwirklichen.

Die Prüfung einer Beihilfe auf ihre Vereinbarkeit mit den Maßgaben des Europäischen Rechts (Unionsrechts) hat *rechtsformunabhängig* zu erfolgen, betrifft also Eigengesellschaften und Zweckverbände der Kommunen ebenso wie Eigen- und Regiebetriebe, aber auch Vereine und sonstige juristische Personen des öffentlichen Rechts oder des Privatrechts (AöR, GmbH usw.). Hintergrund ist der sogenannte funktionale Unternehmensbegriff, denn nach der ständigen Beschlusspraxis der europäischen Gerichte und der Auffassung der EU-Kommission ist unter einem Unternehmen „jede selbstständige Einheit, die in einem Markt einen wirtschaftlichen Austausch von Gütern und Dienstleistungen vornimmt oder anbietet" zu verstehen. Demgemäß ist es unerheblich, ob seitens des Beihilfe empfangenden Unternehmens eine Gewinnerzielungsabsicht besteht oder ob die Organisation im steuerrechtlichen Sinne gemeinnützige Zwecke verfolgt.

Als Beihilfen sind insbesondere die von den Kommunen an Stadtmarketingorganisationen gezahlten Ausgleichssummen zur Übernahme von Jahresfehlbeträgen zu nennen. Zuschüsse, Subventionen, Zuwendungen, Fördermittel, Kapitaleinlagen, Darlehen, Bürgschaften, die Übernahme von Personalkosten etc., aber auch kommunale Mitgliedsbeiträge an Vereine im Stadtmarketing stellen weitere praxisrelevante Beispiele dar.

Soweit die kommunale Wirtschaftsförderung kommunalrechtlich und EU-beihilferechtlich als Tätigkeit und Aufgabe der *staatlichen Daseinsvorsorge* anerkannt ist, wird auch das Stadtmarketing als besondere Teildisziplin der allgemeinen Wirtschaftsförderung anzuerkennen sein, denn dieses erfolgt im öffentlichen Interesse der jeweiligen Kommune und ihrer Einwohnerinnen und Einwohner an einer leistungsstarken Wirtschaftsstruktur sowie an der Verbesserung der Standortbedingungen im Gesellschafts- oder Vereinsgebiet.

Beihilferechtlich können – jedenfalls nach hiesigem Verständnis – die der jeweiligen *lokalen* Marketingorganisation übertragenen Aufgaben *Leistungen von allgemeinem wirtschaftlichem Interesse* darstellen. Bei „Dienstleistungen von allgemeinem wirtschaftlichem Interesse" (DAWI) handelt es sich um wirtschaftliche Tätigkeiten, die mit besonderen Gemeinwohlverpflichtungen verbunden sind und die im Interesse der Allgemeinheit als Teil der *Daseinsvorsorge* durch den Staat erbracht werden.

Allgemein umfasst die Betrauung mit einer besonderen Dienstleistungsaufgabe die Erbringung von Dienstleistungen, die ein Unternehmen, wenn es im eigenen gewerblichen Interesse handelt, nicht oder nicht im gleichen Umfang oder nicht zu den gleichen Bedingungen übernommen hätte oder ohne staatliche Beihilfen übernehmen würde.

Dienstleistungen von allgemeinem wirtschaftlichen Interesse sind ausgleichsfähige Dienstleistungen der Daseinsvorsorge, die zum Wohle der Bürger oder Besucher der Stadt im Interesse des Beihilfegebers erbracht werden müssen.

Die DAWI-Regelungen sollen sicherstellen, dass die seitens des Beihilfegebers geleistete Kompensation nicht wettbewerbsverzerrend wirkt, also weder eine, unabhängig von der DAWI-Erbringung festzustellende defizitäre Unternehmensführung kompensiert, noch die tatsächlich erbrachte DAWI überkompensiert wird.

Eine Stadtmarketingorganisation ist also aus Sicht des EU-Beihilferechts grundsätzlich im Rahmen der allgemeinen Wirtschaftsförderung tätig und wäre in diesem Sinne zugleich eine Infrastruktureinrichtung soweit sie Informationsstellen und Auskunftsbüros betreibt. Die gemeinwirtschaftlichen Verpflichtungen umfassen dabei häufig die Übernahme der Funktion als zentrale öffentliche Anlauf-, Vermittlungs-, Beratungs-, Koordinierungs- und Projektträgerstelle im Stadt- oder Gemeindegebiet.

2.2.2 Einzelheiten

Das europäische Beihilferecht ist wesentlich in einem Rechtsrahmen – dem sogenannten Almunia-Paket – nebst den daneben geltenden Verfahrensverordnungen abgebildet. Wie im Vergaberecht sind im EU-Beihilferecht Schwellenwerte zu beachten.

Nach der De-minimis-Verordnung sind sogenannte Bagatellbeihilfen zwar in einer besonderen Form zu beantragen, bedürfen aber nicht der strengen Freistellungs- und Genehmigungspraxis wie sie die nachstehend zu schildernden Fälle der förmlichen Betrauung mit sich bringen.

Als „Kleinst- oder Bagatellbeihilfen" und damit regelmäßig ohne wettbewerbsbeeinträchtigende Wirkung gelten nach der De-minimis-Verordnung diejenigen Beihilfen, die einen Gesamtbetrag oder deren Wert in drei aufeinanderfolgenden Steuer- oder Haushaltsjahren 200.000 EUR nicht übersteigen.

Beihilfen, die einen Gesamtbetrag oder deren Wert einen Betrag von 500.000 EUR in drei Steuerjahren übersteigen und zugleich jährlich nicht höher als 15 Mio. EUR sind, sind nach dem Freistellungsbeschluss der EU-Kommission (2012/21/EU) zu qualifizieren.

Beihilfen von unter 500.000 EUR, jedoch über 200.000 EUR in drei Steuerjahren, die zugleich im Kontext der Daseinsvorsorge erbracht werden, sollen wegen ihrer möglichen Marktbeeinträchtigung nach der DAWI-De-minimis-Verordnung ebenfalls durch einen sogenannten Betrauungsakt rechtskonform ausgestaltet werden. In Umsetzung dieser Soll-Vorgabe sind an den Inhalt des Betrauungsaktes geringere Anforderungen zu stellen.

Im „Freistellungsbeschluss" der EU-Kommission (2012/21/EU) sind die erforderlichen Pflichtangaben, die für eine rechtswirksame Betrauung einer Stadtmarketingorganisation, welche Gelder aus öffentlichen Kassen erhält, niedergelegt.

Soweit sich in allerjüngster Zeit das Verständnis des auslegungsbedürftigen Begriffs der „staatlichen Beihilfe" verändert, bleiben die weiteren Entwicklungen abzuwarten. In vielen Fällen wird künftig im Einzelfall das Vorliegen einer Beihilfe zu verneinen sein.

2.2.3 Folgen bei Verstoß

Die Übernahme von Aufgaben der allgemeinen Wirtschaftsförderung, insbesondere in Form des Stadtmarketings, wird aktuell in Deutschland nach überwiegender Auffassung als *Dienstleistung von allgemeinem wirtschaftlichen Interesse (DAWI)* im Sinne des Beihilferechts qualifiziert. Erhält ein mit solchen Aufgaben befasstes Unternehmen Gelder aus öffentlichen Kassen, können diese Zahlungen eine *unzulässige* Beihilfe im Sinne der Art. 106 ff. AEUV (Vertrag über die Arbeitsweise der Europäischen Union) darstellen. Voraussetzung für die Rechtmäßigkeit solcher Beihilfen ist u. a. das Vorliegen einer rechtswirksamen Betrauung oder einer sonstigen Genehmigung.

Zahlungen aus öffentlichen Kassen an Stadtmarketingorganisationen, die ohne eine vorherige und rechtswirksame Betrauung erfolgen oder die zuvor anders freigestellt wurden, können wegen Verstoßes gegen ein gesetzliches Verbot rechtswidrig sein und sind an den Beihilfengeber zurückzuzahlen. In der Konsequenz führt dies dazu, dass die betroffenen Organisationen – sofern sie die für die Rückzahlung benötigten Gelder nicht auf dem freien Markt erhalten oder über entsprechende Rücklagen verfügen – in einem hohen Maße liquidations- oder insolvenzantragsbedroht sind.

Die Folgen einer unterbliebenen oder unzutreffenden beihilferechtlichen Bewertung sind mannigfaltig. Sie reichen von der rechtlichen Unzulässigkeit des Zuflusses der Beihilfe an die Stadtmarketingorganisation und der unzutreffenden Darstellung in Jahresabschlüssen und Lageberichten über die zivilrechtliche Nichtigkeit von Verträgen, deren wirtschaftliche Grundlagen oder steuerlichen Qualifizierungen auf den rechtswidrig empfangenen bzw. verwendeten Beihilfen fußen bis hin zu einer persönlichen Haftung der Betriebsverantwortlichen.

2.2.4 Bedeutung des EU-Beihilferechts im Stadtmarketing

Zum Juli 2014 hat die EU-Kommission zum Zwecke der erleichterten Nachprüfung von Beihilfen die Möglichkeit einer Beschwerde mittels Formulars eingeführt. Beschwerden privater Wettbewerbsteilnehmer wegen vorgeblich nicht rechtskonformer Beihilfegewährungen durch die öffentliche Hand an öffentlich finanzierte Organisationen im Stadtmarketing und Tourismusmarketing haben zugenommen.

In dem Verfahren „Zweckverband Tourismuszentrale Holsteinische Schweiz" hat die EU-Kommission zugunsten des von unserer Kanzlei vertretenen Zweckverbandes die von einem privaten Wettbewerber aus dem Umfeld öffentlicher Marketing- und

Dienstleistungen wegen angeblich unzulässiger Beihilfen erhobene Beschwerde zurückgewiesen. Dieses deshalb, weil es sich bei den Verbandsumlagen der Zweckverbandsmitglieder entweder um eine Förderung von nicht wirtschaftlichen Tätigkeiten gehandelt habe oder lediglich um die Verwirklichung eines „rein lokalen Sachverhalts" ohne grenzüberschreitende Wirkung.

Aus dieser Sach- und Rechtslage ist weder abzuleiten, dass „es sich daher nicht lohnt" eine Betrauung auf Basis des Freistellungsbeschlusses der EU-Kommission (2012/21/EU) vorzunehmen, noch dass diejenigen Stadtmarketingorganisationen, die mit der Erbringung von DAWI formal betraut wurden, alleine infolge dieses Aktes „besser stehen, als andere, die keine Betrauung anstreben".

2.2.5 Fazit zum EU-Beihilferecht im Stadtmarketing

Nach der ständigen Rechtsprechung der nationalen und europäischen Gerichte gehören Kenntnisse des EU-Beihilferechts zum *Grundlagenwissen* von Geschäftsführern und Betriebsleitern (Bürgermeistern). Soweit diese Unternehmen führen oder leiten, die Beihilfen aus öffentlichen Mitteln empfangen, ist zur Vermeidung einer späteren persönlichen Haftung die regelmäßige Prüfung der Beihilfensituation und der (fortbestehenden) Rechtskonformität ebenso unverzichtbar wie die Durchführung einer Trennungsrechnung zur Abgrenzung von nichtwirtschaftlichen und wirtschaftlichen Tätigkeiten sowie von DAWI.

2.3 Stadtmarketing und Vergaberecht

Seit April 2016 sind in Deutschland zudem die Maßgaben des neu reformierten Vergaberechts zu beachten. Das Vergaberecht hat die Zielrichtung, den freien Wettbewerb zu ermöglichen und zu schützen. Zu unterscheiden sind die Vergabe des touristischen Dienstleistungsauftrags *an die jeweilige Stadtmarketingorganisation* von den Vergaben dieser Organisation *an Dritte* (Lieferanten, Agenturen etc.).

2.3.1 Grundsätze

Die grundsätzliche Verpflichtung der öffentlichen Hand zur Ausschreibung von Aufträgen, deren geschätztes Auftragsvolumen einen bestimmten Schwellenwert übersteigt, ist allgemein bekannt.

Sobald eine Kommune einem Dritten, also einer rechtlich von ihr verschiedenen Person, einen Dienstleistungsauftrag – etwa zur Durchführung und Koordinierung von Aktivitäten des Stadtmarketings – erteilen will, der den unionsrechtlichen Schwellenwert von 209.000 EUR übersteigt, ist sie verpflichtet, diesen Auftrag europaweit auszuschreiben. Die Nichtbeachtung der Ausschreibungsverpflichtung – etwa durch eine rechtlich unzulässige oder unwirksame Direktvergabe an das „eigene" Unternehmen – kann im Fall der Rüge durch eine Aufsichtsbehörde oder einen Mitwettbewerber ob der Nichtigkeit der Auftragsvergabe erhebliche Konsequenzen nach sich ziehen.

Häufig widerstrebt es den lokalen Akteuren, die Gestaltung und Umsetzung des Stadtmarketings – im Gesamten oder in Teilen – an fremde Dritte außerhalb der kommunaleigenen

Organisation zu vergeben. Denn gerade, weil eine gemeinde- oder stadteigene Organisation gefördert werden soll, werden Kommunen und lokale Akteure der privaten Wirtschaft, Kammern und Vereine zu Gesellschaftern einer lokalen GmbH oder zu Mitgliedern in lokal tätigen Vereinen. Gemeinsames Ziel ist das Betreiben des Stadtmarketings zum Wohle der „eigenen" Kommune und ihren Einwohnerinnen und Einwohnern. Die Anforderungen des Vergaberechts sind trotz dieser inhaltlich und strategisch nachvollziehbaren Gründe zu beachten.

2.3.2 Ausnahmefälle zur Ausschreibungspflicht im Stadtmarketing

Eine Ausnahme vom Grundsatz der Verpflichtung zur Ausschreibung stellen die sogenannten vergaberechtsfreien Inhouse-Geschäfte dar. Eine solche „Inhouse-Vergabe" liegt vor, wenn der Auftrag *innerhalb* desselben Hauses erfolgt. Bekannteste und einfachste Konstellation ist hier die Auftragsvergabe der Kommune an einen Eigenbetrieb. Doch wie verhält es sich, wenn eine Kommune eine Stadtmarketingorganisation, an der sie nur mitbeteiligt ist, mit der Dauerbegleitung im Bereich des öffentlichen Marketings beauftragen will?

Für eine vergaberechtsfreie Übertragung der Aufgaben an die „eigene" Organisation muss die Kommune die zwei Mindestvoraussetzungen einer Inhouse-Vergabe beachten:

1. Das sogenannte *Kontroll-Kriterium* verlangt zunächst, dass ein öffentlicher Auftraggeber über den Dritten als „seinen" Vertragspartner eine Kontrolle *wie über eine eigene Dienststelle* ausüben muss. Hierbei wird in erster Linie darauf abgestellt, dass der öffentliche Auftraggeber zu 100 % Inhaber des beauftragten Dritten ist. Bereits die Beteiligung eines privaten Akteurs von einem Prozent ist also „kontrollschädlich". Zum anderen muss der öffentliche Auftraggeber entscheidenden Einfluss auf die strategischen Ziele und auf die wesentlichen Entscheidungen der beauftragten juristischen Person ausüben.
2. Das sogenannte *Wesentlichkeits-Kriterium* erfordert daneben, dass der Dritte seine Tätigkeit im Wesentlichen für die ihn kontrollierende Kommune als öffentlichen Auftraggeber verrichtet. Als „wesentlich" gilt eine Tätigkeit in Höhe von mindestens 80 %. Umgekehrt dürfen also die Dritt- oder Fremdumsätze (etwa über das Counter-Geschäft, aus Online-Geschäften, aus Merchandising und Veranstaltungen einschließlich Stadtführungen) keinesfalls höher sein als 20 %.

Sonderbeispiel 1
Das Vergaberecht ist bei Gründung einer Stadtmarketinggesellschaft zu beachten, wenn bereits zu diesem Zeitpunkt feststeht, dass ein Teil der Anteile an der Gesellschaft zu einem späteren Zeitpunkt an einen Dritten – außerhalb des kommunalen Hauptgesellschafters – aus der Privatwirtschaft veräußert werden soll.

Es gilt der Grundsatz, dass die *Übertragung des Stadtmarketingauftrags* und die *Anteilsveräußerung* durch die öffentliche Hand vergaberechtlich zumindest dann als Einheit (im Sinne eines „einheitlichen Geschäfts") zu betrachten sind, wenn dazwischen ein enger zeitlicher Zusammenhang besteht. Durch den Europäischen Gerichtshof (EuGH) ist seit 2005 in mehreren Entscheidungen festgestellt worden, dass ein zeitlich späterer Auftrag der Kommune an eine „gemischte Gesellschaft" wiederum ausschreibungspflichtig wäre, da die Voraussetzungen des „Inhouse-Geschäftes" bereits aufgrund der Beteiligung eines einzigen Privaten scheitern. In der Vergangenheit wurde dementsprechend versucht, diese Rechtsfolgen dadurch zu umgehen, dass

- zunächst eine 100%ige Tochtergesellschaft der Kommune gegründet wurde,
- der dann im Rahmen eines zulässigen „Inhouse-Geschäftes" ein Auftrag zur Durchführung und Koordination des öffentlichen Marketings übertragen wurde.
- Erst im Anschluss daran trat der private Gesellschafter in die Gesellschaft ein.

Für sich gesehen unterfällt keiner dieser Schritte dem Vergaberecht. Da der hier verfolgte Zweck der Umgehung jedoch evident ist – der Europäische Gerichtshof redet an dieser Stelle von einer „künstlichen Konstruktion" –, sind die Gerichte dazu übergegangen, derartige Sachverhalte einer sogenannten Gesamtbetrachtung zu unterziehen. Diese Gesamtbetrachtung führt dann dazu, dass selbst die Veräußerung der Gesellschaftsanteile dem Vergaberecht unterfällt und entsprechend bereits die Beteiligungsabsicht ausgeschrieben werden muss.

Sonderbeispiel 2
Schließlich sind die neueren Entwicklungen in der Rechtsprechung zur vergaberechtsfreien Beteiligung einer Industrie- und Handelskammer bei der Gestaltung von GmbHs im Stadtmarketing zu beachten. Die mancherorts übliche Praxis der Beteiligung einer Kammer am Stammkapital einer Stadt- oder Tourismusmarketing-GmbH wird daher zu hinterfragen sein.

Der Europäische Gerichtshof – und ihm folgend die sächsische Vergabekammer – haben festgestellt, dass das in vergaberechtlicher Hinsicht relevante sogenannte *Kontrollkriterium* als wesentliche Voraussetzung eines ausschreibungsfreien Inhouse-Geschäftes bei der Beteiligung einer Kammer in rechtlich schädlicher Weise verletzt ist.

Eine Zurechnung der Kammern zum „Lager der öffentlichen Hand" scheidet künftig zumindest im Oberschwellenbereich – und entgegen der bislang in Deutschland geübten Praxis und Rechtsauffassung – aus, weil Selbstverwaltungskörperschaften der gewerblichen Wirtschaft oder die Versorgungswerke der freien Berufe nicht (länger) als „öffentliche Auftraggeber" im unionsrechtlichen Sinne anzusehen sind.

Die Kammern gelten, da sie nicht überwiegend von der öffentlichen Hand finanziert werden oder in ihren Organen nicht über mehrheitlich von der öffentlichen Hand ernannte Mitglieder verfügen, nicht länger als „öffentliche Auftraggeber". Vergaberechtlich sind sie somit als „private Wirtschaftsteilnehmer" zu qualifizieren. Ähnliche Überlegungen sind im Falle der Beteiligung von Kreditinstituten, wie z. B. der Sparkassen, an Stadtmarketingorganisationen anzustellen.

2.3.3 Folgen bei Verstößen

Ein noch laufender Vertrag, der gegen die unionsrechtlichen Vergabevorschriften verstößt, muss zwingend aufgehoben werden. Der EuGH hat hierzu festgestellt, dass weder die Grundsätze der Vertragstreue, des Vertrauensschutzes, der Rechtssicherheit, noch die Gewährleistung des Eigentums, noch sonstige Umstände es rechtfertigen, dass ein Mitgliedsstaat seiner Verpflichtung zur Beendigung eines gemeinschaftsrechtswidrigen Zustands nicht nachkommt. Soweit die Voraussetzungen einer Inhouse-Vergabe oder sonstige Ausnahmen zum Prinzip der Ausschreibungsverpflichtung bei der Vergabe von Aufträgen im Kontext des Stadtmarketings nicht vorliegen, ist die Direktvergabe durch die Kommune an die „stadteigene" Stadtmarketingorganisation nichtig.

2.3.4 Bedeutung des Vergaberecht im Stadtmarketing

Vergaberechtlich haben insbesondere die Fälle *Stadt Bayreuth* und *Stadt Potsdam* in der Stadtmarketing- und Tourismusbranche für bundesweite Aufmerksamkeit gesorgt. In beiden Fällen ging es sowohl um Fragen einer grundsätzlich bestehenden Ausschreibungsverpflichtung als auch des Umfangs einer gegebenenfalls bloß übergangsweisen („interimistischen") Geschäftsbesorgung einer Organisation für die öffentliche Hand im Kontext des öffentlichen Marketings.

2.3.5 Fazit zum Vergaberecht im Stadtmarketing

Für eine vergaberechtsfreie Übertragung der Aufgaben an die „eigene" Organisation muss die Kommune sowohl das *Kontrollkriterium* als auch das *Wesentlichkeitskriterium* als Mindestvoraussetzungen einer Inhouse-Vergabe beachten. Auch eine kommunaleigene Organisation, die „öffentliche Einrichtung" und nicht bloß „Unternehmen in öffentlicher Trägerschaft oder mit öffentlicher Finanzierung" ist, handelt außerhalb des Anwendungsbereichs des Vergaberechts. In diesem Falle ist die eigene Marketingorganisation als „öffentliche Einrichtung" ebenso wie die Kommune selbst „öffentliche Auftraggeberin" im Sinne des Vergaberechts und es entfällt der vergaberechtliche Auftragsbegriff.

2.4 Umsatzbesteuerung von öffentlichen Zuschüssen im Stadtmarketing

Das Stadtmarketing ist abhängig von Zuschüssen aus öffentlichen Kassen, da die in diesem Handlungsfeld der Kommunen zumeist im öffentlichen Raum erbrachten Leistungen nicht im gleichen Maße „kommerzialisierbar" sind wie Leistungen privatwirtschaftlicher Veranstaltungs- und Vermarktungsagenturen. Die Leistungen des Stadtmarketings werden zwar oftmals unter Einsatz der Methodik und Instrumente der Privatwirtschaft erbracht. Sie sollen indes wegen der dahinterliegenden überragenden öffentlichen Interessen im steuerrechtlichen Sinne „anders" bewertet werden. Hierbei tritt speziell im Kontext der Umsatzbesteuerung oftmals folgendes Spannungsfeld zutage:

1. Handelt es sich bei den Verlustausgleichszahlungen einer Kommune an eine Stadtmarketingorganisation (gleichgültig welcher Rechtsform) um Zahlungen aus öffentlichen Kassen, die aus strukturpolitischen, volkswirtschaftlichen oder allgemeinpolitischen Gründen lediglich der Förderung der Tätigkeit des Empfängers dienen?
Rechtsfolge
Die Zahlungen der Kommune stellen keinen Gegenwert für eine Leistung des Zahlungsempfängers dar und führen nicht zu einem steuerlich relevanten Umsatz. Der Zahlungsempfänger verfolgt keine gewerblichen Zwecke, sondern Zwecke der Daseinsvorsorge. Es kommt nicht – auch nicht mittelbar – zu einer haushaltspolitischen Stärkung und somit zu keiner Entlastung der zuschussgebenden Stelle (Kommune). In einem solchen Falle liegen sogenannte echte Zuschüsse im Sinne des Umsatzsteuergesetzes vor, da die *Förderungsabsicht* des Zuschussgebers im Vordergrund steht.
2. Handelt es sich bei den Verlustausgleichszahlungen einer Kommune an eine Stadtmarketingorganisation (gleichgültig welcher Rechtsform) um Zahlungen aus öffentlichen Kassen, die als Entgelte für sonstige Leistungen einen Gegenwert für die von der Stadtmarketingorganisation gegenüber der Kommune erbrachten Dienstleistungen darstellen?
Rechtsfolge
Führt eine Stadtmarketing-GmbH oder ein eingetragener Stadtmarketingverein für die Kommune im Rahmen eines (nicht notwendigerweise schriftlichen) Dienstleistungsvertrages im allgemeinen öffentlichen Interesse liegende Aufgaben der Markt- und Wirtschaftsförderung aus, sind die dafür gezahlten Dienstleistungsentgelte Teil der erbrachten umsatzsteuerbaren und umsatzsteuerpflichtigen Dienstleistungen der handelnden Organisation. In einem solchen Falle liegen sogenannte unechte Zuschüsse im Sinne des Umsatzsteuergesetzes vor, da die *Abgeltungsabsicht* des Zuschussgebers im Vordergrund steht.

Die Bewertung des Zuschusses in umsatzsteuerrechtlicher Hinsicht ist sowohl für die zuschussempfangende Stadtmarketingorganisation als auch für die zuschussgewährende Kommune evident. Die Zuschussgeberin bemisst und leistet den Zuschuss inklusive anteiliger Umsatzsteuer – der Stadtmarketingorganisation stehen als Zuschussempfängerin entsprechend höhere oder niedrigere Mittel zur Umsetzung ihrer Aktivitäten zur Verfügung. Die Umsatzsteuer wirkt damit – je nach Einzelfall – haushalts- und wirtschaftsplanneutral oder -belastend.

2.4.1 Allgemeine Grundlagen

Der Umsatzsteuer unterliegen die Lieferungen und sonstigen Leistungen, die ein Unternehmer im Inland gegen Entgelt im Rahmen seines Unternehmens ausführt. Für das

Vorliegen einer Leistung gegen Entgelt sind im Wesentlichen folgende – unionsrechtlich geklärte – Grundsätze zu berücksichtigen:

1. Zwischen der Leistung und einem erhaltenen Gegenwert muss ein unmittelbarer Zusammenhang bestehen.
2. Der unmittelbare Zusammenhang muss sich aus einem zwischen dem Leistenden und dem Leistungsempfänger bestehenden Rechtsverhältnis ergeben, in dessen Rahmen gegenseitige Leistungen ausgetauscht werden, wobei die Vergütung den Gegenwert für die Leistung bildet.
3. Der Leistungsempfänger muss identifizierbar sein. Er muss einen Vorteil erhalten, der einen Kostenfaktor in seiner Tätigkeit bilden könnte und damit zu einem Verbrauch im Sinne des europäischen Mehrwertsteuerrechts führt.
4. An einem Leistungsaustausch bei Zahlungen aus öffentlichen Kassen (von Bund, Ländern, Kommunen) kann es fehlen, wenn die Zahlung lediglich der Förderung der Tätigkeit des Empfängers – aus strukturpolitischen, volkswirtschaftlichen oder allgemeinpolitischen Gründen – dient und nicht der Gegenwert für eine Leistung der Stadtmarketingorganisation an den Geldgeber ist. Der Zuschuss wird in diesen Fällen zur Förderung des leistenden Unternehmers und nicht im überwiegenden Interesse des Leistungsempfängers gezahlt. Auch der Umstand, dass die Zuschüsse aus haushaltsrechtlichen Gründen an die Erfüllung der Auflage einer zweckentsprechenden Verwendung oder an eine Erfolgskontrolle geknüpft werden (Zweckbestimmung), führt allein nicht zu einem Leistungsaustausch. Anders ist es jedoch, wenn die Zahlungen zur Ausführung bestimmter Umsätze geleistet werden.
5. Soll der Zahlungsempfänger mit dem Zuschuss nur unterstützt werden, damit er seine Tätigkeit ausüben kann, fehlt es an der erforderlichen Verknüpfung von Leistung und Zuschusszahlung zu einem steuerbaren Umsatz. Dabei bestimmt sich in erster Linie nach dem der Leistung zugrunde liegenden Rechtsverhältnis, ob die Leistung des Unternehmers derart mit der Zahlung („Zuschuss") verknüpft ist, dass sie sich auf die Erlangung einer Gegenleistung (Zahlung) richtet.
6. Bei Leistungen, zu deren Ausführung sich die Vertragsparteien in einem gegenseitigen Vertrag verpflichtet haben, liegt grundsätzlich ein Leistungsaustausch vor.
7. Es spielt keine Rolle, ob es sich bei der durch die Stadtmarketingorganisation übernommenen Tätigkeit um eine freiwillige Aufgabe der Körperschaft des öffentlichen Rechts oder eine ihr obliegende Pflichtaufgabe handelt. Unerheblich ist dabei auch, ob die Leistung dem Nutzen der Allgemeinheit dient, denn die Motive für die Begründung des Leistungsaustauschs stellen den für diesen erforderlichen Zusammenhang zwischen Leistung und Gegenleistung nicht infrage.

2.4.2 Umsatzbesteuerung der öffentlichen Zuschüsse an Vereine im Stadtmarketing

Stadtmarketingvereine sollten beachten, dass nach der jüngeren Rechtsprechung Zuwendungen aus öffentlichen Kassen dann als Drittentgelt (und damit als umsatzsteuerbar und umsatzsteuerpflichtig) angesehen werden, wenn der Verein seine Mitgliedsbeiträge in Erwartung der kommunalen Zuwendung nicht kostendeckend festgesetzt hat.

Bei Stadtmarketingorganisationen, etwa in der Rechtsform des eingetragenen Vereins, sollte die notwendige Synchronisierung des EU-Beihilferechts, des Steuerrechts und des Vereinsrechts daher unter anderem durch eine Ergänzung der Beitragsordnung fortgeführt werden. Hierin festgeschrieben werden könnte, dass

1. die (beihilferechtlich relevante) Zuwendung der Kommune bewilligt wird, um den Stadtmarketingverein in die Lage zu versetzen, die *allgemeinen* wirtschaftlichen Aufgaben des Stadt- und Tourismusmarketings nach Satzung durchzuführen;
2. die Zuwendung ausschließlich für diesen Zweck gewährt wird und *nur* dafür verwendet werden darf,
3. die mit der Zuwendung unterstützte Tätigkeit somit nicht für den Verein als Zuwendungsempfänger oder die Kommune als Zuwendungsgeberin bestimmt ist, sondern ausschließlich strukturpolitischen, volkswirtschaftlichen oder allgemeinpolitischen Zwecken dient,
4. die Zuwendung der Kommune in Form einer Fehlbedarfsfinanzierung formal (und je nach Ergebnis der Abstimmung mit dem zuständigen Finanzamt) durch separaten Zuwendungsbescheid gewährt wird und
5. der Grundlagenbeschluss der Kommune beispielsweise zur Betrauung nach dem Freistellungsbeschluss der EU-Kommission im Sinne des EU-Beihilferechts die Grundlage der Zuwendung im steuerlichen Sinne ist.

2.4.3 Umsatzbesteuerung der öffentlichen Zuschüsse an Gesellschaften mbH

Bei Anwendung der vorskizzierten Rechtsgrundsätze werden die jährlichen Zahlungen (insbesondere Verlustausgleichszahlungen) einer Kommune regelmäßig ein Entgelt im Sinne des Umsatzsteuergesetzes für die Stadtmarketingaktivitäten darstellen.

Letztlich erhält die Kommune durch die Tätigkeit der Stadtmarketing-GmbH einen verbrauchsfähigen Vorteil im Sinne des Umsatzsteuerrechts und wird somit als Leistungsempfängerin identifizierbar. Dieses deshalb, weil die Kommune durch die Aktivitäten der Stadtmarketing-GmbH von einem Kostenfaktor entlastet wird, der ihr entstanden wäre, wenn sie die Vermarktung der Kommune selbst übernommen hätte.

Hätte die Kommune anstelle der kommunaleigenen Gesellschaft mit ihrer Vermarktung eine am Markt tätige Veranstaltungs-, Werbe- oder Eventagentur beauftragt, wären die gleichen Leistungen in jedem Fall umsatzsteuerpflichtige Dienstleistungen. Indizien für eine derartige Sichtweise der Betriebsprüfer und Gerichte liefern regelmäßig schon die spartendefinierten Wirtschaftspläne einer Stadtmarketing-GmbH, da sich diesen Geschäftsbereiche bzw. Projektgruppen entnehmen lassen, die mit den Produkt- und Dienstleistungsangeboten privater Wettbewerber identisch sind.

Der erforderliche unmittelbare Zusammenhang zwischen den jährlichen Zahlungen einer Kommune und den Tätigkeiten der Gesellschaft ergibt sich häufig auch schon aus den Beschlussvorlagen zur Gründung einer Stadtmarketing-GmbH oder aus vertraglichen Vereinbarungen der Kommune mit der Gesellschaft in Form von Dienstleistungs-, Management- oder Finanzierungsvereinbarungen. Ausreichend als Nachweis für umsatzsteuerrelevante Verabredungen sind auch die entsprechenden Ausführungen im Vergabevermerk zum Dienstleistungsvertrag ‚Stadtmarketing'.

Liegen entsprechende Vereinbarungen, Indizien oder Vermerke vor oder lassen sich im Sinne eines steuerpflichtigen Leistungsaustausches entsprechende Vereinbarungen feststellen, wird eine Stadtmarketing-GmbH nur sehr eingeschränkt eine Umsatzbesteuerungsverpflichtung der von ihr aus öffentlichen Kassen empfangenen Zuschüsse vermeiden können.

2.4.4 Bedeutung des Steuerrechts im Stadtmarketing

Nach wie vor liegen in Betriebsprüfungen von öffentlichen Marketingorganisationen die Schwerpunkte auf den „Klassikern", wie z. B. der Umsatzbesteuerung öffentlicher Zuschüsse, der Kürzung von in der Vergangenheit zum Abzug gestellter Vorsteuerbeträge und der körperschaftsteuerlichen Veranlagung von Verlustausgleichszahlungen der öffentlichen Hand an Kapitalgesellschaften nach den Grundsätzen der verdeckten Gewinnausschüttung.

Die notwendige Synchronisierung zwischen EU-Beihilferecht und Steuerrecht wird insoweit fortgeführt, als dass in der Formulierung des Betrauungsaktes für die Stadtmarketingorganisation darauf geachtet werden muss, dass die notwendige Aufgabenbeschreibung im EU-beihilferechtlichen Sinne nicht als Auftragskatalog im umsatzsteuerlichen Sinne qualifiziert wird. Andernfalls wären die Ausgleichszahlungen der Kommunen an die jeweilige Stadtmarketingorganisation zwar beihilferechtlich gerechtfertigt, würden aber zugleich im umsatzsteuerlichen Sinne „unechte Zuschüsse" darstellen.

2.4.5 Fazit zur Umsatzbesteuerung von öffentlichen Zuschüssen im Stadtmarketing

Dem Zielverständnis von Stadtmarketing folgend, findet Stadtmarketing zumeist „im öffentlichen Raum" statt. Die Zusammenführung von Themen, Strategien und Akteuren bildet sich zwar auch im Stadtmarketing in Produkten und Dienstleistungen ab, diese sind aber weniger wahrnehmbar, d. h. „messbar", als es in anderen Sektoren öffentlich finanzierter oder getragener Marketingbereiche (wie im Tourismus oder der gewerblichen Wirtschaftsförderung) der Fall ist. Demgemäß hat das Stadtmarketing einen höheren Zuschussbedarf aus öffentlichen Kassen, da es nicht im gleichen Ausmaß Einnahmen aus Rechnungslegung erzielen kann, wie dieses in anderen Feldern der wirtschaftlichen Betätigung von Kommunen möglich ist.

Aufgrund dieser hohen Zuschussfinanzierung hat die Bedeutung des Steuerrechts im Stadtmarketing zugenommen. Sowohl die Entwicklungen in der Rechtsprechung als auch das veränderte Verhalten der Finanzbehörden führen dazu, dass Stadtmarketingorganisationen die steuerrechtlichen Rahmenbedingungen stärker beachten sollten.

Bei einer sorgfältigen Formulierung von Betrauungsakten oder von Zuwendungsbescheiden in Abstimmung mit den Finanzbehörden kann sichergestellt werden, dass die Ausgleichszahlungen der Kommunen als echte Zuschüsse im umsatzsteuerlichen Sinne, mithin nicht als steuerpflichtiger Leistungsaustausch, qualifiziert werden. Demgemäß liegen für zahlreiche öffentliche Marketingorganisationen entsprechend positive Auskünfte der Finanzbehörden vor. Die Vereinbarkeit von EU-Beihilferecht und Steuerrecht bleibt also grundsätzlich – wenn auch stark eingeschränkt – rechtlich möglich.

2.5 Fazit zu den rechtlichen Rahmenbedingungen im Stadtmarketing

Landkreise, Städte und Gemeinden fördern das Stadt- und Regionalmarketing, in dem sie die handelnden Akteure bzw. Organisationen mit finanziellen, strukturellen und personellen Mitteln unterstützen. Solche Ausgleichszahlungen der öffentlichen Hand sind als staatliche Beihilfen zumindest potenziell vom Beihilferecht der Europäischen Union erfasst sowie zudem vergaberechtlich und steuerrechtlich relevant. Die Auseinandersetzung mit den Vorgaben und Entwicklungen der verschiedenen Rechtsgebiete bleibt, ob der mannigfaltigen und äußerst „teuren" Konsequenzen im Fall eines festgestellten Verstoßes, eine der „ersten" Pflichten einer ordnungsgemäß handelnden Geschäftsführung im Stadtmarketing.

3 Sonderrechtsgebiete/Sondersachverhalte im Stadtmarketing

3.1 Arbeitsrecht im Stadtmarketing

Als Arbeitgeber verwenden viele Stadtmarketingorganisationen Arbeitsverträge, die aus dem städtischen Bereich stammen. In der Regel wird durch diese städtischen Musterverträge bestimmt, dass „der Tarifvertrag für den öffentlichen Dienst (TVöD) und die dazu ergänzenden Tarifverträge in der für den Bereich der Vereinigung der kommunalen Arbeitgeberverbände (VKA) in ihrer jeweils geltenden Fassung Anwendung auf das Arbeitsverhältnis findet". Diese Vorgehensweise der Einbeziehung eines Tarifvertrages in den Arbeitsvertrag ist zulässig und erlaubt. Allerdings sollte sich die Geschäftsführung von Stadtmarketingorganisationen bewusst sein, dass die Anwendung des TVöD nicht zwingend notwendig ist. Sofern die Stadtmarketingorganisation nicht selber Mitglied im kommunalen Arbeitgeberverband ist, gibt sie vielmehr sämtliche Möglichkeiten der Einflussnahme auf die Ausgestaltung des Arbeitsvertrages ab. Durch die Formulierung, dass der Tarifvertrag „in der jeweils geltenden Fassung" Anwendung findet, ist die Gesellschaft zudem für die gesamte Dauer des Arbeitsverhältnisses daran gebunden, was die

Parteien des Tarifvertrages – der kommunale Arbeitgeberverband und die Gewerkschaften – vereinbaren.

Ohne die vertragliche Einbeziehung eines Tarifvertrages gelten im Arbeitsverhältnis die gesetzlichen Regelungen, die jedoch durch individuelle arbeitsvertragliche Vereinbarungen abgeändert werden können.

3.1.1 Gesetzliche Pflichten und Haftungstatbestände

Die gesetzlichen Bestimmungen zum Arbeitsrecht findet man nicht in einem einheitlichen Gesetzesbuch. Stattdessen regelt das Bürgerliche Gesetzbuch (BGB) Allgemeines zum Arbeitsverhältnis, zu der Vergütung und insbesondere zu den gesetzlichen Kündigungsfristen. Weitergehende Regelungen sind sodann in Spezialgesetzen festgelegt, so zum Beispiel im Kündigungsschutzgesetz, das Arbeitnehmern Kündigungsschutz gewährt oder im Entgeltfortzahlungsgesetz, das die Vergütung während einer Krankheit des Arbeitnehmers oder an Feiertagen regelt. Das Bundesurlaubsgesetz regelt den gesetzlichen Mindesturlaub, der sich auf vier Wochen im Jahr beläuft, sodass Arbeitnehmern bei einer 5-Tage-Arbeitswoche insgesamt mindestens 20 Urlaubstage im Jahr zustehen.

Zudem ist das Gesetz zur Regelung eines allgemeinen Mindestlohns zu beachten, das im Jahr 2017 eine Vergütung in Höhe von 8,84 EUR brutto je Arbeitszeitstunde gewährleistet. Das Mindestlohngesetz regelt erstmals ausdrücklich, dass auch Praktikanten Anspruch auf Vergütung in Höhe des Mindestlohns haben.

Ausgenommen von der Vergütungspflicht sind nur solche Praktika, die aufgrund einer (hoch-)schulrechtlichen Bestimmung oder Ausbildungsordnung verpflichtend sind und deswegen absolviert werden. Freiwillige Praktika können dagegen nur noch eingeschränkt unentgeltlich durchgeführt werden:

So dürfen Praktikanten für die Dauer von drei Monaten ohne Mindestlohn beschäftigt werden, wenn dies erkennbar ihrer beruflichen Orientierung dient. Voraussetzung hierbei ist, dass das Praktikum entweder vor der Aufnahme einer Ausbildung bzw. eines Studiums erfolgt oder dass es einen inhaltlichen Bezug zu einer bereits aufgenommenen Ausbildung aufweist. Ein Praktikum, das erst nach Abschluss des Studiums bzw. der Ausbildung aufgenommen wird, ist dagegen vom ersten Tag an mindestlohnpflichtig. Eine mögliche Ausnahme kann ein Volontariat sein, bei dem der Ausbildungszweck dominiert. Der Begriff des Volontariats ist jedoch bislang nicht definiert und kann daher ganz unterschiedliche Beschäftigungsarten umfassen. In Anlehnung an Langzeitpraktika dürfte ein Volontariat dann vom Mindestlohn ausgenommen sein, wenn Ziel der Tätigkeit eine branchenweit anerkannte Ausbildung ist, deren Lerninhalte im Rahmen einer Ausbildungsordnung festgelegt sind und die im Hinblick auf Dauer, Umfang und Intensität einer Berufsausbildung nahekommt.

3.1.2 Vertragliche Pflichten und Haftungsbestände

Bei der Vertragsgestaltung muss sich die Geschäftsführung bewusst sein, dass Regelungen, die den gesetzlich zulässigen Rahmen überschreiten, für den Arbeitnehmer keine

Anwendung finden. Sofern der Vertrag aber vom Arbeitgeber gestaltet und zum Vertragsabschluss vorgelegt wurde, muss er sich an seine eigenen Vorgaben halten. Dies ist beispielsweise wesentlich, wenn eine Verfallfrist für die Geltendmachung von Ansprüchen vereinbart wurde, die kürzer ist als die maximal zulässige Frist von drei Monaten. In diesem Fall unterliegen die Ansprüche des Arbeitnehmers trotz der vereinbarten Verfallklausel nur der gesetzlichen Verjährungsfrist. Die Ansprüche des Arbeitgebers verfallen dagegen bereits mit Ablauf der von ihm bestimmten kurzen Frist.

3.1.3 Sonderpflichten der Geschäftsführung

Neben den alltäglichen Pflichten aus einem Arbeitsverhältnis muss die Geschäftsführung fortlaufend darauf achten, dass auch die sozial- und lohnsteuerlichen Anforderungen erfüllt sind. Hierzu gehören sowohl die Meldung bei der Krankenkasse und die Zahlung der Sozialversicherungsbeiträge als auch die Abführung der Lohnsteuer.

Bei der Beschäftigung von Minijobbern sind zudem weitergehende Aufzeichnungspflichten zu beachten. Bereits zu Beginn der Beschäftigung muss der Arbeitgeber einen Personalfragebogen bei dem Arbeitnehmer einholen, um dessen sozialversicherungsrechtlichen Status abzufragen und auf die Möglichkeit zur Befreiung von der Versicherungspflicht hinweisen. Während der Beschäftigung sind Arbeitgeber sodann verpflichtet, für jeden Minijobber detaillierte Stundenaufzeichnungen zu führen. Die Aufzeichnungen müssen dabei nicht nur das Datum und die Dauer der Arbeitsleistung angeben, sondern auch Beginn und Ende der täglichen Arbeitszeit festhalten. Zu erstellen sind die Aufzeichnungen zudem innerhalb einer Woche und müssen mindestens zwei Jahre lang aufbewahrt werden.

3.1.4 Gestaltungsmöglichkeiten

Obwohl die gesetzlichen arbeitsrechtlichen Bestimmungen grundsätzlich Schutzrechte des Arbeitnehmers beinhalten, können Arbeitgeber im Rahmen der gesetzlichen Möglichkeiten den Arbeitsvertrag aktiv gestalten. So unterliegt Urlaub, der über den Mindesturlaub von vier Wochen hinaus gewährt wird, zwar grundsätzlich in Bezug auf die Übertragung in das Folgejahr bzw. den Verfall und auch hinsichtlich der Abgeltung bei Vertragsbeendigung den gesetzlichen Bestimmungen des Bundesurlaubsgesetzes. In Bezug auf diesen vertraglichen Mehr-Urlaub darf zwischen den Arbeitsvertragsparteien aber etwas anderes vereinbart werden. Ebenso kann die Vergütung von Überstunden dahin gehend vertraglich geregelt werden. Grundsätzlich gilt, dass Überstunden immer zu vergüten sind und selbst ein Freizeitausgleich ist nur zulässig, sofern dies mit dem Mitarbeiter vereinbart wurde. Es kann jedoch festgelegt werden, dass bis zu 20 % der vereinbarten Arbeitszeit als Überstunden geleistet werden müssen, sofern der Arbeitnehmer darüber bei Abschluss des Vertrages zweifelsfrei informiert wurde. Und auch die Vergütung kann dahin gehend vertraglich gestaltet werden, dass sie einen leistungsabhängigen Bestandteil beinhaltet, indem Prämien für vereinbarte Ziele und Erfolge vereinbart werden.

Ein genauerer Blick auf die Gestaltung der Arbeitsverträge kann daher hilfreich sein, wenn man bedenkt, dass die Erfolge einer Stadtmarketingorganisation immer (auch) auf ihren Mitarbeiterinnen und Mitarbeitern gründen.

3.2 Amtspflichten und Haftung eines Organ- oder Funktionsträgers

Zunehmende Bedeutung erlangt im Zusammenhang mit einer möglichen Haftung von Geschäftsführern kommunaler Organisationen die Frage der ordnungsgemäßen „sicheren" Geschäftsführung. Neben privaten Wettbewerbern greifen die Rechnungsprüfungsämter, die Kommunalaufsichten oder auch die Abschlussprüfer von zuschussfinanzierten Organisationen Fragestellungen z. B. der EU-beihilfe- und vergaberechtlichen Legitimation auf. Dieses schon alleine deshalb, um dem jeweils eigenen Pflichtenkreis nachzukommen und um eine persönliche Haftung bzw. Inanspruchnahme zu vermeiden.

Von der Geschäftsführung einer Stadtmarketing GmbH[4] mit kommunaler Beteiligung zu beachten sind zunächst die allgemeinen Bestimmungen des GmbH-Gesetzes. Neben den allgemeinen Vorgaben zur ordnungsgemäßen Geschäftsführung durch die Bestimmungen des GmbH-Gesetzes ist ergänzend insbesondere die Bestimmung des § 53 Haushaltsgrundsätze-Gesetz (HGrG) zu beachten.

3.2.1 Gesetzliche Pflichten und Haftungstatbestände

Das GmbH-Gesetz und das Handelsgesetzbuch enthalten wichtige gesetzliche Pflichten einer Geschäftsführung im Stadtmarketing und normieren zugleich relevante Haftungstatbestände.

Diese umfassen die Sicherstellung einer ordnungsgemäßen Buchführung, die Aufstellung des Jahresabschlusses, die Bewahrung des Stammkapitals vor verbotenen Auszahlungen, die Einberufung der Gesellschafterversammlung und die Beantragung der Eröffnung des Insolvenzverfahrens binnen drei Wochen nach Eintritt der Zahlungsunfähigkeit/Überschuldung.

Die Überwachung des Verschuldens- und Verbindlichkeiten-Status ist dabei von besonderer Bedeutung, da Stadtmarketingorganisationen infolge ihrer wesentlichen Tätigkeit im bzw. für den öffentlichen Raum regelmäßig sogenannte dauerdefizitäre Unternehmen sind.

Zusätzlich ist bei der Beurteilung der Ordnungsgemäßheit der Geschäftsführung die Bestimmung des § 43 GmbHG zur Frage der Haftung der Geschäftsführer zu beachten. § 43 GmbHG besagt, dass „die Geschäftsführer in den Angelegenheiten der Gesellschaft die Sorgfalt eines ordentlichen Geschäftsmannes[5] anzuwenden haben. Geschäftsführer,

---

[4] Die Vorgaben gelten in abgeschwächter Form analog für Geschäftsführung und Vorstand eines Stadtmarketingvereins.

[5] Die ursprüngliche Fassung des Gesetzes vom 20.04.1892 (RGBl. I S. 477) wird bis heute im Wortlaut von § 43 GmbHG beibehalten. Die „Geschäftsmann" ist dem heutigen Verständnis entsprechend – selbstverständlich – geschlechtsneutral zu verstehen.

welche ihre Obliegenheiten verletzen, haften der Gesellschaft solidarisch für den entstandenen Schaden."

Bei der Beurteilung inwieweit die Geschäftsführung Sorgfalt hat walten lassen ist nach der Rechtsprechung als maßgebliches Kriterium nicht die individuelle Befähigung der betreffenden Person, sondern die von einem ordentlichen Geschäftsführer objektiv zu erwartende Befähigung heranzuziehen.

3.2.2 Vertragliche Pflichten und Haftungstatbestände

Die Geschäftsführung einer Stadtmarketingorganisation hat die Gesellschaft nach den Vorgaben des Handels- und Gesellschaftsrechts, den Bestimmungen des Gesellschaftsvertrages und nach Maßgabe der Beschlüsse und Anweisungen der Gesellschafterversammlung zu führen. Weitere Pflichten basieren zumeist unmittelbar auf Gesellschaftsvertrag und Geschäftsführervertrag.

Die Geschäftsführung darf genehmigungsfrei Personalbestandsveränderungen nur insoweit vornehmen, wie sie in dem von der Gesellschafterversammlung verabschiedeten Personalplan enthalten sind oder durch Beschluss der Gesellschafterversammlung vorgesehen sind. In ähnlicher Weise ist das Herbeiführen nachhaltiger Änderungen der hergebrachten (üblichen) Art der Verwaltung, der Organisation oder des Produkt- und Dienstleistungsrahmens, ferner die Einstellung oder Einschränkung wesentlicher Geschäftszweige und die Aufnahme neuer Geschäftszweige sowie das Abweichen von vertraglich bestimmten Wertgrenzen oder Rahmenbeträgen zu beurteilen.

3.2.3 Sonderpflichten der Geschäftsführung im Kontext des EU-Beihilferechts

Die Geschäftsführung einer Stadtmarketingorganisation (GmbH, Verein) haftet daneben für die Einhaltung geltender beihilferechtlicher Vorgaben, die Einrichtung eines geeigneten Überwachungs-, Dokumentations- und Berichtssystems zur Risikofrüherkennung und die Vermeidung und Abwendung von Schäden der Gesellschaft, z. B. durch Rückzahlungspflichten bei rechtswidrig gewährten Beihilfen. Sie unterliegt dem Verbot der Entgegennahme und Verwendung rechtswidriger Beihilfen und ist verpflichtet, sich ein eigenes Bild im Hinblick auf die Rechtmäßigkeit von gewährten Beihilfen zu verschaffen.

Die Geschäftsführung hat mittels einer Trennungsrechnung sicherzustellen, dass die Stadtmarketingorganisation keine Beihilfen aus öffentlichen Kassen in „kommerziellen" Tätigkeitsbereichen verwendet.

Der kommerzielle Tätigkeitsbereich bezeichnet innerhalb des Unternehmens der Stadtmarketingorganisation den ausschließlich aus wirtschaftlichen Überlegungen („kommerziellen" Erwägungen) heraus geführten Unternehmensbereich. Mit Angeboten dieses Unternehmensbereichs tritt die Stadtmarketingorganisation in einen Wettbewerb zu Dritten und hat sich demzufolge wie ein solcher Marktteilnehmer (Wettbewerber) zu verhalten. Derartige Unternehmensbereiche einer Stadtmarketingorganisation dürfen also grundsätzlich nicht mit Zahlungen aus öffentlichen Kassen unterstützt (quersubventioniert) werden. Typische kommerzielle Tätigkeitsbereiche sind z. B. Ticketing, Merchandising und teilweise das Veranstaltungswesen im öffentlichen Raum.

4 Schlussbemerkungen

Sowohl bei Gründung als auch im Verlaufe des Bestehens einer Stadtmarketingorganisation sollten die Handlungs- und Entscheidungsverantwortlichen aus Politik, Verwaltung und jeweiliger Institution eine Überprüfung der wesentlichen Grundlagen und Prämissen der Rechtsformwahl vornehmen, um den gestiegenen unionsrechtlichen, betriebswirtschaftlichen und steuerrechtlichen Anforderungen und Risiken rechtzeitig begegnen zu können. Gleichzeitig gilt es aktuelle Entwicklungen, auch juristischer Natur, beständig auf dem „Wahrnehmungsradar" zu haben.

Eine Organisationsoptimierung oder die Fortbildung der eigenen Person oder Mitarbeiter muss weder besonders kosten- oder maßnahmenintensiv sein, noch greifen rechtliche Rahmenbedingungen, wie z. B. das EU-Beihilferecht, das Vergaberecht und das Steuerrecht an sich in die Organisationsstrukturen des Stadtmarketings in nicht zumutbarem Maße ein.

Bei der Wahl der für die eigene Stadt passenden Rechts- und Betriebsform im Stadtmarketing sollten die juristischen und die außerjuristischen Rahmenbedingungen gleichermaßen, d. h. auch gleichwertig, betrachtet werden.

Rechtskonformes Verhalten stärkt die eigene Position der Stadtmarketingorganisation im Wettbewerb. Unterlassenes oder nicht rechtzeitiges Handeln nutzt im Ergebnis nur dem (privaten) Wettbewerber, der wegen etwaiger Nachteile im Wettbewerb um künftige Vergaben der öffentlichen Hand auch anonym Beschwerde führen darf.

Stadtmarketing hingegen kann weder faktisch noch rechtlich oder politisch „anonym" agieren. An sich gilt der Grundsatz, wonach die Rechtsform von der Funktion, also dem Inhalt und damit dem Willen der Beteiligten, bestimmt wird, unverändert.

Die Vielschichtigkeit des rechtlichen Rahmens des Stadtmarketings und die Notwendigkeit die Vorgaben des jeweiligen Rechtsgebiets im „richtigen Nebeneinander" zu beachten, begrenzen indes die inhaltlichen Möglichkeiten der Beteiligten nur scheinbar. Die rechtlichen Vorgaben vermitteln zugleich Rechtssicherheit und Rechtsklarheit. Der Geschäftsführer einer Stadtmarketingorganisation wird bei aller Komplexität im rechtlichen Detail hierauf weder verzichten wollen, noch brauchen, wie zahlreiche Praxisbeispiele und für die Praxis entwickelte Lösungen zeigen. Eine ordnungsgemäße Geschäftsführung von Stadtmarketingorganisationen ist in juristischer Hinsicht mit zahlreichen „Hol- und Bringschulden" verbunden, die oftmals das Hinzuziehen von entsprechend auf Stadtmarketing spezialisierten Rechtsberatern sinnvoll machen. Eine frühzeitige Hinzuziehung erhält der Geschäftsführung die notwendigen Gestaltungsspielräume und ist allemal preiswerter als ein späteres Nachsteuern im Rahmen einer „rettenden" Begleitberatung.

Über die Autoren

Rechtsanwalt Andreas Schriefers und Rechtsanwältin Alexandra Schriefers sind Partner der Kanzlei anwaltsKontor Schriefers Rechtsanwälte in Düsseldorf. Die Kanzlei ist schwerpunktmäßig mit den Handlungsfeldern Stadtmarketing, Tourismus und Wirtschaftsförderung befasst. Sie ist spezialisiert auf das Gemeindewirtschaftsrecht, das EU-Beihilferecht sowie das Arbeits- und Immobilienrecht. Andreas Schriefers ist seit 2004 Rechtsbeistand der Bundesvereinigung City- und Stadtmarketing Deutschland e. V. (bcsd). Nähere Angaben lassen sich der Homepage www.anwalts-kontor-schriefers.de entnehmen.

Finanzierung

Jan-Peter Halves und Thomas Severin

Zusammenfassung

Für die Kommunen ist die professionelle Darstellung der eigenen Leistungsfähigkeit als Wirtschafts-, Einkaufs-, Kultur- und nicht zuletzt als Wohnstandort eine Notwendigkeit. Gleichzeitig ist Stadtmarketing aber eine freiwillige kommunale Aufgabe. Dies bedeutet, dass mit jeder neuen Haushaltsaufstellung das Budget des Stadtmarketings von Kürzungen bedroht ist. Dabei ist Stadtmarketing heute bereits häufig unterfinanziert. Ein verlässliches Stadtmarketing braucht neben einer guten und zuverlässigen Einbindung der privaten Akteure – Handel, Immobilienwirtschaft, Gastronomie etc. – sowie der Stadtgesellschaft eine Mindestplanungssicherheit von circa zwei Jahren, um Projekte anschieben zu können, private Mittel einzuwerben und gute und motivierte Mitarbeiterinnen und Mitarbeiter zu halten.

1 Einleitung

Beim Stadtfest glitzert die Welt. Dagegen ist der Alltag im Stadtmarketing oft grau und wenn die Finanzen nicht stimmen, trübt sich die Stimmung schnell weiter ein. Sobald die Phase der Euphorie des Gründungsprozesses verflogen ist, macht sich im Stadtmarketing oft Resignation über zu knappe Finanzressourcen breit. Für viele der hochgesteckten

J.-P. Halves (✉)
CityInitiative Bremen Werbung e. V., Bremen, Deutschland
E-Mail: halves@bremen-city.de

T. Severin
PeineMarketing GmbH, Peine, Deutschland
E-Mail: severin@peinemarketing.de

Ziele fehlt eine Finanzierung. „Stadtmarketing klingt zunächst vielversprechend. Geht es aber an die konkrete Budgetplanung, kommen Zweifel auf: Egal ob in kleineren Städten oder Metropolen – die öffentliche Hand gerät immer mehr unter Druck, ihre Ausgaben zu rechtfertigen und deren Nutzen zu quantifizieren. Warum soll eine Stadt Schwimmbäder schließen und gleichzeitig Geld für eine neue Werbekampagne ausgeben? Braucht eine Stadt eine Marke, oder ist das nur Luxus?" (Zenker 2013, S. 14). Nicht alle Beteiligten bleiben „bei der Stange" und sind auch im Normalbetrieb nicht nur mit warmen Worten, sondern auch mit klingender Münze mit dabei.

Finanzprobleme begleiten das Stadtmarketing seit der Einführung dieses Instruments vor über 20 Jahren: „Der immens hohe Beratungsaufwand (Moderation, Koordination usw.) ist nicht für alle Gemeinden gleich gut finanzierbar. Stadtmarketing wird deshalb oftmals als Luxus betrachtet, den sich nur wohlhabende Städte leisten können und könnte zu einer Benachteiligung finanzschwacher Gemeinden führen" (Helbrecht 1994, S. 201). An der knappen Finanzierungsdecke für das Stadtmarketing hat sich in den meisten deutschen Kommunen in den letzten 20 Jahren nichts geändert.

Was jedoch ist eine auskömmliche Finanzierung im Stadtmarketing? Kostet Stadtmarketing in einer kleineren Kommune relativ mehr oder weniger Geld? In der kleinen Kommune ist doch alles leichter und die Kommune hat kurze Wege. Kann nicht der Bürgermeister über die unkomplizierte Zurverfügungstellung der kommunalen Dienstleistungen vieles ermöglichen? Oder wird umgekehrt ein Schuh daraus? In größeren Kommunen und hier insbesondere in Großstädten muss man nur gut und kreativ vermarkten, denn der großstädtische Kulturbetrieb liefert sowieso einen Marketingansatz nach dem nächsten?

Unabhängig von der Größe der Stadt wird schnell klar: Die Kommune trägt einen wesentlichen Anteil, wenn nicht gar die Hauptfinanzlast des Stadtmarketings in Deutschland. „Insgesamt gesehen wird deutlich, dass die Städte bzw. Gemeinden sich finanziell am stärksten (60 % der Kosten) an der Finanzierung von Stadtmarketingorganisationen beteiligen. Neben der örtlichen Kaufmannschaft (24 %) spielen bei der Finanzierung des Stadtmarketings ebenfalls Gastronomie und Hotellerie, Dienstleister, Zeitungen, Fördervereine und auch Privatpersonen eine wichtige Rolle. Zusammengefasst unter ‚Sonstige' ergibt sich in der Befragung ein Wert von 12 %" (Cima 2012, S. 32).

2 Säulen der Finanzierung

Die Grundfinanzierung sollte vor allem am Beginn des Prozesses vollständig oder zumindest in wesentlichen Teilen über die Stadtverwaltung gewährleistet sein. Dies gilt ebenso im Anschluss an eine Förderung z. B. durch das Bundesland. Private Mittel sind deutlich leichter für Projekte, Werbemaßnahmen und Aktionen einzuwerben. Die Übernahme von Personal- und Verwaltungskosten sind der Wirtschaft schwer vermittelbar. Daher kann es sinnvoll sein, die Personalkosten der Kommune und die sonstigen Ausgaben der privaten Seite zuzuordnen. Die Sicherstellung der Grundfinanzierung durch die

Kommune kann zusätzlich auch über die Vergütung von übertragenen Aufgaben erfolgen (Tourist-Information etc.).

Sinnvollerweise wird die Finanzierung auf verschiedene Säulen – Grundförderung, Aufgabenfinanzierung und Projektfinanzierung – aufgebaut, um die Krisenfestigkeit der Stadtmarketingorganisation zu erhöhen und die Abhängigkeiten von einzelnen Geldgebern und Sponsoren zu reduzieren.

Grundfinanzierung

- Geschäftsbesorgung für die Stadt
- städtischer Zuschuss
- Mitgliedsbeiträge

Aufgabenorientierte Finanzierung

- Betreibung Wochenmarkt
- Durchführung von Veranstaltungen
- Vermarktung von städtischen Flächen
- Bewirtschaftung von kommunalem Parkraum

Projektorientierte Finanzierung

- Fördermittel (Stadt, Land und Bund, Stiftungen)
- Sponsoring
- Unmittelbarer Leistungsaustausch (Anzeige in Werbemitteln etc.)

3   Organisationsform

Die Organisationsform und die Trägerschaft im Stadtmarketing sind abhängig von den bereits bestehenden Organisationsstrukturen in der Stadt (Gesellschaften, Vereine), der Leistungsfähigkeit und Bereitschaft der Akteure sowie den festgelegten Aufgaben. Die Organisationsform ist entsprechend der angestrebten Ausprägung der Stadtmarketing-Aktivitäten zu wählen. Gegebenenfalls muss innerhalb eines Prozesses die Rechtsform geändert werden. Die gängigen Organisationsformen im Stadtmarketing sind:

1. Teil der Stadtverwaltung
2. Stadteigene GmbH/Eigenbetrieb
3. eingetragener Verein/GmbH (Public-private-Partnership)
4. private GmbH oder selten eingetragene Genossenschaft/Kommanditgesellschaft

Stadtmarketing ist immer dann besonders erfolgreich, wenn es von der politischen Spitze genauso wie von der Stadtgesellschaft und der lokalen Wirtschaft gefördert und getragen

Tab. 1 Abgrenzung Stadtmarketing und Citymanagement. (Quelle: eigene Darstellung)

	Stadtmarketing	Citymanagement
Ausrichtung	Gesamtstadt Einbindung von Kultur, Freizeit, Wohnen etc. Imagewerbung Tourismusförderung Marketing auch für den Wirtschaftsstandort Leitbild für die Stadtentwicklung In der Regel stark von der Kommune gelenkt	Konzentration auf die Innenstadt bzw. das Stadtteilzentrum Handel steht im Fokus Kultur und Tourismus als Standortfaktor für den Handel Öffentlicher Raum mit Aufenthalts- und Erlebnisqualität Klarere Erfolgskriterien: Frequenz, Umsatz Von der Wirtschaft gefordert und gefördert
Projektbeispiel	Bewerbung „Kulturhauptstadt" oder Stadtjubiläum	Vermarktung „Verkaufsoffener Sonntag" oder „Autofrühling"
Finanzierung	Weitgehend von der Kommune	Weitgehend von der Wirtschaft oder dem Handel
Volumen	50.000 bis mehrere Mio. EUR	Wenige 10.000 EUR bis 1 Mio. EUR
Absicherung	Mittelfristig	Kurzfristig, jährlich

wird. Stadtmarketing in einem umfassenden Verständnis wird von der Kommune gewollt und mindestens (teil-)finanziert. Dagegen ist das Citymanagement stark von der Innenstadtwirtschaft initiiert und von dieser finanziert. Doch auch hier sind Zuschüsse der Stadt erwünscht und notwendig (siehe Tab. 1).

4 Finanzierungsansätze

Über die letzten Jahrzehnte wurden verschiedene Ansätze gefeiert und als Lösung der Finanzierungsprobleme im Stadtmarketing vorgestellt: Sponsorenmodelle, Dienstleistungsmodelle, Verkauf von Waren/Produkten, Ticketverkauf und seit rund 10 Jahren auch das Thema *Business Improvement Districts* (BID). Die Stärken und Schwächen dieser Finanzierungsmodelle werden im Folgenden kurz diskutiert:

1. Stadt finanziert alleine
2. Finanzierung über Agentureinnahmen
3. Kaufmannschaft finanziert über Umlage/Vereinsbeiträge und Sponsoring
4. Mischfinanzierung Stadt und Wirtschaft
5. Landesförderung/Städtebauförderung
6. Wettbewerbe
7. BID/Standortgemeinschaften

4.1 Stadt finanziert alleine/Stabsstelle/städtische GmbH

Da in den letzten Jahren wieder deutlich mehr Stadtmarketingorganisationen stadtnah konzipiert werden, hat die finanzielle Bedeutung der Stadt zugenommen. Gerade in kleineren und mittleren Kommunen wird das Stadtmarketing häufig als Stabsstelle im Umfeld des Bürgermeisters/der Bürgermeisterin etabliert. Die Finanzierung läuft hier als Haushaltsstelle im kommunalen Haushalt. Dieser Ansatz ist sehr klar und verursacht keine weiteren Verwaltungs- und Organisationskosten. Die Politik bestimmt den Rahmen und sichert die Finanzierung ab.

Durch die Übertragung von Eigentumsanteilen kommunaler Unternehmen an die Stadtmarketingorganisation bzw. die Verschmelzung des Stadtmarketings mit ertragreichen kommunalen Unternehmen (z. B. Wohnungsbaugesellschaften) sind Mischformen entstanden, um eine dauerhafte Alimentierung des Stadtmarketings aus dem öffentlichen Haushalt zu umgehen. Die Gewinnabführung kommunaler Betriebe (Stadtwerke, Wohnungsbau…) oder die Übertragung von Aktienpaketen aus kommunalem Besitz (z. B. regionale Versorger) an das Stadtmarketing sind weitere Spielarten.

Eine gute Lösung für die Organisation von Stadtfesten, Messen und Gewerbeschauen kann eine hundertprozentige städtische GmbH sein: Die privaten Partner kaufen sich „Platz" (Standflächen, Werbeflächen) bei der städtischen GmbH. Das Prinzip funktioniert umso besser, je marktgängiger das Angebot der städtischen GmbH ist.

Bei einer Integration des Stadtmarketings in die Kommune wird eine wesentliche Beteiligung der Wirtschaft erschwert. Wirtschaftsunternehmen erkennen erst langsam den Wert einer allgemeinen Imagewerbung für den Standort und einer damit einhergehenden Steigerung der Lebensqualität. Meist verbinden sie mit einem finanziellen Engagement einen konkreten Zweck: positive Besprechung/Wahrnehmung oder steigende Verkäufe/Buchungen. Wenn die Stadt ausreichende eigene finanzielle Möglichkeiten besitzt um Ziele umzusetzen, kann eine solche Lösung trotzdem effektiv und schlank sein.

Betrauung
Insbesondere, aber nicht nur wenn die Stadtmarketingorganisation keine hundertprozentige städtische Unternehmung ist, muss das EU-Beihilferecht beachtet werden (siehe dazu den Beitrag von Andreas und Alexandra Schriefers in diesem Band). Einen aktuellen Lösungsansatz für die rechtskonforme Ausgestaltung der Beihilfegewährung bietet der sogenannte *Betrauungsakt*. Dieser bildet die rechtsförmliche Grundlage für die Beihilfengewährung, insbesondere im Falle von Fehlbetrags- oder Ausgleichsfinanzierungsbeihilfen. Die Form des Betrauungsaktes kann dabei von der Beihilfe gewährenden Kommune frei gewählt werden.

Der Betrauungsakt besteht zumeist aus einem oder mehreren Rechtsakten, wobei sich unter Berücksichtigung der Praktikabilität grundsätzlich folgende Handlungsformen anbieten:

1. die vertragliche Betrauung durch einen zivilrechtlichen oder öffentlich-rechtlichen Vertrag (Dienstleistungsauftrag, Geschäftsbesorgungsvertrag oder Zuwendungsvertrag) oder
2. die Betrauung durch einen Verwaltungsakt oder durch eine Betriebssatzung bzw. einen Gesellschaftsvertrag oder eine Vereinssatzung. Finanzielle Zuwendungen der Kommune unter aktuell 200.000 EUR in drei Jahren fallen unter eine Bagatelle-Regelung (De-minimis-Verordnung).

Viele Stadtmarketingorganisationen gerade in kleineren und mittleren Städten üben sogenannte gemischtwirtschaftliche Tätigkeiten aus, zusammengesetzt aus Dienstleistungen von allgemeinem wirtschaftlichem Interesse, städtischen Marketingaufgaben und der Marketingarbeit für Cityereignisse sowie dem Eventbereich. In diesen Fällen muss eine Trennungsrechnung durchgeführt werden: Die Einnahmen und Ausgaben im Zusammenhang mit der Erbringung der betreffenden Dienstleistung von allgemeinem wirtschaftlichem Interesse für die Kommune und die Ein- und Ausgaben durch die Ausführung von anderweitigen Leistungen (Stadtführungen, Stadtfest-Standgelder) sind in der Buchhaltung getrennt auszuweisen.

4.2 Finanzierung über Agentureinnahmen/ Stadtmarketingorganisation als Dienstleister

Um der Stadtmarketingorganisation eine überlebensfähige Größe zu ermöglichen und gleichzeitig eine breitere Wahrnehmung in der Öffentlichkeit, Verwaltung und Wirtschaft zu erzielen, ist es sinnvoll ihr weitere Aufgaben zu übertragen: Bewirtschaftung der öffentlichen kostenpflichtigen Pkw-Parkplätze, Management der Sondernutzungen (etwa auch der Außenwerbeflächen), Organisation und Durchführung von Märkten. Konkurrierende Organisationen gerade in klein und mittleren Kommunen kosten nur doppelte Verwaltungskosten, „teile und herrsche" ist hier der falsche Ansatz.

Eine gut geführte Stadtmarketingorganisation kann über Agentureinnahmen in Form von Standgeldern für Stadtfeste und Weihnachtsmärkte deutliche Umsätze erzielen. Allerdings stehen diesen Umsätzen auch große Kostenblöcke für die Infrastruktur, das Programm, ggfs. für Lizenzgebühren (GEMA), die Werbung und die Personalkosten gegenüber.

Das Stadtmarketing leidet seit seinen Anfängen am Image der Fest- und Partyorganisatoren. Gerade Großstädte sind mit Ereignissen überversorgt und so muss sich das Stadtmarketing bei Veranstaltungen vermehrt um Qualität sorgen und Vergleichbarkeiten zwischen den Kommunen und teilweise sogar zwischen Stadtteilen minimieren. Auch wenn Stand- und Sponsorengelder im Zusammenhang mit Festen weiterhin eine wichtige Einnahmequelle sind, darf das Stadtmarketing nicht zu einer Veranstaltungsagentur werden und alle Qualitätsansprüche an Authentizität, geschichtlichem Bezug und Regionalität zur Seite schieben, nur um höhere Einnahmen zu erzielen.

Sofern Stadtmarketingorganisationen frühere kommunale Aufgaben wahrnehmen – zum Beispiel die des Marktamtes – können schnell Zielkonflikte entstehen. Kommunale Gebühren dürfen ihrem Wesen nach nur die tatsächlichen Kosten umfassen und nicht zur Quersubventionierung dienen. Wenn eine Stadtmarketingorganisation also für die Stadt einen Markt organisiert, kann dies inhaltlich ein großer Mehrwert sein, finanziell dürfte der Erfolg für die Stadtmarketingorganisation überschaubar bleiben.

Das Stadtmarketing muss anstreben nachgefragte Serviceangebote zu schaffen, welche mindestens mittelfristig einen wesentlichen Kostendeckungsbeitrag leisten. Alle Arten von Kundenbindungssystemen – Geschenkgutscheine, Rabattkarten und weitere Serviceleistungen – bieten die Möglichkeit neue Einnahmen für das Stadtmarketing zu erschließen und gleichzeitig die Mitgliedsbetriebe enger an die Stadtmarketingorganisation zu binden. Vielfach wurden den Stadtmarketingorganisationen auch umsatzstarke Produktbereiche übergeben: die Organisation der Stadtführungen, der Verkauf von Souvenirs oder das Management der Veranstaltungshalle. In aller Regel stehen diesen Einnahmen aber auch personalintensive Ausgaben entgegen. Überschüsse, welche zur Deckung klassischer Marketingausgaben genutzt werden könnten, entstehen nicht oder nur in geringem Umfang – Umsatz ist eben nicht gleich Gewinn.

4.3 Die Wirtschaft/die Kaufmannschaft finanziert alleine den Verein/die GmbH

Stadtmarketingvereine erreichen ohne eine großzügige kommunale Unterstützung im Regelfall keine signifikante Schlagkraft. Die Finanzierung des Stadtmarketings allein über Mitgliedsbeiträge zu sichern, ist kaum möglich. Wenn in einer mittleren Stadt 200 Betriebe jeweils durchschnittlich 500 EUR pro Jahr leisten würden, wäre nur eine Finanzausstattung von 100.000 EUR jährlich möglich. Würden wir von 75.000 EUR für eine vollzeitbesetzte Geschäftsstelle ausgehen, verblieben bescheidene 25.000 EUR für Aktionen und Marketing. Es ergibt sich also sehr schnell die Notwendigkeit, weitere Finanzierungsquellen zu erschließen. Finanziert die Kommune den Verein wesentlich mit, wird sie verständlicherweise auch mitsteuern wollen.

Die Organisationsformen als Verein oder als GmbH ermöglichen deutlich stärker privatwirtschaftliche Finanzierungsoptionen zu erschließen: Über Gastgeberverzeichnisse und Einkaufsführer sowohl in gedruckter wie in digitaler Form sind Einnahmen durch Anzeigen und kostenpflichtige Einträge zu erzielen. Bei einer Vollkostenrechnung unter Berücksichtigung der Personalkosten ist allerdings der Ertrag meist überschaubar, zudem bergen solche Projekte ein relativ hohes unternehmerisches Risiko.

Mischfinanzierung durch Stadt und Wirtschaft/Kaufmannschaft
Es wird sicher irgendwo in Deutschland ein erfolgreiches und ausschließlich privat finanziertes Stadtmarketing geben. Für die ganz überwiegende Mehrheit der Stadtmarketingorganisationen gilt jedoch: Ohne ein kommunales Engagement geht es nicht.

Eine sehr übliche, wenn nicht sogar die dominante Finanzierungsform im Stadtmarketing ist eine Mischfinanzierung zwischen Kommune und Wirtschaft. Dabei wird häufig der Wirtschaftsanteil in Form eines vorgelagerten Vereins eingesammelt und an die Stadtmarketing GmbH weitergereicht (siehe Abb. 1).

Ein privatwirtschaftliches Sponsoring ist leichter einzuwerben je konkreter die Maßnahmen definiert werden können und je klarer ein unmittelbarer Nutzen für die Unternehmen erkennbar ist. Die Entwicklung eines integrierten Stadtentwicklungskonzeptes ist schwerer privat zu finanzieren als eine Anzeigenkampagne für den Wirtschaftsstandort mit den größten Arbeitgebern der Region. Kommunale Unternehmen bzw. regionale Sparkassen, Volks- und Raiffeisenbanken sowie lokale Medienunternehmen sind die „natürlichen" Verbündeten des Stadtmarketings. Klare, verlässliche Sponsorenmodelle möglichst mit einer Laufzeit über mehrere Jahre sind anzustreben. Sponsoring bedeutet dabei aber auch, dass das Stadtmarketing eine klar definierte Gegenleistung für den Sponsoringpartner bringt: Kontakte in der Öffentlichkeit, Sichtbarkeit, Auflage etc.

Die Kommune erhofft sich häufig eine deutliche Mitfinanzierung des Stadtmarketings durch die Wirtschaft und nicht selten entsteht im politischen Raum eine Enttäuschung über die geringe Selbstfinanzierungsquote des Stadtmarketings und die zurückhaltende Finanzierungsbereitschaft der Wirtschaft. Umgekehrt legt die Wirtschaft die Messlatte hoch, wenn es um die finanzielle Unterstützung und das Schaffen von Optionen durch die Kommune geht; auch hier ist häufig eine Fehleinschätzung der Auslöser für Enttäuschungen. Eine frühe Offenlegung der beiderseitigen Leistungsfähigkeiten kann helfen, unerfüllbare Erwartungen gar nicht erst entstehen zu lassen.

Abb. 1 Schematischer Organisationsaufbau einer Stadtmarketing GmbH. (Quelle: eigene Darstellung)

Praxisbeispiel: Sponsorenmodell Peine

Stadtmarketing ist eine Gemeinschaftsaufgabe des Handels, der Wirtschaft und der Kommune. Deshalb sind viele Stadtmarketingorganisationen auch als PPP (Public-private-Partnership) in einer gemeinsam getragenen Gesellschaft organisiert. Eine echte Alternative hierzu bietet das durch langfristiges Sponsoring getragene „Peiner Modell".

Hier ist die Stadt alleiniger Gesellschafter der Peine Marketing GmbH. Wirtschaft, Verbände und der Handel sind über langfristige Sponsoringvereinbarungen an die Gesellschaft gebunden. Die Mitbestimmung erfolgt über einen Beirat als Organ der Gesellschaft. Mitglied im Beirat kann jede Organisation bzw. Firma werden, die sich mindestens für fünf Jahre mit einem jährlichen Beitrag von 5000 EUR und mehr (Hauptsponsor) bindet. Daneben gibt es noch Premium- (10.000 EUR jährlich) und Basis-Sponsoren (2500 EUR jährlich). Letztere haben allerdings keinen Sitz im Beirat. Mit diesem „allgemeinen Sponsoring" wird das Stadtmarketing insgesamt unterstützt. Zusätzlich gibt es natürlich noch das Projektsponsoring mit dem einzelne Events bzw. Maßnahmen gefördert werden.

Was spricht für das Sponsoring gegenüber dem Erwerb von Gesellschafteranteilen? Sponsoring bietet beiden Seiten mehr Flexibilität: Geschäftsführer können selbst entscheiden und benötigen keine Gesellschafterbeschlüsse; eine Anpassung ist leichter möglich. Die Kosten sind sofort als Betriebsausgabe absetzbar und müssen bei den Sponsoren im eigenen Geschäftsbericht nicht als Geschäftsbeteiligung/Unternehmensbeteiligung an einer nicht gewinnorientierten Unternehmung ausgewiesen werden. Es gibt eine Sponsorenrechnung mit ausgewiesener Umsatzsteuer.

Der größte Vorteil für die Unternehmen ist aber der, dass Sponsoring „Leistung gegen Gegenleistung bedeutet". Die Marketinggesellschaft darf Gegenleistungen erbringen, was bei Gesellschaftern eine verbotene verdeckte Gewinnausschüttung bedeuten würde. Als Gegenleistungen kommen beispielsweise Rabatte bei Dienstleistungen bzw. dem Projektsponsoring oder Imagewerbung für das jeweilige Unternehmen auf Flyern, Bannern, Bühnentransparenten und Onlinepräsentationen in Betracht. Durch langfristige Verträge mit fest vereinbarten Sponsorenbeiträgen bieten sich der Marketinggesellschaft Planungssicherheit und feste Einnahmen unabhängig von einzelnen Aktionen (z. B. Events). Auch für die Wirtschaft ist es eine gute Möglichkeit ihr Engagement mittel- und langfristig auszurichten.

Neben diesem allgemeinen Sponsoring gibt es in Peine natürlich auch das Projektsponsoring zum Beispiel bei Veranstaltungen (Bühnenbanner, Logo auf Flyern und Plakaten, Sponsoren-Werbetürme usw.). Dieses dient zur Finanzierung von besonderen Events und steht allen Unternehmen ebenfalls offen, wobei die Grundsponsoren und Beiratsmitglieder bei dieser On-Top-Förderung natürlich mit deutlichen Preisvorteilen bedacht werden.

Diese Kombination aus Grund- und Projektsponsoring ermöglicht einerseits einen deutlichen Beitrag zur Grundfinanzierung des Stadtmarketings (z. B. für Personal- und Sachkosten sowie für das allgemeine Stadtmarketing, wofür sonst kaum Sponsorenmittel eingeworben werden können), bietet auf der anderen Seite aber auch die Möglichkeit für besondere Events die erforderlichen zusätzlichen Mittel einzuwerben. Beim Projektsponsoring können Unternehmen direkt mit dem Event für sich werben, da dieses nur durch ihre Förderung ermöglicht wurde.

Voraussetzung dafür, dass neben dem für Unternehmen sicherlich interessanteren Projekt- bzw. Eventsponsoring auch das Grundsponsoring erfolgt, ist allerdings, dass das Stadtmarketing als Gemeinschaftsaufgabe gesehen wird. Auch Handel und Wirtschaft profitieren von einer attraktiven lebendigen Stadt. Gerade unter dem Gesichtspunkt des demografischen Wandels ist es heute für viele Betriebe nicht mehr einfach, qualifizierte Fachkräfte anzuwerben. Hier gewinnen die so bezeichneten weichen Standortfaktoren zunehmend an Bedeutung. Daher ist es durchaus gerechtfertigt, dass alle großen Unternehmen und Interessenverbände einer Stadt ihren Beitrag zur Grundfinanzierung des örtlichen Stadtmarketings beisteuern. Schließlich geht es um die Lebensqualität für alle vor Ort.

In Peine haben das erfreulicherweise alle wichtigen Akteure erkannt und unterstützen das Stadtmarketing seit Jahren mit einem „Grundsponsoring" im insgesamt sechsstelligen Bereich. Darüber hinaus gelingt es zudem weitere Mittel für das Projektsponsoring zu generieren, um attraktive und qualitativ hochwertige Veranstaltungen durchführen zu können. Diese Veranstaltungen finanzieren sich ausschließlich über Standgelder, sonstige Einnahmen und Sponsorenmittel.

4.4 Landesförderung/Städtebauförderung/EU-Förderung

Die EU stellt Fördermittel für einzelne Themenstellungen zur Verfügung. Im Regelfall ist hier die Kooperation mehrerer Kommunen, auch über nationale Grenzen hinweg gefordert. Die Antragslogik für eine EU-Förderung und die nicht gerade schlanken Abrechnungsregularien machen es fast immer notwendig mit (externen) Experten zusammenzuarbeiten. In allen Bundesländern sind regionale Ansprechpartner etabliert. Die Landesförderbanken, die Landeswirtschaftsfördergesellschaften oder die IHK können geeignete Ansprechpartner sein.

Über die Städtebauförderung des Bundes ist in ausgewählten Quartieren/Regionen mittelfristig eine Anschub- oder Weiterfinanzierung des Stadtmarketings möglich. Der Bund unterstützt den Aufbau nachhaltiger städtebaulicher Strukturen mit unterschiedlichen Programmen zur Städtebauförderung. Dazu gewährt er den Ländern Finanzhilfen, die durch Eigenmittel und Mittel der Kommunen ergänzt werden. Die Bundesfinanzhilfen werden den Ländern auf der Grundlage einer Verwaltungsvereinbarung zur Verfügung gestellt. Hier lohnt die Nachfrage im zuständigen Landesministerium.

Die Ziele der Städtebauförderung sind[1]:

1. Stärkung von Innenstädten und Ortszentren in ihrer städtebaulichen Funktion, auch unter Berücksichtigung des Denkmalschutzes,

---

[1]Die Aufstellung wurde von der Homepage des Bundesministeriums für Umwelt, Naturschutz, Bau und Reaktorsicherheit übernommen: www.bmub.bund.de/P3046/ (Zugegriffen: 2. März 2017).

2. Herstellung nachhaltiger städtebaulicher Strukturen in von erheblichen städtebaulichen Funktionsverlusten betroffenen Gebieten,
3. städtebauliche Maßnahmen zur Behebung sozialer Missstände.

Die Förderkulisse in allen sechzehn Bundesländern darzustellen ist an dieser Stelle aufgrund der ausdifferenzierten landesspezifischen Ansätze nicht möglich. Die Zuständigkeiten liegen in den Bundesländern bei verschiedenen Ressorts: Wirtschaft, Raumordnung/Städtebau, Soziales. Im Regelfall können hier die IHK-Organisationen eine erste Orientierungshilfe geben.

4.5 Finanzielle Bedeutung von Wettbewerben

Über viele Jahre haben Wettbewerbe – wie etwa der Wettbewerb „Ab in die Mitte"[2] – Landesmittel in das Stadtmarketing geleitet (in selteneren Fällen werden Wettbewerbe auch von Unternehmen ausgelobt). Für die Stadtmarketingorganisation bedeutet dies einen hohen organisatorischen Aufwand und im Regelfall nur eine Finanzierung für ein Projekt bzw. eine Förderperiode. Gleiches gilt für Wettbewerbe (Preisgelder), durch die entweder im Nachhinein ein Projekt finanziell gefördert oder eine Umsetzung temporär unterstützt wird; eine dauerhafte Absicherung des Stadtmarketings kann so nicht erfolgen.

Wettbewerbe[3] sind daher eher eine Bestätigung der eigenen Arbeit, fördern die Motivation der Mitarbeiterinnen und Mitarbeiter und helfen die Akzeptanz des Stadtmarketings in der Stadtgesellschaft zu erhöhen. Wettbewerbe sind aber kein geeignetes Finanzierungsinstrument im Stadtmarketing.

4.6 Standortgemeinschaften – Business Improvement Districts (BID) als Finanzierungsinstrumente

Business-Improvement-District-(BID)-Projekte setzen Forderungen aus der zweiten Phase des Stadtmarketings nach einer breiteren Finanzierungsbasis unter Einbindung der Immobilienwirtschaft um. Seit 2005 gibt es mit dem ersten Landesgesetz in Hamburg für BID-Projekte – eine immobilienwirtschaftliche Standortgemeinschaft – hierfür einen tragfähigen Ansatz, welcher mittlerweile auf die Mehrzahl der Bundesländer übertragen wurde.

---

[2] Der Wettbewerb „Ab in die Mitte" entstand im Jahr 2000 in NRW als PP-Projekt und hat sich erfolgreich in mehreren Bundesländern etabliert. Die Projektidee ist hier erläutert: http://www.abindiemitte.de/index.php?id=portal_idee (Zugegriffen: 2. März 2017).

[3] Beispiele sind zu finden unter https://kulturmarken.de/veranstaltungen/kulturmarken-award; www.dihk.de/ressourcen/downloads/ausschreibung-bid-award-2016.pdf; http://www.stadtmarketingpreis.de/index.html (Zugegriffen: 2. März 2017).

Als Business Improvement District (BID) werden (...) räumlich klar umrissene Bereiche verstanden, in denen die Grundeigentümer und Gewerbetreibenden zum eigenen Vorteil versuchen, die Standortqualität durch Maßnahmen zu verbessern, die aus dem Aufkommen einer selbst auferlegten und zeitlich befristet erhobenen Abgabe finanziert werden. Kennzeichnend ist die Finanzierung der Maßnahmen durch die BID-Abgabe, die der Staat oder die Kommunen erhebt. Diese Verbindlichkeit von BIDs ist kennzeichnend für das Instrument und unterscheidet sich damit grundlegend von Interessengemeinschaften, die für ihre Arbeit auf freiwillige Beiträge von Gewerbetreibenden und Grundeigentümern angewiesen sind (Schote 2008, S. 61).

Aktuell gibt es rund 30 laufende bzw. in Vorbereitung befindliche BID-Projekte in Deutschland, davon alleine rund 40 % in Hamburg (vgl. Fuchs 2016). Innerhalb von BID-Projekten wurden Bürgersteige erneuert, Springbrunnen angelegt, eine WLAN-Versorgung aufgebaut, Mülleimer ersetzt und temporäre Gärten errichtet. Die Einsatzmöglichkeiten sind nahezu grenzenlos.[4] Um ein BID-Quartier aufzubauen, müssen die Immobilienbesitzer überzeugt und zum Motor im Prozess werden. Die Bedeutung von Kinderfesten oder allgemeiner Imagewerbung ist der Immobilienwirtschaft oft nur schwer vermittelbar. Daraus folgt, dass die BID-Projekte in Deutschland nur als eine Ergänzung zum Stadtmarketing zu sehen sind und nur partiell zu dessen finanzieller Entlastung beitragen können. BIDs sind ein Instrument zur Finanzierung von Stadtmarketingmaßnahmen und kleinteiligen Quartiersentwicklungen, aber eben kein ganzheitliches Finanzierungs- oder Stadtmarketingkonzept.

5 Ein Fazit

Stadtmarketing benötigt für eine erfolgreiche Arbeit einen klaren verlässlichen Finanzrahmen. Dabei ist weniger die absolute Höhe, die sich ohnehin nur an der dem Stadtmarketing übertragenen Aufgabenfülle orientieren kann, als vielmehr der Verteilungsschlüssel zwischen öffentlicher Hand und privater Seite entscheidend.

Nur wenn nennenswerte Anteile von privater Seite eingestellt werden, lebt das Instrument im eigentlichen Sinne.

Der Gedanke des Public-private-Partnership ist grundlegend für das Stadtmarketing. Das Instrument setzt ganz stark auf das Bürgerengagement sowie die Einbindung von Unternehmen in das öffentliche Leben. Dabei wird häufig viel zu sehr an den „guten Willen" appelliert. Das Stadtmarketing muss geeignete Anreize für die Wirtschaft bieten und kann dann auch wesentliche finanzielle Beiträge erwarten. Die Auswahl der zu bearbeitenden Projekte im Stadtmarketing muss diesen Wirkmechanismus der Finanzierungsbereitschaft berücksichtigen.

---

[4]Zu Projekten und Neuigkeiten vgl. http://www.dihk.de/themenfelder/wirtschaftspolitik/info/bid-news (Zugegriffen: 2. März 2017).

Grundsätzlich kann man festhalten: Ohne eine kommunale Beteiligung wird es nicht gehen. Die bundesdeutsche Stadtmarketingszene kennt alle denkbaren Rechtsformen vom Verein, über die GbR zur Stabsstelle in der Verwaltung und der GmbH-Variante. Die Organisationsform bestimmt gewissermaßen auch die Finanzquellen und die Finanzstruktur. So vielfältig wie der Organisationsaufbau im Stadtmarketing ist, so unterschiedlich sind die Finanzierungswege.

Literatur

Cima. (2012). Stadtmarketingprozess für die Universitätsstadt Marburg. https://www.marburg.de/downloads/datei/OTAwMDAxMzc0Oy07L3d3dy92aHRkb2NzL21hcmJ1cmcvbWFyYnVyZy9tZWRpZW4vZG9rdW1lbnRlL3N0YWR0bWFya2V0aW5na29uemVwdC5wZGY%3D/stadt-marketingkonzept.pdf. Zugegriffen: 2. März 2017.
Fuchs, T. (2016). BIDs – eine erfolgreiche Form von Public Private Partnership zur Zentrenentwicklung. http://www.dihk.de/themenfelder/wirtschaftspolitik/raumordnung-stadtentwicklung/bids/bid-aktivitaeten-und-projekte. Zugegriffen: 10. Aug. 2016.
Helmbrecht, I. (1994). *Stadtmarketing*. Berlin: Birkhäuser.
Schote, H. (2008). BID – privates Engagement und private Investitionen für gewachsene innerstädtische Lagen. In R. Pütz (Hrsg.), *Business Improvement Districts* (S. 61–77). Passau: LIT.
Zenker, S. (2013). Eine Stadtmarke ist kein Luxus – sondern eine ökonomische Notwendigkeit. In T. Kausch, P. Pirck, & P. Strahlendorf (Hrsg.), *Städte als Marken. Strategie und Management* (S. 14–19). Hamburg: New Business.

Über die Autoren

Dr. Jan-Peter Halves ist seit 2006 Geschäftsführer der *CityInitiative Bremen Werbung e. V.* Er hat Geografie mit den Schwerpunkten Städtebau und Regionalplanung in Bonn studiert. Darauf folgten Aufgaben als Gutachter, Wirtschaftsförderer und Touristiker in Marburg, Bremen, Brake und Lüneburg. Die *CityInitiative Bremen Werbung e. V.* zählt rund 180 Mitglieder. Über eine angehängte Servicegesellschaft wird eine Passage betreut, zwei BID-Standortgemeinschaften gemanagt und ein gastronomischer Serviceverband gesteuert. 2016 ist ein „citylab" als Einzelhandelsinkubator hinzugekommen.

Thomas Severin ist seit 2003 Geschäftsführer der PeineMarketing GmbH, einer hundertprozentigen Tochtergesellschaft der Stadt Peine. Nach Abschluss des Studiums zum Diplom-Verwaltungswirt (FH) war er von 1985 bis 2003 Pressesprecher und Leiter des Amtes für Öffentlichkeitsarbeit und Repräsentation der Stadt Peine.

Presse- und Öffentlichkeitsarbeit

Christina Borrmann

Zusammenfassung

Presse- und Öffentlichkeitsarbeit gestaltet aktiv Beziehungen zu Anspruchsgruppen, vor allem zu den Medien, und schafft langfristig Vertrauen. Bedingt durch den digitalen Wandel nimmt sie im Marketing eine immer wichtigere Position ein, denn die Zeiten, in denen professionelle Kommunikation als Einbahnstraße betrieben werden konnte, sind vorbei. Das spielt vor allem im Stadtmarketing mit seiner Netzwerkorientierung und seinen zahlreichen Ziel- und Anspruchsgruppen eine große Rolle.

1 Einleitung: Definition und Zielsetzung

Der Begriff Presse- und Öffentlichkeitsarbeit wird oft mit dem englischen Terminus Public Relations (PR) gleichgesetzt. Zur Definition des Tätigkeitsfeldes ergänzen sich die beiden Begrifflichkeiten gut. Während der deutsche Ausdruck bereits die wesentlichen Zielgruppen der Disziplin benennt, unterstreicht die englische Bezeichnung, dass PR sich mit den unterschiedlichen Beziehungen (engl. *relations*) zur Öffentlichkeit (engl. *public*) befasst. Im Wesentlichen geht es darum, diese Beziehungen aktiv möglichst positiv zu gestalten. Ein wichtiger Aspekt ist die Abgrenzung zur Werbung. PR und Werbung gehören beide zu den Bereichen Marketing und Kommunikation, bedienen sich aber verschiedener Strategien. In aller Kürze zusammengefasst, lässt sich der Unterschied so beschreiben: „Werbung heißt immer: Ich spreche über mich. PR meint: Andere sprechen über mich. Werbung will einen direkten Kaufanreiz auslösen. PR will Glaubwürdigkeit

C. Borrmann (✉)
Braunschweig Stadtmarketing GmbH, Wolfenbüttel, Deutschland
E-Mail: christina.borrmann@braunschweig.de

© Springer Fachmedien Wiesbaden GmbH 2018
H. Meffert et al. (Hrsg.), *Praxishandbuch City- und Stadtmarketing*,
https://doi.org/10.1007/978-3-658-19642-4_9

erreichen, ein positives Image generieren, langfristig die Wahrnehmung einer Marke beeinflussen" (Puttenat 2007, S. 22).

Die Tatsache, dass – und die Art und Weise wie – Presse und Öffentlichkeit über eine Institution sprechen, aktiv mitzugestalten, ist die Kunst der PR. Dass diese Kunst auch beinhaltet, sich an Tatsachen zu halten und transparent zu sein, entspricht dem Wesenskern guter PR und unterscheidet sie von der Propaganda.

Im Stadtmarketing gewinnt die Öffentlichkeitsarbeit an Bedeutung. Rezipienten verfügen heutzutage aufgrund der immer größer werdenden Fülle an Informationen, die täglich auf sie einwirken, über eine extrem verkürzte Aufmerksamkeitsspanne für reguläre Werbebotschaften (vgl. Wesselmann und Hohn 2012, S. 149). Untersuchungen der *Copenhagen Business School* belegen, dass die Kommunikation durch Dritte am effektivsten auf die Zielgruppen von Stadtmarketing wirkt (vgl. Zenker 2016). „Heutzutage geht es vor allem darum, indirekte Kommunikation zu schaffen – also andere über sich (positiv) reden zu lassen" (Zenker 2016, S. 21). Genau das ist die Zielstellung von Presse- und Öffentlichkeitsarbeit.

2   Aufgaben und Zielgruppen

Die im Terminus Presse- und Öffentlichkeitsarbeit angesprochene Öffentlichkeit untergliedert sich in unterschiedliche Zielgruppen. Die Benennung dieser Zielgruppen zeigt gleichzeitig das breite Aufgabenspektrum der Public Relations (vgl. Wesselmann und Hohn 2012, S. 163). PR-Aktivitäten umfassen unter anderem *Media Relations* (Zielgruppe Journalisten), *Human Relations* (Mitarbeiter), *Public Affairs* (Politik und Entscheider), *Produkt-PR* (Kunden und Konsumenten), *Investor Relations* (Aktionäre und Analysten) sowie *Community Relations* (Nachbarn und Anwohner) (vgl. Lange o. J.). Darüber hinaus „gibt es einige Aufgabenfelder, bei denen die Zielgruppen nicht von vornherein festgelegt werden können. Dazu gehört das Aufgabenfeld Krisenmanagement, bei dem sich die Zielgruppe nach der konkreten Situation richtet. Das Aufgabenfeld Issues Management hingegen regelt die Teilnahme an öffentlichen Diskursen, die Rückwirkungen auf das Unternehmen erwarten lassen" (Lange o. J., S. 4).

Die Bandbreite der Expertise von PR-Profis ist vor allem im Stadtmarketing mit seinen zahlreichen Anspruchsgruppen gefragt. Bürger, Touristen, Gäste aus der Region, Politiker, Fachkräfte, Unternehmen und viele weitere Teilgruppen stehen in unterschiedlichen Beziehungen zur Stadt und kommunizieren in und mit ihr sowie über sie. Hier gilt es für die Öffentlichkeitsarbeit – zunächst gemeinsam mit relevanten Akteuren der Stadt – einen Konsens zu Wettbewerbsvorteilen und Imagekernen herauszuarbeiten. Im nächsten Schritt ist es wichtig, diese Inhalte so aufzubereiten und auf den vielfältigen Kanälen so zu kommunizieren, dass die unterschiedlichen Zielgruppen sie auf die für sie richtige Art und Weise aufnehmen.

2.1 Media Relations

Eine der wichtigsten Zielgruppen von Public Relations im Allgemeinen sind auch in Zeiten des digitalen Wandels nach wie vor die Medien, die sich dem PR-Aufgabenfeld der *Media Relations* zuordnen lassen. Die Medien nehmen als Bezugsgruppe eine besondere Stellung ein, weil sie im Prinzip als „Zwischenzielgruppe" fungieren, die im günstigen Fall die relevanten PR-Inhalte an die eigentlichen Zielgruppen vermittelt.

Wer erfolgreich Pressearbeit betreiben will, tut gut daran, diese als eine Dienstleistungstätigkeit Journalistinnen und Journalisten gegenüber zu begreifen. Um die in dieser Hinsicht bestmögliche Dienstleistung erbringen zu können, ist es für PR-Profis unabdingbar, die Arbeitsweisen und Anforderungen von Redaktionen und Medienvertretern genau zu kennen und darauf einzugehen. Inhalte, die nach journalistischen Regeln aufbereitet sind, werden wahrscheinlicher in den Medien berücksichtigt als solche, deren Form den Anforderungen der Presse nicht gerecht wird. So gilt es bei Pressemitteilungen beispielsweise, den Nachrichtenwert in den Vordergrund zu rücken und sich an Tatsachen zu halten. Werbliche Verkaufsbotschaften stehen der journalistischen Unabhängigkeit entgegen und haben somit keine Chance auf redaktionelle Veröffentlichung; sie gehören in Anzeigen und Spots.

Neben der fachgerechten Aufbereitung von Inhalten ist es außerdem nützlich, die Arbeitsumstände und -abläufe in unterschiedlichen Redaktionen zu verstehen und zu beachten. So ist Schnelligkeit beispielsweise ein wichtiges Kriterium im Umgang mit der Tagespresse. Ein Fernsehteam braucht neben Informationen auch die Möglichkeit, aussagekräftiges Filmmaterial aufzunehmen. Fachmagazine müssen mit entsprechendem zeitlichem Vorlauf angesprochen werden; sie freuen sich über spezifische Themen und tiefer gehende Informationen als Rechercheanregung. Diese Liste lässt sich fortsetzen.

Langfristig empfiehlt es sich, den persönlichen Kontakt mit den für die jeweiligen Zielgruppen wichtigsten Medien zu pflegen, die Redakteure zu kennen und sich als kompetenter Ansprechpartner zu etablieren. Das erleichtert nicht nur im Fall einer akuten PR-Krise die Arbeit, sondern zahlt sich auch als solide Basis für das Alltagsgeschäft aus.

Im Stadtmarketing spielen bei der täglichen Presse- und Öffentlichkeitsarbeit vor allem die lokalen und regionalen Medien eine große Rolle. Aufgrund der zahlreichen Anspruchsgruppen des Stadtmarketings gibt es darüber hinaus aber je nach Thema viele weitere überregionale (Fach-)Medien, die zu berücksichtigen sind – zum Beispiel im Standort- oder Tourismusmarketing. Deswegen ist besonders für Presseverantwortliche in Stadtmarketinggesellschaften eine profunde Kenntnis der nationalen und internationalen Medienlandschaft von Bedeutung.

3 Konzeption

Ob es um ein Projekt, ein Produkt, eine Veranstaltung oder eine ganze Stadt geht – wer langfristig angelegte Presse- und Öffentlichkeitsarbeit mit Erfolg betreiben will, kommt nicht umhin, ein dezidiertes Konzept auszuarbeiten.

Den Anfang macht dabei die Analysephase. Auf die genaue Darstellung der Ist-Situation auf Basis von Fakten folgt die Bewertungsphase, in der häufig eine klassische SWOT-Analyse durchgeführt wird. Die festgestellten Stärken *(Strengths)*, Schwächen *(Weaknesses)*, Chancen *(Opportunities)* und Risiken *(Threats)* führen zu einer konkreten Aufgabenstellung. Anschließend werden messbare Ziele und die entsprechenden Zielgruppen präzise formuliert.

Im nächsten Schritt sollten die Kommunikationsverantwortlichen eine bis maximal drei Kernbotschaften festlegen. Sie sollten sich dabei von der Frage leiten lassen, was genau Vertreter der jeweiligen Zielgruppen denken sollen, wenn sie die (im weiteren Konzeptionsprozess noch zu definierenden) Maßnahmen rezipieren. Dies ist das Kommunikationsziel, das am besten in einem Satz festgehalten wird. Dieser Satz muss später so nicht in den Maßnahmen als Slogan vorkommen. Er dient vielmehr als Leitfaden und kann im weiteren Verlauf immer wieder als Kontrollinstanz betrachtet werden, um die einzelnen Maßnahmen auf ihre Wirksamkeit hin zu überprüfen. Die zentrale Frage lautet dann: Trägt diese Maßnahme unmittelbar zum Erreichen des Kommunikationsziels bei?

Zunächst folgt jedoch die Erarbeitung einer Strategie. Hierbei sind das vorher definierte Ziel und die Frage, wie es erreicht werden kann, maßgeblich. Die Beantwortung dieser Frage gibt die Strategie vor. Im Anschluss daran wird es kreativ: Die Maßnahmenplanung lässt PR-Akteure aus dem Vollen, sprich der breiten Palette an Möglichkeiten, die Public Relations bieten, schöpfen. Am Schluss steht die Festlegung eines Zeit- und Budgetplanes, der die konkrete Umsetzung des Konzeptes dramaturgisch und finanziell zusammenfasst (vgl. Puttenat 2007, S. 27 ff.).

Die Voraussetzung für konzeptionelle Arbeit im Stadtmarketing ist das gezielt auf Kooperation setzende, übergeordnete Denken. Weit mehr als andere (städtische) Stellen, die stark aus ihren individuellen Verantwortlichkeiten heraus agieren müssen, zeichnet sich das Stadtmarketing vor allem durch einen übersektoralen Ansatz aus. Es ist deswegen sein Auftrag, in Zusammenarbeit mit den Fachabteilungen der Verwaltung und weiteren Akteuren der Stadt, die zentralen Positionierungsfelder herauszuarbeiten und diese einheitlich über die unterschiedlichen Kanäle, passend aufbereitet, zu kommunizieren.

4 Instrumente

Wie bereits angedeutet, hält das Gebiet der Presse- und Öffentlichkeitsarbeit ein breites Spektrum an Maßnahmen zur Umsetzung der erarbeiteten PR-Strategien bereit. Von Mediengestaltung über Veranstaltungsorganisation und Online-PR bis hin zu interner

Kommunikation verfügen PR-Verantwortliche über ein vielfältiges Instrumentarium. Aufgrund der Vielzahl der Möglichkeiten werden im Folgenden die wichtigsten Instrumente der Medienarbeit in den Blick genommen. Im Anschluss daran folgt eine Auflistung weiterer Instrumente, ohne Anspruch auf Vollständigkeit.

4.1 Presseverteiler

Obwohl es heutzutage durchaus üblich ist, Pressemitteilungen mithilfe externer Anbieter zu verbreiten, sollte professionelle Pressearbeit auf einen eigenen Presseverteiler nicht verzichten, da eine gute eigene Übersicht und gute eigene Kontakte zu Medienvertretern nach wie vor wichtige Bausteine für erfolgreiche Pressearbeit sind. Ein Presseverteiler enthält die Kontaktdaten von Journalistinnen und Journalisten und dient in der Hauptsache dem Versand von Pressemitteilungen und Presseeinladungen sowie der gezielten Presseansprache und dem Protokollieren von Journalistenkontakten. Es gibt spezielle Software für die Erstellung eines Verteilers; in der Regel ist ein Tabellenkalkulationsprogramm jedoch ausreichend.

So mühsam und aufwendig die Aufgabe der Verteilerpflege auch sein mag, gilt nach wie vor: Ein gut recherchierter und vor allem stetig gepflegter Presseverteiler ist die Grundvoraussetzung für erfolgreiche Medienarbeit. Die Daten des Verteilers können durch eigene Recherche, persönliche Kontakte oder über professionelle, meist kostenpflichtige Anbieter von Datenbanken ermittelt werden. Ob ausschließlich selbst recherchiert oder mit Hilfe von Dienstleistern zusammengestellt, in jedem Fall empfiehlt es sich, den Verteiler gut zu strukturieren und auch Details zu bisherigen Kontakten zu vermerken sowie Kategorien zu Medienarten, Reichweiten und Themenausrichtung zu bilden. Neben Vertretern bestimmter Medien sollte der Verteiler auch freie Journalisten enthalten, die oftmals Kontakte zu verschiedenen Medien haben. Der Service von professionellen Anbietern von Mediendatenbanken umfasst häufig auch Informationen zu Themenschwerpunkten von Journalisten und geplanten Sonderausgaben von Medien.

4.2 Pressemitteilung

Eine anonyme Online-Befragung von *news aktuell* unter 1.223 Journalisten mit dem Titel „Recherche 2016" zeigt: Auch in Zeiten der Digitalisierung ist die Pressemitteilung „weiterhin eine der wichtigsten Informationsquellen im Redaktionsalltag" (News aktuell 2016, S. 3).

Zentrale Qualitätskriterien einer Pressemitteilung sind der Nachrichtenwert und die sachorientierte Aufarbeitung der Inhalte. Das bedeutet zum einen, dass der Versand einer Pressemitteilung sich nur dann lohnt, wenn es einen aktuellen, für die Öffentlichkeit relevanten Anlass gibt und somit eine echte Nachricht vorliegt, die für die Medien interessant ist. Zum anderen ist inhaltlich zu beachten, dass es sich bei einer Pressemitteilung weder um Poesie noch um einen Werbetext handelt, sondern dass die Grundsätze objektiver journalistischer Arbeit anzuwenden sind.

Die Kunst besteht darin, innerhalb dieser Spielregeln, eine Pressemitteilung so zu gestalten, dass sie aus der Fülle der Mitteilungen, die eine Redaktion täglich erreichen, heraussticht. Die wesentlichen Inhalte sollten bereits in den ersten Sätzen enthalten sein. Informationen kommen in einer Pressemitteilung der Wichtigkeit nach geordnet vor, damit der Text von hinten gekürzt und optimal dem zur Verfügung stehenden Platz im jeweiligen Medium angepasst werden kann. Die Gesamtlänge einer Pressemitteilung sollte zwei DIN-A4-Seiten nicht überschreiten. Den Abschluss bilden ein kurzer Abbinder mit allgemeinen Informationen und den Kontaktdaten des Pressereferenten. Eine wichtige Dienstleistung für Redaktionen und gleichzeitig eine Möglichkeit, das Interesse von Journalisten zusätzlich zu wecken und somit die Aufnahmewahrscheinlichkeit des Themas zu erhöhen, ist es, passendes Bildmaterial zur Verfügung zu stellen. Die oben genannte Befragung von *news aktuell* macht deutlich, dass eine Mehrheit der Befragten Bilder als Zusatzmaterial erwartet, und dass sich der „Bedarf an Bildern in den vergangenen zwei Jahren erhöht hat" (News aktuell 2016, S. 6).

4.3 Pressekonferenz

Das Wichtigste zuerst: Eine Pressekonferenz (PK) ist zeitaufwendig für Journalisten und sollte deswegen nur dann veranstaltet werden, wenn der Anlass keine andere Art der Informationszulieferung rechtfertigt. Wenn Medienvertreter den Eindruck gewinnen, dass ihnen Zeit „gestohlen" wird, weil sie bei einer PK nichts Neues erfahren oder Informationen bekommen haben, die sie auch auf anderem Weg hätten bekommen können, ist es wahrscheinlich, dass sie sich bei der nächsten Einladung sehr genau überlegen, ob sie noch einmal das Risiko verschwendeter Zeit eingehen wollen.

Darüber hinaus ist abzuwägen, ob Kosten und Aufwand der Organisation einer Pressekonferenz in einem angemessenen Verhältnis zu ihrem Nutzen stehen. Anlass und Thema der PK sollten also gut überlegt und gewählt sein. Wie bei jeder Form der Pressearbeit ist außerdem zu beachten, dass nur Journalisten angesprochen werden sollten, für die das spezifische Thema relevant ist. Dies sind im Stadtmarketing häufig lokale Redakteure, wenn es um lokale Veranstaltungen geht, oder Reisejournalisten, wenn ein Thema überregionale Bedeutung hat, etwa weil neue Reiseanlässe geschaffen wurden – beispielsweise ein neues großes Museum eröffnet wurde, das hochklassige Kunst ausstellt und die Stadt damit zum Anziehungspunkt für Kulturreisende macht. Die passenden Anlässe für eine PK im Bereich des Stadtmarketings sind allerdings so vielfältig wie dessen Aufgabenbereiche und können deswegen nicht abschließend definiert werden.

4.4 Redaktionsbesuche

Redaktionsbesuche sind eine gute Möglichkeit für PR-Verantwortliche, einer ihrer wichtigsten Aufgaben nachzugehen: persönliche Kontakte zu Journalisten zu knüpfen. Dabei sollte es nicht nur um Small Talk gehen. Wie jegliche Pressearbeit muss auch der Redaktionsbesuch an einen konkreten Anlass gebunden sein. Gegenüber einer Pressekonferenz bietet ein Redaktionsbesuch die Chance, individuell auf ein spezielles Medium eingehen zu können.

4.5 Journalistenreise

Weit mehr noch als bei Redaktionsbesuchen und Pressekonferenzen gilt bei Journalistenreisen, dass der Anlass aufgrund des hohen zeitlichen Aufwandes für Journalisten sehr attraktiv sein und das Programm einen speziellen Mehrwert für sie bieten muss. Eine Journalistenreise ist oft eines der aufwendigeren PR-Instrumente. Deswegen sollten die Teilnehmer sehr sorgsam ausgewählt und unbedingt persönlich angesprochen werden. Besonders im Stadtmarketing mit seinen zahlreichen Themen und Partnern bieten sich Journalistenreisen als PR-Instrument an, da sich hier die Möglichkeit ergibt, ein attraktives Paket rund um ein Thema oder einen Anlass gemeinsam mit den betreffenden Akteuren der Stadt zu schnüren und umzusetzen. So ergibt sich oftmals ein Gewinn in Form von medialer Aufmerksamkeit für mehrere Beteiligte.

Etwa seit 2013 wird unter Journalisten, Verbänden und Marketingverantwortlichen verstärkt eine Diskussion über die Möglichkeit journalistischer Unabhängigkeit bei dieser Art von finanzierten Pressereisen geführt. Um dem Problem zu begegnen, sind im Zuge der Debatte in vielen Medienhäusern und Unternehmen Regelwerke oder Compliance-Richtlinien entstanden. Die generelle Legitimität von Pressereisen wird hierbei in den seltensten Fällen komplett infrage gestellt. Es gibt jedoch Verlage, die Einladungen zu Pressereisen grundsätzlich ablehnen. Ein wichtiger Aspekt für den seriösen Umgang mit Pressereisen ist maximale Transparenz. Dies unterstreicht auch der Deutsche Presserat in seinem Pressekodex: „Wenn Journalisten über Pressereisen berichten, zu denen sie eingeladen wurden, machen sie diese Finanzierung kenntlich" (Deutscher Presserat 2015, S. 11, Richtlinie 15.1).

4.6 Medienkooperationen

Der wichtigste Aspekt einer Medienkooperation ist, dass die beiden Partner, die kooperieren, gut zusammenpassen. Es gilt also auf der inhaltlichen Ebene abzuwägen, welches Medium mit welchem Kooperationsvorschlag angesprochen werden soll. Anhaltspunkte können neben der generellen inhaltlichen Ausrichtung eines Mediums auch sogenannte Themenpläne bieten, die thematische Schwerpunkte der redaktionellen Planung oder künftige Sonderveröffentlichungen aufführen und angefragt oder in den Mediadaten gefunden werden können. In der Regel sind Kooperationen Sache der Marketingabteilungen eines Verlages. Deswegen muss PR-Akteuren klar sein, dass eine Kooperation keine redaktionelle Berichterstattung garantiert, sondern sich meistens um gegenseitige Präsenz, Vertriebsangebote oder Aktionen wie Gewinnspiele und Events dreht. Zu beachten ist, dass mit einer Medienpartnerschaft andere Medien nicht verprellt werden sollten. Manchmal empfiehlt es sich, auf mehrere Medienpartner zu setzen; dies ist in der Regel jedoch nur bei Medien unterschiedlicher Gattung (zum Beispiel Print und Hörfunk) problemlos möglich.

4.7 Weitere PR-Instrumente

Weitere PR-Instrumente sind im Rahmen der

- Medienarbeit: Bildarchiv, Online-Newsroom, Online-Pressearchiv, Vermittlung von Interviews, Hintergrundgespräch, Beauftragung und Veröffentlichung von Studien und Befragungen, etc.
- Internen Kommunikation: Mitarbeiterzeitschrift, interner Newsletter, Intranet, Betriebsfest, Mitarbeiterschulung, Mitarbeiterbefragung, Vorschlagswesen, etc.
- Online-PR: Präsenz in den sozialen Medien, Internetseite, Blog, Podcast, E-Mail-Newsletter, Online-Magazin, etc.
- Mediengestaltung: Dem Gebiet der Corporate Identity (CI) kommt im Stadtmarketing eine hohe Bedeutung zu. Insbesondere das Corporate Design (CD), das in optischer Hinsicht ein wichtiger Teilbereich einer gelungenen Corporate Identity ist, signalisiert, dass die Stadt und ihre unterschiedlichen Ämter und Tochtergesellschaften gemeinsam auftreten. Deswegen spielt das Corporate Design aller produzierten und bespielten Medien für die stringente Kommunikation des Stadtimages auch eine so wichtige Rolle.
- Veranstaltungsorganisation: Event, Messe, Fest, Seminar, Konferenz, Tag der offenen Tür, Workshop, etc.

5 Social Media

Einen Bereich, der die Möglichkeiten für wirksame Öffentlichkeitsarbeit in den letzten Jahren entscheidend erweitert hat, stellen die sozialen Medien dar. Ihre zunehmende Durchdringung des Alltagslebens und -erlebens zahlreicher Menschen machen sie zu einem unverzichtbaren Bestandteil effektiver Kommunikationsstrategien.

Bei den sozialen Medien handelt es sich um Online-Anwendungen, die auf Vernetzung und Interaktion ihrer Nutzerinnen und Nutzer abzielen. Diese gestalten die sozialen

Medien durch das Einstellen eigener sowie das Teilen fremder Inhalte selbst. Die Grundlage dafür stellt die Nutzung von Hyperlinks dar.

Die betreffenden Plattformen und Anwendungen ermöglichen jedem, der Zugang zu ihnen hat, die Veröffentlichung und Verbreitung von Informationen in Form von Texten, Fotos, Videos, usw. Dank mobiler Endgeräte kann dies jederzeit und von überall aus geschehen. Im Wesentlichen wird dabei – im Vergleich zu den herkömmlichen Möglichkeiten im Internet – zweierlei erreicht: „[…] bessere Möglichkeit, Inhalte online zu veröffentlichen und zu bearbeiten sowie besserer Austausch mit anderen" (Schmidt 2013, S. 11).

Soziale Medien lassen sich in unterschiedliche Gattungen unterteilen: Netzwerkplattformen wie Facebook, XING und Google+, Multimediaplattformen wie Youtube und Flickr, Blogs, die Artikel von bestimmten Autoren zu unterschiedlichsten Themenbereichen chronologisch darstellen, Mikroblogs wie dem Kurznachrichtendienst Twitter und sogenannten Wikis. Letztere dienen – wie die bekannte Online-Enzyklopädie Wikipedia – im weitesten Sinne dem Generieren von Wissensdatenbanken und dem gemeinsamen Wissensaustausch der Nutzer (vgl. Schmidt 2013, S. 11 ff.).

5.1 Stadtmarketing und Social Media

Wie die meisten Marketingtreibenden setzen inzwischen auch zahlreiche Stadtmarketingorganisationen verstärkt auf soziale Medien, um ihre Kommunikationspalette zu erweitern und die speziellen Vorteile dieser Kanäle zu nutzen. Im Vergleich zu einzelnen Produkten, Marken oder Unternehmen jedoch ist die Kommunikation in Bezug auf Städte im Social Web sehr viel komplexer. Dies liegt zum einen in der Vielfalt städtischen Lebens begründet. Zum anderen hat es damit zu tun, dass neben den über die Stadtgrenzen hinaus zu verortenden Zielgruppen wie Medien, Touristen oder Geschäftsreisenden vor allem die eigene Bevölkerung nicht nur *über* die Stadt kommuniziert, sondern sich selbst als Teil dieser begreift und sich zu den unterschiedlichsten Themen in den unterschiedlichsten Zusammenhängen die Stadt betreffend in den sozialen Medien äußert. Neben den Bürgerinnen und Bürgern sind oftmals auch zahlreiche in der Stadt agierende Unternehmen, Institutionen und Einrichtungen im Social-Media-Bereich aktiv.

Das Gesicht einer Stadt im Social Web wird also durch die Aktivitäten und Inhalte einer Vielzahl von Kommunikatoren geformt. Stadtmarketingorganisationen stehen deswegen in der Regel weniger vor der Frage, ob und wie ein Dialog über die Stadt in den sozialen Medien generiert werden kann, als vielmehr vor der Frage, inwieweit sie sich in die bestehende Kommunikation einbringen wollen und können. Es bietet sich hier auf jeden Fall die Chance, gestaltend mitzuwirken und so die übergeordneten Kommunikationsziele der Öffentlichkeitsarbeit auch über die sozialen Medien zu verfolgen. Dabei geht es zum einen darum, Informationen zu verbreiten, Inhalte zu bewerben und Agenda-Setting zu betreiben, zum anderen auch darum, Bürger und weitere Nutzer zu Fans und Botschaftern der eigenen Stadt zu machen.

5.2 Konzeption und Voraussetzungen

Die sozialen Medien bieten auf sehr unmittelbarem Weg die Möglichkeit, enge Beziehungen zur Öffentlichkeit herzustellen und diese zielgerichtet zu pflegen, sprich Public Relations mit hoher Nähe zu den eigenen Zielgruppen zu betreiben. Um dies langfristig und effektiv umsetzen zu können, braucht es ein Konzept für die Erzeugung von passendem Content. Ohne eine durchdachte und auf die übergeordneten Kommunikationsziele bezogene Social-Media-Strategie verpuffen einzelne Maßnahmen. Eine detaillierte Konzeptionsphase spielt also genau wie in allen anderen Bereichen der Öffentlichkeitsarbeit auch bei der Kommunikation über soziale Medien eine grundlegende Rolle. Dazu gehören die Definition von Zielen und Zielgruppen sowie das Festlegen einer Strategie (siehe Abschn. 3). Social-Media-Maßnahmen stehen nicht außerhalb sonstiger Kommunikationsaktivitäten, sondern fügen sich im besten Fall nahtlos in diese ein, um ein stimmiges Gesamtbild zu erzeugen.

Genau wie in allen anderen Bereichen der Öffentlichkeitsarbeit müssen die unterschiedlichen Zielgruppen in den sozialen Medien spezifisch angesprochen werden. Dabei gilt auch: Nicht jeder neue Kanal muss zwingend genutzt werden. Bevor die Entscheidung zur Kommunikation über eine bestimmte Plattform o. ä. getroffen wird, gilt es, eine Reihe von Fragen zu beantworten. Dazu gehören beispielsweise die Folgenden:

- Werden die eigenen Zielgruppen über dieses Medium erreicht?
- Passt dieser Kanal mit seinen spezifischen Ausprägungen zur bisherigen Kommunikationsstrategie?
- Sind ausreichende Mittel und Ressourcen vorhanden, um den für das Medium richtigen Content erstellen zu können (z. B. Bewegtbild-Content für Youtube)?
- Sind ausreichend personelle Ressourcen mit dem entsprechenden Know-how vorhanden, um diesen Kanal angemessen bespielen zu können?

Zum letztgenannten Punkt gilt: Stadtmarketingtreibende müssen sich bewusst sein, dass die Zeiten, in denen die Betreuung von Social-Media-Accounts Praktikantenaufgabe war, schon lange vorbei sind. Die sozialen Medien gehören zu den Medienformen, bei denen eine schnelle Reaktion und eine permanente Pflege sehr wichtig sind. Accounts bei Facebook und Co, die nicht aktuell gehalten bzw. nur sporadisch bespielt werden oder kaum interagieren, sind für User unattraktiv und für die Marketingtreibenden letztendlich nutzlos. Des Weiteren ist die Schlagzahl in den sozialen Medien extrem hoch. Auf Kommentare nicht oder erst nach mehreren Tagen zu reagieren, kann negative Folgen wie harsche Kritik und den Verlust von zahlreichen Fans und Followern nach sich ziehen.

Was das erforderliche Know-how der Social-Media-Verantwortlichen angeht, so ist dies sicherlich nicht in einer einmaligen Fortbildung zu erwerben. Die Entwicklungen in den sozialen Medien sind zwar nicht mehr so dynamisch wie noch vor einigen Jahren, dennoch entstehen immer wieder neue Kanäle (in jüngster Vergangenheit zum Beispiel

Snapchat), Trends und technische Möglichkeiten, die es zu beobachten gilt. Die Betreiber der unterschiedlichen Plattformen legen die dort herrschenden Regeln und Funktionalitäten fest. Anpassungen und Änderungen müssen stetig berücksichtigt werden, um die optimale Darstellung der eigenen Inhalte zu gewährleisten. Es geht hier also nicht darum, sich einmalig Know-how anzueignen, sondern wie in allen Bereichen der Kommunikation stetig am Puls der Zeit zu bleiben und die Entwicklungen zu beobachten, um rechtzeitig darauf reagieren zu können.

Haben Marketingverantwortliche sich nach sorgfältiger Prüfung für eine Präsenz auf einer Plattform oder in mehreren sozialen Medien entschieden, sind im Rahmen der Konzeption weitere Aspekte zu klären und festzulegen, zum Beispiel in welcher Form die Nutzeransprache erfolgen soll: Soll die verwendete Sprache eher informeller Art sein, sollen die Nutzer gesiezt oder geduzt werden, usw. Darüber hinaus ist die Auswahl der zu kommunizierenden Themen ein wichtiger Aspekt. Ein städtischer Facebook-Auftritt beispielsweise kann auf Nachrichten aus der Verwaltung hinweisen und so für Bürgerinnen und Bürger vor allem informativen Charakter haben oder gezielt kulturelle Veranstaltungen in den Blick nehmen, um die Stadt auf dem Positionierungsfeld Kultur zu profilieren. Hier gibt es keine pauschalen Antworten oder Empfehlungen; zu sehr hängen diese Entscheidungen zum einen von den Eigenschaften und Nutzern des jeweiligen Kanals und zum anderen von den Kommunikationszielen ab, die das Stadtmarketing im Social Web und darüber hinaus verfolgt.

Unabhängig davon, mit welchen Themenspektren Stadtmarketingorganisationen in den sozialen Medien agieren möchten, empfiehlt es sich, einen Redaktionsplan auszuarbeiten und stetig zu pflegen, um eine thematische Gesamtdramaturgie erstellen, im Blick behalten und stetig fortführen zu können. Das in den letzten Jahren viel beschworene *Storytelling* ist in den sozialen Medien besonders wichtig, da sich die Nutzer hier nicht nur Informationen, sondern auch Unterhaltung sowie Interaktion und Emotion wünschen. Im besten Fall werden über alle genutzten Kanäle hinweg stringente Geschichten erzählt. Dieses transmediale *Storytelling* bietet den Vorteil, dass sich die einzelnen Medien gegenseitig ergänzen. Außerdem führen die gegenseitigen Verweise dazu, dass Nutzer mit der gesamten vorhandenen Kommunikationspalette einer Stadtmarketingorganisation in Kontakt kommen und auf die jeweiligen Angebote aufmerksam werden. Insgesamt führt eine stringente Verbreitung der aus den Zielen abgeleiteten Kernbotschaften dazu, dass diese Botschaften sich mehr und mehr in der Wahrnehmung der Zielgruppen verfestigen und nicht nur das digitale Gesicht einer Stadt, sondern letztendlich ihr Gesamtimage prägen.

5.3 Feedback

Neben den bisher genannten Chancen und Vorteilen bietet sich in den sozialen Medien außerdem die lohnende Gelegenheit, auf unmittelbare Weise mit den unterschiedlichen Zielgruppen zu kommunizieren. Eine Präsenz im Social Web bedeutet naturgemäß, dass sich für die Nutzer die Möglichkeit ergibt, in einen Dialog einzutreten. Marketingfachleute müssen sich bewusst sein, dass dieser Dialog nicht immer nur positive Kommentare und eine unterstützende Haltung der Fans und Follower mit sich bringt, sondern durchaus auch genutzt wird, um mitunter drastisch formulierte Kritik zu äußern. Die Angst vor negativen Kommentaren und Bewertungen oder gar einem viel zitierten „Shitstorm" sollte jedoch nicht den Verzicht auf die Präsenz in den sozialen Medien zur Folge haben. Vielmehr gilt es hier die Gelegenheit zu nutzen, Meinungsbilder einzufangen und Verbesserungspotenziale am eigenen Angebot zu erkennen. Freundliche und fundierte Reaktionen zeigen den Nutzern, dass die Äußerungen ernst genommen werden und etablieren so ein Gefühl von Wertschätzung, das zu einer engeren Bindung der Nutzer an das eigene Angebot führen kann.

Häufen sich negative Kommentare zu einem bestimmten Sachverhalt in kurzer Zeit und in eklatanter Art und Weise spricht man umgangssprachlich von einem „Shitstorm". Dieser tritt häufig als Folge oder Begleiterscheinung einer Krisensituation auf oder stellt selbst diese Krise dar. Marketingexperten tun deshalb gut daran, in diesem Fall die weiter unten diskutierten Grundsätze der Krisenkommunikation anzuwenden und rasch sowie möglichst offen und transparent zu kommunizieren.

5.4 Monitoring

Ob der Dialog in den sozialen Medien von Stadtmarketingorganisationen nun selbst aktiv mitgestaltet wird oder (noch) nicht, durch Social-Media-Monitoring ergibt sich in jedem Fall die Möglichkeit zu erfahren, wie über die Stadt gesprochen wird, welche Themen im Zusammenhang mit der Stadt relevant sind und ob dies die Themen sind, mit der Stadtmarketingorganisationen ihre Stadt positionieren wollen.

Monitoringverfahren im Bereich der sozialen Medien beschränken sich in der Regel auf die Betrachtung und Analyse von Inhalten, die durch Nutzer generiert werden, dem sogenannten *User Generated Content* und lassen kommerzielle Beiträge und Nachrichten aus dem sonstigen Online-Bereich zunächst außer Acht. Diese können jedoch hinzugenommen werden, um ein umfassendes Bild des digitalen Gesichts einer Stadt zu erhalten. Das Monitoring kann von professionellen Anbietern durchgeführt oder dank verschiedener Tools (wie beispielsweise RSS-Feeds) von Stadtmarketingeinrichtungen selbst vorgenommen werden. Der Grad der Professionalisierung des Monitorings hängt dabei stark von den vorhandenen Mitteln ab. Ein professionelles *Social Web Command Center* kann dazu beitragen, die ausgearbeiteten Strategien effizient umzusetzen, den Überblick zu behalten und darüber hinaus dabei helfen, Inhalte in verschiedenen Kanälen automatisiert zu verbreiten.

5.5 Zusammenarbeit mit Bloggern und anderen Social-Media-Akteuren

Neben der Präsenz mit eigenen Accounts im Social Web ist die Zusammenarbeit mit Bloggerinnen und Bloggern oder anderen Akteuren, die in den sozialen Medien aktiv sind und eine verhältnismäßig große Zahl von Lesern, Followern oder Fans aufweisen, ein spannendes neues Betätigungsfeld für Stadtmarketingorganisationen. Dabei geht es um die gezielte Ansprache von und die Interaktion und Zusammenarbeit mit Bloggern, Instagrammern und Co. Besonders attraktiv für die Zielsetzungen einer Stadtmarketingeinrichtung im touristischen Bereich ist naturgemäß die Ansprache von Reisebloggern. Das sind solche Blogger, die eigene Reisen thematisieren und davon auf ihren Blogs berichten. Je nach anvisiertem Positionierungsfeld können aber auch andere Social-Media-Akteure mit bestimmten Schwerpunkten angesprochen werden. Ähnlich wie im Umgang mit Journalisten sollte auch bei der Ansprache von Bloggern ein pauschales Vorgehen nach dem „Gießkannenprinzip" vermieden werden. Soll es beispielsweise darum gehen, ein bestimmtes Kulturevent zu kommunizieren, können Blogger, die vornehmlich über kulturelle Anlässe berichten, kontaktiert werden. Geht es um die Profilierung der Gastronomieszene einer Stadt bietet sich eine Zusammenarbeit mit sogenannten Foodbloggern an. Die gezielte Ansprache von Bloggern und die langfristige Kontaktpflege können sich lohnend auf die passgenaue Ansprache der Zielgruppen auswirken.

Blogger Relations sind ein vergleichsweise junges Betätigungsfeld der PR, dessen Maxime hier nur angerissen werden können. Prinzipiell gilt, dass es im Umgang mit Bloggern und anderen Social-Media-Akteuren um eine Kommunikation auf Augenhöhe und gezielte sowie langfristige Kontaktpflege geht und die Grundsätze guter PR wie Transparenz, Ehrlichkeit und Kontinuität auch hier anzuwenden sind.

6 Erfolgskontrolle

Bemühungen zur Erfolgskontrolle der Presse- und Öffentlichkeitsarbeit sollten immer die Zielstellung in diesem Bereich berücksichtigen: PR will langfristig Glaubwürdigkeit herstellen und Vertrauen schaffen. Die Bewertung einzelner Maßnahmen sagt also nicht zwingend etwas über den Erfolg der Presse- und Öffentlichkeitsarbeit in ihrer Gesamtheit aus. Denn: „Für einen kurzen Zeitraum mit einer einmaligen pfiffigen Idee Aufsehen erregen ist gar nicht so schwer. Wenn es bei dem einen Mal bleibt, dann ist man auch wieder schnell vergessen" (Deg 2009, S. 204).

Im Rahmen der Medienarbeit wird meist die Medienresonanzanalyse für die Erfolgsmessung genutzt. Diese greift auf eine Sammlung aller Berichte zu einem Anlass *(Clippings)* in Form eines Pressespiegels zurück und wertet diesen quantitativ (wie viele Berichte sind erschienen, wann und wo und mit welchen Reichweiten, usw.) und qualitativ (welche Form der Übernahme des Themas lässt sich feststellen: positiv, negativ oder neutral) aus. Das Sammeln von *Clippings* übernehmen professionelle Ausschnittdienste.

Noch stärker inhaltlich orientiert geht die Input-Output-Analyse vor, die alle herausgegebenen mit den in den Medien aufgegriffenen Informationen vergleicht und beurteilt, ob die zentralen Kommunikationsaspekte übernommen wurden. Darüber hinaus werden Befragungen von Zielgruppen sowie die Auswertungen von Internetstatistiken und Feedbacks aller Arten zur Erfolgskontrolle herangezogen (vgl. Wesselmann und Hohn 2012, S. 171 f.).

Anhaltspunkte zur monetären Bewertung von Pressearbeit liefert die sogenannte Äquivalenzrechnung. Sie gibt an, wie viel Geld es gekostet hätte, Anzeigen in dem Umfang zu buchen, den die redaktionelle Berichterstattung eingenommen hat.

Während quantitative Auswertungen PR-Akteuren oftmals als Erfolgsbeleg ihrer Tätigkeit im Nachhinein dienen, nutzen sie die qualitativen Auswertungen häufig für die Planung ihrer künftigen Aktivitäten, indem sie überprüfen, welche Themen besonders gut funktionieren, welche Bilder gern übernommen werden, mit welchem inhaltlichen Dreh sich Geschichten am besten platzieren lassen, usw. Insofern dient Evaluation der Presse- und Öffentlichkeitsarbeit als Argumentationsgrundlage bezüglich ihrer Daseinsberechtigung und ihrer künftigen Maßnahmenwahl. Dies hat besonders im Stadtmarketing Relevanz, da es seine Tätigkeiten als städtische Institution gegenüber zahlreichen Anspruchsgruppen intern und extern offen darlegt und seine Maßnahmenplanung und -umsetzung häufig in enger Zusammenarbeit mit vielfältigen Partnern realisiert.

7 Krisenkommunikation

Kommunikation in der Krise ist Kommunikation auf dünnem Eis. Unerlässlich ist es daher für PR-Verantwortliche auf Krisenfälle vorbereitet zu sein. Die Problematik dabei: Es gibt sehr viele unterschiedliche Arten von Krisen. Könnte man alle möglichen Krisen genau voraussehen, würden sie wahrscheinlich nicht eintreten. Dennoch können PR-Akteure zumindest einige der im schlimmsten Falle möglichen Krisenszenarien durchspielen und einen allgemeinen Handlungsleitfaden erstellen.

Ein Handlungsleitfaden für Krisenfälle sollte mögliche Fragestellungen und dazu passende Reaktionen in genauem Wortlaut beinhalten und vorplanen, wer wen auf welchem Weg intern und extern informiert. Darüber hinaus sollte der Leitfaden festlegen, wer als zentrale Schnittstelle einheitlich nach außen kommuniziert. Eine grundsätzliche Handlungsempfehlung in der Krise für PR-Profis lautet, ein Krisenteam zu bilden, so rasch wie möglich alle relevanten Informationen zu sammeln und diese im Rahmen des Krisenleitfadens proaktiv und offen an alle relevanten Bezugsgruppen zu kommunizieren sowie mit den Medien so gut es geht zu kooperieren. Im Idealfall agieren PR-Profis in der Krise mit Ruhe und begreifen die Situation als Chance zur Erneuerung (vgl. Deg 2009, S. 192 ff.).

Die besondere Herausforderung für Stadtmarketingorganisationen besteht im Krisenfall darin, dass eine Vielzahl von Anspruchsgruppen Teil des ‚Produktes' Stadt sind und somit als unmittelbar Beteiligte in und über Krisen kommunizieren. Hier gilt es für das Stadtmarketing, seine strategische Kommunikationsstärke und seine übersektorale Ausrichtung zu nutzen und seine Kernkompetenzen – zuzuhören, Impulse zu senden und vermittelnd und moderierend zwischen den verschiedenen Anspruchsgruppen zu wirken – einzusetzen.

8 Zusammenfassend: Presse- und Öffentlichkeitsarbeit im Stadtmarketing

PR ist ein integraler Bestandteil des Marketings, der aufgrund der aktuellen Entwicklungen im Kommunikationssektor (Stichwort Differenzierung von Kommunikationskanälen) an Bedeutung zunimmt. Soziale Medien spielen im Leben der Menschen eine immer größere Rolle. Dadurch ändert sich zum einen das Informationsverhalten der Bevölkerung, zum anderen kann Kommunikation nicht mehr als Einbahnstraße betrachtet werden. Direktes Feedback und gegenseitiger Austausch sind in den sozialen Medien jederzeit möglich. Hinzu kommt, dass Aufmerksamkeit aufgrund der allgegenwärtigen Bewerbung von Produkten und Dienstleistungen – jeder Art und rund um die Uhr – zu einem extrem knappen Gut geworden ist (vgl. Wesselmann und Hohn 2012, S. 149).

Erfolgreiches Marketing ist vor dem Hintergrund dieser Entwicklungen nicht mehr ohne PR und eine ihrer Kernkompetenzen denkbar: dialogorientiert die Beziehungen zur Öffentlichkeit zu gestalten. Dies ist ganz besonders im Bereich des Stadtmarketings relevant, da es hier nicht darum geht, kurzfristige Kaufanreize zu setzen, sondern langfristig unterschiedliche Anspruchsgruppen von einem Standort zu überzeugen, damit dieser zukunftsfähig bleibt. Und auch dies ist eine Kernkompetenz von PR: langfristig Vertrauen aufzubauen, um ein nachhaltiges positives Image zu generieren.

Wie im Vorangegangenen gezeigt wurde, unterscheidet sich Presse- und Öffentlichkeitsarbeit im Stadtmarketing in einigen Punkten von PR-Tätigkeiten in anderen Organisationen wie Wirtschaftsunternehmen. Im Wesentlichen lassen sich hier zwei Aspekte nennen: die Vielfalt der Anspruchs- und Zielgruppen und die Bandbreite der Themen und Anlässe.

Zu den zahlreichen Anspruchs- und Zielgruppen gehören unter anderem Bürger, Unternehmen, Politik, Kultureinrichtungen, Medien. Diese müssen nicht, wie im Rahmen von Produkt-PR, von einem Produkt überzeugt werden, sondern sind selbst Teil des spezifischen ‚Produktes Stadt'. Sie gestalten das Bild der Stadt und den Dialog über und mit ihr aktiv mit. Somit kommt dem Stadtmarketing die besondere Aufgabe zu, sich auf die unterschiedlichen Zielgruppen immer neu einzustellen, diese in seiner Funktion als Schnittstelle und Moderator miteinander zu vernetzen und ins Gespräch zu bringen, am stattfindenden Dialog selbst teilzunehmen und sich im Sinne der definierten Imageziele einzubringen.

Die Presse- und Öffentlichkeitsarbeit im Stadtmarketing hat es mit einem breiten Spektrum von Themen und Veranstaltungsformaten zu tun. Die Bandbreite reicht von Veranstaltungen in der Innenstadt wie einem Weihnachtsmarkt oder Events zu Verkaufsoffenen

Sonntagen über Reisepauschalen, Stadtführungen und das Gastronomie- und Hotelangebot einer Stadt bis hin zu Kampagnen für die Fach- und Führungskräftegewinnung. Abgedeckt werden hier Themen des City-, Tourismus- und Standortmarketings. Dies macht Presse- und Öffentlichkeitsarbeit im Stadtmarketing zu einer herausfordernden Aufgabe, da ein immer gleiches Vorgehen nach „Schema F" nicht möglich ist. Gleichzeitig besteht darin der besondere Reiz dieser Tätigkeit, die es PR-Profis ermöglicht, einen großen Teil der Klaviatur, die das Feld der Presse- und Öffentlichkeitsarbeit bietet, zu spielen.

9 Beispiele aus der Praxis: Die Braunschweig Stadtmarketing GmbH

9.1 Öffentlichkeitsarbeit bündelt Kräfte: Die Kampagne *best choice*

Im Bereich des Standortmarketings ist die Kampagne *best choice* angesiedelt. Ganz im Sinne der kooperativen und auf Vernetzung und Bündelung der Kräfte setzenden Ausrichtung des Stadtmarketings startete die Braunschweig Stadtmarketing GmbH gemeinsam mit Partnern aus Wirtschaft und Wissenschaft im Oktober 2014 diese Kampagne zur Gewinnung von Fach- und Führungskräften. Sie setzt auf die Kombination der Themen Top-Arbeitgeber und Top-Standort. Die gemeinsame Botschaft der Partner aus Wirtschaft und Wissenschaft und des Stadtmarketings lautet: Braunschweig ist die beste Wahl für die berufliche Selbstverwirklichung auf internationalem Niveau und zudem eine familienfreundliche Großstadt mit hohem Freizeit- und Erholungswert (www.braunschweig-best-choice.de). Das Besondere an der Kampagne war die partnerschaftliche Realisierung: Das Stadtmarketing brachte hier seine Marketingkompetenz sowie seine Netzwerkstärke ein, um gemeinsam mit den beteiligten Unternehmen den Standort zu positionieren und voranzubringen.

9.2 Zusammenarbeit mit externen Presse-Dienstleistern: Der Braunschweiger Weihnachtsmarkt

Der Braunschweiger Weihnachtsmarkt zählt jährlich zu den beliebtesten Veranstaltungen in der Stadt und gibt der Presse- und Öffentlichkeitsarbeit der Braunschweig Stadtmarketing GmbH die Möglichkeit, Bürger und Touristen gleichermaßen (wenn auch über verschiedene Kanäle) anzusprechen. Da das Thema in der Weihnachtszeit über die lokalen Medien und überregionalen Reisejournalisten hinaus auch für zahlreiche weitere Medienvertreter Anlässe zur Berichterstattung bietet, hat sich die Braunschweig Stadtmarketing GmbH 2015 dazu entschlossen, zusätzlich zu ihrer regulären Pressearbeit, mit einem externen Content-Marketing-Dienstleister zusammenzuarbeiten. Dieser bereitete das

Thema nach Zulieferung durch die Braunschweig Stadtmarketing GmbH journalistisch auf und verbreitete es nach Freigabe und Korrektur durch das Stadtmarketing über seine Kanäle deutschlandweit. Das Ergebnis überzeugte: Insgesamt konnten 29 Veröffentlichungen erreicht werden. Die erzielte Auflage lag bei 1.745.217 und die Anzeigenäquivalenz bei 26.828 EUR. Dies entspricht einem Vielfachen des investierten Budgets und kann somit als Erfolg gewertet werden.

Eine Dokumentation der Ergebnisse gab Aufschluss über Veröffentlichungsgebiete und weitere Kenngrößen. Interessant war dabei, dass insbesondere in den Quellmärkten in Nordrhein-Westfalen, Schleswig-Holstein, Bremen, Hamburg, Niedersachsen und Sachsen-Anhalt sehr viele Veröffentlichungen erzielt wurden. Die große Bereitschaft, das Thema aufzugreifen, ist ein Indiz für die bisherige erfolgreiche Bespielung der Quellmärkte. Ferner erschienen Artikel in Thüringen, Sachsen, Rheinland-Pfalz und Baden-Württemberg, was für eine erfolgreiche Ausweitung des Interesses am Braunschweiger Weihnachtsmarkt über die bisherigen Quellmärkte hinaus spricht. Insgesamt konnte also unter Einsatz eines vergleichsweise geringen Budgets ein hoher Verbreitungsgrad erzielt werden.

9.3   Langfristig ein positives Image schaffen: Die Social-Media-Kanäle der Braunschweig Stadtmarketing GmbH

Die Braunschweig Stadtmarketing GmbH betreibt die Facebookseite „Braunschweig – Die Löwenstadt", die derzeit rund 25.000 Fans hat, den gleichnamigen Twitterauftritt, der rund 3500 Follower aufweist und seit April 2016 einen Instagram-Kanal mit aktuell 3000 Followern. Zusätzlich hat die Braunschweig Stadtmarketing GmbH unter www.loewenstadtblog.de das Blog „Leben in der Löwenstadt – Braunschweig bloggt" eingerichtet, um Touristen und sonstigen an Braunschweig Interessierten neue Blickwinkel auf die Löwenstadt zu ermöglichen. Im Blog werden in den Kategorien „Hingehen", „Essen", „Kaufen", „Unterwegs" und „Gut zu wissen" gastronomische Tipps für die Mittagspause gegeben, besondere Geschäfte vorgestellt, Ausflugstipps für das Wochenende zusammengetragen und viele andere kleine Geschichten aus Braunschweig erzählt. Monatlich erreicht das Löwenstadtblog rund 5000 Leser und erhält rund 10.000 Seitenaufrufe. Die Braunschweig Stadtmarketing GmbH behält sich redaktionelle Freiheit bei der Themenauswahl und Texterstellung vor.

Das Blog ergänzt die Kommunikationspalette der Braunschweig Stadtmarketing GmbH um einen wichtigen Baustein. Hier ist es möglich, auf individuelle und persönliche Art und Weise (die Autoren werden mit Namen und Bild neben den jeweiligen Artikeln aufgeführt) Geschichten aus Braunschweig zu erzählen, die in einer neutralen Pressemitteilung auf eine solch individuelle Weise im Reportagestil nicht verarbeitet werden könnten, jedoch wichtigen Content mit Identifikationspotenzial liefern, um ein positives Image zu generieren und die Lebensqualität in Braunschweig anschaulich darzustellen. Viele der Beiträge im Blog werden auf der Facebookseite verlinkt und dort von den Fans geteilt, mit „Gefällt mir" markiert und vor allem auch kommentiert. Diese Kommentare werden in vielen Fällen wiederum beantwortet. Hier nutzt das Stadtmarketing die Möglichkeiten der sozialen Medien, um mit den Braunschweiger Bürgerinnen und Bürgern und Braunschweig-Begeisterten in einen direkten Dialog einzutreten.

9.4 Positionierung im Profilierungsfeld Kultur: Das Herzog Anton Ulrich-Museum

Das Herzog Anton Ulrich-Museum in Braunschweig verfügt über eine der bedeutendsten Sammlungen Alter Kunst deutschlandweit. Neben der Gemäldesammlung beherbergt das Museum auch eine druckgrafische Sammlung und eine Skulpturensammlung. Die im Museum vertretenen Künstler lesen sich wie ein *Who's who* der Kunstgeschichte: Rubens, Rembrandt, Vermeer, Cranach, Dürer, Holbein, Goya, Beckmann und Picasso. Das Museum war zudem eines der ersten Museen in Europa, das für die Öffentlichkeit zugänglich war, und steht damit in einer Reihe mit dem Britischen Museum in London. Nachdem das aktuelle Museumsgebäude während einer mehrjährigen Schließungsphase umfassend saniert und mit modernster Technik ausgestattet wurde, eröffnete es im Oktober 2016 neu.

Auch wenn es sich bei dem Museum um eine Institution des Landes Niedersachsen handelt, bot die Neueröffnung aus Stadtmarketingsicht einen geeigneten Anlass, um überregionale Aufmerksamkeit für die Stadt Braunschweig zu erreichen. Im Zuge dieser Profilierung auf dem kulturtouristischen Sektor ergab sich die Möglichkeit, einem kultur- und reiseinteressierten Publikum, das durch die Wiedereröffnung des Herzog Anton Ulrich-Museums auf Braunschweig aufmerksam wurde, die kulturelle Vielfalt und die Highlights der Stadt näherzubringen. Dabei wurde auch deutlich, dass das Herzog Anton Ulrich-Museum keine „Oase in der kulturellen Wüste" ist, sondern eine Besonderheit inmitten einer reichen Kulturlandschaft mit renommierten Häusern und hochkarätigen Veranstaltungen. So ergab sich ein Imagegewinn, der der gesamten Stadt, den touristischen Leistungsträgern Braunschweigs und den kulturellen Einrichtungen zugutekam.

Das Herzog Anton Ulrich-Museum hat eine umfangreiche Marketingkampagne zur Neueröffnung durchgeführt. Die Braunschweig Stadtmarketing GmbH hat mit zahlreichen Maßnahmen zur überregionalen Positionierung das Marketing rund um die Neueröffnung des Museums unterstützt. Sie konnte unter anderem den Jahreszeiten Verlag dafür gewinnen, der Löwenstadt eine komplette Ausgabe des renommierten Kultur- und Reisemagazins MERIAN zu widmen, in der die Neueröffnung des Herzog Anton Ulrich-Museums ein Schwerpunkt ist. Darüber hinaus führte die Braunschweig Stadtmarketing GmbH zahlreiche weitere Maßnahmen durch, u. a. Bloggerreisen, Plakatierungen, Onlinekampagnen, Anzeigen und Pressearbeit.

10 Schluss: Ausblick

Ein interessantes neues Einsatzgebiet für Presse- und Öffentlichkeitsarbeit bietet die aus den USA stammende Mobilisierungsstrategie *Corporate Grassroots,* die das PR-Potenzial authentischen Engagements von Fans erkennt, nutzt und aktiv damit arbeitet. Dies ist nur ein Beispiel dafür, dass sich auf dem weiten Feld der Public Relations immer wieder Neuerungen ergeben. Presse- und Öffentlichkeitsarbeit unterliegt einem ständigen Wandel, der oftmals mit gesamtgesellschaftlichen Veränderungen einhergeht. So bleibt das Berufsfeld herausfordernd und spannend, da es sich immer wieder an aktuelle Bedingungen anpassen und innovative neue Strategien finden muss.

Ein weiteres Beispiel dafür ist die Veränderung, die die PR durch die zunehmende Bedeutung erfährt, die soziale Medien im Alltagsleben der Menschen und damit auch im professionellen Marketing spielen. Auch oder gerade weil Journalisten zunehmend ihre Funktion als *Gatekeeper* verlieren (vgl. Orle 2014), wird es für PR-Akteure immer wichtiger, über die klassische Pressearbeit hinauszugehen und neue Kanäle zu bespielen. Die sozialen Medien bieten hier spannende Möglichkeiten, gewährleisten sie doch einen direkten und schnellen Austausch mit den Zielgruppen und ermöglichen so eine Öffentlichkeitsarbeit, die viel näher als noch vor einigen Jahren an der im Namen adressierten „Öffentlichkeit" agieren kann. Vor allem im Stadtmarketing spielt dies eine große Rolle, da die Anspruchsgruppen hier besonders vielfältig sind und das ,Produkt' Stadt sich in wesentlichen Punkten von Produkten anderer Branchen unterscheidet.

Die Vielschichtigkeit und Komplexität städtischen Lebens und die Masse an Einflussfaktoren auf die Wahrnehmung nach Innen und nach Außen sorgen dafür, dass die Deutungshoheit über eine Stadt und ihre Profilierungsfelder nicht allein einer Institution obliegt. Ein zeitgemäßes Stadtmarketing kann sich die Tatsache, dass Kommunikation in der Presse- und Öffentlichkeitsarbeit schon seit Längerem keine Einbahnstraße mehr ist, sondern ein vielfältiger Dialog, zunutze machen und damit seine Kernkompetenz der übergeordnet vermittelnden und bündelnden Netzwerkarbeit stärken. So kann es dauerhaft ein Stadtgespräch ermöglichen sowie demokratische Dialogprozesse fördern und damit aktiv zur Lebendigkeit städtischen Lebens beitragen.

Literatur

Deg, R. (2009). *Basiswissen Public Relations. Professionelle Presse- und Öffentlichkeitsarbeit* (4. überarbeitete Aufl.). Wiesbaden: Springer VS.
Deutscher Presserat. (2015). Publizistische Grundsätze (Pressekodex). http://www.presserat.de/fileadmin/user_upload/Downloads_Dateien/Pressekodex_BO_2016_web.pdf. Zugegriffen: 6. Febr. 2017.
Lange, C. (o. J.). Zielgruppen und Aufgaben der PR. http://www.lange-pr.de/zg_pr.pdf. Zugegriffen: 6. Febr. 2017.
News Aktuell. (2016). Recherche 2016. Wie Journalisten heute arbeiten, Whitepaper 02. https://www.newsaktuell.de/recherche. Zugegriffen 6. Febr. 2017.

Orle, M. (2014). Wegfall des Gatekeeper-Monopols der Journalisten. In Deutscher Medienverband (DMV). http://blog.dmv-verband.de/wegfall-des-gatekeeper-monopols-der-journalisten/. Zugegriffen: 6. Febr. 2017.

Puttenat, D. (2007). *Praxishandbuch Presse- und Öffentlichkeitsarbeit. Eine Einführung in professionelle PR und Unternehmenskommunikation*. Wiesbaden: Gabler.

Schmidt, J.-H. (2013). *Social media*. Wiesbaden: Springer Fachmedien.

Wesselmann, S., & Hohn, B. (2012). *Public Marketing. Marketing-Management für den öffentlichen Sektor* (3. Aufl.). Wiesbaden: Springer Gabler.

Zenker, S. (2016). Wie Städte kommunizieren (sollten). In Bundesvereinigung City- und Stadtmarketing e.V. (Hrsg.), *Public marketing* (S. 21). Berlin: bcsd-Sonderheft.

Über die Autorin

Christina Borrmann leitet seit 2014 den Bereich Kommunikation bei der Braunschweig Stadtmarketing GmbH. Nach einer Ausbildung zur Industriekauffrau spezialisierte sie sich während ihres Studiums der Kulturwissenschaften mit dem Nebenfach Betriebswirtschaftslehre an der Universität Hildesheim auf den Bereich Kommunikation. Anschließend betreute sie als PR- und Marketingberaterin bei einer Bremer Kommunikationsagentur deutschlandweit Kunden und Projekte aus Wirtschaft, Kultur und Stadtmarketing.

Projektmanagement

Hannah Nölle

> **Zusammenfassung**
>
> Projekte setzen die Stadtmarketingstrategie um. Projektarbeit ist damit wichtiger Bestandteil, Projektmanagement eine Kernkompetenz des Stadtmarketings. Um Stadtmarketingprojekte erfolgreich zu gestalten und die Stadtmarketingstrategie konsequent zu verfolgen, ist die sorgfältige Planung, die entsprechende Umsetzung und die Kontrolle der Projektaktivitäten maßgeblich. Dabei ist die Aufgabe des Projektteams und der Projektleitung nicht allein auf die inhaltliche Dimension zu beschränken. Insbesondere im Stadtmarketing spielt das Stakeholdermanagement und die Kommunikation mit den Anspruchsgruppen eine entscheidende Rolle.

1 Einleitung

1.1 Projekte auf dem Vormarsch

Die Organisationsform „Projekt" ist mittlerweile allgegenwärtig. Kaum ein Bereich, in dem man keinen Projekten begegnet – selbst im Privatleben werden Vorhaben wie Hochzeiten oder Umzüge als Projekte bezeichnet. Branchenübergreifend werden Aufgaben in Projekten angegangen und lösen damit, zumindest stellenweise, klassische Hierarchien ab. Die Gründe für die vermehrte Arbeit in Projekten sind vielfältig. Zum einen gibt es bei wachsender Spezialisierung und Arbeitsteilung einen erhöhten Bedarf an interdisziplinärer Zusammenarbeit und folglich an Koordinierungsaufgaben an den entstehenden

---

H. Nölle (✉)
Bcsd e. V., Berlin, Deutschland
E-Mail: noelle@bcsd.de

Schnittstellen. Zum anderen spielen gesellschaftliche Entwicklungen, insbesondere der Wertewandel hin zu stärkerer Individualisierung, eine große Rolle. Es gibt kaum noch feste Arbeitsplätze, auf denen Mitarbeiter 40 Jahre lang bleiben, sondern vielmehr den Wunsch und die Notwendigkeit verschiedene Positionen und Aufgaben auszuprobieren und die Tendenz einem Unternehmen so lange verbunden zu bleiben, wie die persönlichen Vorteile überwiegen. Dieser Wandel zieht Veränderungen der Unternehmenskultur hinsichtlich der Organisations- und Führungsmodelle nach sich (vgl. Casutt 2005, S. 3 f.).

1.2 Der Ursprung des Projektmanagements

Dabei ist die Arbeit in Projekten nicht neu. Projektmanagement hat es immer schon gegeben, wenn auch nicht immer unter diesem Begriff. Die Grundregeln des Projektmanagements, zu denen insbesondere die sorgfältige Planung zählt, galten jedoch sicherlich auch schon bei früheren Großprojekten wie dem Bau des Kölner Doms oder des Kolosseums in Rom. Das heutige strategische Projektmanagement, das in diesem Beitrag behandelt wird, basiert größtenteils auf Entwicklungen im militärischen Bereich und kann vor allem auf Armeeprojekte der USA in den 1940er Jahren zurückgeführt werden. Projekte der *National Aeronautics and Space Administration* (NASA) nach dem Ende des Zweiten Weltkriegs setzten den Gedanken des modernen Projektmanagements fort. In den 1960er Jahren erschien dann auch entsprechende Literatur, die die Entwicklung und Verbreitung der neuen Organisations- und Managementmethoden beförderte. Durch industrielle und militärische Verbindungen mit den USA wurde das moderne Projektmanagement wenig später auch in Europa bekannt. 1969 wurde in den USA das *Project Management Institute* (PMI)[1], 10 Jahre später in Deutschland die Gesellschaft für Projektmanagement (GPM)[2] gegründet. Mit der Gründung der Fachverbände und der Veröffentlichung zahlreicher Handbücher und Leitfäden – wie beispielsweise dem „Project Management Body of Knowledge (PMBOK Guide)", der erstmalig 1983 erschien und bis heute als Standardwerk für die Ausbildung von Projektpersonal gilt – wurde die Disziplin Projektmanagement weiter gestärkt und professionalisiert (vgl. Casutt 2005, S. 6 f.).

1.3 Ziele und Aufbau des Beitrags

Im vorliegenden Beitrag werden zunächst die Begriffe Projekt und Projektmanagement definiert und die Besonderheiten der Projektarbeit und Projektleitung im Stadtmarketing herausgearbeitet. Im zweiten Teil wird der Prozess des Projektmanagements anhand der

---

[1]http://www.pmi.org/ (Zugegriffen: 18. Mai 2017).
[2]https://www.gpm-ipma.de/startseite.html (Zugegriffen: 18. Mai 2017).

fünf Phasen Initiierung, Definition, Planung, Steuerung und Abschluss und in Anlehnung an die Ausführungen des Deutschen Instituts für Normung (2013) erläutert. Ziel ist es, die Bedeutung von Projekten und entsprechend auch von Projektmanagement für erfolgreiches Stadtmarketing aufzuzeigen.

2 Projekte managen

2.1 Das Projekt

Die DIN 69901 definiert ein Projekt als „ein Vorhaben, das im Wesentlichen durch Einmaligkeit der Bedingungen in ihrer Gesamtheit gekennzeichnet ist" (Deutsches Institut für Normung 2013, S. 155). Das bedeutet, dass ein Projekt insofern immer einmalig ist, als dass seine Bestandteile und Voraussetzungen zwar teilweise auch auf andere Projekte zutreffen können, ihre Zusammensetzung jedoch jeweils einzigartig ist. Bedingungen, die in Kombination das Projekt zu einem besonderen Vorhaben machen, können beispielsweise das Ziel, der zeitliche oder der finanzielle Rahmen sein. Trotz ihrer jeweiligen Besonderheiten eint alle Projekte, dass sie durch feste Ziele definiert sind, zu einem festen Zeitpunkt beginnen und enden. Entsprechend gibt es in jeder Stadtmarketingorganisation auch Tätigkeiten, die keine Projekte sind, weil sie beispielsweise keinen eindeutigen Beginn oder kein Ende haben, wie die Pflege der Kontakte zu Mitgliedern. Kontaktpflege kann jedoch auch über Projekte erfolgen, wie beispielsweise über eine bestimmte Netzwerkveranstaltung.

Das Finden und Herausstellen von Wettbewerbsvorteilen im Konkurrenzkampf um Bewohner, Gäste und Investoren ist Maßgabe des Marketings von Städten. Diese Wettbewerbsvorteile werden in der Regel in einem umfassenden Beteiligungsprozess gemeinsam mit der Stadtgesellschaft erörtert[3]. Die Umsetzung der entwickelten Strategie und des städtischen Leitbilds erfolgt durch Projekte, die zumeist im Stadtmarketing verantwortet, mindestens aber durch das Stadtmarketing begleitet werden. Wichtig ist, dass die Projekte sich immer aus der Strategie und dem Leitbild ableiten und somit zu Stadt und Stadtcharakter passen. Denn im Gegensatz zu Ideen und Plänen sind Projekte sichtbar. Das heißt, sie beeinflussen die Wahrnehmung der Stadt – das Stadtimage – und in der Folge auch die Wahrnehmung der Stadtmarketingorganisation.

Projekte im Stadtmarketing können deshalb so unterschiedlich sein wie die Städte und Stadtmarketingorganisationen selbst. Gleichwohl gibt es einige typische Stadtmarketingprojekte: die Organisation und Durchführung des Weihnachtsmarktes, die Implementierung eines öffentlichen WLANs in der Innenstadt, die Einführung eines Gutscheinsystems für die Händler der (Innen)Stadt, die Organisation und Durchführung eines Stadtfestes, die Einführung eines Stadtmarketing-Blogs oder die Einrichtung einer

---

[3]Siehe hierzu auch die Beiträge von Jürgen Block und Roland Wölfel in diesem Band.

neuen Touristen-Information. All diese Vorhaben sind durch die oben genannten Kriterien gekennzeichnet und gelten deshalb als Projekte. Ihre Umsetzung erfolgt in der Regel durch professionelles Projektmanagement.

Folglich kommt der Projektarbeit und mit ihr dem Projektmanagement im Stadtmarketing eine entscheidende Rolle zu. „Die Balance zwischen strategischer Arbeit und der Umsetzung in transparente Projekte ist einer der wichtigsten Erfolgsfaktoren für das Stadtmarketing" (bcsd 2011, S. 2).

2.2 Projektmanagement

Projektmanagement beschreibt die DIN 69901 als die „Gesamtheit von Führungsaufgaben, -organisation, -technik und -mittel für die Abwicklung eines Projekts" (Deutsches Institut für Normung 2013, S. 158). Während sich diese Definition sehr stark auf die Führungsaufgabe konzentriert, definiert das *Project Management Institute* Projektmanagement mehr im Sinne der Umsetzung als „the application of knowledge, skills, tools, and techniques to project activities to meet the project requirements" (PMI o. J.). Beiden Definitionen gemeinsam ist, dass Projektmanagement der Durchführung eines Projekts dient, genauer, dem Erreichen der Projektziele durch die Umsetzung des Projekts. Im Wesentlichen meint Projektmanagement also die Planung und Umsetzung des Projekts beziehungsweise der Projektziele durch die Anwendung von Wissen, Techniken und Mitteln innerhalb eines systematischen Organisationsprozesses. Projektmanagement errichtet demnach die Struktur für die Arbeit in Projekten.

2.3 Projektarbeit, Projektteam und Projektleitung

Projektarbeit unterscheidet sich von anderen Aufgaben in mehrerlei Hinsicht: Zuvorderst sei hier die strukturelle Flexibilität genannt. Während Unternehmen klassischerweise als Linienorganisationen aufgebaut sind, also hierarchisch mit festen Berichtswegen und Entscheidungsstrukturen, sind Projekte grundsätzlich vernetzter organisiert und pflegen eine teambetonte Kultur mit einer anderen Kompetenzregelung, einer anderen Art der Zusammenarbeit und der Kommunikation. Um diese zwei Arbeitswelten zu verbinden, werden im Zeitalter der Projektarbeit lineare Organisationsformen zugunsten einer Matrixstruktur zunehmend weicher, was bedeutet, dass sich viele Projektteams aus Mitarbeiterinnen und Mitarbeitern verschiedener Abteilungen und verschiedener Hierarchiestufen zusammensetzen (vgl. Kuster et al. 2006, S. 88 ff.). Im Stadtmarketing sind Projektteams oft abteilungs- und teilweise auch ämterübergreifend besetzt. Hier kann die Stadt insgesamt als Matrixorganisation betrachtet werden (siehe Abb. 1).

So lassen sich für verschiedene Projekte verschiedene Projektteams flexibel zusammensetzen. Das Projektteam führt die inhaltliche Projektbearbeitung aus. Es setzt sich aus einer Projektleitung und in der Regel mehreren Projektmitarbeitern zusammen. Im Folgenden wird auf die besondere Rolle der Projektleitung eingegangen.

Projektmanagement

Abb. 1 Matrixstruktur. (Quelle: in Anlehnung an Kuster et al. 2006, S. 97)

Die Projektleitung ist in der Regel eine Person, die als Prozessgestalter fungiert und für die operative Umsetzung des Projekts verantwortlich ist. Sie hat insbesondere die Führungsfunktion inne – sowohl die inhaltliche Projektführung als auch die Führung der Projektmitarbeiter. Projektleiter und Projektleiterinnen sollten neben der fachlichen Kompetenz vor allem teamfähig, handlungsorientiert, durchsetzungsfähig und urteilsfähig sein. Selbstverständlich treffen diese Attribute auf Führungskräfte im Allgemeinen zu. Die Besonderheit der Projektleitung liegt unter anderem darin, dass Projektleiter für das Projektteam nur für einen bestimmten (kurzen) Zeitraum die Führung übernehmen und dass sie wenig formale Macht haben, also kein Weisungsrecht. Das macht die Führungsaufgabe für die Projektleitung zu einer besonderen Herausforderung (vgl. hier und im Folgenden Kuster et al. 2006, S. 184 ff.).

Die zentralen Aufgaben der Projektleitung sind Management, Mitarbeiterführung und Coaching, das Anforderungsprofil entsprechend umfassend. Auf inhaltlicher Ebene (Management) reichen die Aufgaben der Projektleitung von der Beschaffung von Ressourcen und der Teilung des Projekts in Arbeitsphasen (siehe folgender Abschnitt) über die Planung, Steuerung und Kontrolle der Einhaltung von Terminen, Budgets und Qualität bis hin zu der Koordination von Anspruchsgruppen und der Moderation von Sitzungen.

Im Bereich der Mitarbeiterführung und des Coachings nimmt die Projektleitung sehr vielfältige Funktionen und Rollen wahr, um ein Umfeld zu schaffen, in dem das Projektteam gut zusammen und erfolgreich an der Projektumsetzung arbeitet. Wichtig für die Bewältigung dieser Aufgaben sind vor allem verschiedene sogenannte Soft Skills, wie der Umgang mit Widerstand (von innen und von außen), Krisenmanagement, Motivations-, Moderations- und Kommunikationsfähigkeit.

In diesem Zusammenhang hilft es auch sich mit modernem Führungsverständnis auseinanderzusetzen. Wolf Lotter (2015) geht in der Einführung des Magazins *brand eins* zum Schwerpunkt Führung auf überholte Führungsformen, Chefs der alten Schule, die Bürokratie des Managens und schlussendlich auf zukunftsweisende Führung im Sinne des modernen Leadership ein. Zwar handelt der Artikel von Unternehmensführung. Die Thematik lässt sich jedoch problemlos auf die Führung von Projektteams übertragen, zumal Lotter herausarbeitet, dass die sogenannte zweite Reihe gegenüber der zunehmend bürokratisch geprägten Unternehmensführung oftmals der attraktivere Platz für visionäre Entscheider ist, für Führungskräfte, die auch fachlich aktiv sein wollen, Entscheidungen treffen, Projekte und Themen gestalten möchten. Führung bedeutet „frühzeitig und aufmerksam Entwicklungen tatsächlich [zu] verstehen und gestalten zu lernen" (Lotter 2015, S. 44). Dies ist auch Maßgabe der Projektleitung.

3 Phasen des Projektmanagements

3.1 Phasenmodelle im Projektmanagement

Um ein Projekt handhabbarer zu machen, wird es in Phasen unterteilt. In der Theorie existieren verschiedene Modelle mit unterschiedlich vielen Phasen. Klassischerweise werden Projekte aber in fünf aufeinander aufbauende Phasen unterteilt: Initiierung, Definition, Planung, Steuerung und Abschluss (vgl. Deutsches Institut für Normung 2013, S. 49). Je nach Projektumfang und -art können mehr oder weniger Phasen sinnvoll sein. Bei kleineren Projekten kann der Ablauf durchaus verkürzt, bei komplexeren Projekten zusätzliche Phasen (beispielsweise eine Testphase) eingebaut werden (vgl. Kuster et al. 2006, S. 16). Abb. 2 zeigt das Phasenmodell in Anlehnung an den Aufbau eines Netzplans (siehe hierzu auch Abschn. 3.4).

Im Verlauf der Projektphasen sollen bestimmte Teilziele und Zwischenergebnisse erreicht werden, die vorab definiert sind. Diese werden als Meilensteine bezeichnet und dienen der Kontrolle und der Steuerung des Projektablaufs. Ihr Passieren entscheidet über den weiteren Projektablauf. Dabei können die Meilensteine sowohl am Ende der jeweiligen Phasen erreicht sein als auch im Verlauf einer Phase (vgl. Kuster et al. 2006, S. 21).

3.2 Phase 1: Initiierung

Die Initiierungsphase ist deutlich informeller und weniger strukturiert als die ihr folgenden Phasen und beschreibt die Ideenfindung eines Projekts (vgl. Kuster et al. 2006, S. 17). Diese kann durch ein Brainstorming im Stadtmarketingteam geschehen, durch ein Gespräch mit dem Oberbürgermeister oder durch einen Vorschlag aus der Stadtgesellschaft. Vielleicht erhält die Stadtmarketingorganisation auch einen Projektauftrag von der Stadt. Wichtig ist, dass die Projekte immer zu der Stadtmarketingstrategie und den übergeordneten Stadtentwicklungszielen passen und diese umsetzen helfen.

Projektmanagement

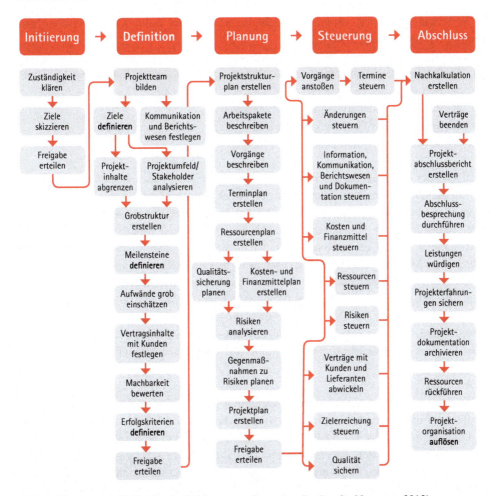

Abb. 2 Phasenmodell. (Quelle: in Anlehnung an Deutsches Institut für Normung 2013)

Diese Phase ist verglichen mit den anderen Phasen eher kurz und umfasst neben der Ideenfindung eine erste Zuteilung der Zuständigkeit für das Projekt (innerhalb der Stadtmarketingorganisation), in anderen Worten die Zuteilung der Projektverantwortung bzw. Projektleitung. Außerdem werden erste grobe Ziele skizziert (vgl. Deutsches Institut für Normung 2013, S. 58 f.).

3.3 Phase 2: Definition

Sobald die Initiierung abgeschlossen ist, beginnt der eigentliche Projektmanagement-Prozess mit der Definitionsphase. In dieser Phase geht es darum, den Rahmen des Projekts abzustecken und eine erste Skizze zu erstellen. Die Definitionsphase kann grob in fünf Schritte gegliedert werden (in Anlehnung an Schreiter 2009, S. 28; Deutsches Institut für Normung 2013, S. 60 ff.):

1. die Bildung des Projektteams und Festlegung organisatorischer Rahmenbedingungen,
2. die Definition der Projektziele,
3. die Projektumfeldanalyse und Stakeholderanalyse,
4. die Erstellung der Grobstruktur und Definition der Meilensteine, und
5. die Bewertung der Machbarkeit des Projekts.

Bildung des Projektteams und Festlegung organisatorischer Rahmenbedingungen

In der Definitionsphase muss auch das Projektteam gebildet werden, also ein Team von Menschen, die gemeinsam an der Planung und Umsetzung des Projekts arbeiten. In der Regel bestehen Projektteams aus Mitarbeiterinnen und Mitarbeitern verschiedener Abteilungen einer Organisation. Im Stadtmarketing ist es darüber hinaus möglich, dass zusätzlich Mitarbeiter anderer Organisationen, beispielsweise aus anderen Ämtern oder städtischen Tochtergesellschaften, Teil des Projektteams sind. Ab diesem Zeitpunkt sollte auch die entsprechende Infrastruktur (Räume, Technik und Material) zur Verfügung stehen.

Mit der Bildung des Projektteams kann die eigentliche Arbeit beginnen. An erster Stelle werden hierfür Ziele und der Umgang mit verschiedenen Aspekten, die im Verlauf des Projekts zu behandeln sind (wie Bericht- und Vertragswesen), definiert.

Definition der Projektziele

Die erste inhaltliche Aufgabe ist die Definition der Zielsetzungen des Projekts. Diese sollten an die strategischen Ziele des Stadtmarketings angelehnt sein und sich aus der Initiierungsphase ableiten. Dabei ist das sogenannte Magische Dreieck des Projektmanagements zu beachten. Es unterscheidet drei voneinander abhängige Zieldimensionen, die für den Erfolg des Projekts gleichermaßen entscheidend sind (siehe Abb. 3).

Im Idealfall sollten alle drei Dimensionen ausgewogen behandelt werden, das heißt, es sollen sowohl die zeitlichen Vorgaben und Begrenzungen wie auch die des Budgets eingehalten werden, bei hoher Qualität des Endprodukts. Da diese Balance je nach Projekt scheinbar nur mit magischen Kräften erreichbar ist, spricht man in der Lehre vom Magischen Dreieck (vgl. Kuster et al. 2006, S. 148).

Aus der Definition der Projektziele leitet sich eine erste Festlegung der Projektinhalte ab. Hierbei geht es vor allem um die Abgrenzung, was zum Projekt dazugehört und was

Abb. 3 Magisches Dreieck. (Quelle: in Anlehnung an Kuster et al. 2006, S. 149)

nicht. Ist das Ziel der Stadtmarketingorganisation den Einzelhandel in der Innenstadt zu fördern und wurde daraus das Projekt abgeleitet, eine Bestandserhebung des Einzelhandels in der Innenstadt zu machen, so gilt es genau zu definieren, welche Aufgaben und Inhalte dazugehören. Umfasst dies auch eine Zufriedenheitsbefragung der Innenstadtkunden? Oder soll in diesem Projekt vorerst nur eine sachliche, auf Kennziffern gestützte Erhebung des vor Ort befindlichen Einzelhandels erfolgen? Durch eine frühzeitige Klärung dieser und ähnlicher Fragen können spätere Missverständnisse aufgrund unausgesprochener Erwartungen vermieden werden (vgl. Deutsches Institut für Normung 2013, S. 67).

Projektumfeld- und Stakeholderanalyse
Aufgrund der Vielfalt der städtischen Zielgruppen beinhaltet Stadtmarketing in besonderem Maße „die konsequente Planung, Steuerung und Kontrolle der Beziehungen einer Stadt mit ihren unterschiedlichen Anspruchsgruppen" (Meffert 1989, S. 1). Auch in den Projekten des Stadtmarketings spiegelt sich die Vielfalt der Anspruchsgruppen, oder Stakeholder, wider.

„Ziel der Projektumfeld-/Stakeholderanalyse ist es, alle möglichen Einflüsse auf das Projekt zu identifizieren und mit ihren Auswirkungen auf die Zielerreichung zu analysieren" (Deutsches Institut für Normung 2013, S. 64). Sowohl der Begriff des Projektumfelds als auch der der Stakeholder sollte im Stadtmarketing möglichst weit gefasst werden. Die Projektumfeld- und Stakeholderanalyse schließt alle Gegebenheiten, Personen und Institutionen ein, die das Projekt beeinflussen oder sich vom Projekt betroffen fühlen könnten. Hierbei ist es wichtig, möglichst umfassend vorzugehen, um mögliche Risikofaktoren zu minimieren, aber auch um potenzielle Unterstützer für das Projekt zu erkennen. So sollten auch politische oder technologische Faktoren in die Umfeldanalyse mit einbezogen werden. Stehen beispielsweise im Projektverlauf Kommunalwahlen an, könnte das Ergebnis unter Umständen auch das Projekt beeinflussen. In einem weiteren Schritt werden die Stakeholder nach positivem oder negativem Einfluss, ihrer Macht und ihrer Rolle im Projekt gekennzeichnet.

Die genaue Kenntnis der Stakeholder ist die Grundlage für erfolgreiches Stakeholdermanagement. Wer die Stakeholder seiner Projekte und deren Absichten kennt, kann passgenaue Informationen zum Projekt geben, erkennt Konfliktpotenzial rechtzeitig und minimiert so die Gefahr, dass das Projekt scheitert. Insbesondere in Städten mit ihren vielen Anspruchsgruppen kann fahrlässiges Handeln in diesem Bereich schnell zum Bumerang werden und das Projekt – und im schlimmsten Fall sogar die Legitimation des Stadtmarketings – gefährden. Tab. 1 zeigt eine Reihe von Stakeholdern, die je nach Ausrichtung, Art und Umfang der Projekte im Stadtmarketing berücksichtigt werden müssen (ohne Anspruch auf Vollständigkeit).

Erstellung der Grobstruktur und Definition der Meilensteine
Im nächsten Schritt wird eine erste Grobplanung erstellt, die Projektskizze. Diese umfasst alle wesentlichen Bestandteile des Projekts und dient als Übersicht für die

Tab. 1 Stakeholder Stadtmarketingprojekte. (Quelle: eigene Darstellung)

Stadtverwaltung/Politik	Institutionen	Weitere
Ordnungsamt	Presse	Bürgerinnen und Bürger
Bauamt	Universität	Einzelhändler
Tiefbauamt	Werbegemeinschaft	Vereine
(Ober)Bürgermeister	Museum	Anwohner
Polizei	Theater	Immobilieneigentümer
Feuerwehr	Kirchen	Künstler
Umweltamt	Lokale Stiftungen	Studenten
Amt für Denkmalschutz		Lokale Wirtschaft
Wirtschaftsförderung		Externe Fördermittelgeber
Tourismus		
Stadtrat		
Fraktionen		

Erstellung des Projektstrukturplans in der Planungsphase. Zunächst muss hierfür auf der Grundlage von Schätzungen gearbeitet werden. Die Grobstruktur leitet sich aus den Zielen und Inhalten des Projekts ab. Zudem werden an dieser Stelle die Meilensteine des Projekts definiert. Dabei werden „die Zwischenereignisse/-ergebnisse in eine zeitliche Reihenfolge [gebracht]" (Deutsches Institut für Normung 2013, S. 60). Dies ist die Grundlage für die Erstellung des Terminplans.

Bewertung der Machbarkeit des Projekts
Am Ende der Definitionsphase muss entschieden werden, ob das Projekt umsetzbar ist. Die zentrale zu beantwortende Frage lautet: „Können die Projektziele mit den zur Verfügung stehenden Mitteln in der vorgegebenen Zeit mit den vorhandenen Ressourcen umgesetzt werden?" (Deutsches Institut für Normung 2013, S. 64). Üblicherweise wird auf Basis einer SWOT-Analyse entschieden, die die Stärken, Schwächen, Chancen und Bedrohungen des Projekts ermittelt und zeigt, ob die Durchführung und das Ergebnis des Projekts positiv für die Stadt und das Erreichen der Stadtmarketingstrategie insgesamt sind. Weiterhin kann auch die Analyse der Wirtschaftlichkeit Aufschluss darüber geben, ob das Projekt umsetzbar ist. Ein weiteres wichtiges Tool in diesem Zusammenhang ist die Nutzwertanalyse. Hierbei werden Projektkriterien in einem Punktesystem bewertet und so ermittelt, welchen Nutzen das durchzuführende Projekt hat und inwieweit dies der Umsetzung der Stadtmarketingstrategie insgesamt hilft. Grundlagen für die Entscheidungsfindung sind die zuvor definierten Projektziele, die Analyse des Projektumfelds und der Stakeholder, die Grobstruktur, der Meilensteinplan und eine grobe Aufwandsschätzung. Zudem dienen Erfahrungswerte aus vergangenen Projekten zur Orientierung.

3.4 Phase 3: Planung

In der Planungsphase wird – wie es der Name schon verrät – das Projekt geplant. Im Wesentlichen geht es in dieser Phase darum, das Projekt in seine Einzelteile zu zerlegen und so die Komplexität zu reduzieren. Zu jedem Arbeitsbereich werden Arbeitspakete gebildet, um das Projekt so kleinteilig wie möglich und damit auch so übersichtlich wie nötig darzustellen. Dabei geht es insbesondere um die Feinplanung der Ressourcen (Zeit, Personal, Kosten) und um die Analyse der Risiken.

Die Planungsphase lässt sich dabei, angelehnt an die Vorgaben des Deutschen Instituts für Normung, in vier Schritte gliedern:

1. die Erstellung des Projektstrukturplans,
2. die Erstellung des Terminplans,
3. die Erstellung des Ressourcen- und Kostenplans und
4. die Risikoanalyse und die Planung von Maßnahmen zur Risikominimierung.

Projektstrukturplan
Im Projektstrukturplan werden die übergeordneten Ziele des Projekts in operative Ziele zerlegt und das Projekt in Vorgänge und Teilaufgaben gegliedert. Grundlage für den Projektstrukturplan sind die Projektziele, die Projektinhalte, die Grobstruktur und der Meilensteinplan. Der Grad der Detaillierung ist abhängig von der Größe und Komplexität des Projekts.

Für den Projektstrukturplan werden Arbeitspakete gebildet. Diese beschreiben, was, bis wann und mit welchen Ressourcen getan werden muss, um die Projektziele zu erfüllen. Die detaillierte Beschreibung der Arbeitspakete ermöglicht strukturiertes Arbeiten und die Kontrolle des Projektverlaufs. Auf Basis der Arbeitspakete wird eine Liste aller Aufgaben und Vorgänge erstellt, die sämtliche relevanten Informationen zu den einzelnen Aufgaben erhält. Sie bildet die Grundlage für die Ausarbeitung weiterer Pläne, insbesondere des Terminplans.

Erstellung des Terminplans
Der Terminplan ist essenziell für die Steuerung des Projekts, denn er ermöglicht die ständige Überprüfung des Ablaufs und die Erkennung von Abweichungen. Der Terminplan legt den zeitlichen Ablauf, Start- und Endtermine sowie die Termine der Meilensteine fest. Um einen genauen Überblick zu erlangen wird meist ein Balken- oder ein Netzplan erstellt. Abb. 4 zeigt eine vereinfachte Darstellung eines Balkenplans.

„Der Balkenplan ist das älteste und am meisten verbreitete Planungsinstrument zur grafischen Darstellung zeitlicher Abläufe" (Schreiter 2009, S. 40). Dabei wird für jeden Vorgang und jede Aufgabe die Dauer sowie der Start- und Endpunkt festgelegt und als horizontaler Balken dargestellt.

Der Netzplan eignet sich vor allem für sehr komplexe Projekte, denn er ermöglicht eine sehr präzise Planung. Dabei werden Vorgänge und Ereignisse sowie ihre Beziehungen zueinander in Form eines Netzes dargestellt. Jedem Vorgang werden mindestens

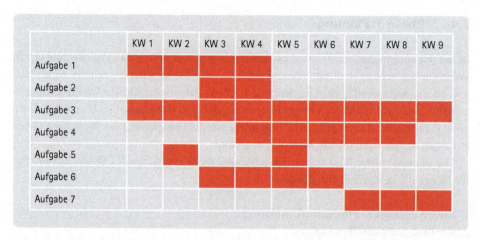

Abb. 4 Vereinfachte Darstellung eines Balkenplans. (Quelle: eigene Darstellung)

Abb. 5 Arbeitspaket für die Erstellung eines Netzplans. (Quelle: in Anlehnung an Deutsches Institut für Normung 2013)

ein Vorgänger und mindestens ein Nachfolger zugewiesen. So zeigt sich vor allem die Abhängigkeit der Vorgänge voneinander, was im Balkenplan in der Form nicht ersichtlich ist. Abb. 5 zeigt ein Arbeitspaket, das Bestandteil eines Netzplans ist. Für die Erstellung des Netzplans werden für jeden Schritt solche Arbeitspakete definiert und im Netzplan mit ihrem jeweiligen Vor- und Nachgänger verbunden dargestellt. Abb. 2 zu Beginn dieses Abschnitts zeigt ebenfalls eine vereinfachte Darstellung eines Netzplans, der den allgemeingültigen Ablauf eines Projekts darstellt[4].

---

[4]Im DIN-Taschenbuch 472 (DIN 2013) finden sich detailliertere Darstellungen von Netzplänen und eine ausführliche Erläuterung zur Erstellung und Nutzung von Netzplänen.

Erstellung des Ressourcen- und Kostenplans
Die Planung der Ressourcen (Personal, Material, Maschinen, Räumlichkeiten, etc.) ist, ähnlich wie die Terminplanung, ein weiteres wichtiges Instrument der Projektsteuerung. Personal ist im Stadtmarketing meist eine knappe Ressource (vgl. bcsd 2014, S. 8), verantwortungsvolle Planung daher unerlässlich. Im Idealfall sollte bei allen Arbeitsschritten sowohl die Person, die die Verantwortung trägt, die Person, die mitarbeitet, und die Person, die über relevante Ereignisse zu informieren ist, bestimmt werden. Dies erleichtert insbesondere in großen Projektteams den Überblick. Hier sollten unter Umständen auch Stakeholder mitberücksichtigt werden, die nicht direkt Teil des Projektteams sind, einzelne Aufgaben jedoch unterstützen. Oft muss der Personalaufwand auf Grundlage von Erfahrungs- und Vergleichswerten zunächst geschätzt und im weiteren Verlauf des Projekts angepasst werden.

Neben den Ressourcen Zeit und Personal gilt es selbstverständlich auch die finanziellen Ressourcen zu berücksichtigen und einen entsprechenden Budgetplan zu erstellen. Auch dieser sollte möglichst detailliert sein, um Planungssicherheit zu erlangen, und umfasst üblicherweise mindestens die folgenden Bereiche: Personalkosten, Sachkosten, Materialkosten, Dienstleistungskosten, Kapitaleinsatzkosten und andere Erträge und Aufwendungen. Sofern reale Zahlen noch nicht verfügbar sind, sollte mit Schätzungen und Erfahrungswerten gearbeitet werden. Es empfiehlt sich bereits in der Planungsphase eine Soll- und eine Ist-Spalte zu erstellen, um im Verlauf der Umsetzung des Projekts die Einhaltung des Plans beziehungsweise Abweichungen nachvollziehen und, falls nötig, Änderungen machen zu können (vgl. Schreiter 2009, S. 44).

Risikomanagement
Jedes Projekt birgt Risiken. Diese frühzeitig zu erkennen, sichert Handlungsfähigkeit und die Möglichkeit Schäden abzuwenden. Zunächst erfolgt die Risikoanalyse sämtlicher möglicher Einflussfaktoren. In einem zweiten Schritt werden für alle identifizierten Risiken die Eintrittswahrscheinlichkeit und die potenzielle Schadenshöhe, auch als Tragweite bezeichnet, mit Zahlen (je höher, desto größer) bewertet. Das Produkt aus Eintrittswahrscheinlichkeit mal Tragweite ergibt die Gewichtung des Risikos (vgl. Deutsches Institut für Normung 2013, S. 73). So würde beispielsweise für die Einführung eines City-Gutscheins die Eintrittswahrscheinlichkeit des Risikos, dass es eine Gesetzesänderung gibt, die den Einsatz des Gutscheins verbietet, wahrscheinlich als relativ niedrig (2) bewertet werden, die Tragweite, sollte dies eintreffen, wäre jedoch hoch (5), weil das Projekt dann so nicht fortgeführt werden könnte, was unter Umständen Rückzahlungen oder auch Imageschäden zur Folge haben kann. Die Eintrittswahrscheinlichkeit des Risikos, dass für die hohe Nachfrage nicht ausreichend Gutscheine gedruckt sind, würde vielleicht etwas höher bewertet werden (3), die Tragweite jedoch niedriger (2), weil es höchstens Verärgerung bei den Kunden gäbe und neue Gutscheine vermutlich schnell nachgedruckt werden könnten. In dieser Art würden möglichst sämtliche Risiken bewertet und tabellarisch festgehalten. Auf der Grundlage dieser Analyse und Gewichtung sollten für diejenigen Risiken, die eine hohe Gewichtung haben, Maßnahmen entwickelt

werden, die entweder die Eintrittswahrscheinlichkeit oder die Tragweite minimieren. Für das Beispiel hieße das ein gutes Monitoring der Gesetzeslage und die Planung von Schritten, die im Falle einer Gesetzesänderung vorgenommen werden müssten sowie die Beauftragung einer Druckerei, die schnell und unkompliziert weitere Exemplare nachliefern könnte.

Im Stadtmarketing sind viele Projekte Veranstaltungen und die Risikoanalyse steht häufig im Zusammenhang mit Sicherheitsaspekten. Es gilt jedoch auch bei anderen Projekten und in anderen Bereichen Risiken zu identifizieren und zu bewerten.

3.5 Phase 4: Steuerung

In dieser Phase wird das zuvor detailliert geplante Projekt umgesetzt und die festgelegten Arbeitspakete durchgeführt. Je nach Projekt kann diese Phase sehr unterschiedlich ablaufen. Grundsätzlich geht es darum, alle Aufgaben und Vorgänge, so wie sie geplant und festgelegt wurden, abzuarbeiten. Ein wichtiges Kontrollinstrument für die Steuerung der Projektumsetzung ist der Soll-/Ist-Vergleich. Dabei wird der Sollwert mit dem aktuellen, stichtagsbezogenen Istwert verglichen. Dies erfolgt üblicherweise in den Bereichen Termine, Kosten, Ziele, Qualität, Risiko und Ressourcen. Der Vergleich gibt Aufschluss darüber, ob das Projekt planmäßig läuft oder Steuerungsmaßnahmen notwendig sind (vgl. Deutsches Institut für Normung 2013, S. 77 ff).

3.6 Phase 5: Abschluss

In der Abschlussphase geht es zuvorderst darum, Projekterfahrungen zu sichern und den Erfolg des Projekts zu messen. Dieser kann vor allem daran festgemacht werden, ob Ziele und Teilziele des Projekts erreicht wurden. Darüber hinaus gibt die Analyse der Einhaltung des Kostenplans Aufschluss über den Erfolg eines Projekts. Weitere Schritte dieser Phase sind die Durchführung einer Abschlussbesprechung im Projektteam und mit relevanten Stakeholdern sowie schlussendlich die Auflösung des Projektteams. Dazu gehört auch die Würdigung der Leistung der Projektmitarbeiter sowie weiterer Beteiligter und das Beenden von Verträgen (vgl. Deutsches Institut für Normung 2013, S. 87 ff).

Auch wenn jedes Projekt einzigartig ist, sollten Erfahrungen systematisch dokumentiert und so gesichert werden, falls es zu einer Wiederholung des Projekts kommt (beispielsweise bei wiederkehrenden Veranstaltungsformaten). Dies ermöglicht das Zurückgreifen auf Erfahrungswerte früherer, ähnlicher Projekte für die Planung zukünftiger Vorhaben. Die Dokumentation ist aber auch für die beteiligten und unterstützenden Stakeholder relevant. So können Sponsoren und andere Förderer über den Erfolg der von ihnen unterstützten Projekte informiert werden. Auch eine Fotodokumentation kann, insbesondere bei Veranstaltungen, sehr aufschlussreich für zukünftige Projektplanungen sein oder als Nachweis für die Erbringung von Gegenleistungen für Sponsoren dienen.

Sowohl die Dokumentation des Projekts insgesamt als auch die Aufbereitung der Ergebnisse der Erfolgsmessung können der Stadtmarketingorganisation als Unterstützung bei der Präsentation der eigenen Tätigkeiten in Gremien oder für die Öffentlichkeitsarbeit dienen.

4 Projektmanagement als Kernkompetenz im Stadtmarketing

Projektmanagement und insbesondere die Projektleitung ist eine anspruchsvolle Aufgabe und eine Kernkompetenz im Stadtmarketing. Sie umfasst neben strategischen und organisatorischen Prozessen auch die Führung von Projektteams, wofür umfangreiche soziale und kommunikative Kompetenzen notwendig sind. Projektleiter müssen zudem mit Ungenauigkeiten und Ungewissheiten umzugehen lernen und dabei dennoch präzise und belastbare Pläne erstellen. Eine weitere Besonderheit der Projektarbeit ist die beschränkte Möglichkeit auf Erfahrungen zurückzugreifen, bedingt durch die Einmaligkeit eines Projekts und somit auch der im Zusammenhang mit dem Projekt stehenden Aufgaben. Einerseits macht dies die Arbeit in Projekten sehr spannend, zum anderen bedeutet es auch immer ein gewisses Risiko für die erfolgreiche Durchführung eines Projekts.

Nun sind die wenigsten Stadtmarketingorganisationen mit ausreichend Personal ausgestattet (vgl. bcsd 2014, S. 8), sodass zu den Herausforderungen des Managements eines einzelnen Projekts noch die Herausforderung des Managements zahlreicher parallel laufender Projekte hinzukommt. Und es gilt – insbesondere im Sinne der Profilbildung der Stadt und der strategischen Ausrichtung des Stadtmarketings – nur solche Projekte anzugehen, die die Strategie und die Marke unterstützen. Projektleiter und Geschäftsführer im Stadtmarketing sind deshalb immer auch gefordert, nicht jeden Projektauftrag anzunehmen, sondern die Projekte an der Stadtmarketingstrategie, dem städtischen Leitbild, der Stadtmarke und dem Stadtcharakter auszurichten.

Ziel dieses Beitrags war es, den idealtypischen Projektmanagementprozess aufzuzeigen und damit eine Handreichung zu sein für umfassende und verlässliche Planung, aber auch für zeitgemäße und gute Führung. Die vorgestellten Methoden helfen der Stadtmarketingorganisation gute Ergebnisse zu erzielen, Risiken zu erkennen und entsprechende Schritte und Maßnahmen einleiten zu können. Gute Planung sichert dabei auch Flexibilität, denn nur diejenigen, die wissen, was sie tun, können Kapazitäten für weitere Aufträge einschätzen.

Planung ist wichtig. Flexibles Handeln, beherztes Entscheiden und der Mut Dinge auch noch einmal umzudenken aber ebenso. Und am Ende bleibt wie immer die Feststellung: „Gäbe es die letzte Minute nicht, so würde niemals etwas fertig" (nach Mark Twain).

Literatur

bcsd (Bundesvereinigung City- und Stadtmarketing Deutschland e. V.). (2011). *Stadtmarketing zwischen Werbung und Strategie Positionspapier der Bundesvereinigung City- und Stadtmarketing Deutschland e. V*. Berlin: bcsd.

bcsd (Bundesvereinigung City- und Stadtmarketing Deutschland e. V.). (2014). *Stadtmarketing im Profil – Aufgabe Bedeutung und Entwicklung. Auswertung der bcsd-Mitgliederumfrage 2014*. Berlin: bcsd.

Casutt, C. (2005). Projekt – Oder geht es auch einfacher? In H.-D. Litke (Hrsg.), *Projektmanagement – Handbuch für die Praxis. Konzepte. Instrumente. Umsetzung* (S. 3–54). München: Hanser.

Deutsches Institut für Normung e. V. (DIN). (Hrsg.). (2013). *DIN-Taschenbuch 472. Projektmanagement. Netzplantechnik und Projektmanagementsysteme. Normen*. Berlin: Beuth.

Kuster, J., Huber, E., Lippmann, R., Schmid, A., Schneider, E., Witschi, U., et al. (2006). *Handbuch Projektmanagement*. Berlin: Springer.

Lotter, W. (2015). Die Chefsache. *brand eins, 17*(3), 38–45.

Meffert, H. (1989). Städtemarketing – Pflicht oder Kür? *Planung und Analyse, 16*(8), 273–280.

PMI (Project Management Institute). (o. J.). What is project management? https://www.pmi.org/about/learn-about-pmi/what-is-project-management. Zugegriffen: 21. Juni 2017.

Schreiter, D. P. (2009). *Der Event als Projekt. Ein Leitfaden zur Anwendung von Projektmanagement*. Hamburg: Coverport.

Über die Autorin

Hannah Nölle, Jahrgang 1987, studierte *International Leisure Management* in Breda, Niederlande und Guadalajara, Mexiko, und Kulturmanagement und Kulturtourismus in Frankfurt (Oder). Sie hat unter anderem für die Stadtverwaltung Oxford, Großbritannien, für das Projektbüro der Kulturhauptstadtbewerbung Segovias, Spanien, und für eine Künstleragentur gearbeitet, bevor sie 2013 zur Bundesvereinigung City- und Stadtmarketing Deutschland wechselte. Dort ist sie in vielen Projekten tätig.

Stadtinszenierung durch Veranstaltungen

Norbert Käthler

> **Zusammenfassung**
>
> Veranstaltungen und Feste wurden schon immer als Instrumente zur Emotionalisierung und Inszenierung von Orten eingesetzt. Sie sind bis heute wichtige Mittel zur Kommunikation der Stadtidentität. Der Beitrag zeigt, dass sich Stadtmarketingorganisationen bei der Gestaltung von Veranstaltungen konsequent auf die Stadtidentität beziehen sollten und so dem Vorwurf der Festivalisierung und Kommerzialisierung des öffentlichen Raums wirkungsvoll begegnet werden kann. Die Konzeption, Planung und Kommunikation eines Stadtfestes wird am Beispiel eines Stadtjubiläums durchgespielt.

1 Stadtfeste im Spannungsfeld zwischen Eventisierung und Identitätsbildung

„Festivalisierung der Stadtpolitik" – unter diesem Titel veröffentlichten Hartmut Häußermann und Walter Siebel (1993) eine kritische Analyse von Prozessen der Stadtentwicklung und zeigten auf, wie diese durch große Inszenierungen und Ereignisse kampagnenartig konzentriert werden.

N. Käthler (✉)
Trier Tourismus und Marketing GmbH, Trier, Deutschland
E-Mail: norbert.kaethler@trier-info.de

© Springer Fachmedien Wiesbaden GmbH 2018
H. Meffert et al. (Hrsg.), *Praxishandbuch City- und Stadtmarketing*,
https://doi.org/10.1007/978-3-658-19642-4_11

Der Trend zum Event ist geprägt durch die sogenannte Ökonomie der Aufmerksamkeit[1] (Franck 1998). Die Regeln der Aufmerksamkeitsökonomie lassen sich auch auf Städte anwenden. Daraus leitet sich die Wirtschaftlichkeit einer Stadtentwicklung durch Projekte ab. Durch Events – große Ereignisse wie Olympiaden, Stadtjubiläen, etc. – lässt sich temporär mediale Aufmerksamkeit auf eine Stadt lenken, die dann wiederum Eigendynamiken entwickeln kann, um Verwaltungsprozesse und Abstimmungsverfahren zu beschleunigen (Betz et al. 2011, S. 11).

Trotz vieler positiver Effekte gibt es auch Kritik, wenn vermehrt Events in den Städten stattfinden. Bemängelt wird nicht nur der gezielte Einsatz von Events in der Stadtentwicklungspolitik, sondern auch die Art der Umsetzung von Events und deren konkrete Auswirkungen auf den öffentlichen Raum. „Event, Event ein Lichtlein brennt", unter diesem Titel veröffentlichte Gerhard Matzig in der Süddeutschen Zeitung 2008 einen Artikel, in dem er die „Eventisierung" der Städte anprangert: Die lückenlose Kommerzialisierung des öffentlichen Raumes, die immer gleichen ohne Rücksicht auf Historie und Spezifik eines Ortes dargebotenen Weihnachtsmärkte und Feste mit austauschbaren Angeboten an Gastronomie, Straßenhandel und Kultur – sie machen unsere Städte nicht besser, nicht authentischer, nicht lebenswerter.

Diese Kritik wird nicht nur an den Events an sich, sondern auch am Stadtmarketing festgemacht, denn das Stadtmarketing sei gleichermaßen Agent und Profiteur dieses Eventtreibens (Matzig 18. Dezember 2008).

2 Events und Inszenierungen als Beiträge zum Stadtmarketing

Events sind ein wichtiges Thema für das Stadtmarketing. Insofern wird im Folgenden dargestellt, welche Funktionen Veranstaltungen für das Stadtmarketing haben und wie Veranstaltungen sein müssen, damit sie diese Funktionen erfüllen. Weiterhin wird beleuchtet, welche Rolle Stadtmarketingorganisationen für Veranstaltungen und die Koordination eines städtischen Veranstaltungsprogrammes haben können. Grundsätzlich wird dabei in der Wortwahl nicht zwischen Event, Veranstaltung, Fest und Feier unterschieden (zur Definition des Begriffs Event, auch in Abgrenzung von Erlebnis, Ereignis, Inszenierung vgl. Nufer 2012, S. 12–26; Helbrecht 2006).

---

[1]Die Ökonomie der Aufmerksamkeit geht davon aus, dass die Aufmerksamkeit von Menschen zunehmend ein knappes Gut darstellt und mit anderen knappen Gütern wie Geld oder Informationen konkurriert. „Die Aufmerksamkeit anderer Menschen ist die unwiderstehlichste aller Drogen. Ihr Bezug sticht jedes andere Einkommen aus. Darum steht der Ruhm über der Macht, darum verblasst der Reichtum neben der Prominenz" (Franck 1998). Für Events wird diese ökonomische Theorie interessant, denn Events bieten zahlreiche Plattformen, um Aufmerksamkeit zu erzeugen. Events haben damit eine hohe wirtschaftliche Bedeutung.

2.1 Die Ökonomie der Aufmerksamkeit – Events als Marketinginstrument

„Veranstaltungen sind wichtige, kurzfristige Signalmöglichkeiten in der Umsetzung eines Stadtmarketingprozesses. (…) Jubiläen und Festakte sind Aushängeschilder einer Stadt. (…) Die Identität des Ortes steht hierbei im Vordergrund der Gestaltung" (Konken 2004, S. 301 f.). Der Einsatz von Events im Stadtmarketing kann die Emotionalisierung der Marke Stadt wirksam kommunikativ unterstützen (Zanger und Kaminski 2011, S. 129).

Damit ist das Event und die Veranstaltung als Marketinginstrument im Stadtmarketing beschrieben. Bei vielen Stadtmarketingorganisationen zeigt sich, dass das Event hierbei nicht nur ein Marketinginstrument unter vielen, sondern das wichtigste Marketinginstrument darstellt. Die Umfrage „Stadtmarketing im Profil" (bcsd 2014) hat ergeben, dass Events an Platz 1 der Stadtmarketinginstrumente stehen und von ca. zwei Dritteln aller Stadtmarketingorganisationen federführend durchgeführt werden. Nur etwa sieben Prozent aller Stadtmarketingorganisationen geben an, an Events nicht beteiligt zu sein. Im Zuge der zunehmenden Digitalisierung und dem sich daraus ergebenden Funktionswandel der Innenstädte wird die Sehnsucht nach echten Erlebnissen und damit die Bedeutung von Veranstaltungen, Events und Live-Kommunikation voraussichtlich weiter größer werden.

Events sind als touristisches Marketinginstrument betriebswirtschaftlich zielführend, denn sie wirken auf die Stadtwirtschaft, schaffen Besuchsanlässe, fördern Gastronomie und Einzelhandel und vergrößern temporär den städtischen Einzugsbereich (vgl. zur Marketingwirkung auch Nörpel und Wagner 2013, S. 73 ff.).

Die herausragende Position von Events ist plausibel, da viele Stadtmarketingorganisationen in einer Zeit zunehmender „Eventisierung" gegründet wurden, häufig jedoch ohne eine angemessene Finanzausstattung. Von daher dienen Events auch der Finanzierung anderer Stadtmarketingaufgaben. Stadtmarketingorganisationen haben den Vorteil eines guten Zugangs zu Genehmigungsbehörden und öffentlichen Flächen und können so Wettbewerbsvorteile ausspielen. Events fungieren hierbei nicht nur als Kommunikationsinstrumente für die Stadt, sondern auch für die Stadtmarketingorganisation selbst. Sie eignen sich dazu, wichtige Stakeholder einzubinden und leisten oft einen Beitrag zur Legitimation der Stadtmarketingorganisation.

Die Wirtschaftlichkeit von Veranstaltungen hat sich jedoch aufgrund erhöhter Sicherheitsauflagen und Gebühren, rechtlicher Rahmenbedingungen, höherer Besuchererwartungen sowie kontinuierlich gestiegener Eventangebote und damit einem erhöhten Wettbewerbsdruck insgesamt verschlechtert.

2.2 Die historische Bedeutung von Events

Peter Sloterdijk betrachtet das Spiel als eine anthropologische Konstante im menschlichen Leben[2]. Die Frage sei: Was fängt der Mensch als „Homo ludens" an mit der vielen freien Zeit? Der Mensch leide unter der Not der Notlosigkeit und betrachte deshalb die Stadt als den Ort des Spiels und des Spektakels.

Ein Blick in die Geschichte zeigt, dass Stadtevents keineswegs erst Ende des 20. Jahrhunderts entstanden sind. Bereits in der Antike wurden die ersten Olympischen Spiele durchgeführt, ursprünglich zu Ehren der griechischen Götterwelt.

„Brot und Spiele" ist einer der bekanntesten Aussprüche zur Charakterisierung der antiken Massenkultur. Er stammt von dem römischen Dichter Juvenal und bringt auf den Punkt, was es braucht, um die Massen zu begeistern.

In Rom wurden im 18. Jahrhundert auf der Piazza Navona die Brunnen verstopft, um so den Platz in ein Wassertheater zu verwandeln, in dem sich die Römer im heißen Sommer erfrischen konnten – eine Stadtinszenierung, die sich nicht wesentlich von heutigen Veranstaltungsformaten unterscheidet (Mikunda 2015, S. 92).

Bis heute gibt es viele Städte, die ihr Stadtfest auf althergebrachte, oft mittelalterliche Traditionen gründen, bei denen die Bürger historische Ereignisse als Dokumentarspiel wiederaufnehmen und zum Teil seit mehr als 100 Jahren dieses Brauchtum leben. Beispiele sind die Landshuter Fürstenhochzeit, die seit 1903 begangen wird, oder der Further Drachenstich (Schäfers 2011, S. 30).

Mit der Verkehrsberuhigung, dem Bau von Fußgängerzonen und der Verbannung von Autos aus den Zentren und von den Marktplätzen in den 1970er Jahren wurde die Innenstadt neu entdeckt. Die damit entstandenen Freiräume bieten Platz für Inszenierungen und Veranstaltungen und sorgen für eine stark wachsende Zahl von Stadtfesten, Straßenfesten und Stadtteilfesten (vgl. Schäfers 2011, S. 33 f.).

2.3 Events in Produktmarketing und Stadtkommunikation

Auch im klassischen Produktmarketing sind Events beliebte Instrumente der Kommunikation. So haben größere Unternehmen eigene Eventabteilungen, die Veranstaltungen zur Positionierung ihrer Produkte gestalten. Events sind für sie inszenierte Ereignisse, „die dem Adressaten (Kunden, Händler, Meinungsführer, Mitarbeiter) firmen- oder produktbezogene Kommunikationsinhalte erlebnisorientiert vermitteln und auf diese Weise der Umsetzung der Marketingziele des Unternehmens dienen" (Zanger und Kaminski 2011, S. 125).

Das Eventmarketing von Unternehmen ist geprägt durch eine multisensuale Ansprache der Teilnehmer, die eine intensivere Verankerung der Botschaften ermöglicht. Es

---

[2]Vgl. http://www.aknw.de/aktuell/meldungen/detailansicht/artikel/festredner-sloterdijk-und-die-anthropologischen-grundlagen-der-stadtgestaltung/72/ Zugegriffen: 21: Juli 2017.

erlaubt die zielgruppenspezifische und individuelle Begegnung mit einer inszenierten Markenwelt. Damit schafft das Eventmarketing eine wirksamere und nachhaltigere Beeinflussung als andere Formen der Kommunikation (Zanger und Kaminski 2011, S. 126; vgl. zu Markenwelten auch Mikunda 2015, S. 55 ff.). Gemessen wird der Erfolg von Events anhand von Kontakten, Umsatzentwicklung sowie außerökonomischen Kommunikationszielen wie z. B. Markenbekanntheit, Markenbilder oder der emotionalen Bindung der Kundinnen und Kunden an die Marke. Angestrebt wird ein positiver Imagetransfer zwischen Stammobjekt (Event) und Transferobjekt (beworbenes Produkt). Voraussetzung für einen positiven Imagetransfer ist die Passfähigkeit zwischen Event und Eventobjekt.

Für Stadtfeste und Stadtmarketing gelten diese Mechanismen sogar noch in verstärktem Maße. Eine Destination hat kaum Möglichkeiten, ein künstliches Image zu kreieren, denn der sogenannte Halo-Effekt führt dazu, dass ein Konsument aufgrund einer einzelnen Produkteigenschaft das Produkt in seiner Gesamtheit bewertet (Nörpel und Wagner 2013, S. 55 ff.). Die Passgenauigkeit zwischen Stadtfest und Stadtidentität stellt damit eine zentrale Voraussetzung für die Erreichung von Stadtmarketingzielen dar.

Der wichtigste Unterschied zwischen Events im Stadtmarketing und Events im kommerziellen Produktmarketing liegt darin, dass die Stadtinszenierung oder das Stadtevent das „Produkt" Stadt selbst zum Gegenstand hat und damit die Veranstaltung auf das Produkt Stadt wirkt, es gestaltet und verändert. Das gilt auch für die etablierten Klassiker unter den Veranstaltungen des Citymanagements, wie Verkaufsoffene Sonntage, Weihnachtsmärkte und Stadtfeste. Diese Formate sind wichtig für die Spiegelung der Stadtidentität, aber auch für den Erhalt der Multifunktionalität der Innenstädte, denn sie dienen unter anderem dazu, Menschen in die Städte einzuladen, damit sie dort die vielfältigen Angebote wahrnehmen können.

2.4 Es ist eine Kunst zu feiern: Das Fest als emotionaler Höhepunkt mit Veränderungspotenzial

Aus Sicht eines ganzheitlichen Stadtmarketingansatzes sind Events, Feiern oder Stadtfeste Identifizierungs- und Vergemeinschaftungsanlässe für die Stadtbevölkerung (Betz et al. 2011, S. 13). Beim Fest geht es darum, die multiple Identifikationsfähigkeit mit der Stadt zu betonen. Feste haben damit eine Integrationsfunktion, denn sie vermögen punktuell intensive Emotionen zu erzeugen. Grundsätzlich sind dabei künstlich erzeugte Erlebnisse und einmalige Ereignisse zu unterscheiden. „Den Ereignischarakter der Stadt anzuerkennen bedeutet die Einsicht in die Unmöglichkeit, städtische Ereignisqualitäten direkt zu produzieren" (Helbrecht 2006, S. 276 f.). Denn eine Stadt ist gerade nicht künstlich, nicht planbar. Stadtereignisse lassen sich dementsprechend nicht reproduzieren. Auch wenn sie wiederholt werden, sind sie nicht identisch.

In ähnlicher Weise hat sich Hans Georg Gadamer mit dem Thema Feiern auseinandergesetzt und postuliert: „Es ist eine Kunst zu feiern." „Das Fest ist nur, indem es gefeiert wird." „Diese Kunst, die in den Antiken wohl bekannt war, wird immer seltener".

„Die Erfahrung des Festes scheint also der Erfahrung der Kunst ähnlich zu sein, weil sie dazu einlädt, zu verweilen, teilzunehmen, dabei zu sein. (…) Wer an der Ausführung teilnimmt, wer mitspielt und mitfeiert, der wird verändert, verwandelt, aus seiner Subjektivität zu einer höheren Wirklichkeit erhoben" (Gadamer 1977 S. 68 ff.). Das Fest ist auch dadurch charakterisiert, dass es nur Teilnehmende gibt und keine Besucher oder Kunden (vgl. Gadamer 1977, S. 66).

Das Gelingen eines Stadtfestes hängt damit wesentlich davon ab, „ob die Bevölkerung es nicht nur hinnimmt, sondern sich darauf einlässt" (Betz et al. 2011, S. 14). Weil Stadt als „gestalteter Lebensraum aller Akteure" verstanden wird (Grabow und Hollbach-Grömig 1998, S. 19), werden die Bewohnerinnen und Bewohner auch zu Mitproduzenten des Stadtfestes.

Damit wird das Stadtfest als nicht vorhersehbares Ereignis begriffen und nicht als planbares Erlebnis. Da sich auch Urbanität der Vorhersehbarkeit entzieht, stellt sich für das Stadtmarketing die etwas paradoxe Frage, wie man das nicht Planbare in der Stadt erzeugen kann (Helbrecht 2006, S. 275 ff.).

2.5 Identität durch Mythen und Storytelling

„Für Städte und Regionen gilt natürlich, dass ihre eigene Besonderheit, ihre Identität, im Mittelpunkt stehen müssen. (…) Man muss durch Symbolisierung und Mythisierung des Selbst, der Institution oder der Stadt Aufsehen erregen" (Prisching 2011, S. 87). Besonderheiten, Sensationen sind gefragt. Mythen und Geschichten sind interessanter als Funktionen oder Leistungen.

Städte waren früher einfach da. Jetzt werden sie vom Wandel von der Funktionalität zur Theatralik erfasst. Die individuelle „Identitätsbastelei" verschiebt sich „immer stärker von der Zielsetzung, einen adäquaten Selbstausdruck zu finden, zum Vorhaben, eine attraktive, marktgängige Identität zu imaginieren" (Prisching 2011, S. 88 f.).

Dabei entsteht ein Spannungsfeld zwischen historisch gewachsener und künftig gewünschter Identität. Das Stadtmarketing steht vor der Aufgabe, die gewachsene Identität in Richtung „verkäuflicher Events" aufzubereiten. Hierbei wird häufig auch Kitsch produziert. Kitsch und Klischees nehmen erwartbare und damit marktfähige Muster auf und schaffen so eine intuitive und schnelle Verständlichkeit der Botschaften.

Erfolgreiche Veranstaltungsformate greifen bei der temporären Gestaltung der öffentlichen Räume vorhandene, aber normal nicht genutzte Emotionen auf (Mikunda 2015, S. 91 ff.). Damit der Ort zum Erlebnis wird, sind eine Reihe von Voraussetzungen zu erfüllen, wie z. B. Sichtbarkeit von weitem mit einem „Landmark" oder Wahrzeichen, ein klares Gestaltungskonzept, die Übersichtskarte am Eingang und eine zentrale Attraktion, die jeder kennt und die den Anziehungspunkt der Veranstaltung ausmacht. International bekannte Beispiele für durchchoreografierte Events sind zum Beispiel der Wiener Eistraum, der Weihnachtsbaum am Rockefeller Center in New York oder die Paris Plage an der Seine. Inszenierte Beispiele in Deutschland fanden sich z. B. beim Public Viewing

zur Fußball-WM 2006, bei denen sich besonders Frankfurt mit seiner Großbildleinwand in der Mitte des Mains abgehoben hat.
Die Identität einer Stadt ist jedoch oft nicht so eindeutig. Globalisierung und kulturelle Konvergenz haben diese Identität bereits stark mitgeprägt. So greift es zu kurz, nur historisch gewachsene Identitäten zum Veranstaltungsthema zu machen. Auch die Innovationen des 20. und 21. Jahrhunderts können als Themen aufgegriffen werden, wie etwa die wachsende Zahl von Wissenschaftsfestivals zeigt. Eine Art modernes Dauerevent stellt z. B. die Autostadt in Wolfsburg dar.

2.6 Events und Beteiligung – vom Publikum zum Stadtgestalter

Bei kommerziellen Events oder der Live-Kommunikation gilt der Grad der Interaktion und damit die Beteiligung der Eventbesucher als relevantes Erfolgskriterium, denn Interaktion erhöht die Markenbindung und damit die Nachhaltigkeit. Aktives Tun der Event-Rezipienten oder Veranstaltungsbesucher steigern das Erlebnis. Die Kommunikation beim Eventmarketing findet damit nicht nur im Zuschauen und Zuhören, sondern auf der dialogischen Ebene statt (Nufer 2012, S. 19 ff.). Das gilt auch für Stadtevents. Interaktion und Beteiligung kann für die Planung und Umsetzung von Stadtevents verschiedene Funktionen erfüllen:

Beteiligung von und Kooperation mit Vereinen, Initiativen, Unternehmen und der Bürgerschaft ist das Merkmal der Veranstaltungsorganisation im City- und Stadtmarketing. Vor allem für Klein- und Mittelstädte, aber auch in den Großstädten, ist das ehrenamtliche Engagement überaus wichtig. Nicht selten werden dadurch Veranstaltungen überhaupt erst möglich gemacht – auch weil das Ehrenamt bei finanziellen und personellen Engpässen gute Unterstützung des City- und Stadtmarketings bietet.

Ähnlich den städtebaulichen Verfahren wird Bürgerbeteiligung jedoch auch im städtischen Eventmanagement oft nur als ein Verfahrensschritt etabliert, der dazu dient, Planungsprozesse abzusichern.

Bürgerinnen und Bürger können auch Impulsgeber für Events sein. Ideenwettbewerbe, Bürgerforen oder Onlinekommunikation sind beliebte Verfahren um Eventbestandteile mit der Bürgerschaft zu entwickeln und damit stärker in der Öffentlichkeit zu verankern. Beteiligung dient damit der städtischen Kommunikation, unter anderem weil das Ehrenamt eine wertvolle Multiplikatorenfunktion in verschiedene Bereiche der Stadtgesellschaft hat.

Solche Verfahren sind komplex, meist aufwendig und nur bei Beachtung von klaren Spielregeln erfolgreich. So müssen tatsächlich Gestaltungsspielräume vorhanden sein und es muss vorher deutlich gemacht werden, in welchen Verfahren über die Ideen der Bürgerinnen und Bürger entschieden wird.

Nicht selten wird Bürgerbeteiligung selbst zur zentralen Attraktion eines Festes. Traditionelle Veranstaltungsformate beziehen ihre Faszination sehr stark aus der Beteiligung; Beispiele dafür sind die Passionsspiele Oberammergau, der Stierlauf in Pamplona

(Sanfermines), Fastnachts- bzw. Karnevalsveranstaltungen oder das Peter- und Paul-Fest in Bretten, das davon lebt, dass die Bevölkerung sich drei Tage lang mittelalterlich gewandet. In all diesen Fällen ist Bürgerbeteiligung essenzieller Bestandteil des Festes.

Auch bei zeitgenössischen Formaten wie Flashmops und Speeddatings ist Bürgerbeteiligung essenziell, aber oft nicht planbar. Der entsprechende Marketingansatz ist dem Guerillamarketing entlehnt. Stadtmarketing bewegt sich dabei an der Grenze zu Performances und *Urban Art*. Ein wichtiges Erfolgskriterium für diese Art der Beteiligung ist die Glaubwürdigkeit des Stadtmarketings bzw. die authentische Integration kommunaler Partner.

2.7 Wirkungen von Events auf die Stadt und das Stadtmarketing

Veranstaltungen verändern den öffentlichen Raum, die Atmosphäre und Wahrnehmung der Stadt; sie sorgen oft dafür, dass eine Stadt lebendiger und vielfältiger, eventuell aber auch lauter und hektischer wird.

Events werden häufig mit dem Ziel veranstaltet, das Image der Stadt nach außen zu verbessern, im Idealfall bundesweit oder sogar international *(Destination Branding)*. Die damit induzierte erhöhte Besucherzahl soll die Kosten des Events decken und über Umwegrentabilität volkswirtschaftlich positive Wirkungen auf den Standort erzielen (Nörpel und Wagner 2013, S. 73 ff.).

Je nach Event entstehen dadurch Zutrittsbarrieren, da aus Sicherheitsgründen oder zur Erzielung von Deckungsbeiträgen Eintritte erhoben werden. Aber auch mit freiem Zutritt können Events die Sozialstruktur der öffentlichen Räume ändern und quasi privatisieren.

Events bringen oft erhebliche Belastungen für die Stadt und deren Bewohnerinnen und Bewohner mit sich. Lärmemissionen, Umweltschäden in Grünanlagen und Erholungszonen sowie Auswirkungen auf die oft denkmalgeschützte Bausubstanz sind vorrangig zu nennen.

Damit gibt es erwünschte Wirkungen und unerwünschte Nebeneffekte. Es gilt stadtspezifisch abzuwägen, in welchem Umfang, an welchen Orten und mit welcher inhaltlichen Ausrichtung das Kommunikationsinstrument Event im Stadtmarketing eingesetzt werden soll. Grundsätzlich sollten die vom Stadtmarketing organisierten Veranstaltungen sehr hohen Ansprüchen genügen, um auch Maßstäbe für die Events anderer Veranstalter in der Stadt zu setzen. Nicht zuletzt hieran macht sich die Legitimität des Stadtmarketings als Eventorganisator fest.

Die Wirkung von Veranstaltungen und Events hängt auch sehr stark von dem gewählten Format ab. Zu unterscheiden sind Eventformate unter anderem nach ihrem Veranstaltungsort, der Zugänglichkeit (öffentlich ohne Zugangskontrolle, mit Zugangskontrolle oder zusätzlich mit Ticketing), der Dauer (wenige Stunden, eintägig, Wochenende, längerer Zeitraum), der Tageszeit (tagsüber, abends), der Zielgruppe bzw. Besucherstruktur (nach soziodemografischen Faktoren, etwa Bildungsgrad oder Altersgruppe), dem Genre (z. B. Musik, Sport, Theater, Tanz) und der Planbarkeit (planbar, prognostizierbar, nicht planbar) (vgl. zur Systematisierung von Events Nufer 2012, S. 39 ff.).

2.8 Veranstaltungen als Aufgabe des Stadtmarketings

Das Stadtmarketing hat grundsätzlich zwei verschiedene Rollen hinsichtlich der Planung und Durchführung von Stadtevents: Einerseits ist es Koordinator und Berater von privaten und öffentlichen Veranstaltungen, ist in dieser Funktion unter anderem für die Jahresterminplanung verantwortlich. Andererseits tritt es selbst als Veranstalter auf und führt Events durch. Für die Stadtmarketingorganisation ist es auch aufgrund rechtlicher Rahmenbedingungen (z. B. Vergaberecht, Beihilferecht, Steuerrecht) sehr wichtig, diese beiden Rollen zu trennen und gegebenenfalls nur eine dieser beiden Funktionen wahrzunehmen.

Als Koordinator werden Stadtmarketingorganisationen regelmäßig mit Anfragen für Events konfrontiert. Kaum eine Woche, in der nicht ein Radiosender, ein privater Veranstalter, ein Gastronomieverein ein neues Event für die Stadt vorschlägt. Diese Event-Anträge landen regelmäßig auch direkt bei Ordnungsämtern und Genehmigungsbehörden und werden dort unterschiedlich behandelt. Je nach Rechtslage und Satzungen der Stadt werden Genehmigungen erteilt. Eine Untersagung nicht gewünschter Veranstaltungen ist schwierig, was sich beispielsweise an den „Chaostagen" zeigt. Merkmal dieser Art von Veranstaltungen ist es, dass sie in der Regel gar nicht als Veranstaltung beantragt oder genehmigt werden, sondern durch Verabredungen in den sozialen Netzwerken entstehen. Seitens der betroffenen Städte bzw. Stadtmarketingorganisationen werden solche Veranstaltungen kritisch beurteilt, weil sie mit oft gewalttätigen Auseinandersetzungen einhergehen (vgl. zu den Chaostagen auch Herbertz 2011).

Auch Veranstaltungen ohne konkreten stadtspezifischen Bezug, wie z. B. der von Ort zu Ort ziehende „Hamburger Fischmarkt", werden von Kommunen unterschiedlich bewertet. Einige Städte haben hierzu bereits mit Planungsrunden reagiert, die das Jahresprogramm mit allen relevanten Akteuren festlegen. In anderen Städten gibt es Satzungen zur Nutzung des öffentlichen Raumes für die zentralen Veranstaltungsplätze oder eine Open-Air-Richtlinie (z. B. Esslingen am Neckar), die eine Obergrenze für die Nutzung öffentlicher Plätze beschreibt.

Zu berücksichtigen ist, dass üblicherweise eine große Zahl von Partnern bereits öffentliche Flächen bespielt bzw. bereits in zahlreichen Kooperationsbeziehungen mit dem Stadtmarketing etabliert ist. Die Herausforderung für das Stadtmarketing besteht darin, trotz der Vielfalt keine Beliebigkeit entstehen zu lassen, sondern das Marketinginstrument „Event" stadtspezifisch zu nutzen.

Für das Projektmanagement von Veranstaltungen gibt es zahlreiche Anleitungen, Checklisten und Lehrbücher. Ein intensiveres Eingehen hierauf ist im Rahmen dieses Beitrags nicht möglich (vgl. zum Prozess des Eventmanagements z. B. Nufer 2012, S. 45 ff.; Scheytt und Achauer 2012). Grundsätzlich ist es bei größeren Events wichtig, jeden Schritt sorgfältig und systematisch zu planen. Bei größeren Events besteht ein erster wichtiger Schritt darin festzulegen, wer im Rahmen der Eventorganisation welche Aufgabe wahrnehmen soll und wer welche Entscheidungen trifft. Hierzu sind oft Mitarbeiterinnen und Mitarbeiter aus bestehenden Organisationseinheiten (wie Kulturamt,

Tourismus, Wirtschaftsförderung) von anderen Aufgaben freizustellen, um das Event-Team zu bilden. Weiterhin sind Entscheidungsprozesse festzulegen, damit schnell und effizient die Eventproduktion ablaufen kann. Es kommt oft vor, dass solche Fragen zu spät geklärt werden und dann Verzögerungen in der Eventproduktion auftreten, weil keine Ressourcen vorhanden sind oder Entscheidungen auf Gremientermine warten müssen. Wichtige Aufgabenbereiche der Eventorganisation sind Programmerstellung, Veranstaltungsproduktion, Kommunikation, Medienarbeit, Administration und Controlling sowie Finanzierung und Sponsoring. Zusätzlich ist das Netzwerkmanagement relevanter Partner von zentraler Bedeutung. Weiter unten werden relevante Schritte der Eventorganisation an einem Beispiel erläutert.

2.9 Trends, Herausforderungen und Chancen für das Eventmanagement

Events im öffentlichen Stadtraum sind ein gefragtes Instrument zur Belebung der Städte. Insbesondere als Frequenzbringer und als Mittel zur Steigerung von Attraktivität, Aufenthalts- und Erlebnisqualität wird die Planung und Durchführung von Events auch in Zukunft Teil der Aufgaben des City- und Stadtmarketings sein. Aufgrund zunehmender Virtualisierung und der Verlagerung von innerstädtischen Funktionen in die digitalen Welten wird die Bedeutung authentischer, real erfahrbarer Stadterlebnisse noch zunehmen.

Hierbei zeigen sich aktuell eine Reihe von Herausforderungen; andererseits ergeben sich auch neue Chancen:

Als umfassendste Herausforderung der letzten Jahre gilt das Thema Sicherheit. Um den immer höher werdenden Anforderungen zu genügen, vor allem aber um mögliche Gefahren von Gästen und Veranstaltern abzuwenden, sind professionelle Gefährdungsbeurteilungen und Sicherheitskonzepte zu erstellen und umzusetzen. Der Veranstalter trägt die Verantwortung und haftet für entstandene Schäden. Neben dem Einhalten von Sicherheitsvorkehrungen ist es auch wichtig, einen Krisenkommunikationsplan zu erstellen, auf den man im Notfall zurückgreifen kann (Beispiel für ein Sicherheitskonzept in Kiel vgl. Kiel und Bäuchl 2014, S. 167 ff.).

Das Thema Nachhaltigkeit (*Green Event* bzw. klimafaire Veranstaltung) spielt bei allen Stadteventkonzepten mittlerweile eine große Rolle, auch weil damit die positive Reputation des Events korreliert. Eine entsprechende Zertifizierung sollte deshalb bereits frühzeitig in der Planungsphase eines Events angestrebt werden. Das Thema Nachhaltigkeit kann auch gut bei der Kommunikation des Stadtevents eingesetzt werden (vgl. zu *Green Event* auch Sakschewski 2016).

Neue Chancen für Events ergeben sich durch die Digitalisierung und damit verbundene neue technische Möglichkeiten. So spielen hybride Events, die Gamification-Elemente einsetzen und dabei Online-Kommunikation mit Offline-Aktionen verbinden, eine zunehmende Rolle (vgl. z. B. den Pokémon-Hype).

Der Einsatz neuer LED-Beleuchtungstechniken und Projektionen erlaubt neue Inszenierungsmöglichkeiten öffentlicher Räume wie die Luminale in Frankfurt am Main gezeigt hat (vgl. hierzu Kiel und Bäuchl 2014, S. 19).

Die internationale Vernetzung von Eventideen über Städte in verschiedenen Ländern und auf unterschiedlichen Kontinenten hinweg gewinnt an Bedeutung (vgl. z. B. die Red Bull Flugtage). Interessant für das Stadtmarketing ist hierbei, sich mit für die eigene Stadt passenden Themen als Partner internationaler Events anzubieten.

3 Handlungsempfehlungen für das Stadtmarketing

Für die Konzeption und Umsetzung von Events als Stadtmarketinginstrument werden 15 Handlungsempfehlungen abgeleitet. Sie werden am Beispiel des 300. Stadtgeburtstages Karlsruhe dargestellt. Dieses Beispiel einer umfassenden Stadtinszenierung bietet sich an, da es mehrfach prämiert und ausgezeichnet wurde, ein Pre-Event im Jahr 2013 etwa als schönstes Stadtfest Deutschlands.

Handlungsempfehlung 1: Eventstrategie ist in die Gesamtmarketingstrategie einzubinden

Eine der wichtigsten, aber auch schwierigsten Aufgaben ist es, Themen für Veranstaltungen zu setzen. Bei der Eventkonzeption sollte das *Storytelling* für die Stadt mitgedacht und mitgeplant werden. Neben der Stadtmarketingkonzeption bieten Jahrestage oder Jubiläen gute Anknüpfungspunkte für Stadtmarketingevents.

Ein Stadtgeburtstag bietet zunächst wenig Spezifik. In Karlsruhe wurde das USP aus der planmäßigen 32-strahligen Stadtanlage und damit aus dem Stadtgründungsort abgeleitet. Der Stadt wurde mit dem Geburtstag ihr Gründungsort als zentraler Ort der Stadtgeburtstagsfeier zurückzugeben. Die Aufladung dieses Ortes mit den wichtigen Marketingbotschaften für Karlsruhe und die Gliederung des gesamten Programms anhand der vier zentralen Stärken der Stadt waren wichtige konzeptionelle Setzungen.

Handlungsempfehlung 2: Eventkonzepte für Städte dramaturgisch aufbauen und in der Wirkung verlängern

Die Wirksamkeit und Nachhaltigkeit von großen Events lässt sich dadurch steigern, dass eine Veranstaltungsreihe kreiert und ggf. ein Pre-Event bzw. Post-Event umgesetzt wird. Auch lassen sich der Konzeptionsprozess und die Eventkommunikation selbst als Event gestalten.

Der 300. Stadtgeburtstag im Jahr 2015 begann bereits 2011 mit dem ersten Pre-Event unter dem Motto „Karlsruhe nimmt Fahrt auf". Wichtige Eventbausteine wurden auf Nachhaltigkeit angelegt wie z. B. die Schlosslichtspiele.

Handlungsempfehlung 3: Events zur Bürgeraktivierung nutzen

Viele Stadtinszenierungen funktionieren nur mit starker Bürgerbeteiligung. Ernsthafte Beteiligung setzt jedoch voraus, dass es echte Gestaltungsspielräume gibt. Damit die Beteiligung von Bevölkerung, Vereinen und Institutionen erfolgreich ist, sollten die Rahmenbedingungen vorher sehr klar definiert und kommuniziert werden.

Die gesamte Konzeptions- und Programmplanungsphase wurde als Dialogprozess mit der Bürgerschaft sowie zahlreichen Institutionen aus Kultur, Wissenschaft, Wirtschaft etc. gestaltet. In zwei Runden wurden Ideenwettbewerbe für die gesamte Veranstaltung sowie für die 27 Stadtteile durchgeführt. Bei den Stadtteilprojekten hat es sich bewährt, von Anfang an einen sehr klaren Finanzierungsrahmen vorzugeben.

Handlungsempfehlung 4: Ziele definieren und evaluieren

In die Eventkonzeption sind möglichst klare Zieldefinitionen aufzunehmen; Zielgruppen sollen möglichst genau definiert werden. Eine Evaluation sollte bereits in der Konzeptionsphase geplant werden, damit die Zielerreichung bewertet werden kann.

Am Anfang wurden die Ziele und Zielgruppen der Veranstaltung festgelegt. Die zentrale konzeptionelle Entscheidung bestand darin, dass der Stadtgeburtstag auch überregional zum Imagetransfer von Karlsruhe beitragen und touristische Zielgruppen adressieren soll. Daraus leitete sich die Veranstaltungsgröße und das notwendige Budget ab. Eine externe Evaluation hat gezeigt, dass die Ziele insgesamt erreicht wurden (Stadt Karlsruhe, Amt für Stadtentwicklung 2015).

Handlungsempfehlung 5: Konzepte flexibel planen

Bei großen Events mit vielen Programmbausteinen sollte man in Alternativen denken und davon ausgehen, dass nicht alle Pläne umsetzbar sind. Eventideen können z. B. an Sicherheitsauflagen, Finanzierungsrestriktionen, Naturschutzauflagen oder Anwohnerbeschwerden scheitern. Für die Kosten eines großen Events sollten Puffer im Budget in Höhe von 5–10 % des Gesamtbudgets einkalkuliert werden.

So konnten einige Stadtteilprojekte und Ideenwettbewerbsprojekte nicht umgesetzt werden, da die ersten Kostenschätzungen deutlich zu niedrig ausfielen und auf der Basis realistischer Kostenpläne keine ausreichende Finanzierung verfügbar war. Als Puffer für unvorhergesehene Kosten wurde die Abschlussveranstaltung in ihrer Dimension als Variable eingeplant. Hierdurch gab es einen Puffer bei den Kosten in Höhe von ca. 5 %.

Handlungsempfehlung 6: Konzeptionellen Kern und Rahmenprogramme differenzieren

Weiterhin kann es Sinn machen, zwischen Kernprogrammen, Rahmenprogrammen und Frequenzbringern zu unterscheiden. Das Kernprogramm entscheidet dabei über die Qualität der Stadtinszenierung und damit des Events. Mit den Rahmenprogrammen lässt sich eine Vielzahl von Beteiligten in das Programm integrieren und Nischenformate für engere Zielgruppen aufnehmen. Bereits etablierte unkomplizierte Frequenzbringer wie klassische Volksfestelemente sind weniger aufwendig in der Organisation und hinsichtlich Wirkung und Besucherzahl kalkulierbar.

Es gab von Anfang an Kriterien für das Kernprogramm, nach denen die Projekte des Hauptprogramms ausgewählt wurden. Unabhängig davon wurde auch allen Kultureinrichtungen ermöglicht, eigene Beiträge für das Programm zu entwickeln. Formate ohne Bezug zum Stadtjubiläum wurden außerhalb des Festivalsommers terminiert, wie z. B. das Landestreffen der Bürgerwehren.

Handlungsempfehlung 7: Finanzierung frühzeitig sichern

Die notwendigen Finanzmittel ergeben sich durch die angestrebten Ziele und Zielgruppen. Ein großer Teil, jedoch mindestens 80 % der gesamten Mittel, sollten frühzeitig gesichert sein, um die notwendigen Freiheitsgrade in der Eventplanung und Eventumsetzung zu haben.

Ungefähr drei Jahre vor dem Stadtgeburtstag wurden Konzept und Finanzierung im Gemeinderat der Stadt entschieden. Zwei Jahre vor dem Stadtjubiläum waren die wichtigsten Sponsoren eingeworben. Damit bestand weitgehend Finanzierungssicherheit.

Handlungsempfehlung 8: Sponsoren und Partner frühzeitig einbinden und Erwartungen managen

Das Thema Sponsoring kann hier nur rudimentär dargestellt werden. Der privat akquirierte Finanzierungsanteil kann sehr unterschiedlich sein. Bei anspruchsvollen Stadtinszenierungen wird dieser Anteil in der Regel nicht über 30 % liegen. Generell gilt, dass Sponsoren einen immer stärkeren Einfluss auf das Programm und eine genauere Passgenauigkeit zwischen Event und Produkt- bzw. Unternehmensbotschaften erwarten. Deshalb ist eine Einbindung der Sponsoren zu einem sehr frühen Zeitpunkt empfehlenswert. Es sollte jedoch auch bereits am Anfang deutlich gemacht werden, welche Themen nicht verhandelbar sind, wie z. B. Fragen des Corporate Designs, der Gestaltung des öffentlichen Raums oder des Denkmalschutzes.

Für den Stadtgeburtstag lagen bereits zu Beginn sowohl ein klares Sponsoringziel wie ein Sponsoringkonzept vor. 24 % der Gesamtfinanzierung wurde über private Unternehmen erreicht. Bereits Anfang 2014, also ein Jahr vor der Veranstaltung war dieses Ziel mit Premium- und Hauptsponsoren weitgehend umgesetzt. Das letzte Jahr wurde genutzt um eine große Zahl kleinerer Sponsoren und „Freunde" zu akquirieren und damit das Event in die lokale Wirtschaft zu transportieren.

Handlungsempfehlung 9: Professionelles Projektmanagement und Entscheidungsstrukturen aufsetzen

Der Bereich des Projektmanagements hat sich in den letzten Jahren enorm professionalisiert. Die Ansprüche an Sicherheit, Nachhaltigkeit, Besucherführung, Einholen von Genehmigungen und die Kenntnis von Gebührenordnungen (z. B. GEMA), sind in den letzten Jahren stark gestiegen. Bereits bei kleinen Veranstaltungen mit wenigen hundert Besuchern erfordern Genehmigungs- und Haftungsfragen spezialisiertes Know-how, das nur durch professionelle Strukturen erbracht werden kann. Gleichermaßen bedeutsam ist eine entscheidungsfreudige Organisationsstruktur, damit auf geänderte Rahmenbedingungen schnell reagiert werden kann.

Der gesamte Planungsprozess für das Event begann im Jahr 2009, also sechs Jahre vor dem Stadtgeburtstag, und wurde mit einer sehr umfassenden Organisationsstruktur bestehend aus einem „Projektteam beim Stadtmarketing", einem Innovationsteam als Beraterkreis, einer gemeinderätlichen Kommission bzw. einem Aufsichtsrat als Entscheidungsebene, einem künstlerischen Beirat sowie einem Kuratorium als Expertengremien aufgesetzt. Diese Gremien haben sich im Projektablauf weiterentwickelt.

Handlungsempfehlung 10: Qualität von Stadtevents sichern

Die Qualität von Stadtinszenierungen, Stadtfesten und Events kann sich bei mehrmaliger Wiederholung durchaus steigern. Qualitätssteigerungen sind bei konsequentem Qualitätsmanagement, systematischer Evaluation und kontinuierlichen Verbesserungen möglich. Es besteht aber auch das Risiko von Trading-Down-Prozessen, wenn versucht wird, die Einnahmen in Form von Gastronomie-Lizenzen, Preiserhöhungen, Intensivierung der Flächenvermarktung sowie verstärkter Werbepräsenzen im öffentlichen Raum zu steigern. Aus Perspektive des Stadtmarketings kann die Qualität eigener Veranstaltungen durch Qualitätsmanagement, Satzungen und Kontrolle gesichert werden. Hierbei empfiehlt es sich, ggf. wichtige Akteure in die Erstellung von Leitbildern oder Satzungen für Veranstaltungen einzubinden. In solchen Satzungen werden z. B. Flächenanteile für die Gastronomie festgeschrieben und gestalterische Anforderungen definiert.

Beim Stadtgeburtstag galten die beiden Pre-Events in 2011 und 2013 als Testläufe zur Qualitätssicherung. Der 300. Stadtgeburtstag war dann ein einmaliges Ereignis. Dafür entwickelte Formate lassen sich z. T. durch eine jährliche Wiederholung von einzelnen Veranstaltungen wie den Schlosslichtspielen weiter entwickeln.

Handlungsempfehlung 11: Rechtliche Rahmenbedingungen kennen und managen

Die rechtlichen Rahmenbedingungen sollten ausführlich geprüft werden. Hierbei sind z. B. Sicherheitsfragen, Haftungsrisiken, Fragen des Urheberrechts, des Vergaberechts, des Wettbewerbsrechts oder des Medienrechts relevant. Dadurch soll ein Imageschaden abgewendet werden, der der Veranstaltung bzw. der Stadt und dem Stadtmarketing entsteht, wenn es zu rechtlichen Streitigkeiten kommt.

Beim Stadtgeburtstag wurden große Projekte wie die Eröffnungsveranstaltung oder der Bau des Pavillons in ihrer Vergabe juristisch begleitet. Trotz dieser Begleitung ließen sich nicht alle Kosten verbindlich absichern.

Handlungsempfehlung 12: Zielgruppen für Kommunikation klar definieren und abstimmen

Zentral für die Kommunikationsstrategie ist die Zielgruppe. Sie sollte hinsichtlich der Regionalität, der soziodemografischen Daten und ggf. auch hinsichtlich der Milieus möglichst klar definiert sein, um Streuverluste zu vermeiden.

Bei großen und einmaligen Stadtinszenierungen wie Jubiläen kann das Stadtmarketing mit unrealistischen Erwartungen konfrontiert sein. Hier gilt es, die Zielgruppen auch intern abzustimmen, um überzogenen Erwartungen zu begegnen.

Grundsätzlich sollte für die Kommunikation ein ausreichendes Budget zur Verfügung stehen. Je nach Ziel, Zielgruppe und Art der Veranstaltung sind 10 bis 30 % des gesamten Projektbudgets für Kommunikation einzuplanen.

Das Beispiel des Karlsruher Stadtgeburtstags hat gezeigt, dass die Kommunikationsstrategie und insbesondere auch die enge Zusammenarbeit mit der lokalen Medienlandschaft einen erfolgskritischen Faktor bilden. Unabhängig davon wurde ein Konzept für den touristischen Vertrieb und für die überregionale Imagekommunikation umgesetzt. Die größten überregionalen Imageeffekte des Stadtgeburtstags wurden durch Partnerprojekte mit international renommierten Kultureinrichtungen erzielt. Das Kommunikationsbudget wurde mit ca. 15 % der Gesamtkosten der Veranstaltung eher knapp geplant.

Handlungsempfehlung 13: Große Bilder erzeugen

Events sollten große Bilder erzeugen, die dann auch als Blickfang in der medialen Kommunikation einsetzbar sind. Bei den Bildern ist darauf zu achten, dass sie neue Perspektiven ermöglichen, Ungewohntes kombinieren und damit die Besonderheit der Stadt bzw. des Events schnell erfassbar machen.

Um diese großen zentralen Bilder zu generieren wurde einerseits eine Eröffnungsveranstaltung europaweit ausgeschrieben, andererseits ein zentraler Veranstaltungspavillon in einem internationalen Wettbewerb entschieden. Mit der Architektur des Pavillons von Jürgen Mayer H. wurde das zentrale Bild für den Stadtgeburtstag kreiert.

Handlungsempfehlung 14: Kommunikationsanlässe im Planungsprozess nutzen

Ein zentraler Baustein eines Eventkonzepts ist das Kommunikationskonzept. Hierbei sind wesentliche Meilensteine in der Eventvorbereitung für die Kommunikation zu nutzen, wie die Wettbewerbe zur Gestaltung der Events oder die Buchung wichtiger Künstler.

Es gab eine große Anzahl von Presseterminen, z. B. zur Vorstellung der unterschiedlichen Entwürfe für einen Festivalpavillon oder der Juryentscheidung der verschiedenen Ideenwettbewerbe. Überregional wurden auch nationale und internationale touristische Messen zur Kommunikation genutzt. Die größte internationale Presseresonanz wurde jedoch immer dann erzielt, wenn ein Programmpunkt perfekt zu aktuellen politischen Ereignissen gepasst hat (etwa das Kunstobjekt eines entwurzelten Hauses als Symbol der Flüchtlingsbewegung).

Handlungsempfehlung 15: Wirkung der Kommunikation nach innen multiplizieren

Grundsätzlich sollte man bei Stadtevents neben der direkten Besucherwerbung auch die internen Strukturen und Unterstützer zur Kommunikation einsetzen. Die Netzwerke von Sponsoren, Medienpartnern, Kulturinstitutionen oder Verwaltungsstrukturen schaffen eine Hebelwirkung und vervielfältigen den Kommunikationseffekt des Stadtmarketings. Unverzichtbar ist die Kommunikation von Veranstaltungen über soziale Netzwerke, dies insbesondere dann, wenn Veranstaltungen über einen längeren Zeitraum gehen bzw. eine Making-Off-Geschichte erzählt werden kann.

Der Stadtgeburtstag wurde auf vielen Ebenen auch in der Stadt kommuniziert, sei es bei einem Infotag im Rathaus, durch einen Stadtgeburtstagsladen, durch Sponsorentreffen und unzählige Diskussionsveranstaltungen.

4   Fazit

Das Konzipieren und Umsetzen von Stadtevents ist eine der herausfordernden und faszinierendsten Aufgaben des Stadtmarketings. Auch wenn sich zahlreiche Rahmenbedingungen in den letzten Jahren deutlich verändert haben, so liegt gerade in der emotionalen Wirkung von Events die Chance die Identität einer Stadt zu beeinflussen. Die Voraussetzungen, Instrumente und Rahmenbedingungen für ein erfolgreiches Eventmanagement als Beitrag zum Stadtmarketing wurden im Vorangegangenen ansatzweise beschrieben. Im Kern geht es bei Stadtevents darum, prägende Identitätsmerkmale einer Stadt zu finden, daraus eine *Story* und ein Programm für die Veranstaltung zu entwickeln, dies als Beteiligungsprojekt anzulegen und die sich daraus ergebenden Unplanbarkeiten auszuhalten. Alles andere ist Handwerk.

Literatur

Betz, G., Hitzler, R., & Pfadenhauer, M. (2011). Zur Einleitung: Eventisierung des Urbanen. In G. Betz, R. Hitzler, & M. Pfadenhauer (Hrsg.), *Urbane Events* (S. 9–24). Wiesbaden: VS Verlag.

bcsd (Bundesvereinigung City- und Stadtmarketing Deutschland e. V.). (2014). *Stadtmarketing im Profil. Aufgabe, Bedeutung und Entwicklung*. Berlin: bcsd.

Franck, G. (1998). *Ökonomie der Aufmerksamkeit*. München: Hanser.
Gadamer, H. G. (1977). *Die Aktualität des Schönen: Kunst als Spiel, Symbol und Fest*. Stuttgart: Reclam.
Grabow, B., & Hollbach-Grömig, B. (1998). *Stadtmarketing – Eine kritische Zwischenbilanz*. Berlin: Deutsches Institut für Urbanistik.
Häußermann, H., & Siebel, W. (Hrsg.). (1993). *Festivalisierung der Stadtpolitik: Stadtentwicklung durch große Projekte*. Opladen: Westdeutscher Verlag.
Helbrecht, I. (2006). Stadtmarketing und die Stadt als Ereignis – Zur strukturellen Bedeutung symbolischer Politik. In F. Birk, B. Grabow, & B. Hollbach-Grömig (Hrsg.), *Stadtmarketing – Status quo und Perspektiven* (S. 263–278). Berlin: Deutsches Institut für Urbanistik.
Herbertz, O. (2011). Die Organisation von Chaostagen. In G. Betz, R. Hitzler, & M. Pfadenhauer (Hrsg.), *Urbane Events* (S. 245–260). Wiesbaden: VS Verlag.
Kiel, H.-J., & Bäuchl, R. (2014). *Eventmanagement. Konzeption, Organisation, Erfolgskontrolle*. München: Vahlen.
Konken, M. (2004). *Stadtmarketing: Kommunikation mit Zukunft*. Meßkirch: Gmeiner.
Matzig, G. (18. Dezember 2008). Event, Event ein Lichtlein brennt. *Süddeutsche Zeitung*. http://www.sueddeutsche.de/kultur/stadt-und-event-event-event-ein-lichtlein-brennt-1.788064. Zugegriffen: 21. Juli 2017.
Mikunda, C. (2015). *Marketing spüren: Willkommen am dritten Ort*. München: Redline.
Nörpel, C., & Wagner, J. W. (2013). *Destination Branding durch Public Events*. Sternenfels: Wissenschaft & Praxis.
Nufer, G. (2012). *Event-Marketing und -Management, Grundlagen – Planung – Wirkungen – Weiterentwicklungen* (4. Aufl.). Wiesbaden: Gabler.
Prisching, M. (2011). Die Kulturhauptstadt als Großevent. In G. Betz, R. Hitzler, & M. Pfadenhauer (Hrsg.), *Urbane Events* (S. 85–102). Wiesbaden: VS Verlag.
Sakschewski, T. (2016). Nachhaltigkeit in der Veranstaltungsbranche. In U. Wünsch (Hrsg.), *Handbuch Erlebniskommunikation. Grundlagen und Best Practice für erfolgreiche Veranstaltungen* (2. Aufl., S. 93–114). Berlin: Schmidt.
Schäfers, B. (2011). Architekturen für die Stadt als Ort der Feste, Spiele und Events. In G. Betz, R. Hitzler, & M. Pfadenhauer (Hrsg.), *Urbane Events* (S. 27–41). Wiesbaden: VS Verlag.
Scheytt, O., & Achauer, E. (2012). Programm- und Projektmanagement im Kulturbetrieb – Die Organisation der Kulturhauptstadt RUHR. 2010. http://download.e-bookshelf.de/download/0000/8301/80/L-G-0000830180-0002835701.pdf. Zugegriffen: 21. Juli 2017.
Stadt Karlsruhe, Amt für Stadtentwicklung. (2015). Evaluationsbericht. Stadtgeburtstag Karlsruhe 2015. Beiträge zur Stadtentwicklung Nr. 47. https://web3.karlsruhe.de/Stadtentwicklung/afsta/Stadtentwicklung/download/afsta_heft_47_Evaluation_Stadtgeburtstag_KA300.pdf. Zugegriffen: 2. Feb. 2017.
Zanger, C., & Kaminski, S. (2011). Vom Rummel zum urbanen Stadtmarketingevent. In G. Betz, R. Hitzler, & M. Pfadenhauer (Hrsg.), *Urbane Events* (S. 123–140). Wiesbaden: VS Verlag.

Über den Autor

Norbert Käthler ist seit April 2017 Geschäftsführer der Trier Tourismus und Marketing GmbH. Er hat als Geschäftsführer der Stadtmarketing Karlsruhe GmbH zahlreiche Events und Stadtinszenierungen konzipiert und durchgeführt. Seine Projekte wurden mit diversen Preisen ausgezeichnet („Schönstes Stadtfest Deutschlands", „Best Christmas City", „Stadt der Wissenschaften"). Norbert Käthler ist im Vorstand der Bundesvereinigung City- und Stadtmarketing Deutschland e. V. federführend in der Organisation des Deutschen Stadtmarketingtages tätig.

Handel und Innenstadt

Michael Karutz

> **Zusammenfassung**
>
> Die Entwicklung des Einzelhandels prägt maßgeblich das Gesicht unserer Städte. Der Einzelhandel hat somit strategische Bedeutung für die Gestaltungsspielräume des Stadtmarketings. Ausgehend von der historischen Bedeutung des Einzelhandels für das Werden und Sein von Stadt werden die strukturrelevanten Rahmenbedingungen des Einzelhandels diskutiert. Dabei wird die Notwendigkeit individueller, maßgeschneiderter Handlungskonzepte betont, die Einzelhandels- und Stadtentwicklung zukunftsfähig machen.

1 Einleitung

Die europäische Stadtlandschaft ist eines der wichtigsten Kulturgüter des Kontinents. Ihre Geschichte ist eng verknüpft mit der des Handels, die auch eine Geschichte neuer Formen des Dialogs wie der Konfrontation ist. Der Handel – und hieraus erwachsend konkret der Einzelhandel – entwickelte sich zu einem maßgeblichen Motor vor allem der Innenstadtentwicklung.

Die europäische Stadt setzte immer wieder erstaunliche Kräfte der Revitalisierung frei. Lebendige Quartiere und Zentren werden bis heute entscheidend durch die Impulse des Einzelhandels geprägt. Positiven Einfluss haben hier auch die kreativen Milieus. Die Konzepte der Stadtplanung mit Konzepten der Freiraumplanung, der Gartenstadt, des sozialen Wohnungsbaus oder des experimentellen Städtebaus spiegeln die Suche nach

M. Karutz (✉)
Gelsenkirchen, Deutschland
E-Mail: michael.karutz@gelsenkirchen.de

Antworten und Steuerungsmöglichkeiten für aus dem Ruder laufende Prozesse. Die viel zitierte Verödung der Innenstädte mit dem Rückzug von Arbeitsplätzen und Handel aus einst vitalen Quartieren oder die Austauschbarkeit von Stadtstrukturen scheinen das Konzept der Stadt infrage zu stellen. Lichtenberger (2002) stellt aus Perspektive der Stadtforschung die provokante Frage, „ob das Konzept der Stadt überholt sei", wenn wir versuchen „Innenstädte zu retten, Geschäftsviertel, Industrieanlagen und Grünflächen zu gliedern, Slumgebiete zu sanieren und den Verkehr sinnvoll zu kanalisieren".

Fragen wir also nach den Entwicklungsperspektiven der Innenstadt, soweit sie im Kontext der Entwicklung des Einzelhandels stehen. Ausgehend von der Dynamik der Vertriebsformen und dem Strukturwandel im Handel sowie den Rahmenbedingungen des Verbraucherverhaltens einschließlich den Herausforderungen der Digitalisierung und des demografischen Wandels wird die Triebkraft des Einzelhandels für die Profilierung von Citylagen und Quartieren erörtert. Relevant sind immobilienwirtschaftliche Faktoren wie die Bedeutung von Shopping-Centern, rechtliche Rahmenbedingungen und Interventionsinstrumente wie das Leerstandsmanagement und das Citymarketing.

2 Einzelhandel: Grundbegriffe, Vertriebsformen, Strukturwandel

2.1 Vertriebsformen des Einzelhandels

Einzelhandel begreift sich als die Veräußerung von Gütern gegen Geldzahlung an Endverbraucher. Abb. 1 fasst die Vertriebsformen des Einzelhandels zusammen.

Der stationäre Einzelhandel umfasst zunächst Ladengeschäfte, die Waren ausschließlich an Endverbraucher verkaufen. Dabei ist zwischen filialisierten und inhabergeführten Läden zu unterscheiden. Im filialisierten Einzelhandel treten Firmen auf, die regional, national und international Waren in gleich konzipierten Geschäften veräußern. Sie erwirtschaften Kostenvorteile insbesondere über den gemeinsamen Einkauf und eine zentral organisierte Logistik. Filialunternehmen prägt ein spezifisches Image beim Verbraucher. Dieses haben sie mit dem Vertriebskonzept selbst gesteuert. Der filialisierte Einzelhandel umfasst alle Absatzformen vom Fachgeschäft über das Warenhaus bis zum Kaufhaus und Fachmarkt. Im Lebensmitteleinzelhandel sind hier die Absatzformen Verbrauchermarkt, Supermarkt (Vollsortimenter) und Lebensmitteldiscounter relevant. Franchisekonzepte sind wie Filialunternehmen zu betrachten. Der Franchisegeber gibt Standards zum Geschäftsbetrieb vor.

Der inhabergeführte, stationäre Einzelhandel ist durch individuelle in der Regel nicht multiplizierte Vertriebskonzepte gekennzeichnet. Er ist die Domäne des Fachgeschäftes und auch des Kaufhauses mit regionaler Verankerung.

Der sonstige stationäre Einzelhandel wird insbesondere durch das Ladenhandwerk geprägt. Das Ladenhandwerk produziert Waren und verkauft diese an den Endverbraucher. Dies sind in der Regel Bäcker und Metzger im Lebensmittelsegment und insbesondere Kürschner und Schuhmacher im Segment des persönlichen Bedarfs. Eine

Handel und Innenstadt

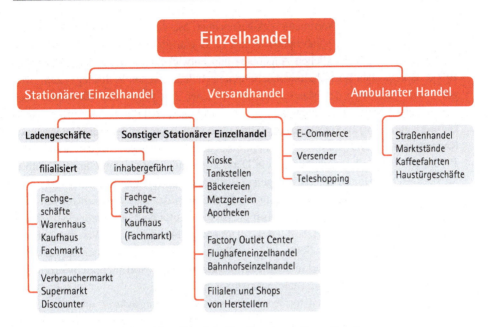

Abb. 1 Vertriebsformen des Einzelhandels. (Quelle: eigene Darstellung)

Sonderrolle nehmen Apotheken ein, die Medikamente nach Rezepturen herstellen und zugleich die Produkte der pharmazeutischen Industrie frei oder auf Rezept verkaufen. Der sonstige stationäre Einzelhandel wird darüber hinaus durch Kleinflächenkonzepte wie Tankstellenshops und Kioske geprägt.

Sonderformen sind auch Verkäufe an den Endverbraucher durch direkte Vertriebskanäle der Industrie. Hierzu zählen Factory-Outlets und Markenstores der Hersteller. Sonderformen sind der Einzelhandel auf Flughäfen und Bahnhöfen, der auch als Einzelhandel in Transiträumen charakterisiert wird.

Der nicht stationäre Einzelhandel gliedert sich in den Versandhandel und den ambulanten Handel mit Haustürgeschäften. Aus dem Versandhandel ist mit hoher Entwicklungsdynamik der internetbasierte E-Commerce hervorgegangen. Teleshopping mit dem Fernsehen als Vertriebskanal hat sich zusätzlich als Nische etabliert.

Differenzierungskriterien des stationären Einzelhandels sind die Größe der Verkaufsflächen, der Grad der Selbstbedienung und die Zielgruppenausrichtung der angebotenen Sortimente. Folgende Absatzformen sind hinsichtlich ihrer Entwicklung maßgeblich relevant:

- Das *Kaufhaus* entwickelte sich aus dem Fachgeschäft; es profiliert sich über wenige zusammengehörende, verwandte Warengruppen. Die Verkaufsflächengrößen bewegen sich in der Regel zwischen 1000 und 15.000 m². Waren Kaufhäuser zu Beginn ihrer Entwicklung sehr stark durch Bedienung geprägt, zeichnen sie sich heute durch einen Mix aus Selbstbedienung und Fachberatung aus.
- Auch die *Warenhäuser* mit Verkaufsflächen zwischen 6000 und 25.000 m² verzeichnen eine ähnliche Entwicklung. Sie sind durch die Bündelung einer Vielzahl auch nicht

unmittelbar verwandter Sortimente gekennzeichnet. Sie verstanden sich in ihrer Gründungsphase Ende des 19. Jahrhunderts und zu Beginn des 20. Jahrhunderts als Konsumtempel des größtmöglichen Angebotes und entwickelten sich in den 1950er und 1960er Jahren – den Wirtschaftswunderjahren nach dem Zweiten Weltkrieg – zum maßgeblichen Betriebstyp des Massenkonsums. In jener Zeit prägte das Warenhaus noch umfassender Service in Fachabteilungen. Der Strukturwandel durch das Auftreten stärker preisaggressiver Betriebskonzepte führte dazu, dass heute nur noch die Unternehmen Karstadt und Galeria Kaufhof mit einem ausgedünnten Filialnetz präsent sind. In den 1970er und 1980er Jahren teilten sich in Deutschland noch vier Unternehmen (Kaufhof, Karstadt, Hertie, Horten) neben wenigen regional aktiven Warenhäusern den Markt.

- Seit Beginn der 1970er Jahre gewann der Betriebstyp des *SB-Warenhauses* mit konsequenter Selbstbedienung und Preisaggressivität deutliche Marktanteile von Kauf- und Warenhäusern. An die Seite der sortimentsumfassenden SB-Warenhäuser mit Verkaufsflächen zwischen 5000 und 10.000 m² stellten sich branchenspezifische preisaggressive Baufachmärkte und Fachmärkte mit den Sortimentsschwerpunkten Bekleidung, Schuhe und Unterhaltungselektronik.
- Als weitere besondere Absatzformen haben sich *Einrichtungshäuser* und *Möbelfachmärkte* entwickelt. Einrichtungshäuser erreichen dabei mittlerweile Verkaufsflächen von bis zu 60.000 m². Dabei haben die Fachabteilungen mit Porzellan, Hausrat und Geschenkartikeln sowie Heimtextilien die Gestaltungsspielräume des entsprechenden Facheinzelhandels deutlich eingeschränkt. Sie sind weitgehend aus den Mittelzentren verschwunden.
- Im *Lebensmitteleinzelhandel* führte der Erfolg des Selbstbedienungsprinzips zunächst zur Etablierung von Supermärkten und später zu großflächigen Verbrauchermärkten mit Verkaufsflächen zwischen 1000 und 3000 m². Als preisaggressiver Betriebstyp setze sich der Lebensmitteldiscounter mit einer aufgrund des Baurechts beschränkten Verkaufsfläche von 800 m² durch. Die relevanten Betreiber sind heute die Unternehmen Aldi, Lidl, Netto, Penny und Norma.

2.2 Der Strukturwandel im Einzelhandel im Überblick

Abb. 2 dokumentiert die Veränderung der Marktanteile von relevanten Absatzformen bzw. Betriebstypen des Einzelhandels im Zeitraum 2007 bis 2014. Sie fasst dabei die jüngsten Strukturwandlungsprozesse zusammen. Deutlich werden

- der Bedeutungsverlust der Warenhäuser mit einem Marktanteilsverlust von 3,1 % im Jahr 2007 auf 2,2 % im Jahr 2014,
- die zunehmenden Marktanteilsgewinne der Lebensmitteldiscounter und Fachmärkte,
- das kontinuierliche Schrumpfen des traditionellen Einzelhandels mit einem Marktanteilsverlust von 23,2 (2007) auf 19,7 % (2014),
- das robuste Halten des Marktanteils der Non-Food-Filialisten bei rund 23,5 %,
- der kontinuierliche Bedeutungszuwachs des Versandhandels durch E-Commerce; der Marktanteil stieg von 6,7 (2007) auf 9,9 % (2014).

Handel und Innenstadt

Abb. 2 Entwicklung der Marktanteile der Vertriebsformen des Einzelhandels. (Quelle: in Anlehnung an EHI Retail Institute 2015)

Der Strukturwandel bei den Absatzformen spiegelt sich auch innerhalb des Lebensmitteleinzelhandels. So stieg der Marktanteil der Lebensmitteldiscounter von 23,4 % im Jahr 1991 auf 45,1 % im Jahr 2013. Während im gleichen Zeitraum der Marktanteil der SB-Warenhäuser bzw. Verbrauchermärkte bei rund 23 % stagniert, verzeichnen Supermärkte und der traditionelle Lebensmitteleinzelhandel deutliche Marktanteilsverluste.

Abb. 3 dokumentiert die Entwicklung des Einzelhandels seit den 1970er Jahren in Deutschland auch hinsichtlich der standörtlichen Trends:

- Die 1970er Jahre waren geprägt durch Delokalisierung. Die „Grüne Wiese" entwickelt sich als Konkurrenz zu den gewachsenen Einkaufslagen. Der Trend zur Bequemlichkeit führt zum großen Erfolg der verkehrsorientierten Einzelhandelsstandorte. Ladenleerstände in den Innenstädten treten erstmals verstärkt in Randlagen in Erscheinung.
- In den 1980er Jahren setzt sich dieser Trend fort. Das Mobilitätsverhalten der Bevölkerung fördert Schrumpfungsprozesse in innenstädtischen Lagen.
- *Smart Shopping* revolutioniert den Einzelhandel beginnend in den 1990er Jahren. Direktvertrieb und Factory-Outlet-Center setzen die innenstädtischen Einkaufslagen einerseits stärker unter Druck, andererseits bereichern Markenstores mit neuen Einzelhandelskonzepten leistungsstarke innerstädtische Lagen.

Abb. 3 Epochen der Einzelhandelsentwicklung 1970–2015. (Quelle: eigene Darstellung)

- In den 2000er Jahren führt die Vertikalisierung (Vernetzung von Produktion und Handel) und Globalisierung der Einzelhandelsabsatzformen zu einer stärkeren Differenzierung der Einkaufslagen. Die Disparitäten zwischen erfolgreichen und schwächeren Standorten nehmen zu. Ladenleerstand wird zum Dauerproblem schwächerer Lagen. Vertikalisierung und Globalisierung führen zu beschleunigten Konzentrations- und Erosionsprozessen. Es geraten auch etablierte Labels und Betreiberkonzepte unter Druck, wie die jüngsten Insolvenzen von Steilmann und Pohland oder nachhaltige Kurskorrekturen wie bei Gerry Weber zeigen.
- Die 2010er Jahre stehen im Fokus umfassender Virtualisierung. Der Online-Handel wird zu einer ernsten Konkurrenz des stationären Einzelhandels. Nach dem Segment Technik und Medien, in dem der Online-Handel bereits seit Ende der 1990er Jahre erhebliche Bedeutungsgewinne erzielte, realisieren nun auch die Sortimente des persönlichen Bedarfs relevante Umsatzanteile. Markenwelten werden zunehmend über das Netz transportiert.
- Seit den 2000er Jahren ist zunehmend auch der Faktor Demografie zu berücksichtigen. Er wird in Deutschland Schrumpfungsprozesse auslösen und die Entleerung ländlicher Räume beschleunigen. Die Bedienung der neuen Konsumentengruppe der jungen Alten kann zu neuen spezifischen Einzelhandelsformaten führen. Nur wer den demografischen Wandel im Blick hat, generiert als Stadt langfristig und nachhaltig Vorteile und neues Wachstum.

2.3 Shopping-Center – Triebkraft des Strukturwandels im Einzelhandel

Der Strukturwandel im Einzelhandel in Deutschland und Europa ist vor allem durch die Entwicklung der Shopping-Center geprägt worden. Maßgebliche Entwicklungstrends sollen hier kurz zusammengefasst werden. Der Shopping-Center-Boom in Deutschland setzte erst Mitte der 1990er Jahre ein. Waren bis 1975 gerade mal 65 Center etabliert, betrug ihre Zahl 2012 schon 444. Die Verkaufsfläche der Shopping-Center stieg von 1.545.000 m^2 im Jahr 1975 auf 13.883.900 m^2 im Jahr 2012.

Die durchschnittliche Verkaufsfläche je Center ist mit rund 31.000 m^2 jedoch in den letzten zwanzig Jahren in etwa konstant geblieben. Im Zeitraum 2010–2012 wurde eine ganze Reihe kleinerer Center mit Verkaufsflächen zwischen 11.000 und 25.000 m^2 entwickelt, aber auch deutlich größere wie das Forum Duisburg (Duisburg, 52.000 m^2), der Limbecker Platz (Essen, 70.000 m^2) oder die Thier-Galerie (Dortmund 37.000 m^2). In Zukunft dürfte die durchschnittliche Verkaufsfläche der Center auf deutlich unter 30.000 m^2 absinken, da sie heute überwiegend in Mittelstädten mit Verkaufsflächendimensionierungen im Korridor zwischen 12.000 und 15.000 m^2 realisiert werden.

Seit Mitte der 1990er Jahre entwickelte sich die Shopping-Center-Landschaft weg vom klassischen Knochenkonzept mit zwei Ankerbetrieben an den Enden. Städtebauliche Integration und Quartiersentwicklung rückten stärker in den Fokus. Als relevante Meilensteine dieser Weiterentwicklung sind zu nennen: Beursplein in Rotterdam, das eine als Barriere wirkende Verkehrstrasse überwindet oder die Schlössle Galerie in Pforzheim, die über die Nutzung des Dachs als grüne Parklandschaft einen Höhensprung im Gelände integriert.

Eine konsequente Umsetzung der Idee eines selbstständigen und trotzdem mit dem Standortumfeld vernetzten Shopping-Centers stellen die beiden in den Oberzentren der Metropole Ruhr entwickelten Center Forum Duisburg und Thier-Galerie am Westenhellweg in Dortmund dar.

Das 2014 in der Mönchengladbacher City eröffnete Center Minto ist hinsichtlich Ladenbau, Ambiente und Vermittlung von Markenwelten zu den derzeit in Europa innovativsten realisierten Konzepten zu zählen. Hier sind Ideen der in der Centerentwicklung als Benchmark einzuordnenden Londoner Westfield Center (White City und Stratford) aufgegriffen worden. Freies WLAN wie auch ein konsequentes Zielgruppenmarketing in den sozialen Netzwerken ist Teil des Basisinfrastrukturangebotes eines Shopping-Centers geworden. Der konkrete Medienmix wird sich hier weiter ausdifferenzieren; die unmittelbare Kommunikation mit dem Kunden wird sich intensivieren.

Nichts bewegt in der städtebaulichen Entwicklung die Gemüter stärker als die Frage ihrer Verträglichkeit mit gewachsenen innenstädtischen Raumstrukturen. Hier spiegelt sich auch eine Grundsatzdebatte. Untersuchungen des Cima belegen (vgl. Cima 2016), dass von den repräsentativ befragten Haushalten 40 % Shopping-Center befürworten und 40 % sie ablehnen; rund 20 % der Befragten haben hier keine eindeutige Position.

Aus der Vielfalt von Gutachten zur Verträglichkeit von Shopping-Centern lässt sich ableiten, dass die Auswirkungen eines Centers umso geringer sind je ergänzender zum innerstädtischen Angebot das Center konzipiert wurde. Wird das innerstädtische Angebot lediglich kopiert, lebt ein Center ausschließlich von Verlagerungen innerhalb der Stadt und führt zu Strukturbrüchen. In der ökonomischen Auswirkungsanalyse sollten allen warengruppenspezifischen relativen Umsatzverlagerungen Aufmerksamkeit geschenkt werden, die über sieben Prozent liegen. Ab 15 % relativer Umsatzverlagerung aus den relevanten Zentren zum projektierten Center sind strukturelle Umbrüche zu erwarten.

Hinsichtlich der Stadtverträglichkeit und der städtebaulichen Integration von Shopping-Centern können folgende Kriterien definiert werden:

- Die *Dimensionierung des Centers* sollte 20 % der Verkaufsfläche der Innenstadt nicht überschreiten.
- Die *Lage innerhalb der Innenstadt* sollte durch eine Anbindung an die besten Lagen gekennzeichnet sein und Innenstadtquartiere mobilisieren.
- Die Centerentwicklung sollte von hoher *städtebaulicher Qualität* geprägt sein und Potenzial haben, das entsprechende Stadtquartier weiterzuentwickeln und als *Landmarke* zu wirken.

Das Nutzungskonzept sollte komplementär zum derzeitigen Besatz sein. Bisher nicht am Standort angesiedelte Ankerbetriebe optimieren die Attraktivität und begrenzen negative Auswirkungen.

In jüngster Zeit steht die Entwicklung von gemischt genutzten Immobilien und die Revitalisierung von Warenhausstandorten mit einem urbanen Nutzungsmix mit Einzelhandel, Gastronomie sowie Bildungs- und Kulturangeboten an vorderster Stelle. Beispielhaft seien die Revitalisierung der ehemaligen Karstadt-Immobilien in Bingen und Gelsenkirchen-Buer genannt.

Die in den 1980er und auch am Beginn der 1990er Jahre expansive Ausbreitung von preisaggressiven Fachmarktzentren mit der Agglomeration von mehreren Fachmärkten ist weitestgehend gestoppt worden. Die realisierten Projekte belasten heute jedoch immer noch die Gestaltungsspielräume gewachsener, integrierter Zentrenlagen.

3 Verbraucherverhalten, Digitalisierung und demografischer Wandel

Der bei den Verbrauchern in den letzten Jahren feststellbare Trend zur Polarisierung der Konsummuster dürfte sich fortsetzen und intensivieren. Es wird deutlich zwischen Versorgungskauf und Erlebniskauf unterschieden. Der Verlust der Mitte ist eine zusätzliche Herausforderung. Konsumenten orientieren sich einerseits am Preis als Kaufsignal. Zum anderen werden in bestimmten Segmenten gezielt Marken und Luxusartikel nachgefragt.

Verbraucherbedürfnis und die Angebotsstrategien des Handels haben sich gegenseitig verstärkt.

Für Waren des täglichen Bedarfs im Kontext des Versorgungskaufs werden daher zunehmend Anbieter präferiert, die mit qualitätsstandardisierten Waren bei günstigem Preis-Leistungs-Verhältnis einen durchrationalisierten und zeitsparenden Einkauf ermöglichen. Dieses Verhaltensmuster erklärt den nachhaltigen Erfolg von Discountern und übersichtlich gegliederten Verbrauchermärkten bzw. SB-Warenhäusern.

Beim Erlebniskauf hingegen wird Einkaufen zum aktiven Teil der Freizeitgestaltung. Über den reinen Versorgungsaspekt hinausgehend sollen weitere Bedürfnisse befriedigt werden. Es besteht der Wunsch nach emotionaler Stimulierung, Unterhaltung und Service. Von dieser Nachfrage profitieren innerstädtische Zentren, Shopping-Center und andere künstliche Erlebniswelten gleichermaßen. Hier liegt aber auch die Chance für authentische, sich individuell profilierende Stadtquartiere. Erlebniseinkauf erfordert zur erfolgreichen Realisierung die konzertierte Zusammenarbeit aller relevanten Akteure in der Stadt. Planer müssen im Diskurs mit Bürgerinnen und Bürgern attraktive Aufenthaltsräume schaffen. Konzepte für Veranstaltungen zur Erschließung attraktiver Kaufkraft von außen müssen gemeinsam von Einzelhandel, Touristikexperten und engagierten Stadtmarketingexperten entwickelt werden. Die Palette ist mittlerweile groß und reicht von Museumsnächten, Genussmeilen, Stadtfesten, Musikevents bis hin zu Verkaufsoffenen Sonntagen, die wahrscheinlich am Anfang der neuen Eventkultur standen. Stadtmarketing und Citymanagement liefern dabei Lösungen zur nachhaltigen Gestaltung des von den Kunden wahrgenommenen Erlebniseinkaufs.

Preisfixierung auf der einen Seite und ein eindeutiges Bekenntnis zu Marken im Qualitätssegment auf der anderen Seite kennzeichnen den „hybriden" Verbraucher. Jeder Verbraucher schlüpft je nach Stimmungslage und Bedürfnis in unterschiedliche Rollen – mal mehr, mal weniger am Preis orientiert. Die Konsumraute in der Abb. 4 beschreibt diesen stetigen Rollenwechsel der Konsumenten. Erweitert wird die Flexibilität durch die Entscheidung zwischen Online- und Offline-Konsum. Die Wahl unterschiedlicher Kommunikationskanäle gestaltet das Konsumverhalten zunehmend komplexer.

Das Konsumentenverhalten in Deutschland ist jenseits der Preisorientierung durch „Lifestyle"-Verhaltensmuster geprägt. Eine stärkere Segmentierung ist insbesondere bei den mittleren und gehobenen Einkommensniveaus zu beobachten. Fünf relevante Teilmärkte zeichnen sich ab:

1. *Jugendmarkt* mit zunehmender Orientierung auf Marken und auch hochpreisige Sortimente. Ständig wechselnde Moden und der von der Jugendkultur ausgehende „Gruppendruck" generieren stetige Nachfrage und Wachstum.
2. *Doppelverdiener ohne Kinder* mit mittleren und hohen Einkommen koppeln sich zunehmend vom Massenkonsum ab. Sie suchen gezielt Quartiere und Einkaufslagen auf und sprechen stark auf Qualität und Marken an. Davon profitieren sowohl erlebnisorientierte Filialkonzepte als auch kleinflächige Nischenkonzepte mit authentischem Angebot und Service.

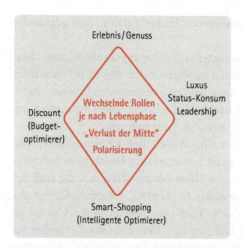 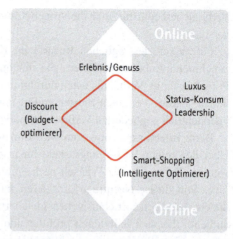

Abb. 4 Konsumtrends: „Die Konsumraute". (Quelle: eigene Darstellung)

3. *„Konsumoptimierer"* leben stetig unter der Restriktion begrenzter Haushaltseinkommen. Sie versuchen bei all ihren Konsumaktivitäten das beste Preis-Leistungs-Verhältnis zu realisieren. Diese breite Konsumschicht in Deutschland ist offen für alle Discountkonzepte. Fabrikverkäufe und Factory-Outlet-Center übertragen das Konzept der Konsumoptimierung auch auf konsumstärkere Käuferschichten. *Smart Shopping* ist mittlerweile als eigener Konsumtrend zu identifizieren.
4. Ein Blick auf demografische Strukturen zeigt, dass die Gruppe der *„Alten"* stetig anwachsen wird. Der wirtschaftliche Wandel mit der Freisetzung von Vorruheständlern und Wahlmöglichkeiten der Altersteilzeit wie auch die steigende Lebenserwartung mit bis ins höchste Alter konsumaktiver Bevölkerung wird für den Handel neue Marktsegmente eröffnen. Für diese Bevölkerungsgruppen wird Erreichbarkeit, Service und Qualität eine neue Bedeutung erfahren. Die *Best Ager* bleiben aktiv und kaufen auch zunehmend online ein. Die *Old Ager* werden mit ihrem Rückzug aus dem Konsum vom Einzelhandel nicht mehr erreicht werden, es sei denn er bemüht sich mit seinen Services (Bring- und Abholaktivitäten) neu und verstärkt um diese Kunden.
5. *Rolemaker* sind Trendsetter im qualitätsorientierten Konsum. Sie zeigen sich Innovationen gegenüber aufgeschlossen und legen Wert auf Design und Exklusivität. Sie fördern mit ihrem Konsumverhalten Nischenkonzepte im Einzelhandel und mobilisieren mit ihren Bedürfnissen neue Shopkonzepte, die zeitverzögert den Mainstream erreichen.

Die derzeitige Unsicherheit hinsichtlich der kurz- bis mittelfristigen Entwicklung auf dem Arbeitsmarkt, steigende Sozialabgaben, Rücklagen für die Altersversorgung (Ergänzung staatlicher Renten und Pensionen) sowie die aktuelle weltpolitische Lage (Flüchtlingskrise, Eurokrise, Brexit) bilden keine Basis für eine überdurchschnittliche Belebung des Konsums. Die derzeitige Niedrigzinsphase auf den Kapitalmärkten dürfte nur mittelfristig entlastend wirken.

Der Anteil des Einzelhandels am privaten Konsum hat in den letzten Jahren kontinuierlich abgenommen. Während zu Beginn des 21. Jahrhunderts sein Anteil noch bei 34,2 % lag, belief er sich im Jahr 2014 nur noch auf 27,2 %.

Der Wettbewerbsdruck auf den stationären Einzelhandel verschärft sich noch durch die steigende Bedeutung des Online-Handels. Wurden im Jahr 2000 erst 2,5 Mrd. EUR online abgewickelt, erreicht der Online realisierte Einzelhandelsumsatz im Jahr 2014 ein Niveau von 48,8 Mio. EUR (vgl. HDE 2016). Das rasante Wachstum des Online-Handels führt dazu, dass statistisch jeder Einwohner in Deutschland zusätzlich zu den Ausgaben im stationären Einzelhandel 675 EUR jährlich online verausgabt.

Die Innovationen des Digitalisierungsprozesses verlaufen exponentiell. Die erste E-Mail-Adresse in Deutschland wurde erst 1988 vergeben. Zehn Jahre später startete Amazon. Mit der Einführung von iPhone (2007) und iPad (2010) erhielt der Online-Handel seinen maßgeblichen Wachstumsschub. Die zukünftigen Herausforderungen spiegeln sich deutlich in den Erwartungshaltungen der *Smart Natives,* also der Jugendlichen und jungen Erwachsenen im Alter von 16 bis 25 Jahren wider (vgl. EEC 2014):

- Für *Smart Natives* ist eine Welt ohne Smartphone kaum vorstellbar.
- Der Online-Kauf ist eine Selbstverständlichkeit. Die *Smart Natives* kaufen am liebsten im Internet. Nur neun Prozent sind traditionelle Käufer im stationären Einzelhandel. In der Gesamtbevölkerung sind noch 51 % traditionelle Handelskäufer. Der Anteil ausschließlicher Online-Shopper liegt hier gerade bei 11 %.
- Online-Shops werden Geschäfte nicht ersetzen. Über 70 % der befragten *Smart Natives* glauben nicht daran, dass Online-Shops den stationären Einzelhandel vollständig ersetzen werden. Das Image von Marken und Produkten wird sich als Kombination aus Realität und Virtualität entwickeln. Die Konsumwünsche werden dementsprechend zukünftig vom Einzelhandel sowohl online als auch offline erfüllt werden. Cross-Channel-Strategien werden zur Pflichtaufgabe des Einzelhandels. Die Generation der *Smart Natives* erwartet, dass sich der stationäre Einzelhandel auch im Online-Vertriebskanal positioniert. Selbstverständlich werden sollte, dass online georderte Waren im stationären Geschäft abgeholt, aber auch umgetauscht werden können. Im ersten Schritt sollte jeder Einzelhändler mit dem Ziel Kunden professionell und direkt anzusprechen im Netz leicht zu finden sein. Die Etablierung eines Online-Shops ist hierzu keine Voraussetzung. Entscheidet man sich jedoch für einen Online-Shop, ist eine Verknüpfung mit einem Warenwirtschaftssystem angezeigt. So können Besuche im stationären Geschäft motiviert werden, indem angezeigt wird, ob ein Produkt verfügbar ist.

Cross-Channel-Strategien, also die Verzahnungen von Online- und Offline-Kanälen, entwickeln sich zu einem relevanten Beratungsfeld für den Einzelhandel im Kontext der kommunalen Wirtschaftsförderung sowie des City- und Stadtmarketings.

4 Rechtliche Rahmenbedingungen und Kennziffern zur Entwicklung des Einzelhandels

4.1 Rechtsgrundlagen der Einzelhandelsentwicklung und Inhalte von Einzelhandelskonzepten

Die Gestaltungsspielräume zur Steuerung des Einzelhandels und der Förderung von vitalen Zentrenlagen fußen im Wesentlichen auf den nachfolgend zusammenfassend dargestellten gesetzlichen Grundlagen. Sie sind auch Legitimation für Citymarketing und Citymanagement:

- Raumordnungsgesetz (ROG), insbesondere § 1 Abs. 2 (Leitvorstellung der Raumordnung) und § 2 Abs. 2, Ziffer 3 (Grundsatz, Versorgung mit Dienstleistungen und Infrastrukturen der Daseinsvorsorge),
- Baugesetzbuch (BauGB), insbesondere erster Abschnitt des Allgemeinen Städtebaurechts mit den §§ 1–13a,
- Baunutzungsverordnung (BauNVO), insbesondere § 11 Abs. 3 zur Steuerung von Einkaufszentren, großflächigen Einzelhandelsbetrieben und sonstigen großflächigen Handelsbetrieben mit Verkauf an den Endverbraucher auf Kerngebiete und sonstige Sondergebiete,
- Landesplanungsgesetze und Landesbauordnungen der Bundesländer sowie erläuternde und weiterführende Erlasse zur Steuerung des großflächigen Einzelhandels.

Zentrale Leitvorstellung der Raumordnung ist „eine nachhaltige Raumentwicklung", die alle Ansprüche an den Raum (wirtschaftlich, sozial, ökologisch) in Einklang bringt und dauerhaft zu einer großräumig ausgewogenen Ordnung mit gleichwertigen Lebensverhältnissen in den Teilräumen führt. Mit Blick auf die Einzelhandels- und Zentrenentwicklung wird als Grundsatz formuliert, dass die räumlichen Voraussetzungen für die Erhaltung der Innenstädte und örtlichen Zentren als zentrale Versorgungsbereiche zu schaffen sind. Die Abgrenzung dieser zentralen Versorgungsbereiche mit den ihnen differenziert zuzuordnenden Versorgungsfunktionen nach dem Vorbild des Zentrale-Orte-Prinzips (Hauptzentrum, Nebenzentren, Nahversorgungszentren) sowie die Bewertung einer wesentlichen Beeinträchtigung[1] dieser Versorgungsfunktionen durch Planungsentscheidungen steht im Mittelpunkt der Umsetzung von einzelhandelsbezogenem Planungsrecht in den Kommunen. Die Regelungen und Gestaltungsspielräume resultieren aus der höchstrichterlichen Rechtsprechung in Anwendung des Baugesetzbuches, der Baunutzungsverordnung und landesspezifischer Verordnungen und Planungsgesetze. Landesplanerische Regelungen steuern hier auch die Inhalte von Einzelhandelskonzepten. Einzelhandelskonzepte werden

---

[1]Der Begriff der wesentlichen Beeinträchtigung ist Maßstab für die Bewertung der Auswirkungen von Einzelhandelsvorhaben. Siehe hierzu die Anmerkungen im Abschn. 2.3 (Shopping-Center).

geprägt durch die parzellenscharfe Abgrenzung von Zentralen Versorgungsbereichen, die Definition von Entwicklungsstandorten für Fachmärkte mit nicht zentrenrelevanten Sortimenten und Möbelhäusern sowie die Erstellung von Sortimentslisten (zentrenrelevante und nicht zentrenrelevante Sortimente).

4.2 Kennzahlen in Einzelhandelskonzepten

Akteure des Stadtmarketings und Citymanagements müssen die kommunalen Einzelhandelskonzepte für ihre eigenen Maßnahmen interpretieren können. Dies gilt insbesondere für die Bewertung von Gestaltungs- und Profilierungsspielräumen der Einzelhandelsentwicklung in Zentrenlagen.

Handelszentralitäten, Marktabschöpfungsquoten und Besatzkennziffern sind Kennzahlen zur Bewertung der quantitativen Versorgungssituation des Einzelhandels in einer Stadt:

Handelszentralitäten beschreiben das Verhältnis von Einzelhandelsumsatz zum Nachfragevolumen in der gleichen Raumeinheit. Dabei wird der Einzelhandelsumsatz durch das Nachfragevolumen dividiert und mit dem Faktor 100 gewichtet. Handelszentralitäten können für den Einzelhandel insgesamt, für einzelne Stadtteile sowie für alle relevanten Warengruppen ausgewiesen werden. Für den Einzelhandel insgesamt sollten Mittelzentren und Oberzentren mit einem relevanten Einzugsbereich mindestens Werte zwischen 110 und 140 annehmen. In Agglomerationsräumen (z. B. dem Ruhrgebiet) sollten sie zwischen 95 und 110 liegen.

Die stadtteilspezifischen Handelszentralitäten für die Warengruppe Lebensmittel, Reformwaren spiegeln zusammenfassend die Qualität der Nahversorgung wider. Stadtteile sind gut versorgt, wenn die Handelszentralitäten für diese Warengruppe Werte von mindestens 70 ausweisen. Dabei wird in Rechnung gestellt, dass die in den Stadtteilen ansässige Bevölkerung Teile ihres Bedarfs außerhalb des eigenen Stadtteils, in anderen Städten (Bedeutung von Pendlerverflechtungen) sowie an anderen Versorgungsstandorten im Stadtgebiet (Innenstadt, Fachmarktlagen, Wochenmärkte) deckt.

Marktabschöpfungsquoten beschreiben das Verhältnis von Einzelhandelsumsatz in einer kleineren Raumeinheit zum Nachfragevolumen in einer größeren Raumeinheit (z. B. der Innenstadt zur Gesamtstadt). Auch diese Kennziffern können für den Einzelhandel insgesamt wie auch für die einzelnen relevanten Warengruppen dargestellt werden. Der innenstädtische Einzelhandel in Mittelzentren ist gut positioniert, wenn die Marktabschöpfungsquote über alle Warengruppen über 35 liegt, bei der Warengruppe Bekleidung, Wäsche sollte diese über 80 liegen.

Verkaufsflächenausstattungen messen die Verkaufsfläche einer Stadt oder eines Stadtteils in Bezug auf die Einwohner im Stadtteil (Verkaufsfläche in Quadratmetern je Einwohner).

In Deutschland liegt die Verkaufsfläche je Einwohner für den Einzelhandel insgesamt derzeit bei rund 1,50 m², für die Warengruppe Lebensmittel, Reformwaren liegt sie bei 0,45 m². Die stadtteilspezifische Verkaufsfläche je Einwohner sollte in der Warengruppe Lebensmittel, Reformwaren nicht unter 0,30 m² liegen. Der innenstädtische Verkaufsflächenanteil je Einwohner (gesamtstädtische Bevölkerung) im Segment des innenstädtischen Leitsortiments Bekleidung, Wäsche ist gut, wenn er mindestens zwischen 0,15 und 0,20 m² liegt.

5 Profilierungsstrategien für Cities und Quartiere im Kontext des Einzelhandels

5.1 Der Instrumentenkasten des City- und Quartiersmanagements im Kontext des Einzelhandels

Das City- und Quartiersmanagement als Teildisziplin des Stadtmarketings entwickelte sich verstärkt seit Beginn der 2000er Jahre. Es ist der strategische Versuch alle relevanten Handlungsfelder des städtischen Lebens zu bündeln und Themen übergreifend Lösungen anzubieten. Bürgerbeteiligung und der verstärkte Bottom-Up-Blick auch in der wissenschaftlichen Analyse förderten die Suche nach kleinräumigen Lösungsansätzen ohne die Verflechtungen zwischen Quartieren zu übersehen. Die Maßnahmen und Instrumente des City- und Quartiersmanagements berühren Belange der Stadt- und Verkehrsplanung und des Städtebaus ebenso wie immobilienwirtschaftliche Faktoren, Kulturpolitik und die betriebswirtschaftlichen Einflussgrößen der Einzelhandelsunternehmen. Mittels zunehmend sich schärfender Marketingstrategien wird die individuelle Profilierung von Quartieren und Einkaufslagen gefördert. Grundsätzlich lassen sich fünf maßgebliche Handlungsfelder der Innenstadtentwicklung unterscheiden:

- Erscheinungsbild der Innenstadt
- Erlebnisqualität der Innenstadt
- Image und Profilierung der Innenstadt
- Erreichbarkeit der Innenstadt
- akteursübergreifende Aktivitäten
- Social Media Marketing

5.2 Profilierungsstrategien für Lagen und Quartiere

Alle Überlegungen zur nachhaltigen Weiterentwicklung und Profilierung von Geschäftslagen, Stadträumen und Quartieren sollten darauf aufbauen, dass nicht ein in sich homogenes und gleich strukturiertes Angebot angestrebt wird, sondern einzelne Innenstadträume eine diversifizierte Angebotsvielfalt mit unterschiedlichen Lage- und

Aufenthaltsqualitäten entfalten können. Dabei sind für unterschiedliche Räume unterschiedliche Zielgruppen zu adressieren. Authentizität profiliert sich erst im regionalen Wettbewerb.

Der hier formulierte Ansatz der Geschäftslagenprofilierung geht davon aus, dass nur durch die Entwicklung unterschiedlicher, auf die Historie und die individuellen Begabungen eines Standortes oder Quartiers aufbauende Geschäftslagen eine attraktive Innenstadt entstehen kann (siehe auch Abb. 5). Einzelne Standorte schreiben Geschichten, wirken wie „Drehbücher in den Köpfen" *(Brain Scripts)*, an die sich Besucherinnen und Besucher einer Stadt immer wieder erinnern und hierdurch eine enge Bindung aufbauen. Mikunda (1992) bringt es auf den Punkt, wenn er die These aufstellt, dass eine Geschäftsstraße genauso im Gedächtnis bleiben muss wie ein erfolgreicher Krimi oder die Handlung eines Dramas.

Mikunda (1992, 2005, 2011) definiert vier in einem Innenstadtraum relevante räumliche Grundstrukturen, die Beiträge zur Individualität, Authentizität und Attraktivität leisten können: Achsen, Knotenpunkte, Distrikte/Quartiere/Viertel und Landmarken. Eine differenzierte Analyse von Profilierungsansätzen erfordert hier, dass neben die ökonomische Marktanalyse qualitative Bewertungen zum Einzelhandels- und Gastronomieangebot treten und auch die Psychologie des Raumes (Raumwahrnehmung der Kunden und Besucher, z. B. mit Hilfe von *mental maps*) Berücksichtigung findet.

Als Grundregeln zur Geschäftslagenprofilierung können auch mit Blick auf die langjährige Beratungstätigkeit des Verfassers folgende Merkpunkte zusammenfassend festgehalten werden:

Profilierung ist erfolgreich, wenn sie authentisch ist. Authentisch sein heißt, sich auf Strukturen, Emotionen und Dynamiken zu berufen, die konsequent für die örtliche Identität stehen. Mikunda (1992, 2011) spricht von „psychologisch gut strukturierten Orten", die „überschaubar und familiär" sind. Sie bleiben im Gedächtnis, weil sie „vertraut wirken". Profilierte Orte heben sich in ihren qualitativen Merkmalen (z. B. Qualitätsorientierung

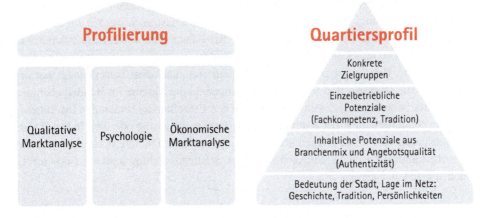

Abb. 5 Instrumente der Geschäftslagenprofilierung – Profilierungspyramide. (Quelle: eigene Darstellung, in Anlehnung an Cima 2007)

des Einzelhandels, Anteil an Premiummarken oder imagestarken Young-Fashion-Labels) deutlich vom Mainstream ab. Ebenso können sie durch eine besondere Branchenspezialisierung und auf spezifische Zielgruppen orientierte Gastronomie geprägt sein. Das Profilierungskonzept einer Lage kann in Standortblättern als Zusammenschau von harten Strukturdaten, der Quantifizierung von qualitativen Kriterien und der Dokumentation von Slogans zur Zusammenfassung der Lagepotenziale dokumentiert werden.

Der Weg zum authentischen Profil ist steinig und erfordert Durchhaltevermögen. Bloßes Abschreiben von andernorts erfolgreichen Profilierungskonzepten schadet dem Ziel einer individuellen Selbstdarstellung. Kopieren führt eher zur Entwertung von Standortimages.

Ein authentisches Profil schafft jedoch einen Vorsprung im regionalen Wettbewerb um Kaufkraftbindung. Stadträume bleiben spannend, weil es stets etwas zu entdecken gibt. Die Eins-a-Lage einer Innenstadt ist nicht beliebig erweiterbar. Es lohnt sich Eins-b- und Zweier-Lagen mit eigenen Profilierungen zu entwickeln, weil sie einen relevanten Beitrag zur Authentizität der Stadt leisten können. Hier kann Citymanagement eine moderierende Funktion übernehmen und Impulse setzen. Über die Potenziale von Lagen, Quartieren und der Innenstadt ist kontinuierlich zu kommunizieren.

6 Ausblick: Authentizität leben, Kreativität fördern, Virtualität nutzen

Der Einzelhandel wird auch in Zukunft eine zentrale Rolle für die Attraktivität und Akzeptanz unserer Städte spielen. Dies gilt insbesondere für den Erhalt und die Weiterentwicklung vitaler Innenstädte. Sie werden in Zukunft noch stärker vor der Herausforderung stehen, Einkaufserlebnisse zu generieren, die sich stetig wandeln. Die Verkaufsfläche wird zum Abenteuerspielplatz, in dem sich traditionelle Warenpräsentationen zunehmend mit virtuell aufgeladenen Markenimages verzahnen. Die Internetpräsenz von Marken- und Produktinformationen wird sich rasant weiterentwickeln. Freie WLAN-Zugänge in Shopping-Centern und Einkaufsstraßen werden zur Selbstverständlichkeit werden. Der Wettbewerb um die Erlebnisqualität von Stadtquartieren wird zunächst auf dem Tablet oder Smartphone stattfinden.

Die smarte Revolution in unseren Stadtquartieren und dem Einzelhandel hat erst begonnen. Die Wissens- und Serviceanforderungen an die Akteure im Handel, aber auch an die Mitarbeiterinnen und Mitarbeiter in den den Einzelhandel beratenden Institutionen wie dem Stadtmarketing, der kommunalen Wirtschaftsförderung oder den Industrie- und Handelskammern werden steigen und sich stetig wandeln. Die interdisziplinäre Zusammenarbeit aller Akteure der Einzelhandels- und Stadtentwicklung wird zur Basis erfolgreichen Handelns werden.

Literatur

Cima. (2007). Zukunftsperspektiven für den Einzelhandelsstandort Gelsenkirchen-City. http://www.stadtumbauwest.de/exwost/newsletterdaten/CIMA.pdf. Zugegriffen: 21. Juli 2017.
Cima. (2016). Cima monitor 2016. https://www.cima.de/files/cima.monitor_web.pdf. Zugegriffen: 21. Juli 2017.
EEC (E-Commerce-Center Köln). (2014). Cross-Channel 2020 – Smart Natives im Focus. https://www.ifhkoeln.de/pressemitteilungen/details/ecc-whitepaper-zu-smart-natives-online-kauf-ist-selbstverstaendlichkeit-stationaere-ladengeschaefte-weiterhin-gefragt/. Zugegriffen: 21. Juli 2017.
EHI Retail Institute. (2015). *EHI Handelsdaten aktuell 2015*. Köln: EHI Retail Institute.
HDE (Handelsverband Deutschland). (2016). *Zahlenspiegel 2016*. Berlin: HDE.
Lichtenberger, E. (2002). *Die Stadt. Von der Polis zur Metropolis*. Darmstadt: WBG.
Mikunda, C. (1992). Die Drehbücher im Kopf. Wie wir Städte, Romane und Filme „lesen". *Psychologie heute, 3*, 64–71.
Mikunda, C. (2005). *Der verbotene Ort oder Die inszenierte Verführung. Unwiderstehliches Marketing durch inszenierte Dramaturgie*. Frankfurt a. M.: Redline Wirtschaft.
Mikunda, C. (2011). Rezeptbuch der neuen Erlebniswelten. *Detail, 51*(3), 170–178.

Über den Autor

Michael Karutz ist seit Februar 2016 Wissenschaftlicher Mitarbeiter bei der Stadt Gelsenkirchen im für Wirtschaftsförderung zuständigen Vorstandsbereich. Zuvor war er 24 Jahre als Gutachter (Einzelhandelsanalysen, Gewerbeflächenkonzepte, Profilierungsstrategien für Stadtquartiere) bei der cima Beratung + Management GmbH und der GfK Marktforschung GmbH tätig. Michael Karutz studierte Geografie, Volkswirtschaftslehre und Soziologie an der Rheinischen Friedrich-Wilhelms-Universität Bonn und dem Queen Mary College, London.

Citymanagement

Michael Gerber

> **Zusammenfassung**
>
> Im interkommunalen Wettbewerb um Besucher und Kunden kommt der Positionierung und Profilierung einer Innenstadt eine herausragende Bedeutung zu. Ein Citymanagement mit seinen Handlungsfeldern und Instrumenten leistet einen wichtigen Beitrag im dauerhaften Prozess der Innenstadtentwicklung. Angesichts der nachhaltigen Herausforderungen durch die digitale Transformation kommt dem Citymanagement als „Kümmerer" eine wichtige Bedeutung zu und sollte insoweit für Städte als Pflicht verstanden werden.

1   Innenstädte zwischen Wunsch und Wirklichkeit

Das Idealbild einer Innenstadt ist geprägt durch abwechslungsreiche Geschäfte, schöne Plätze, kulturelle Vielfalt, identitätsstiftende Gebäude sowie ein Passieren und Verweilen verschiedenster Nutzer (vgl. BMUB 2014, S. 4). Dahinter steht der Wunsch nach einer hohen Lebensqualität, die ein wichtiger Aspekt der Wettbewerbsfähigkeit einer Kommune ist. Gleichzeitig wird nicht selten schon durch den Blick auf die eigene Stadtmitte eine andere Realität sichtbar. Folgt man Ulrich Hatzfeld (2006, S. 6), so könnte man zumindest beim Betrachten der Fachliteratur den Eindruck gewinnen, die Geschichte der Stadtkerne sei eine Geschichte von Krisen, in der es um Schlagworte wie Verödung, Überkommerzialisierung, Filialisierung und Banalisierung geht. In seinem *Weißbuch*

M. Gerber (✉)
Erlebnis Bremerhaven Gesellschaft für Touristik, Marketing und Veranstaltungen mbH, Bremerhaven, Deutschland
E-Mail: gerber@erlebnis-bremerhaven.de

© Springer Fachmedien Wiesbaden GmbH 2018
H. Meffert et al. (Hrsg.), *Praxishandbuch City- und Stadtmarketing*,
https://doi.org/10.1007/978-3-658-19642-4_13

Innenstadt führt das Bundesbauministerium den Strukturwandel im Einzelhandel, die Krise der Kauf- und Warenhäuser und Trends wie den zunehmenden Verlust inhabergeführter Einzelhandelsgeschäfte an, die die Lebendigkeit und Attraktivität der Stadtzentren gefährden (vgl. BVBS 2011, S. 7). Diese funktionalen Bedeutungsverluste der Innenstädte, die auch durch demografische Entwicklungen verursacht werden, erhalten durch geändertes Verbraucherverhalten, technologische Neuerungen und die Digitalisierung eine zusätzliche Dynamik, da sie die Strukturen des Einzelhandels nachhaltig verändern. Mit der am 21. April 2015 gestarteten Dialogplattform Einzelhandel verfolgt das Bundeswirtschaftsministerium das Ziel, Handlungsempfehlungen für alle vom Strukturwandel im Einzelhandel Betroffenen sowie Strategien für lebendige Innenstädte und Antworten auf die Digitalisierung zu entwickeln.[1]

Traditionell gilt eine Innenstadt als Ort des Handels, trägt doch die Vielfalt an Geschäften in der Regel zu ihrer Lebendigkeit und Attraktivität bei (vgl. IFH 2017, S. 2). Tatsächlich aber erfüllt eine Innenstadt die unterschiedlichsten urbanen Funktionen, was zu einer Fülle von verschiedenartigen Interessenlagen der innerstädtischen Akteure führt. Es bedarf daher eines besonderen Engagements, um durch die Befähigung zur ständigen Veränderung eine zukunftsorientierte Stabilität zu gewährleisten (vgl. Hatzfeld 2006, S. 7). Innenstadtentwicklung ist insofern nicht nur eine besondere und komplexe Aufgabe. Sie ist vor allem ein dauerhafter Prozess, der ein kooperatives Handeln voraussetzt (vgl. Wachten 2014, S. 41). Das Citymanagement wird vom Bundesbauministerium (vgl. BMUB 2014, S. 5) dabei als einer der Akteure benannt, der sich aktiv für eine integrierte, wirtschaftlich tragfähige, sozial ausgewogene und ökologisch orientierte Innenstadtentwicklung und den gemeinsamen Dialog über die Innenstadt einsetzt. Und auch in den beiden ersten Veranstaltungen der Workshop-Reihe „Perspektiven für eine lebendige Stadt" der Dialogplattform Einzelhandel des Bundeswirtschaftsministeriums wurde die Bedeutung des Citymanagements – insbesondere im Kontext „Erlebnis Innenstadtbesuch" und „digitale/virtuelle Innenstadt" – als „Kümmerer", „Antreiber" und „Koordinator" durch die Workshop-Teilnehmer herausgestellt.[2]

Die aus meiner Sicht wichtige und schon lange angestrebte Anerkennung durch das Bundesbauministerium und das Bundeswirtschaftsministerium erklärt sich aus den Gründungsprinzipien eines Citymanagements: Einzelhändler, Gewerbetreibende, Dienstleister und Gastronomiebetriebe, aber immer stärker auch Immobilienbesitzer, die mit ihrem Unternehmen bzw. ihren unternehmerischen Aktivitäten auf die Innenstadt fokussiert sind, haben ein zentrales Interesse an ihrer Entwicklung. Ein wichtiges Motiv für die Gründung von Citymanagementorganisationen – verstärkt seit Beginn der 2000er Jahre – war der Wunsch der Wirtschaft sich mit ihren Interessen und Bedürfnissen stärker in

---

[1]Bundesministerium für Wirtschaft und Energie, https://www.bmwi.de/Redaktion/DE/Dossier/dialogplattform-einzelhandel.html (Zugegriffen: 9. April 2017).
[2]Vgl. die Protokolle der Workshops: https://www.bmwi.de/Redaktion/DE/Artikel/Mittelstand/dialogplattform-einzelhandel-workshop-reihen-02-perspektiven-stadt.html (Zugegriffen: 9. April 2017).

die Stadtplanung und -entwicklung einzubringen. Heutzutage ist es für die Kommunen nicht nur selbstverständlicher geworden, diese innerstädtischen Interessennetzwerke zu beteiligen oder die Zusammenarbeit mit Schlüsselpersonen aus dem Kreis der Innenstadtakteure zu suchen, sondern es gibt inzwischen erfreulicherweise vermehrt partnerschaftliche Strukturen bei der Etablierung und dem Betrieb von Citymanagementorganisationen.

Citymanagement ist – das zeigen die bisherigen Ausführungen – ein stark auf Kooperation ausgerichtetes Instrument zur Belebung einer Innenstadt. Die hohe urbane Verdichtung vielfältiger Funktionen als Wirtschaftsraum für Handel, Gastgewerbe, Dienstleistungen und Freizeiteinrichtungen, Wohnort sowie Ort für Freizeit, Kultur und Unterhaltung bedingt, dass das Citymanagement eine stark ökonomisch orientierte Handlungsperspektive einnimmt. Citymanagement lehnt sich zwar begrifflich und konzeptionell an das Centermanagement eines Einkaufszentrums an, hat aber im Gegensatz dazu deutlich geringere Durchgriffs- und Gestaltungsrechte. So kann ein Citymanagement angesichts fehlender Vertragsbeziehungen beispielsweise mit den Ladenbetreibern einer Innenstadt die Einheitlichkeit von Öffnungszeiten nicht unmittelbar beeinflussen. Diese fehlenden formalen Kompetenzen gilt es mit überzeugenden Citymarketingkonzepten, die klare Ziele, kluge Strategien sowie gute und operativ nachhaltige Projekte und Maßnahmen zur Belebung einer Innenstadt beinhalten, auszugleichen.

Da die Begriffe Citymanagement und Citymarketing in ihrer Verwendung stark miteinander verwoben sind, werden sie in der Praxis – und in Teilen auch in der Literatur – häufig gleichgesetzt. In meinem Verständnis verantwortet ein Citymanagement die Umsetzung eines Citymarketingkonzeptes. Die Erarbeitung eines Citymarketingkonzeptes erfolgt häufig erstmalig durch die Beauftragung eines Beratungsunternehmens, die – gebotene – Fortschreibung dann in der Regel durch das Citymanagement selbst (vgl. Schaller 1993, S. 10).

In Abgrenzung zum Citymanagement wirkt ein Quartiersmanagement als gebietsbezogenes strategisches Instrument der sozialen Stadtentwicklung. Der Begriff taucht erstmalig im Zusammenhang mit dem Bund-Länder-Programm „Stadtteile mit besonderem Entwicklungsbedarf – Die Soziale Stadt" ab 1999 auf (vgl. Difu 2001). Das Programm wurde entwickelt, um Problemen in durch soziale und ökonomische Missstände benachteiligten Stadtteilen entgegenzuwirken und die soziale Desintegration in den Städten aufzuhalten. Durch die Entwicklung und Umsetzung lokaler Ideen sollen vor allem die Lebensbedingungen in den Stadtteilen und die Chancen benachteiligter Gruppen verbessert werden. Die Bearbeitung und Begleitung menschlicher und materieller (investiver und nicht-investiver) Ressourcen, die Aktivierung und Beteiligung der Quartiersbevölkerung und anderer lokaler Akteure sowie die Vernetzung staatlicher und privater Akteure haben hohe Priorität. Gefördert werden insbesondere lokale Initiativen in den Bereichen Beschäftigung, Kultur- und Sozialarbeit (vgl. Weber 2017).

Viele Stadtmarketingorganisationen haben ihren Ursprung im Citymanagement. So verwundert es nicht, dass das Citymanagement bis heute eine Kernaufgabe des Stadtmarketings darstellt und idealerweise organisatorisch, mindestens aber strategisch-operativ unter dem Dach des Stadtmarketings angesiedelt sein sollte, um durch diese enge Verzahnung sein Wirkungsspektrum zu stärken.

Nachfolgend soll auf die Grundelemente eines erfolgreichen Citymanagements sowie auf dessen Handlungsfelder und Instrumente zur erfolgreichen Positionierung und Profilierung einer Innenstadt im interkommunalen Wettbewerb eingegangen werden.

2 Positionierung und Profilierung im interkommunalen Wettbewerb

Das Institut für Handelsforschung Köln führte im Herbst 2016 die Untersuchung „Vitale Innenstädte" mit insgesamt 58.000 Interviews von Innenstadtbesuchern in 121 deutschen Städten durch (vgl. IFH 2017). Die Studie bestätigt die bundesweit festzustellenden Frequenzverluste im Einzelhandel durch die abnehmende Besuchshäufigkeit der Innenstadtkunden. Obwohl dieser Effekt in hohem Maße auf Umsatzverschiebungen zugunsten des Online-Handels basiert, ist die größte Konkurrenz der Stadtzentren allerdings nicht immer das Internet. Eine genaue Betrachtung der einzelnen innenstadtrelevanten Sortimente zeigt, so das IFH[3], dass der stärkere Wettbewerb zwischen einzelnen stationären Standorten stattfindet. Der Umstand, dass die meisten Besucher „ihrer" Innenstadt über alle Städtegrößenklassen hinweg nicht die Treue halten, unterstreicht das Erfordernis, dass sich die Stadtkerne im interkommunalen Wettbewerb um Besucher und Kunden positionieren und profilieren müssen.

2.1 Elemente eines erfolgreichen Citymanagements

Bevor im Abschn. 2.2 der Frage nachgegangen wird, mit welchen Maßnahmen auf die Attraktivität einer Innenstadt und damit auf das Zusammenspiel von Angeboten, städtebaulichen und gestalterischen Qualitäten, Erreichbarkeit sowie Erlebnis- und Aufenthaltsqualität eingewirkt werden soll, werden zunächst Elemente eines erfolgreichen Citymanagements diskutiert: die Errichtung einer möglichst breiten Allianz von Innenstadtakteuren, einer leistungsstarken Organisationsstruktur und schließlich die Entwicklung eines passgenauen Marketingkonzeptes, um als Standort die eigenen wettbewerbsorientierten Alleinstellungsmerkmale identifizieren zu können, diese gezielt zur Profilierung einzusetzen und kontinuierlich weiterzuentwickeln.

---

[3]Vgl. Leipzig, Erfurt und Heidelberg haben die attraktivsten Innenstädte Deutschlands. https://www.ifhkoeln.de/pressemitteilungen/details/leipzig-erfurt-und-heidelberg-haben-die-attraktivsten-innenstaedte-deutschlands/?L=1&cHash=5574f12139d1fd04d5c77aaeca2c202a (Zugegriffen: 9. April 2017).

Allianzen/Netzwerke/Beteiligungen

Das Citymanagement wird nur dann als Instrument der kooperativen Innenstadtentwicklung erfolgreich sein, wenn es ihm gelingt, die innerstädtischen Akteure miteinander zu vernetzen. Der Handelsverband Deutschland (HDE) hat bereits im Zusammenhang mit der Studie „Vitale Innenstädte 2014" unter anderem die Feststellung getroffen, dass eine „Allianz zur Innenstadt" aus Kommune, Handel, Immobilieneigentümern/Projektentwicklern gebildet werden muss (vgl. HDE 2015). Um die Fähigkeit zur ständigen Veränderung für eine zukunftsorientierte Stabilität zu erlangen, sind über die Kommunikation hinaus auch Kooperationen einschließlich der Abstimmung und Bündelung von Aktivitäten erforderlich. Neben der vom HDE (2015) empfohlenen Partnerschaft mit dem Freizeitsektor – das Freizeitangebot hat neben Ambiente und Flair einen Einfluss auf die wahrgenommene Attraktivität einer Innenstadt – ist für das Citymanagement auch eine strategische Allianz mit den Akteuren aus der Kultur von Relevanz, um von der Logik der Kultur zu profitieren, etwa wenn ein wirklich passgenaues Fest für die Stadt entwickelt werden soll, kein Event von der Stange, das nur die Uniformität der Innenstädte unterstreicht (vgl. dazu die Beiträge von Norbert Käthler und Bernadette Spinnen in diesem Band).

Organisationsstrukturen und Ressourcen

Ein Citymanagement kann wie eine klassische Werbegemeinschaft als Verein organisiert sein. Auch die Zuordnung zur Verwaltung sowie Genossenschafts- und GmbH-Lösungen finden sich im Anwendungsspektrum. Allen Modellen gemein ist, dass in der Regel die Innenstadtakteure im Ehrenamt in diesen Strukturen im Diskussions- und Entscheidungsprozess mitwirken, die operative Arbeit aber durch hauptamtliche Mitarbeiterinnen und Mitarbeiter erfolgt. Gerade um die komplexen Aufgaben und vielfältigen Erwartungshaltungen an das Citymanagement erfüllen zu können, sind über eine adäquate Organisationsstruktur hinaus entsprechende Ressourcen erforderlich. Dazu zählen die – von möglichst vielen Schultern getragenen – Finanzen (vgl. dazu den Beitrag von Halves und Severin in diesem Band) und das Personal. Gerade bei den Erwartungen an das Personal als „eierlegende Wollmilchsau"[4] hat sich in den letzten knapp zwei Jahrzehnten kaum etwas geändert: Citymanager müssen interdisziplinär arbeiten und denken, um Brücken zwischen den verschiedenen Funktionsbereichen einer Stadt schlagen zu können. Als Vermittler und Impulsgeber in einer Person muss es ihnen gelingen, zwischen unterschiedlichsten Interessenlagen auszugleichen und sich im politisch geprägten Umfeld zu behaupten. Das braucht eine starke Kommunikationskraft, eine hohe Frustrationstoleranz und eine ausgesprochene Hartnäckigkeit. Zentral ist aber die städtische Unterstützung – weil sonst das Citymanagement auch bei größter Anstrengung zur

---

[4] Vgl. http://www.faz.net/aktuell/wirtschaft/interview-der-citymanager-ist-keine-eierlegende-wollmilchsau-123403.html (Zugegriffen: 9. April 2017).

Selbstfinanzierung und höchster qualitativer Arbeit weder dem strategischen Anspruch des Imagemarketings gerecht werden noch auf Dauer existieren kann (vgl. bcsd 2011a).

Konzeptionelle Grundlagen mit Zielen, Strategien und Maßnahmen
Die Entwicklung eines Marketingkonzeptes mit der Zielsetzung, die Innenstadt zu beleben, ihre Attraktivität zu steigern und die Verweildauer der Besucher und Kunden zu erhöhen, gehört zu den klassischen Aufgaben eines Citymanagements. Da es an anderer Stelle in diesem Handbuch explizit um die Erarbeitung eines Marketingkonzeptes geht (vgl. den Beitrag von Jürgen Block), sollen an dieser Stelle nur die wesentlichen Stichworte benannt werden: Auf der Grundlage einer Stärken-/Schwächen- sowie Chancen-/Risiken-Analyse werden die Alleinstellungsmerkmale und damit die Positionierungsansätze einer Innenstadt hinsichtlich Image und Identität (an sich sowie in ihrer Bedeutung als prägender Teil der gesamten Stadt) ermittelt. Die unter Beteiligung von möglichst vielen Innenstadtakteuren entwickelte lösungsorientierte Bewertung der lokalen Situation wird in ein ganzheitliches – und kontinuierlich anzupassendes – Konzept überführt, das ziel-, strategie- und handlungsorientierte Maßnahmen zur nachhaltigen Profilierung einer Innenstadt enthält. Strategien für Innenstädte sollten dabei, so Hatzfeld (2006, S. 8 f.), „auch immer eine künstlerische bzw. kulturelle Dimension haben – mit dem Ziel der Selbstvergewisserung und Identitätsfindung".

2.2 Handlungsfelder und Instrumente

Auf einige wichtige Handlungsfelder und Instrumente des Citymanagements soll nachfolgend kurz eingegangen werden.[5]

Sicherung eines attraktiven Branchen- und Geschäftsmixes
Im Gegensatz zum Centermanagement eines Einkaufszentrums hat ein Citymanagement überhaupt keine Möglichkeiten, unmittelbar den Branchen- und Geschäftsmix in einer Innenstadt festlegen und steuern zu können. Es kann aber durch Handelsberatung (beispielsweise Krisenmanagement, Existenzgründung) und Fortbildungsangebote (beispielsweise Serviceschulungen, Sprachkurse, etc.) insbesondere inhabergeführte Geschäfte in ihrer Weiterentwicklung unterstützen. Der Vermeidung von Leerständen als Symbol für Schwäche und Trading-Down-Prozesse in einer Innenstadt etwa mittels Zwischennutzungskonzepten wie Kunstausstellungen oder Pop-up-Stores kommt inzwischen als sogenanntem Flächenmanagement eine strategische Bedeutung zu. Durch einen

---

[5]Einen immer noch aktuellen Überblick darüber, mit welchen Werkzeugen das Citymanagement im Citymarketing arbeitet, wie relevant diese Instrumente sind und in welchem Maße diese eingesetzt werden, gibt die von der Bundesvereinigung City- und Stadtmarketing Deutschland e. V. im Jahr 2011 unter ihren Mitgliedern durchgeführte und von über 100 Mitgliedern beantwortete Online-Befragung: http://www.bcsd.de//media/Toolbox%20Stadtmarketing.pdf (Zugegriffen: 9. April 2017).

kontinuierlichen Dialog mit den „vor Ort" agierenden Maklern, Immobilieneigentümern, Geschäftsinhabern und einer engen Zusammenarbeit mit der Wirtschaftsförderung kann das Citymanagement am Flächenmanagement mitwirken. So können Flächenangebote und -nachfrage zusammengeführt werden und einen Standort im Idealfall durch eine adäquate Nutzung stabilisieren oder neu entwickeln. Da der Einzelhandel als wesentliche Innenstadtfunktion nicht mehr überall die frühere Dynamik besitzt, sind inzwischen längst innovative Ansätze gefragt, die sich auch mit einer Neudefinition innerstädtischer Funktionen und Attraktivität auseinandersetzen (vgl. BMUB 2014, S. 30). Ebenfalls kann das Citymanagement am sogenannten Immobilien-Pooling mitwirken, in dem mit den relevanten Akteuren – Eigentümern und potenziellen Nutzern – geeignete juristische und immobilienwirtschaftliche Lösungen für eine optimierende Verknüpfung von Nutzungsflächen aus Streubesitz ermöglicht werden (vgl. BMUB 2014, S. 31).[6]

Profilierungsstrategien für Lagen und Quartiere
Die Entwicklung von Quartiersprofilen kann für ein Citymanagement – wie Heinze (2011, S. 60) ausführt – in mehrfacher Hinsicht von Interesse sein. So wirkt eine Innenstadt durch die Ausweisung von Quartieren facettenreicher und größer, Nebenlagen können sich als Toplagen für ihr Spezialthema oder ihre Zielgruppe profilieren, Maßnahmen im Quartier können besser an einer Leitidee ausgerichtet und marketingtechnisch zugespitzt werden und die Identifikation der Anlieger mit dem Quartier kann darüber verbessert werden.

Voraussetzung ist allerdings, dass die Innenstadt mit ihrer nicht beliebig erweiterbaren 1a-Lage und die 1b- und 2er-Lagen genügend Substanz in Form einer diversifizierten Angebotsvielfalt mit unterschiedlichen Standort- und Aufenthaltsqualitäten aufweisen, um ein eigenes und glaubwürdiges Profil zu entwickeln, mit dem ein relevanter Beitrag zur Authentizität einer Innenstadt geleistet werden kann. Zudem ist zu beachten, dass nicht jedes Profilierungsmerkmal für Kunden entscheidungsrelevant bzw. interessant ist. Authentische Profile können Vorsprung im interkommunalen Wettbewerb um Kunden- und Kaufkraftbindung schaffen, da Stadträume spannend bleiben, weil es stets etwas zu entdecken gibt. Hier kann das Citymanagement eine moderierende Funktion übernehmen und Impulse setzen. Der Ansatz der lokalen Profilierung ist eng mit Flächenmanagement verbunden.

Aufenthaltsqualität
Über die Aufenthaltsqualität einer Innenstadt entscheidet unverändert SOS – Sauberkeit, Ordnung und Sicherheit. Das persönliche Sicherheitsgefühl ist nicht nur am Tage entscheidend, sondern ist – wie beispielsweise Karlsruhe zeigt[7]– auch ein wichtiges

---

[6]Vgl. als Beispiel auch BMUB (2014), „Werkzeugkasten Immobilienpooling Wolfenbüttel".
[7]Vgl. das im Herbst 2004 in Karlsruhe gestartete Projekt „Sicheres Nightlife". Mehr dazu unter Cityinitiative Karlsruhe, http://www.cityinitiative-karlsruhe.de/projekte/kundenbindungsprojekte/sicheres-nightlife/ (Zugegriffen: 9. April 2017).

Kriterium bei der Bewertung des Nachtprogramms einer Stadt. Zudem kann ein Citymanagement gemeinsam mit dem Einzelhandel und der Gastronomie – unter Berücksichtigung ihrer betrieblichen Erfordernisse – dazu beitragen, dass durch die Erarbeitung von Gestaltungssatzungen einheitliche Regelungen zur attraktiven Möblierung und Bepflanzung relevanter Stadträume entstehen, die zugleich zur Profilbildung einzelner Lagen beitragen können. Inzwischen sind vermehrt Städte dazu übergegangen, ihrem Citymanagement die Vergabe der Sondernutzungsflächen zu übertragen, und damit beispielsweise das Herausstellen von Waren, das Aufstellen von stationären und mobilen Verkaufsständen sowie gewerbliche Informationsstände zu regeln. Auch hierüber kann ein Citymanagement auf die Ausgestaltung der Aufenthaltsqualität einwirken.

Erlebnisqualität
Mehrfach ist mittlerweile davon die Rede, dass der stationäre Handel nicht mehr in „Umsatz pro Quadratmeter", sondern in „Erlebnis pro Quadratmeter" denken muss (vgl. Rehme 2017; Gruschwitz 2017). Auch in den Stadtzentren muss der Einkauf – so fordert es unter anderem die „Allianz für Innenstädte" des Deutschen Städte- und Gemeindebundes sowie des Handelsverbandes Deutschland (HDE) – zu einem Erlebniseinkauf werden, der zum Beispiel durch Angebote zur Kinderbetreuung, durch Ruhe- und Kommunikationsräume oder durch ausgefallene Verkaufsaktionen abgerundet wird.[8]
Die Ausgestaltung authentischer Veranstaltungskonzepte und deren Umsetzung im Rahmen des Eventmanagements (vgl. den Beitrag von Norbert Käthler in diesem Band) gehört zu den maßgeblichen Gestaltungsfeldern eines Citymanagements. Die Inszenierung der Stadträume zielt vor allem darauf ab, Kundenfrequenzen nachhaltig zu erhöhen und Einzugsbereiche zu erweitern. Die Durchführung von Verkaufsoffenen Sonntagen ist dafür ein besonders prägnantes Beispiel. Nach einer Umfrage der Industrie- und Handelskammer (IHK) Nord Westfalen aus dem Frühjahr 2017 nutzen die Händler die Sonntage in erster Linie dafür, die Attraktivität des Einkaufsstandortes öffentlichkeitswirksam darzustellen (53 %) und langfristige Kundenbindungen zu stärken (47 %). Der Umsatz spielt an solchen Tagen nur für 30 % der Händler eine Rolle (vgl. Auf der Landwehr 2017).

Servicequalität
Die Verbraucher erleben und schätzen den Service, den der Onlinehandel ihnen bietet, um ihren Einkauf bequemer zu machen. Und die meisten stationären Unternehmen wissen, dass es nicht mehr genügt, den Kunden nur mit dem Angebots- und Leistungssortiment, seiner Vielfalt und dessen Qualität zufrieden zu stellen. Den Ansprüchen des Kunden beim ersten Versuch zu genügen, besser noch, seine Erwartungen zu übertreffen,

---

[8]Vgl. DStGB und HDE: Handel und Kommunen bilden Innenstadt-Allianz – Verödung der Innenstädte stoppen: http://www.einzelhandel.de/index.php/presse/pressearchiv/item/126480-dstgb-und-hde-handel-und-kommunen-bilden-innenstadt-allianz-%E2%80%93-ver%C3%B6dung-der-innenst%C3%A4dte-stoppen (Zugegriffen: 9. April 2017).

gilt vielen als „Schlüssel zum Erfolg". Service als Kernaufgabe des stationären Handels ist ein wichtiger Faktor, um sich im Wettbewerb zu bewähren und zu profilieren. Genau wie das Einkaufserlebnis gewinnt auch der Service insgesamt an Bedeutung für die Innenstädte. Über das Citymanagement wird vor allem versucht durch entsprechende Initiative zu erreichen, dass innerstädtische Betriebe durch überregionale Zertifikate wie „Familienfreundlicher Betrieb" oder „Barrierefreies Einkaufen" ihre Servicequalität öffentlichkeitswirksam darstellen können. Gerade die Auszeichnung mit dem Q-Siegel der „Servicequalität Deutschland" macht deutlich, dass die Mitwirkungsbereitschaft der Betriebe nicht immer leicht sicherzustellen ist. Die Zertifizierung trägt aus Sicht der Betriebe nämlich nicht unmittelbar zu einer Steigerung der Kundenfrequenz und Umsätze bei, da dieses Q-Siegel vor allem als innerbetriebliches Verbesserungswesen wirkt. Der „Schlüssel" zum Erfolg wirkt eher im Sinne von Nachhaltigkeit. Für das Citymanagement ist das Q-Siegel insoweit von Interesse, als man je nach Stadtgröße und Anzahl der beteiligten Unternehmen sich als „Servicequalitätsstadt" zertifizieren lassen kann. In diesem Zusammenhang gewinnen dann auch überbetriebliche Serviceangebote – wie „Nette Toiletten"[9], Schirmverleihe, Kinderbetreuungsservices, Parkticketerstattungen, Scheckhefte/Gutscheinsysteme, Studentenservices, Einkaufsbegleiter *(City-Stewards, CityService)*, Shoppingcards, Mobile Stadtinformationssysteme/2-D-Codes, Einkaufsaufbewahrungsservices, Seniorenservices, Lieferservices – an Bedeutung (vgl. bcsd 2011b).

Erreichbarkeit
Eine gute Erreichbarkeit zählt zu den Basisanforderungen der Innenstadtbesucher. Daher wird sich ein Citymanagement immer auch zu Wort melden müssen, wenn es um Fragestellungen der Erreichbarkeit geht. Das gilt sowohl im Hinblick auf den öffentlichen Personennahverkehr, als auch auf den Individualverkehr (Auto, Fahrrad, zu Fuß). Ein Citymanagement kann als Interessenvertreter dazu beitragen, dass durch eine gute Beschilderung auf dem Weg zur Innenstadt sowie durch ein Fußgängerleitsystem in der Innenstadt die Orientierung für die Besucher und Kunden wahrnehmbar besser wird. Auch einheitliche Öffnungszeiten sind diesbezüglich wichtig; sie gelten aber (außerhalb der Einkaufszentren) in den Einkaufsstraßen der Innenstädte bis heute als nicht umsetzbar. Darüber hinaus müssen sowohl die innerstädtischen Unternehmen, als auch die Innenstadt insgesamt digital erreichbar sein. Gerade für die notwendige Implementierung und den Betrieb von Onlinesuchmaschinen, Social-Media-Kanälen, einer „City-Homepage" oder

---

[9]Es gibt in vielen Innenstädten aus Kostengründen zu wenig öffentliche Toiletten. Aus der ‚klassischen' Notlösung, eine Gaststättentoilette zu benutzen, wurde nun mancherorts ein Konzept gemacht: Gastronomie und Stadt gehen eine Partnerschaft ein. Die Stadt unterstützt die Gastronomen finanziell bei der Pflege der Toiletten und spart dadurch Kosten und der Gastronom bekommt den einen oder anderen neuen Gast, sowie Geld für sein schon bestehendes WC, siehe http://www.die-nette-toilette.de/gute-gruende-fuer-die-nette-toilette.html (Zugegriffen: 9. April 2017).

einer lokalen Online-Plattform kommt dem Citymanagement zukünftig als „digitalem Kümmerer" eine herausragende Rolle zu.[10]

Dienstleistungsagentur und Profit-Center
Die Citymanagementorganisationen sind in der Regel auf die finanzielle Unterstützung der Städte und Kommunen angewiesen; sie leisten den weitaus größten finanziellen Beitrag. Dazu kommen als weitere Einnahmequelle die Mitgliedsbeiträge. Zur Absicherung ihrer finanziellen Grundlagen sind viele der Organisationen des Citymanagements bisher auf Events angewiesen, die die Generierung von Standgebühren, Sponsoren etc. ermöglichen. Durch die deutlich gestiegenen Gebühren (zum Beispiel GEMA) und die strengere Verfolgung sowie die stark gestiegene Bedeutung von kostenintensiven Sicherheitskonzepten ist davon auszugehen, dass (Groß-)Events zunehmend an Relevanz verlieren werden.

Darüber hinaus werden vom Citymanagement folgende Möglichkeiten für geschäftliche Tätigkeiten im Sinne einer Dienstleistungsagentur genutzt: Verpachtung/Betrieb von Werbeflächen, werbliche Leistungen im Sinne einer Agentur für Dritte, Vergabe Sondernutzungsflächen, Eventmanagement als Dienstleistung für Dritte, Lizenzgeschäfte (Vermarktung von lizenzierten Waren, Titeln, etc.), Verpachtung/Betrieb von Parkflächen oder Tiefgaragen, Kongress- und Tagungsservices, Provisionsgeschäfte (etwa die Vermittlungen von Leistungen oder Waren) und Stadt-Shops (vgl. bcsd 2011b).

Erfolgskontrollen
Durch seine Mittlerrolle zwischen öffentlichen und privatwirtschaftlichen Akteuren, die mittlerweile die Organisation häufig gemeinsam konstituieren, muss sich das Citymanagement stärker als etablierte Ämter und Einrichtungen rechtfertigen – vor der Politik, der Wirtschaft, aber auch vor den Bürgerinnen und Bürgern. Hierfür ist es unabdingbar, immer wieder Erfolgskontrollen durchzuführen. Insoweit ist für den Citymarketingprozess eine regelmäßige Marken- und Prozessanalyse, für die Institution des Citymanagements der offensive Einsatz von Controlling-Instrumenten und Kennzahlen – auch für die nicht monetären Leistungen und Wirkungen – geboten (vgl. bcsd 2011a). Zu den erprobten Instrumenten zählen insbesondere Kundenbefragungen, wie die Mitwirkung vieler Städte an der Studie „Vitale Innenstädte" dokumentiert. Ein weiteres Mittel sind Frequenzmessungen. Durch den – noch mit einem nicht unwesentlichen finanziellen Aufwand verbundenen – Einsatz moderner Technik ist es heutzutage möglich, permanent die Passantenströme in einer Einkaufsstraße zu messen und aufzuzeichnen. Solche Messungen ersetzen die in der Regel bis heute vielfach angewandten Schätzungen oder temporären Handzählungen.

---

[10]Vgl. Bundesministerium für Wirtschaft und Energie, Themenseite Einzelhandel, https://www.bmwi.de/Redaktion/DE/Artikel/Mittelstand/dialogplattform-einzelhandel-workshop-reihen-02-perspektiven-stadt.htm (Zugegriffen: 9. April 2017).

Kommunikation

Zu den Pflichtaufgaben eines Citymanagements gehört ohne Zweifel die regionale und überregionale Presse- und Öffentlichkeitsarbeit (vgl. den Beitrag von Christina Borrmann in diesem Band); dazu zählt die Erstellung von Presse- und Imagetexten, die Organisation und Durchführung von Pressekonferenzen, die Beantwortung von Presseanfragen und die Betreuung von Journalisten, Pressefotografen und möglichen Filmteams. Aber die Kommunikation gilt es nicht nur nach außen, sondern in Hinblick auf Kooperations- und Leistungspartner auch in Form etwa von Newslettern und Netzwerkarbeit nach innen zu pflegen. Generell gilt es die Arbeit, Projekte und Erfolge des Citymanagements und möglicher externer Partner mit Kommunikationsmaßnahmen zu begleiten und bekannt zu machen. Im Ergebnis soll durch eine inhaltlich einheitliche Kommunikation die Profilierung einer Innenstadt durch ihre Alleinstellungsmerkmale nach außen (Image) und innen (Identität) gestärkt werden. Durch den Einsatz eines Corporate Designs kann diese Kommunikation visuell unterstützt werden (vgl. Braunschweig Stadtmarketing 2013, S. 21 f.). Gerade die dynamische Entwicklung der Digitalisierung hat im Bereich der Kommunikation für das Citymanagement zu entscheidenden Veränderungen geführt. Schon längst reicht es nicht mehr aus, eine Internetpräsenz in Form einer Homepage zu haben. Inzwischen finden immer intensiver der Einsatz von Apps, *Location-Based-Services* (standortbezogenen Diensten) mit möglichen Schnittstellen zu Social-Media-Angeboten und Community-Plattformen Anwendung, um im Rahmen eines digitalen Dachmarketings für die Innenstadt den Kommunikations- und Interaktionsbedürfnissen der Besucher und Kunden zu entsprechen.

3 Innenstadtentwicklung und -profilierung ist ein dauerhafter Prozess

Zu Beginn dieses Beitrages wurde aufgezeigt, dass die wenigsten Innenstädte dem Wunschbild einer Stadtmitte entsprechen und insoweit ihre Entwicklung und Profilierung nicht nur eine besondere und komplexe Aufgabe, sondern vor allem ein dauerhafter Prozess ist, der ein kooperatives Handeln erfordert. Zugleich zeigt die außerordentliche Dynamik, die die digitale Transformation auf den Einzelhandel ausübt, dass eine Revitalisierung der Innenstädte eine immer größere Herausforderung wird, vor allem vor dem Hintergrund von *Smart Cities,* die Versorgung anders denken und auch ohne innerstädtischen Handel auskommen (vgl. Krisch 2017).

3.1 Pflicht statt Kür

Citymanagement darf nicht länger nur als freiwillige Aufgabe verstanden werden. Seiner strukturellen Verflechtung mit dem Stadtmarketing, der Wirtschaftsförderung sowie dem Tourismus sollte Rechnung getragen und zugleich die hohe Abhängigkeit von den

Engpässen der kommunalen Haushaltslage reduziert werden. Das Erfordernis der Politik in zeitlich begrenzten Wahlperioden zu denken und zu handeln lässt sich nur schwer mit einer kontinuierlichen Marktbearbeitung in Deckung bringen.

3.2 Citymanagement als „Kümmerer" in der digitalen Transformation

City- und Stadtmarketingorganisationen erkennen die Chancen der Digitalisierung für das Stadtmarketing und die Städte. Gleichzeitig bestehen zwischen Theorie und Praxis Diskrepanzen, was es erschwert, das Beste aus beiden Welten – der Online- und der Offline-Welt – für die (Innen)Städte nutzbar zu machen (vgl. bcsd 2015).

Aufgabe des Citymanagements wird es sein, einerseits heute schon an das Übermorgen zu denken (vgl. das Interview mit Frank Tentler in diesem Band), andererseits im Tagesgeschäft gemeinschaftliche Konzepte zur Wahrung der digitalen Chancen zu erarbeiten (beispielsweise Konzepte zur Stärkung der Online-Präsenz). Insbesondere kleinere, inhabergeführte Unternehmen sind auf Unterstützung angewiesen, da sie im Regelfall nicht über das entsprechende Know-how der Zentrale eines Filialsystems verfügen. Insoweit kann den Empfehlungen der Dialogplattform Einzelhandel[11] gefolgt werden, die nachstehende Punkte beinhalten: 1) Maßnahmen zur besseren Ausschöpfung digitaler Kommunikations- und Vertriebsmöglichkeiten (Social-Media-Kanäle nutzen, eine City-Homepage einrichten und pflegen, digitale Maßnahmen als Frequenzbringer wohlüberlegt einsetzen, Mehrwert durch digitale Vernetzung erwirken, digitale Stakeholder-Kommunikation einrichten); 2) Maßnahmen zur Verbesserung der digitalen Infrastruktur (kostenfreies WLAN für Stadtbesucher anbieten, Innenstädte über mobile Endgeräte erlebbar machen, Digitalwissen für die Innenstadt-Stakeholder bereitstellen, *Cross-Channel-Services* über Marktplätze realisieren[12]) und 3) Maßnahmen zur Verbesserung der „digitalen Kompetenzen" von Citymanagern (Qualifizierungsangebote für Citymanager schaffen, digitale Qualifizierung über Partnerschaften sichern).

---

[11]Siehe Bundesministerium für Wirtschaft und Energie. Themenseite Einzelhandel, https://www.bmwi.de/Redaktion/DE/Artikel/Mittelstand/dialogplattform-einzelhandel-workshop-reihen-02-perspektiven-stadt.html (Zugegriffen: 9. April 2017).

[12]Wenngleich bisher alle Beispiele von lokalen Marktplätze (wie die Online-City Wuppertal) gezeigt haben, dass die hohen technischen Anforderungen an ein digitales Warenbewirtschaftungssystem eine breite und nachhaltige Beteiligung von Einzelhändlern verhindert haben.

Literatur

Auf der Landwehr, A. (2017). Verkaufsoffene Sonntage als zentrale Bedeutung. http://www.muenster-journal.de/2017/04/verkaufsoffene-sonntage-als-zentrale-bedeutung/. Zugegriffen: 9. April 2017.

bcsd (Bundesvereinigung City- und Stadtmarketing Deutschland e. V.). (2011a). Stadtmarketing zwischen Werbung und Strategie, Positionspapier der Bundesvereinigung City- und Stadtmarketing Deutschland e. V. https://www.bcsd.de/media/bcsd_positionspapier_stadtmarketing_zwischen_werbung_und_strategie.pdf. Zugegriffen: 9. April 2017.

bcsd (Bundesvereinigung City- und Stadtmarketing Deutschland e. V.). (2011b). Umfrageauswertung: Toolbox Stadtmarketing. http://www.bcsd.de//media/Toolbox%20Stadtmarketing.pdf. Zugegriffen: 9. April 2017.

bcsd (Bundesvereinigung City- und Stadtmarketing Deutschland e. V.). (2015). Stadtmarketing im Profil. Die digitale Stadt. http://www.bcsd.de/files/web_bcsd_brosch_umfrage_2016.pdf. Zugegriffen: 9. April 2017.

BMUB (Bundesministerium für Umwelt, Naturschutz, Bau und Reaktorsicherheit). (Hrsg.). (2014). *Kommunale Weißbücher. Zukunft Innenstadt gestalten.* Berlin: BMUB.

Braunschweig Stadtmarketing GmbH. (Hrsg.). (2013). 10 Jahre Stadtmarketing für Braunschweig. http://www.braunschweig.de/politik_verwaltung/fb_institutionen/staedtische_gesellschaften/bsmportal/BSM_10Jahre_Broschuere_web.pdf. Zugegriffen: 9. April 2017.

BVBS (Bundesministerium für Verkehr, Bau und Stadtentwicklung). (Hrsg.). (2011). Weißbuch Innenstadt. Starke Zentren für unsere Städte und Gemeinden. http://www.bbsr.bund.de/BBSR/DE/Veroeffentlichungen/BMVBS/Sonderveroeffentlichungen/2011/DL_WeissbuchInnenstadt.pdf;jsessionid=A76584B02393E6879CF3E6E3147D165A.live21302?__blob=publicationFile&v=2. Zugegriffen: 9. April 2017.

Difu (Deutsches Institut für Urbanistik). (2001). *Arbeitspapiere zum Programm Soziale Stadt, Dokumentation Impulskongress Quartiersmanagement.* Berlin: Difu.

Gruschwitz, W. (2017). Das aktuelle Interview. *Buchmarkt, 52*(1), 26–29.

Hatzfeld, U. (2006). Idee, Initiativen, Innovationen – Was brauchen unsere Innenstädte? In U. Hatzfeld, J. Imorde, & F. Schnell (Hrsg.), *100 + 1 Idee für die Innenstadt* (S. 6–9). Eppstein: Stadtanalyse.

HDE (Handelsverband Deutschland). (2015). Ergebnisse IFH-Kundenbefragung „Vitale Innenstädte 2014". https://www.einzelhandel.de/index.php/innenstadtstudie/item/download/8045_360521a7c01cce9016d1df8e2c85667d. Zugegriffen: 9. April 2017.

Heinze, F. (2011). Profilierung von Cityquartieren. In bcsd (Bundesvereinigung City- und Stadtmarketing Deutschland e. V.). *Stadt ohne Handel? Handel ohne Stadt? Neue Ansätze für die Innenstadt*, Referentenmappe.

IFH (Institut für Handelsforschung). (2017). Vitale Innenstädte 2016: Fünf Thesen. In IFH (Hrsg.), *Handel im Fokus.* https://www.ifhkoeln.de/blog/details/neu-handel-im-fokus-fruehjahr-2017-erschienen/. Zugegriffen: 21. Juli 2017.

Krisch, J. (2017). Vitale Innenstädte 2016: Wie das IFH den Handel einseift. Blog-Eintrag. https://excitingcommerce.de/2017/01/31/vitale-innenstadte-2016-wie-das-ifh-den-handel-einseift/. Zugegriffen: 9. April 2017.

Rehme, F. (2017). *Handelsjournal, 26*(1), 8.

Schaller, U. (1993). City-Management, City-Marketing, Stadtmarketing. Allheilmittel für die Innenstadtentwicklung? Erläutert an ausgewählten empirischen Beispielen unter besonderer Berücksichtigung der Stadt Coburg. *Arbeitsmaterialien zur Raumordnung und Raumplanung* (Hrsg. von J. Maier), Heft 129. Bayreuth.

Wachten, K. (2014). Statement. In BMUB (Hrsg.), *Kommunale Weißbücher. Zukunft Innenstadt gestalten* (S. 41). Berlin: BMUB.

Weber, H. (2017). Was ist Quartiersmanagement. https://mastermacher.hm.edu/2012/07/10/was-ist-quartiersmanagement/. Zugegriffen: 28. Mai 2017.

Über den Autor

Michael Gerber ist Geschäftsbereichsleiter Stadtmarketing der Erlebnis Bremerhaven GmbH und wirkt seit über 20 Jahren im Bereich der Stadtentwicklung. Seine Tätigkeiten umfassen Planung und Umbau der Fußgängerzone, Revitalisierung einer Horten-Immobilie, Geschäftsführung Innenstadtmanagement, Leitung BID-Initiierungsprozess, Projektmanagement Deutsches Auswandererhaus und EFF sowie Aufbau FARNET Deutschland. Neben der Vorstandstätigkeit Innenstadtmanagement betreut er aktuell u. a. den Zusammenschluss aller Werbegemeinschaften sowie das Netzwerk Pier der Wissenschaft. Er ist seit 2003 Vorstandsmitglied der bcsd und hatte von 2008 bis 2016 den Vorsitz inne.

Wirtschaftsförderung und Standortmarketing

Peter Markert

Zusammenfassung

Die kommunale Wirtschaftsförderung versucht die aktive Gestaltung von Rahmenbedingungen (Standortfaktoren) für die positive Entwicklung wirtschaftlicher Unternehmen. Dabei unterliegt auch die kommunale Wirtschaftsförderung einem steten Wandel. Zwar sind nach wie vor „klassische Aufgaben" wie die Vermarktung von Gewerbeflächen und die „Bestandspflege" (Dienstleistungen für Unternehmen am Standort usw.) von hoher Wichtigkeit. Gleichwohl gewinnen Themen wie Netzwerkmanagement, Fachkräftesicherung und -akquise, Sensibilisierung und Verbesserung von Rahmenbedingungen für die Gestaltung der Herausforderungen im Rahmen von „Industrie 4.0" immer mehr an Bedeutung. Der Beitrag zeigt wesentliche Aspekte einer heutigen kommunalen Wirtschaftsförderung sowie Perspektiven in Thesenform auf.

1 Ein ungewöhnlicher Einstieg: Schlaglichter in Zahlen

Standorte (Kommunen, Regionen) als Wirtschafts- und Lebensräume unterliegen einer großen Dynamik. Zu denken ist an Umwälzungen aufgrund einer demografischen Entwicklung („weniger, älter, bunter"), die räumlich sehr unterschiedlich ausgeprägt ist. Zu denken ist beispielsweise auch an die Digitalisierung nicht nur der Wirtschaft, sondern sämtlicher Lebensbereiche. Ansätze einer Wirtschaftsförderung müssen sich schon lange nicht mehr ‚nur' mit Unternehmen und Gewerbeflächen, sondern mit einer Vielzahl an

---

P. Markert (✉)
imakomm AKADEMIE GmbH, Aalen, Deutschland
E-Mail: markert@imakomm-akademie.de

Themen befassen. Die dafür zur Verfügung stehenden zeitlichen und finanziellen Ressourcen steigen aber nicht proportional zu der Zahl an Themen und Anforderungen. Ausgewählte Schlaglichter:

- Wirtschaftsförderung ist komplex: Durchschnittlich *neun umfassende Themenkomplexe* werden von einer kommunalen Wirtschaftsfördereinrichtung in Städten mit weniger als 500.000 Einwohnern pro Jahr bearbeitet. Die Themen reichen von Bestandspflege über „Verbesserung der wirtschaftlichen Infrastruktur" bis hin zur Migrantenökonomie (vgl. Difu 2013).
- Nicht die Aufgaben, sondern die *Mittel sind begrenzt:* Beispielsweise stellt die Vermittlung von Gewerbe- und Industrieflächen aus Sicht der Wirtschaftsförderer nach wie vor das wichtigste Themenfeld dar (vgl. Difu 2013). Als finanzielles Budget hatte aber jede zweite Wirtschaftsfördereinrichtung bei Kommunen zwischen 5000 und 100.000 Einwohnern in den Bundesländern Baden-Württemberg, Bayern, Hessen und Rheinland-Pfalz im Jahr 2015 höchstens 3000 EUR zur Verfügung (vgl. imakomm Akademie 2016a).
- Wichtige Zielgruppe der Wirtschaftsförderung sind Unternehmen. Die *Dynamik* der Unternehmensentwicklung und damit auch von flächenrelevanten Standortentscheidungen variiert aber je nach Kommune und Region erheblich. In den süddeutschen Bundesländern Baden-Württemberg, Bayern, Hessen, Rheinland-Pfalz und Saarland liegt die Zahl an flächenrelevanten Anfragen von Unternehmen bei Kommunen zwischen 5000 und 100.000 Einwohnern bei durchschnittlich 28 pro Jahr. Die Spannbreite dabei ist enorm. Sie liegt je nach Kommune/Region zwischen 1 und 177 (vgl. imakomm Akademie 2016b).

2 Wirtschaftsförderung und Standortmarketing: Status quo

2.1 Wirtschaftsförderung: Eine Einordnung

> Die Kommunen brauchen wieder Spielräume für freiwillige Aufgaben, die elementar für die Lebensqualität der Städte und Gemeinden und eine lebendige kommunale Demokratie sind. Dies gilt im Besonderen auch für die kommunale Wirtschaftsförderung, die mit ihren breit gefächerten Dienstleistungen Unternehmen an die jeweilige Kommune bindet und letztendlich zur Einnahmenverbesserung der Städte und Gemeinden führen kann (Deutscher Städtetag 2012, S. 1).

Annäherung an eine Definition:
Basis für die kommunale Wirtschaftsförderung in Deutschland bietet die verfassungsrechtliche Garantie des Selbstverwaltungsrechts einer Kommune als Gebietskörperschaft des öffentlichen Rechts nach Art. 28 Abs. 2 des Grundgesetzes. Wirtschaftsförderung zählt dabei zu den *Freiwilligkeitsaufgaben;* sie ist keine kommunale Pflichtaufgabe,

wenngleich Städte ohne explizite Ausübung von Wirtschaftsförderaufgaben kaum mehr denkbar sind. Im Übrigen wird der Begriff Kommune im Artikel 28 gar nicht genannt, sondern es ist von Gemeinden bzw. Gemeindeverbänden die Rede. Gebietskörperschaften wie Landkreise und Regionen sind damit nicht explizit von der Begrifflichkeit des Selbstverwaltungsrechts erfasst. Im Bereich Wirtschaftsförderung kommt Letzteren daher vor allem eine koordinative Aufgabe zu.

Eine allgemein verbindliche Legaldefinition des Begriffes Wirtschaftsförderung besteht nach wie vor nicht (vgl. Dallmann und Richter 2012, S. 17). Letztlich umfasst kommunale Wirtschaftsförderung zunächst gezielte Aktivitäten und Maßnahmen einer Stadt/Gemeinde zur Schaffung *günstiger Rahmenbedingungen für die Entwicklung wirtschaftlicher Unternehmen und damit zur Verbesserung der allgemeinen Lebensbedingungen* (vgl. Held und Markert 2001, S. 5). Allerdings geht Wirtschaftsförderung mittlerweile über die Fokussierung auf Maßnahmen für „wirtschaftliche Unternehmen" hinaus. Sie wird zum einen als umfassende kommunale Dienstleistung für die Wirtschaft am Standort verstanden. Zum anderen ist sie inhaltlicher Teil der Daseinsvorsorge geworden. Von daher ist das Verständnis von Wirtschaftsförderung viel breiter als noch vor zwanzig Jahren. Nicht wenige Wirtschaftsförderer kümmern sich folglich auch um Projekte wie die Sicherstellung der lokalen Nahversorgung in den Stadtteilen.

Rahmenbedingungen/Standortfaktoren:
Die Rahmenbedingungen, welche von der Wirtschaftsförderung – sofern möglich – günstig beeinflusst werden sollen, werden meist in Form von *Standortfaktoren* aufgezählt. Sie sind gleichzeitig auch jene Entscheidungskriterien, an denen sich vor allem Unternehmen bei Standortentscheidungen (Betriebsvergrößerung, Verlagerung, Filialisierung, Standortschließung usw.) orientieren. Eine Auswahl:

- absatzorientierte Standortfaktoren wie beispielsweise Marktgröße oder Kundenpräferenz,
- logistikorientierte Standortfaktoren wie beispielsweise Infrastruktur (Nähe zu überregionaler Verkehrsanbindung) oder Transportkosten,
- produktionsorientierte Standortfaktoren wie beispielsweise Lohnkosten oder Flächenpreise und Flächenverfügbarkeit, auch Umweltschutzauflagen,
- beschaffungsorientierte Standortfaktoren wie beispielsweise Arbeitskräfte oder die Nähe zu Zulieferern,
- finanzwirtschaftliche Standortfaktoren wie beispielsweise Möglichkeiten der finanziellen Förderung (Förderprogramme) oder Steuerniveaus,
- sogenannte weiche Standortfaktoren wie beispielsweise das Image der Kommune/Region/des Wirtschaftsraumes oder Einflussfaktoren für die Innovationskraft/kreatives Milieu, Faktoren der Lebensqualität für Familien, Nähe zu Forschungs- und Bildungseinrichtungen, wirtschaftsfreundliches Klima in der Verwaltung und der Bevölkerung.

Die reine „Standortfaktoren-Lehre" als Ansatz zur Definition von Tätigkeiten einer Wirtschaftsförderungseinrichtung ist mittlerweile aber *kritisch zu hinterfragen*. Beispiele: Viele als „harte" Standortfaktoren bezeichnete Rahmenbedingungen sind quasi *ubiquitär* – oder werden als solche von Unternehmen schlichtweg vorausgesetzt. So ist beispielsweise der „Anschluss an eine überregionale Verkehrsinfrastruktur" oder Ähnliches in vielen Regionen kommunal kein Unterscheidungsmerkmal mehr. Wettbewerbsvorteile können in diesen Faktoren also nicht (mehr) liegen. Faktoren wie „Lohnkosten" oder „Marktpotenzial" sind darüber hinaus durch die kommunale Wirtschaftsförderung *nur mittelbar beeinflussbar*.

Zudem vernachlässigen Standorttheorien der Wirtschaftsgeografie schlichtweg den *Faktor Mensch*. Genau dieser Faktor ist aber oftmals entscheidend, auch bei Standortentscheidungen. Zumindest bei kleinen und mittleren Unternehmen spielen entgegen der Theorie Faktoren wie „Image", „Emotionen", „Nähe zu …" eine viel größere Rolle als in Entscheidungsmodellen als Basis für Vermarktungsaktivitäten abgebildet. Schließlich zeigt sich auch: Bei zunehmendem Mangel an Fachkräften (nicht nur akademischen Fachkräften!) verschiebt sich die Bedeutung einzelner Faktoren nach wie vor sehr stark. Themen wie *Netzwerke, Lebensqualität, Willkommenskultur* usw. haben mittlerweile erheblich an Bedeutung gewonnen – Themen, die in üblichen Standortfaktorenlisten oftmals gar nicht auftauchen.

2.2 Wirtschaftsförderung: Ziele und Aufgaben

Ziele:
Eine kommunale Wirtschaftsfördereinrichtung kann sich angesichts fehlender dezidierter gesetzlicher Vorgaben ihre Ziele selbst definieren. Grundsätzlich finden sich auf abstrakter Ebene drei Hauptziele (in Anlehnung an Dallmann und Richter 2012, S. 34):

1. Sicherung bestehender und Schaffung neuer Arbeitsplätze, letztlich v. a. der Rahmenbedingungen für Arbeitsplätze,
2. Sicherung und Verbesserung der Wirtschafts- und Finanzkraft, damit der Wettbewerbsfähigkeit des Standortes,
3. Schaffung einer ausgewogenen Wirtschaftsstruktur.

Dabei zeigt sich: In der Praxis finden sich für die kommunale Wirtschaftsförderung keineswegs immer detaillierte Zielformulierungen, also Ausformungen der drei Hauptziele. Dies erschwert es den in der Wirtschaftsförderung tätigen Personen teilweise erheblich (Rechtfertigungszwang). Zudem sind die Einflussfaktoren auf die drei genannten Hauptziele multifaktoriell und von einer kommunalen Wirtschaftsförderung oftmals nur bedingt beeinflussbar. Darüber hinaus verfolgen manche Wirtschaftsstandorte Hauptziel 3 ganz bewusst nicht, sondern versuchen aus Überlegungen zur Positionierung im Standortwettbewerb gerade eine Spezialisierung auch der Wirtschaftsstruktur in Form einer

Wirtschaftsförderung und Standortmarketing

„Fokussierung" auf einzelne Branchen (Stichwort Clusterpolitik). Schließlich bestehen auch Zielkonflikte zu anderen Aufgaben der Kommune. Ein klassisches Beispiel wäre die langfristige Sicherung der Finanzkraft durch Ausweisung von Gewerbeflächen im Konflikt zu einer aktuell eventuell notwendigen Haushaltskonsolidierung.

Aufgaben:
Die Aufgaben, die aus den Zielen abgeleitet werden können, sind mannigfaltig. Abb. 1 zeigt die Aufgaben kommunaler Wirtschaftsfördereinrichtungen gemäß einer deutschlandweiten Erhebung des Deutschen Instituts für Urbanistik im Jahr 2012 (Difu 2013).

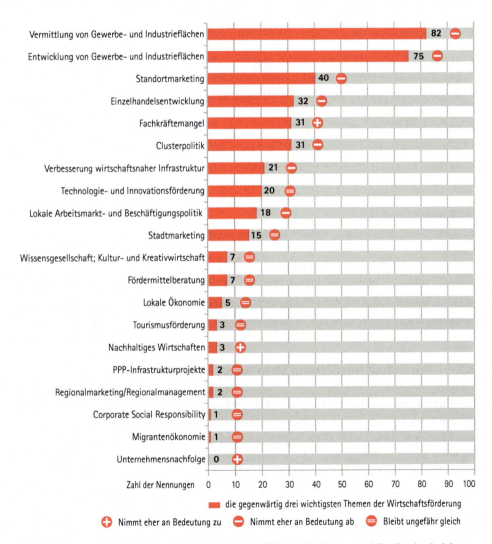

Abb. 1 Themenfelder/Aufgaben der kommunalen Wirtschaftsförderung. (Quelle: in Anlehnung an Difu 2013)

Es zeigt sich: Die Zahl an Aufgaben hat in den vergangenen Jahrzehnten zugenommen. Die Anforderungen haben sich ausdifferenziert und beschränken sich bei weitem nicht mehr nur auf die als „klassische Wirtschaftsförderaufgaben" oftmals noch bezeichneten Tätigkeiten „Bestandspflege", „Akquise neuer Unternehmen" und „Verbesserung der Standortbedingungen". Zudem sind die Wirtschaftsförderaufgaben letztlich meist übersektoral – es handelt sich um *verwaltungsübergreifende Querschnittsaufgaben*. Neben diesen fachlichen Aufgaben sollte die Person des Wirtschaftsförderers auch „Meta-Aufgaben" erfüllen, wodurch an das Tätigkeitsfeld eines Wirtschaftsförderers auch besonders hohe Anforderungen hinsichtlich sogenannter Meta-Kompetenzen gestellt werden. Der Wirtschaftsförderer hat konsequenterweise also auch folgende Aufgaben:

- „Informationsbroker" und Ansprechpartner für alle wirtschaftsrelevanten Themen innerhalb der Verwaltung, auch „Wirtschaftslobbyist" in Politik und Verwaltung,
- Ratgeber und Ansprechpartner für Unternehmen in Sachen Fördermittel- und Finanzierungsfragen,
- Ideen- und Impulsgeber,
- „Feuerwehrmann/-frau" bei allen Unstimmigkeiten und Problemen der Wirtschaft in Zusammenhang mit Verwaltungsvorgängen,
- „Profilierungsspezialist" bzw. Vermarkter für den gesamten Standort.

Ein Praxisbeispiel:
Beispiel Stadt Mayen//ca. 19.000 Einwohner//Landkreis Mayen-Koblenz, Rheinland-Pfalz.

Erkenntnis: Die Tab. 1 zeigt die künftigen Themenschwerpunkte des gesamten Wirtschafts-, Einkaufs- und Erlebnisstandortes: 1) Die Themen sind kaum überschneidungsfrei. 2) Themen und Aufgaben, die eigentlich bei einem Citymanagement liegen, werden mangels personeller Ressourcen vor allem von der Wirtschaftsförderung übernommen.

2.3 Wirtschaftsförderung: Strukturen

Besteht bei den Zielen und Aufgaben Wahlfreiheit für die Kommune, so gilt dies auch für deren Institutionalisierung. Wichtig dabei: Es konnte schon vor Jahren im Rahmen von Studien belegt werden (vgl. Hollbach-Grömig 1996), *dass für den Erfolg der kommunalen Wirtschaftsförderung deren Institutionalisierung nicht wirklich ausschlaggebend ist.* Aufgrund der Querschnittsorientierung der Aufgaben bedarf es vielmehr eines ständigen Informationsaustausches innerhalb der Kommunalverwaltung und der frühzeitigen Beteiligung der Wirtschaftsförderung bei relevanten Entscheidungen – angesichts der nach Ressorts gegliederten Verwaltung eine Herausforderung. Zudem besteht durch die fehlende Ressortzuordnung die Gefahr, „sonstige Aufgaben" einfach der Wirtschaftsförderung zuzuordnen – und somit die Aufgabenfülle weiter zu erhöhen.

Tab. 1 Überschneidungen von Themenfeldern am Beispiel der Stadt Mayen. (Quelle: in Anlehnung an imakomm Akademie 2014a)

	1	2	3	4
Wirtschaftsstandort:	Investitionsanreize für Gewerbe, Investoren und Immobilieneigentümer	Attraktive Angebote durch gezielte Netzwerkbildung	Einwohnermarketing und Arbeitsplatzstärkung	Kopplung „Grüne Wiese" und Innenstadt
Tourismus:	Kombi-/Kopplungsangebote	Verbesserung der touristischen Infrastruktur	Gastfreundliches Erscheinungsbild	
Innenstadt:	Themen müssen erlebbar werden	Kunden müssen sich einfach willkommen fühlen	Bewegung in den Immobilienmarkt bringen	Gemeinsam nach außen auftreten
Stadtmarketing:	Die Zielgruppen, die am Standort sind, binden und damit aktiv dort abholen, wo sie sind	Das Angebot und die Besonderheiten in Mayen „emotional" transparent machen	Verbundenheit mit den Stadtteilen fördern und Besonderheiten der Stadtteile offensiv vermarkten	

Gerade wegen der Querschnittsorientierung der Wirtschaftsförderung sind *Austauschformate* zwingend: Diese können von der regelmäßigen Beteiligung im Rahmen von Amtsleiterrunden (sofern die Wirtschaftsförderung nicht selbst als Amt definiert ist) bis hin zur Organisation der Wirtschaftsförderung – meist in Verbindung mit Themen wie Stadtmarketing – als Stabstelle, die direkt der Verwaltungsspitze zugeordnet ist, reichen.

Zudem stellt Wirtschaftsförderung auch das *„Scharnier" zwischen kommunaler Verwaltung* (Stadt/Gemeinde bzw. Landkreis, ggf. Region) einerseits *und Unternehmen* (ggf. Fachkräfte usw. als Zielgruppen) andererseits dar. Folgerichtig muss die Wirtschaftsförderung unbedingt auch eingebunden sein in Organisationen, welche den Wirtschaftsstandort maßgeblich mitprägen und den regelmäßigen Austausch mit der Zielgruppe pflegen. Beispiel: Sind Themen wie das Innenstadtmarketing und das Tourismusmarketing organisatorisch nicht mit der Wirtschaftsförderung zusammengefasst (in einem Amt oder einer städtischen GmbH etwa), so sollte die Wirtschaftsförderung zumindest in regelmäßigem informellen Austausch mit einer entsprechenden Innenstadtorganisation des Citymanagements (Verein oder GmbH) stehen. Idealerweise sollte sie aber formell beteiligt sein, beispielsweise dadurch, dass die Wirtschaftsförderung „geborenes Mitglied" (personenunabhängig) im Vorstand eines Innenstadtvereins ist. So wird in der Praxis gewährleistet, dass die inhaltlichen Schnittmengen zwischen „Existenzgründerberatung" (eher bei der Wirtschaftsförderung), Leerstandsmanagement in der Innenstadt (entweder bei der Wirtschaftsförderung oder aber beim Citymanagement) und Attraktivierung der Innenstadt (beim Citymanagement) tatsächlich koordiniert und auch formal abgestimmt werden.

Unabhängig von der Organisationsstruktur bzw. den Austauschformaten zeigt diese Querschnittsorientierung aber auch die nicht unerheblichen Anforderungen an die Person(en) der Wirtschaftsförderung: Salopp formuliert muss Wirtschaftsförderung die Sprache sowohl der Unternehmen als auch der kommunalen Verwaltung verstehen und sprechen und letztlich Interessen beidseitig ausgleichen.

Zu beachten ist: Tab. 2 zeigt deutschlandweite Ergebnisse auf Basis einer Befragung in Städten ab 50.000 Einwohnern und gibt Durchschnittswerte für ganz Deutschland wieder. Es bestehen aber nach wie vor Unterschiede in den Wirtschaftsförderstrukturen zwischen alten und neuen Bundesländern. Interessanterweise zeigt sich auch ein „Nord-Süd-Gefälle": Die südlichen Bundesländer Baden-Württemberg, Bayern und Hessen weisen weit weniger kommunale Wirtschaftsfördergesellschaften auf als nördliche Bundesländer wie Niedersachsen oder Nordrhein-Westfalen (vgl. Difu 2013, S. 4). Und es besteht ein *Zusammenhang zwischen Einwohnerzahl/Stadtgröße* (letztlich auch Unternehmenszahl) und der *Organisationsform der Wirtschaftsfördergesellschaften*. Generell gilt: Je größer eine Kommune desto eher wird nicht eine Ämterlösung, sondern eine Ausgliederung in eine privatrechtliche Gesellschaft gewählt.

Die personelle Ausstattung variiert stark. Als grober Richtwert hat das Deutsche Institut für Urbanistik rechnerisch 0,63 Personalstellen pro 10.000 Einwohner ermittelt. Anders formuliert: Eine Stadt mit gut 15.000 Einwohnern sollte mindestens eine Vollzeitstelle im Bereich Wirtschaftsförderung aufweisen.

Tab. 2 Organisationsformen der kommunalen Wirtschaftsförderung. (Quelle: eigene Darstellung auf Basis der Daten von Difu 2013, S. 14; und Dallmann und Richter 2012, S. 63)

	Anteil Organisationsform an allen Städten	Generelle Vorteile (Auswahl)	Generelle Nachteile (Auswahl)
Amtslösung = Verwaltungsintern: Eigenes Amt/eigener Fachbereich	36 %	• Verwaltungsintern günstig • Vergleichsweise lange Informationswege, dafür aber direkt „an Ämtern dran" (beispielsweise bei Amtsleiterrunde)	• Eher geringere Flexibilität bei der Aufgabenerfüllung • Eher geringere Akzeptanz bei Unternehmen • Beteiligung anderer Akteure nur informell möglich
Amtslösung = Verwaltungsintern: Teil eines Amtes	20 %		
Verwaltungsexterne Lösung: Privatrechtliche Gesellschaft (GmbH), Eigenbetrieb	36 % (34 % + 2 %)	• Größere Flexibilität bei der Aufgabenerfüllung • „wirtschaftsnahe" Form, daher eher mehr Akzeptanz bei Unternehmen • Beteiligung von Akteuren problemlos	• Eher erschwerte Abstimmung mit Verwaltung • Mit Jahresabschluss usw. kostenintensivere Organisationsform • Kein Einfluss auf Verwaltungsabläufe
Sonstiges: Doppellösung oder Kreiseinrichtung übernimmt Aufgaben, Sonstige Formen	8 %	–	–
SUMME:	100 % (n = 150 Städte)		

2.4 Wirtschaftsförderung: Erfolgskontrolle

Die Benennung von Zielen und Aufgaben hat gezeigt: Eine Erfolgskontrolle ist allein schon deshalb schwierig, weil einzelne Faktoren der Wirtschaftsentwicklung von der kommunalen Wirtschaftsfördereinrichtung allenfalls mittelbar beeinflusst werden können und aufgrund der Querschnittsorientierung eine Vielzahl an Faktoren und Akteure einzelne Aufgaben beeinflussen.

Dennoch ist eine *Erfolgskontrolle möglich und sinnvoll* – wenn „Erfolg" vorab definiert wird. Eine Messung von Indikatoren wie beispielsweise die Entwicklung des örtlichen Einzelhandelsumsatzes oder etwa die Entwicklung des Gewerbesteueraufkommens macht zu diesem Zweck keinen Sinn. Vielmehr sind solche Indikatoren zwingend 1) mit der Entwicklung von Durchschnittswerten zu vergleichen. Erst dann ist eine Bewertung ansatzweise überhaupt erst möglich. Und 2) muss der „Vergleichsraum" sinnvoll, weil tatsächlich auch vergleichbar sein. Ratsam ist also ein *Benchmark* mit ähnlich strukturierten Wirtschaftsstandorten.

Indikatoren, die vor diesem Hintergrund Sinn machen, sind dann beispielsweise

- Standortzufriedenheit/Zufriedenheit mit der Ausrichtung der Wirtschaftsförderung:
  - schriftliche(!) Evaluation von Unternehmensgesprächen, die durch die Wirtschaftsförderung geführt wurden,
  - Zeitreihenanalyse der Standortzufriedenheit im Vergleich mit ähnlich strukturierten Städten in der Region. So führen IHKs regelmäßig Standortzufriedenheitsanalysen im Kammerbezirk durch.
- Flächendynamik:
  - positive Standortentscheidungen (Vergrößerung, Filialisierung, Stellenaufbau usw.) in der Standortgemeinde im Vergleich zu anderen Standorten, erfassbar beispielsweise über studentische Abfragen in mehreren Kommunen,
  - Entwicklung der Zahl der vermittelten Kooperationen,
  - Anzahl der Anfragen und Anzahl der tatsächlich getroffenen Standortentscheidungen für die Standortgemeinde, dies im Vergleich zu regionalen Benchmarks.
- Netzwerkarbeit:
  - schriftliche(!) Evaluation von Veranstaltungen, die durch die Wirtschaftsförderung durchgeführt wurden,
  - Bezifferung von Investitionen, die nachweislich durch die Netzwerkarbeit der Wirtschaftsförderung ausgelöst wurden.
- Aktivität der Wirtschaftsförderung:
  - Anzahl der Firmenbesuche, differenziert nach Schwerpunkten/Zielen,
  - Anzahl und Entwicklung positiver Pressemeldungen zum Wirtschaftsstandort,
  - Anzahl realisierter/beschleunigter Genehmigungsverfahren.

Wichtig: Erfolgskontrolle wird nicht selten auf einen „Soll-Ist-Vergleich" im Rahmen eines jährlichen Tätigkeitsberichtes der Wirtschaftsförderung reduziert. Dabei wäre – bei einem strategischen Verständnis von Wirtschaftsförderung – eine unterjährige Kontrolle beispielsweise auch der Ziele sinnvoll („Macht was wir tun angesichts aktueller Entwicklungen überhaupt Sinn?"). Nur dann kann auch rechtzeitig – statt lediglich am Jahresende für die nächste Jahresplanung – gesteuert werden. Und: Die Erfolgskontrolle sollte auch einer „Logik" folgen, also begründbar bestimmte Indikatoren zur Messung heranziehen. Dies wird am unten stehenden Praxisbeispiel gezeigt.

Ein Praxisbeispiel
Beispiel Region Neckar-Alb//ca. 685.000 Einwohner//Baden-Württemberg.
Erkenntnis: Das Instrument der *Balanced Scorecard* (Abb. 2) gibt die Logik der Erfolgsmessung vor: Vier Perspektiven (Effizienz/Finanzen, Prozesse/Strukturen, Kundenperspektive, Potenzialperspektive/Entwicklung Standort) werden betrachtet, dabei Ziele gemessen, um dann schließlich Maßnahmen zur weiteren Zielerreichung abzuleiten.

Abb. 2 Erfolgskontrolle anhand des Instruments der *Balanced Scorecard*. (Quelle: eigene Darstellung, in Anlehnung an imakomm Akademie 2014b)

2.5 Wirtschaftsförderung: Strategische Ausrichtung aufgrund der Komplexität zwingend

Bei der Vielzahl an Aufgaben und damit auch an Anspruchsgruppen, mit der es die Wirtschaftsförderung zu tun hat, wird klar: Nur durch eine Konzentration auf effektive, die Ziele besonders unterstützende Aktivitäten, kann bei beschränkten finanziellen und personellen Ressourcen Wirtschaftsförderung gelingen. Dies bedeutet:

Der konzeptionellen Arbeit kommt eine immer wichtigere Rolle zu. Das bedeutet nicht, dass einer „theoretischen Arbeit" das Wort geredet wird. Aber: Es bedarf eines klaren strategischen Planungsprozesses für die Aktivitäten der Wirtschaftsförderung, welcher permanent

- Analyse,
- Planung,
- Umsetzung und
- Kontrolle

hinterfragt und anpasst und dabei den *Faktor Mensch* (Anspruchsgruppen) viel stärker in den Fokus rückt.

Folgt man dieser Logik, lassen sich sechs Interessens-/Anspruchsgruppen bzw. Entscheidungsfelder ableiten, welche die Ausrichtung der Wirtschaftsförderung bestimmen. Sie sind zusammengefasst im „Sechseck der Wirtschaftsförderung" (Abb. 3), das die imakomm Akademie bereits im Jahr 2003 entwickelt hat (vgl. Held 2003, S. 36 ff.).

Ein Beispiel für die Anwendung des Sechsecks: Zielgruppen und Kunden, etwa Unternehmen. In der Analyse müssten folgende Entwicklungen berücksichtigt werden:

- weitere Internationalisierung der unternehmerischen Tätigkeiten, auch bei kleinen und mittleren Unternehmen,
- in einzelnen Branchen zunehmender Mangel an geeigneten Personen – sowohl beim qualifizierten Personal als auch im Niedriglohnsektor,
- abnehmende Zahl an Neuansiedlungen, nach wie vor Fokussierung des Suchradius von Firmen auf ein „regionales Umfeld",
- abnehmender „fit" zwischen Immobilien und Flächenmerkmalen einerseits und Ansprüchen der Unternehmen daran andererseits.
- in einzelnen Regionen fehlende adäquate Flächen.

Als Konsequenz müsste diese Entwicklung in ihrer Relevanz für den „eigenen" Wirtschaftsstandort bewertet werden, um dann Ziele für die aktive Gestaltung in diesem Bereich zu definieren (Planung). Stehen die Ziele, können Maßnahmen für deren Erreichung definiert werden. Quasi „automatisch" ergeben sich dabei auch Möglichkeiten zur Erfolgsmessung.

Abb. 3 Das Strategische Sechseck der Wirtschaftsförderung. (Quelle: eigene Darstellung, in Anlehnung an Held 2003, S. 37)

2.6 Standortmarketing: Fakten und Beispiele

Fakten
Der Begriff Standortmarketing wird äußerst unterschiedlich verwendet: Zum einen beschreibt er einen Teilbereich der Wirtschaftsfördertätigkeiten, nämlich das Vermarkten von Gewerbe-, Industrie- und Büroflächen (Wirtschaftsflächen). Zum anderen wird Standortmarketing als Oberbegriff bzw. Summe aller Aktivitäten der Wirtschaftsförderung, des Citymarketings, des Tourismusmarketings und des Stadtmarketings verwendet. Schließlich wird der Begriff auch eingesetzt, um damit die Profilierung eines Standortes v. a. durch Kommunikationsmaßnahmen zu beschreiben.

Folgt man dem Verständnis von Standortmarketing als Summe aller gezielten Aktivitäten zur Vermarktung von Wirtschaftsflächen einer Raumschaft, lassen sich ausgewählte Daten skizzieren (siehe Abb. 4).

Ein Praxisbeispiel
Überträgt man die strategische Ausrichtung von Wirtschaftsförderung auf das Beispiel Standortmarketing, dann ergeben sich folgende Facetten:

1. *Ganzheitliche Analyse:* Prognosemodelle für den Flächenbedarf sind nur bedingt tauglich. Die Analyse muss beispielsweise intensive persönliche Planungen von Firmen berücksichtigen, vorhandene Gebiete/Standorttypen und dynamische Branchen bzw. deren Anforderungen gegenüberstellen. Das Entscheidende: Übliche Vorgehen (Fachanalysen) sollten um eine ganzheitliche Sicht ergänzt werden. Dazu sind Entwicklungspotenziale (Bürodienstleistungen, Gewerbepotenziale, Wohnbaupotenziale usw.) zu quantifizieren, um diese gedanklich in der gesamtstädtischen Strategie auch „verorten" zu können – ein Vorgehen, das reinen Fachplanungen fremd ist.
2. *Gesamtstädtische Strategie:* Auf Basis gesamtstädtischer Betrachtungen sollte entschieden werden, welche Flächen/Gebiete wie entwickelt werden sollen. Die Strategie beantwortet Fragen wie: Wollen wir den Wirtschaftsstandort diversifizieren oder

Abb. 4 Ausgewählte Fakten zur Gewerbeflächendynamik. (Quelle: imakomm Akademie 2016b, Forschungsprojekt „Gewerbeflächendynamik")

Gebiete für einzelne Branchen bzw. Wertschöpfungsketten profilieren? Welche Standorttypen (klassisches Gewerbegebiet, urbane Dienstleistungsflächen, usw.) benötigen wir und wo? Bedarf es eines interkommunalen Ansatzes bei den Flächen?

3. *Konzept für ein Gebiet:* Die gesamtstädtische Strategie behandelt grob alle Gewerbe- und Industriegebiete, zudem auch Dienstleistungs- und ggf. Handelsflächen. Konkretisiert werden muss dies nun für ein bestimmtes Gebiet. Letztlich bedarf es einer Art Rahmenplan. Dieser ist aus Stadtentwicklungssicht üblich, aus Vermarktungssicht wird er in der Praxis oftmals aber nicht erarbeitet. Es fehlen also Aussagen zu konkreten Branchen, Anforderungen an Standortfaktoren, Überlegungen zu konkreten Zielgruppen.

4. *Politische Willensbildung zu Konsequenzen:* Nicht nur die Entwicklung von Flächen hat Konsequenzen, vor allem finanzielle. Auch die Vermarktung verbraucht Ressourcen: zeitliche und finanzielle. Ein „Nebenher" kann nicht gelingen, wird aber so nicht selten praktiziert.

5. *Vermarktungskonzept/Zusatzargumente bewusst aufbauen:* Die Fläche ist das Produkt, das vermarktet wird. Doch es reicht bei Flächenüberhang keineswegs mehr aus, allein über das Produkt zu argumentieren. Die Vermarktung funktioniert dann über Zusatzargumente – von „Schnelligkeit" bei der Genehmigung über besondere Standortfaktoren (attraktives Umfeld bei dennoch optimaler Erreichbarkeit, Nähe zu Hochschulcampus usw.) bis hin zu Fördermöglichkeiten.

6. *Besondere Herausforderung/Impulse für die Innenentwicklung setzen:* Blockaden bei der Vermarktung von Brachflächen und mindergenutzten Flächen liegen meist im „Faktor Mensch". Beispiele: Der Eigentümer empfindet Planungsunsicherheit („Wenn ich für Gewerbe investieren würde, dann gibt es Konflikte mit der Wohnbebauung in der Nähe") oder sieht keine Notwendigkeit, seine Flächen zu vermarkten. Bei Bestandsgebieten muss also der Faktor Mensch viel stärker berücksichtigt werden. Das Beispiel Rastatt zeigt, wie dies erfolgen kann.

Die Stadt Rastatt, ein baden-württembergisches Mittelzentrum südlich von Karlsruhe mit knapp 50.000 Einwohnern, hat einige der Facetten aufgegriffen und einen innovativen Ansatz für ein bestehendes, rund 50 ha großes Gewerbegebiet in der Kernstadt gemeinsam mit der imakomm Akademie entworfen.

Hintergrund: Die Flächennachfrage kann dort über Flächenneuausweisungen nicht gedeckt werden. Folgerichtig wird die Vermarktung von Brachflächen innerhalb eines bestehenden Gewerbegebietes angegangen. Jahrelang konnte mit üblichen Planungsinstrumenten aber nicht erreicht werden, Flächen überhaupt marktfähig zu machen. Auch die Kommunikation von Flächenpotenzialen im Gebiet führte kaum zu Ansiedlungen oder Erweiterungen von Firmen – zu komplex war die Gemengelage an Faktoren, die eine Vermarktung verhinderten. Im Rahmen eines auch vom Land Baden-Württemberg geförderten Projektes wurde daher ein Konzept erarbeitet, anhand dessen in den künftigen Jahren Flächen wieder marktfähig gemacht und dann auch vermarktet werden sollen:

- *Ansatz „Faktor Mensch":* Über Gespräche mit Eigentümern und Firmen im Gebiet wurden Hemmnisse bei der Vermarktung analysiert. Die zentralen Probleme waren dann die Ankerpunkte, um Maßnahmen für die Entwicklung und Vermarktung des Gebietes zu definieren. Bewusst wurden bei der Beteiligung von Zielgruppen – vor allem Unternehmen und Flächen- bzw. Objekteigentümer – Formate und Vorgehensweisen gewählt, welche geeignet schienen, emotionale Barrieren zwischen Wirtschaft und Verwaltung abzubauen. So wurde wenig mit Impulsveranstaltungen gearbeitet, um stattdessen in Workshops vergleichsweise schnell mit Unternehmen/Eigentümern konkrete Probleme an und „auf" Gebietsplänen zu verorten und Lösungen zu definieren. Über Gebietsbegehungen in einzelnen Quartieren sollten gemeinsam mit den Zielgruppen Lösungen verifiziert werden. Letztlich wurden im Projekt Austauschformate „erprobt", die dann auch Teil der Umsetzung sein sollen.
- Ein zentrales Problem: Unklare *Perspektiven im Gebiet*. Um dem zu begegnen wurden Entwicklungspotenziale in Bereichen wie Wohnen, Handel, Gewerbe/Industrie, Bürodienstleistungen soweit als möglich quantifiziert, auf ihre Tauglichkeit im Gebiet hin bewertet und in einem Rahmenplan grob verortet. Dieses Setzen von „Entwicklungsleitplanken" führte nachweislich zu zielorientierten Gesprächen über Möglichkeiten zur Flächenvermarktung mit Eigentümern, die vorher kaum zu Gesprächen bereit waren.
- Bei nicht wenigen Flächen bestehen hohe Investitionskosten. Hierfür wurde ein *Anreizsystem* geschaffen, das über finanzielle und geldwerte Vorteile aus einem städtisch und privat gespeisten Fördertopf Leistungen für Flächeneigentümer teilweise finanziert. Dazu zählen auch Vermarktungsleistungen durch die Stadt sowie etwaige Gutachten. Damit untrennbar verbunden sind aber auch *Verpflichtungen für den Eigentümer* (Pflichtenheft), beispielsweise hinsichtlich der anzusiedelnden Nutzungen.

3 Wirtschaftsförderung und Standortmarketing: Perspektiven in Thesenform

These 1: Wirtschaftsförderung ist und bleibt – genauso wie das Stadtmarketing insgesamt – eine Querschnittsaufgabe. Die Aufgaben und Ansprüche an die Wirtschaftsförderung werden aber noch vielfältiger werden. Gerade deshalb muss mehr denn je eine klare Abgrenzung und Definition der Aufgabenfelder erfolgen, wohl wissentlich, dass eine Querschnittsaufgabe nie überschneidungsfrei definiert werden kann. Wichtig wird also eine *strategische Ausrichtung der Wirtschaftsförderung, die sich begründet auf (weniger) Aufgaben fokussiert*.

These 2: Ist eine weitere Fokussierung auf Aufgaben angeraten, steigt die Notwendigkeit, jene Aufgaben zu definieren, die im Sinne des Wirtschaftsstandortes bzw. seiner Anspruchsgruppen auch „effektiv" sind. Mit anderen Worten: Eine *Fokussierung zwingt zur Definition und zum Ausbau echter Wettbewerbsvorteile*. Die Zeit deskriptiver Stärken-Schwächen-Analysen ist vorbei – zu suchen sind Wettbewerbsvorteile, also Stärken, die schwer imitierbar und ansatzweise auf Dauer angelegt sind, die vor allem aber für die Zielgruppe(n) wichtig und spürbar sind.

These 3: *Bei begrenzten Mitteln bedarf es neuer Partizipationsmodelle – oder: Neue Allianzen und Anreize sind nötig*. Der Trend bei Innenstädten scheint es vorzugeben: *Business Improvement Districts* (BIDs) sollen „Trittbrettfahrer" in die Verantwortung nehmen. Auch Wirtschaftsstandorte müssen sich Gedanken machen, wie Akteure stärker beteiligt werden – mit Rechten und Pflichten. Nicht gemeint sind damit „Zwangsabgaben", sondern vielmehr sollen Anreizsysteme geschaffen werden, um Anspruchsgruppen (wieder) zu befähigen, sich an der Entwicklung eines Wirtschaftsstandortes zu beteiligen. Warum nicht ein Modell wie jenes der Stadt Pfullingen (knapp 20.000 Einwohner, Baden-Württemberg) ausbauen? Dort werden teilweise Wirtschaftsförderaufgaben an von der Stadt und privaten Akteuren aufgebaute Netzwerke versuchsweise übertragen. Finanzmittel werden (in größerem Maße als bisher) jenen Netzwerken zur Verfügung gestellt, die mit neuen Maßnahmen vorgegebene Kriterien erfüllen. In diesem Sinne wird der Wirtschaftsförderer noch mehr als bisher zum Impulsgeber.

These 4: Eine *Professionalisierung der Aufgaben der Wirtschaftsförderung und des Standortmarketings erfolgt auch in immer kleineren Kommunen*. Aufgrund von besonders begrenzten (finanziellen und personellen) Ressourcen werden hier Themen unter „Wirtschaftsförderung" subsumiert, die tatsächlich einer Wirtschaftsförderung zuzurechnen sind, die aber auch Bereiche des Citymarketings und des Tourismusmarketings insgesamt umfassen. Berücksichtigt man, dass 20 % der Städte in Deutschland zwischen 5000 und 20.000 Einwohner aufweisen, weitet sich das Berufsfeld des Wirtschaftsförderers weiter aus.

These 5: Natürlich kommt auch die Wirtschaftsförderung nicht um das Thema *Digitalisierung* herum, weder beim Standortfaktor „digitale Infrastruktur" noch beim Einsatz neuer Medien bei Wirtschaftsförderaktivitäten. Social Media im Speziellen wird alle Phasen eines Wirtschaftsförderprojektes durchdringen: von der Analyse (Abfrage über soziale Medien beispielsweise) zu Planung und Umsetzung (Beratung von kleinen und mittleren Unternehmen, Blogs usw.).

4 Fazit

Wirtschaftsförderung auf kommunaler Ebene ist formal eine Freiwilligkeitsaufgabe – faktisch aber ein Muss. Sie ist und bleibt eine Querschnittsaufgabe. Dies gilt immer mehr auch für kleinere Kommunen; auch hier wird die Professionalisierung der Wirtschaftsförderung voranschreiten. In kleineren Kommunen wird eine Ausdifferenzierung von „Marketing-Tätigkeiten" organisatorisch jedoch kaum erfolgen. Hier wird Wirtschaftsförderung organisatorisch – meist vereint in einer Person – neben einzelnen Wirtschaftsförderaufgaben auch Aufgaben eines Innenstadtmarketings und ggf. sogar Tourismusmarketings übernehmen. Der Netzwerkarbeit und der Aktivierung von Potenzialen kommt dabei eine besonders große Bedeutung zu. Wirtschaftsförderung muss sich aber bei weiter zunehmender Komplexität der Aufgaben und Anspruchsgruppen mehr denn je auf effektive und damit begründbare Aktivitäten konzentrieren. Eine strategisch ausgerichtete Wirtschaftsförderung wird zwingend.

Literatur

Dallmann, B., & Richter, M. (2012). *Handbuch der Wirtschaftsförderung*. München: Beck.
Deutscher Städtetag. (2012). Diskussionspapier Kommunale Wirtschaftsförderung – Unabdingbar für die Stärkung des Standortes. http://www.staedtetag.de/imperia/md/content/dst/diskussionspapier_kommunale_wifoe_2012.pdf. Zugegriffen: 1. März 2017.
Difu (Deutsches Institut für Urbanistik). (2013). *Kommunale Wirtschaftsförderung 2012: Strukturen, Handlungsfelder, Perspektiven*. Berlin: Difu.
Held, H. (2003). Strategische Planung und Erfolgskontrolle in der Wirtschaftsförderung. In imakomm (Hrsg.), *Schriften zur Wirtschaftsförderung: Bd. 2. Wirtschaftsförderung im 21. Jahrhundert. Zielgruppe Unternehmen. Konzepte und Modelle einer kundenorientierten Wirtschaftsförderung* (S. 25–74). Aalen: H.S.H.-Verl.
Held, H., & Markert, P. (2001). Wirtschaftsförderung in Deutschland – Status quo und Ausblick. In imakomm (Hrsg.), *Schriften zur Wirtschaftsförderung: Bd. 1 Wirtschaftsförderung im 21. Jahrhundert. Konzepte und Lösungen* (S. 5–24). Aalen: H.S.H.-Verl.
Hollbach-Grömig B. (1996). *Difu-Beiträge zur Stadtforschung: 21. Kommunale Wirtschaftsförderung in den 90er Jahren.*. Berlin: Difu.
imakomm Akademie. (2014a). Standortmarketingkonzept Mayen. https://mwvlw.rlp.de/fileadmin/mwkel/Abteilung_4/8403/Standortmarketingkonzept.pdf. Zugegriffen: 13. Juni 2017.
imakomm Akademie. (2014b). Evaluation und Strategieoffensive der Standortagentur Neckar-Alb. Aalen.
imakomm Akademie. (2016a). Imakomm Konkret, Ausgabe 01/2016. http://www.imakomm-akademie.de/fileadmin/user_upload/imakomm_konkret/Imakomm_KONKRET_05_2016_web.pdf Zugegriffen.13. Juni 2017.
imakomm Akademie. (2016b). Gewerbeflächen individuell vermarkten. *Public Marketing, 16*(9), 18–22. http://www.imakomm-akademie.de/fileadmin/user_upload/presse/PuMa_9_2016.pdf. Zugegriffen. 13. Juni 2017.

Über den Autor

Dr. Peter Markert ist seit 2004 Geschäftsführender Gesellschafter der imakomm Akademie GmbH mit Standorten in Aalen und Stuttgart. Der promovierte Diplom-Geograph und Betriebswirt (Studienschwerpunkte: Angewandte Geographie/Raum-/Stadtplanung, Wirtschaftsgeografie und [Innen]Stadtentwicklung) war zwischen 1997 und 2000 Mitarbeiter in der regionalen Wirtschaftsförderung und von 2000 bis 2004 in der Unternehmens- und Kommunalberatung einer regionalen Bank tätig, bevor er zur imakomm Akademie wechselte. Schwerpunkte seiner Arbeit sind: Markt- und Standortanalysen (v. a. Einzelhandelskonzepte, Innenstadtentwicklungkonzepte), Strategische Kommunalentwicklung (v. a. Stadtentwicklungskonzepte, City-/Stadtmarketing, Wirtschaftsförderung, Gewerbeflächenentwicklung und Leerstandsmanagement) sowie Markenstrategien für Kommunen.

Tourismus

Bettina Bunge

> **Zusammenfassung**
>
> Der Tourismus ist eine weltweit bedeutende Wirtschaftsindustrie und Dienstleistungsbranche. Der Städtetourismus spielt hierbei vor allem im *Incoming* eine zentrale Rolle. Da eine Stadt bzw. städtische Region grundsätzlich als ganzheitliche Marke mit einem Werteversprechen gegenüber diversen Zielgruppen zu verstehen ist, sollte das Tourismusmarketing als integrativer Bestandteil eines holistischen Stadtmarketings angesehen werden. Megatrends wie Globalisierung, Urbanisierung und Digitalisierung werden den Städtetourismus und damit auch das Stadtmarketing verändern.

1 Einleitung

Der Tourismus zählt zu den weltweit größten Wirtschaftszweigen, gleichermaßen zu wirtschaftlichem Wachstum und Beschäftigung beitragend, häufig sogar als zentraler Jobmotor wirkend. Nach Angaben der *World Tourism Organization* (UNWTO) wurden 2015 im Welttourismus Erlöse von ca. 1110 Mrd. EUR erzielt; dies entspricht einem Wachstum von 3,6 % gegenüber dem Vorjahr. Damit ist der Welttourismus im vierten Jahr in Folge schneller gewachsen als der Weltwarenhandel und nimmt mittlerweile einen Anteil von 7 % der Weltexporte ein. Grenzüberschreitende Reisen machen sogar 30 % des Welthandels im Dienstleistungsbereich aus (vgl. UNWTO 2016b).

Mit rund 284 Mio. Beschäftigten gilt der Tourismus als einer der bedeutendsten Arbeitgeber weltweit. Laut Studie des *World Travel & Tourism Council* (WTTC) wurden

B. Bunge (✉)
Dresden Marketing GmbH, Dresden, Deutschland
E-Mail: bettina.bunge@marketing.dresden.de

2015 rund 7,2 Mio. neue Jobs in der Tourismusindustrie geschaffen. Jeder Elfte berufstätige Mensch war damit 2015 im Tourismus beschäftigt. Gleichzeitig trug die Branche 7170,3 Mrd. US$ zum Bruttoinlandsprodukt (BIP) der verschiedenen Länder bei, mit weltweit wachsenden Tendenzen (vgl. WTTC 2016).

Im Jahr 2015 haben sich weltweit mehr als 1,184 Mrd. Menschen auf eine touristische Reise ins Ausland begeben; dies entspricht einem Wachstum um 4,4 % gegenüber dem Vorjahr. Damit ist die Zahl der Auslandsübernachtungstouristen seit 1950 um das mehr als Vierzigfache gestiegen (vgl. UNWTO 2016a, S. 14 ff., 2016b, S. 1 ff.). Bis zum Jahr 2030 dürften die internationalen Touristenankünfte weltweit auf 1,8 Mrd. ansteigen, wobei sich das durchschnittliche Wachstum aufgrund von Marktsättigungen, geringeren BIP Steigerungsmöglichkeiten und erhöhten Transportkosten verlangsamen wird (vgl. UNWTO 2011, S. 10, 15).

Der Tourismus boomt offensichtlich in allen erdenklichen Formen, wandelt sich aber auch permanent und muss sich immer wieder neuen Herausforderungen stellen. Megatrends wie Globalisierung, Urbanisierung und Digitalisierung, aber auch ständige Disruptionen – von neuen Mobilitätslösungen über wechselnde Konsumgewohnheiten bis hin zu neuen Lebensstilen – haben den Tourismus verändert und werden ihn auch in Zukunft weiter verändern. Auf Basis wissenschaftlicher Untersuchungen und fundierter Erkenntnisse aus der Praxis lassen sich zwar generelle Ableitungen für das Tourismus- und damit auch für das Stadtmarketing treffen. Letztlich muss sich aber jeder Akteur/jede Akteurin in der Tourismusindustrie den weltweiten Veränderungen immer wieder neu stellen, muss aus Erfahrungen und Benchmarking-Analysen relevante Erkenntnisse gewinnen und entsprechend notwendige Strategien für die zukünftige Arbeit entwickeln.

Im Folgenden werden zunächst Grundlagen des Tourismus erläutert, der Städtetourismus spezifiziert, anschließend die Besonderheiten im Tourismusmarketing diskutiert und der Bezug zum Stadtmarketing herausgestellt.

2 Grundlagen des Tourismus

2.1 Definition Tourismus

Der Begriff *Tourismus* hat den ursprünglich benutzen deutschen Terminus *Fremdenverkehr* als Bezeichnung für den Aufenthalt an oder die Reise zu anderen Destinationen auch früher schon größtenteils abgelöst. Aber erst seit den 1980er Jahren etablierte sich der Begriff Tourismus vollständig, zum einen aufgrund der zunehmenden Kunden- und Dienstleistungsorientierung der Unternehmen (vgl. Gerke 2006, S. 16; Freyer 2011, S. 50), zum anderen weil die Bezeichnung „Fremder" für einen Kunden bzw. Gast mehr und mehr unangebracht erschien (vgl. Berg 2014, S. 2).

Grundsätzlich gehört der Tourismus zum tertiären Sektor und ist als Querschnittsbranche zu verstehen, welche sich aus den Segmenten Hotellerie und Gastronomie,

Kultur- und Freizeiteinrichtungen, Reiseveranstalter, Reisevermittler und Tourismusorganisationen, aber auch Verkehrsbetriebe und Einzelhandel bildet (vgl. Rudolph 2002, S. 4; Berg 2014, S. 8).

Die lange Historie und permanente Weiterentwicklung des Tourismus bedingt eine Vielzahl unterschiedlicher Definitionen (vgl. z. B. UNWTO 1993; Kaspar 1996; Europäische Union 1999; Berg 2014). Im Folgenden wird diese Begriffsabgrenzung verwendet: „Tourismus umfasst die Aktivitäten von Personen, die an Orte außerhalb ihrer gewohnten Umgebung reisen und sich dort zu Freizeit-, Geschäfts- oder bestimmten anderen Zwecken nicht länger als ein Jahr ohne Unterbrechung aufhalten" (vgl. UNWTO 1993).

Grundlegend charakterisiert sich Tourismus über (vgl. Freyer 2015, S. 3; Kaspar 1998, S. 1):

- *einen Ortswechsel,* d. h. über einen vorübergehenden Wechsel des alltäglichen Standortes beziehungsweise des ständigen Wohnsitzes,
- *die Dauer des Aufenthalts,* d. h. die Zeitspanne von maximal einem Jahr, mit der Absicht zur Rückkehr zum Heimatort oder Lebensmittelpunkt (vgl. Dettmer et al. 2008, S. 3 f.),
- *das Motiv,* d. h. den Anlass für eine Reise, primär Urlaubs- oder Geschäftsreisen.

Je nach Dauer des Aufenthalts kann noch zwischen Touristen und Tagesbesuchern unterschieden werden. Touristen verbringen wenigstens eine Nacht in einem Beherbergungsbetrieb oder einer Privatunterkunft am besuchten Ort. Tagesbesucher übernachten dagegen nicht am besuchten Ort (vgl. Bieger 2010, S. 52; Freyer 2015, S. 6). Im Folgenden werden sowohl Geschäfts- und Privatreisende als auch Übernachtungsgäste und Tagesbesucher berücksichtigt.

2.2 Tourismusarten und touristisches Angebot

In Bezug auf den Ortsaspekt des Reisens lässt sich laut UNWTO der Tourismus je nach Quell- und Zielgebiet der Reisenden in die Grundkategorien Binnenreiseverkehr *(Domestic Tourism),* Einreiseverkehr *(Inbound* oder *Incoming Tourism)* und Ausreiseverkehr *(Outbound* oder *Outgoing Tourism)* unterteilen (vgl. UNWTO 1993). Aus Kombinationen entstehen die Kategorien Inlandstourismus, nationaler Tourismus und internationaler Tourismus (vgl. Freyer 2015, S. 8). Tab. 1 stellt diese Tourismuskategorien im Überblick dar.

Die Abgrenzung von Tourismus zu Freizeit ist elementar, da zwar Einheimische die touristischen Infrastrukturen und Attraktionen zu ihrer Freizeitgestaltung nutzen können; sie allerdings nicht den Touristen im klassischen Sinne zuzurechnen sind (vgl. Hartmann 2014, S. 20).

Das touristische Angebot umfasst ein Leistungsbündel, welches sich aus verschiedenen Teilleistungen zusammensetzt. Tab. 2 zeigt das touristische Angebot entlang der

Tab. 1 Tourismusarten. (Quelle: in Anlehnung an Freyer 1993, S. 409, 2015, S. 7 f.)

Herkunft der Touristen Ziele der Touristen	Aus dem *Inland*	Aus dem *Ausland*	
Ins *Inland*	Binnenreiseverkehr (*Domestic Tourism*)	Einreiseverkehr (*Inbound/Incoming Tourism*)	*Inlandstourismus*
Ins *Ausland*	Ausreiseverkehr (*Outbound Tourism*)	Ausreiseverkehr (*Outbound/Outgoing Tourism*)	*Internationaler Tourismus*
	Nationaler Tourismus	*Internationaler Tourismus*	

Tab. 2 Touristisches Angebot *(Customer Journey)* (Quelle: in Anlehnung an Hartmann 2014, S. 29)

Vor dem Aufenthalt	Während des Aufenthaltes	Nach dem Aufenthalt
• Information vorab • Reservierung, Buchung, Kauf • Anreise (Auto, Flugzeug, Bus, Bahn)	• Beherbergung (Hotel, Pension, Privatunterkunft) • Information vor Ort • Verpflegung (Gastronomie) • Transport (ÖPNV, Rad, Auto) • Aktivitäten (Sightseeing, Kultur, Shopping, Sport, Events)	• Abreise (Auto, Flugzeug, Bus, Bahn) • Information hinterher

Dienstleistungskette *(Customer Journey)*, untergliedert nach den Zeitpunkten der Inanspruchnahme (vgl. Hartmann 2014, S. 29). Kunden erwarten, dass sie während sämtlicher Kontaktpunkte der Reise entsprechende Qualität nach ihren Wünschen erhalten.

Für den Tourismus, wie für alle anderen Branchen auch, sind die Megatrends der Gesellschaft von herausragender Bedeutung für den Erfolg.

2.3 Mega- und Tourismustrends

Das 1998 von Matthias Horx gegründete Zukunftsinstitut beschäftigt sich seit Jahren mit der europäischen Trend- und Zukunftsforschung. Die detaillierten Analysen und Reports zu den Megatrends sind im Folgenden als Grundlage gewählt.

> Megatrends muss man nicht ‚voraussagen', denn sie sind schon da und markieren Veränderungen, die uns schon lange prägen und auch noch lange prägen werden. Megatrends sind Tiefenströmungen des Wandels. Als Entwicklungskonstanten der globalen Gesellschaft umfassen sie mehrere Jahrzehnte. Ein Megatrend wirkt in jedem einzelnen Menschen und umfasst alle Ebenen der Gesellschaft: Wirtschaft und Politik, sowie Wissenschaft, Technik und Kultur. Megatrends verändern die Welt – zwar langsam, dafür aber grundlegend und langfristig (vgl. Zukunftsinstitut 2015).

Gegenwärtig relevante Megatrends und ihre Schnittstellen zeigt die *Megatrend-Map* des Zukunftsinstituts[1]. Aus den zwölf dargestellten weltweiten Megatrends lassen sich relevante Trends und entsprechende Aufgaben für die Tourismusbranche der Zukunft ableiten. Die Tourismuswirtschaft ist generell einem permanenten Wandel unterzogen und teilweise sogar selbst Treiber dieses Wandels mit Auswirkungen auf andere Branchen. Touristen ändern ihr Informations- und Reiseverhalten; die Unternehmen schaffen mit ihren Angeboten neue Nachfrage oder entwickeln neue Technologien, welche wiederum das Verhalten verändern. In den Megatrends Mobilität, Individualisierung und Neo-Ökologie werden z. B. neue Bedürfnisse und Sehnsüchte der Reisenden sichtbar. Mit der Globalisierung und der fortschreitenden Konnektivität der Menschen stehen Destinationen im größeren Wettbewerb untereinander und müssen sich auch in ihren Marketingstrategien immer wieder neu ausrichten (vgl. Zukunftsinstitut 2015; FUR 2016; BMWI 2013; Freyer 2015, S. 30).

Folgende *Tourismus-Trends der Zukunft* lassen sich ableiten (vgl. Leonhard 2015):

1. Digitalisierung wird Teil der Reise
   - Hyper-vernetzte, mobile und sozial agierende Touristen
   - Wunsch nach permanenter digitaler Unterstützung vor, während und nach der Reise
   - Individualisierung und Personalisierung der Reise trotz Massenkommunikation
2. Emotionale Erlebnisse beim Reisen zählen wieder mehr
   - Technologiemüdigkeit und Traum vom Offline-Luxus
   - Wunsch nach emotionalen Erfahrungen und echten Erlebnissen
   - Freude am Nichtstun, Nicht-Erreichbar-Sein und Im-Moment-Leben
3. Sharing Economy ist wachsende Realität
   - Wunsch nach Teilen, statt Besitzen
   - Ökonomie des Teilens als neuer Zweig der Tourismuswirtschaft
   - Wunsch nach authentischen Erlebnissen ohne Anspruch auf Professionalität
4. Nachhaltig ist das neue Profitabel
   - Nicht mehr „Profit um jeden Preis" als Ziel bei der Reiseplanung
   - Wunsch nach weniger Überfluss und mehr Nachhaltigkeit beim Reisen
   - *Social Responsability* als ethischer Anspruch beim Reisen
5. Die „Silver Surfer" kommen
   - 70 ist das neue 50, auch beim Reisen
   - Andere Reise- und Kommunikationsbedürfnisse der älteren Zielgruppen
   - Neue Anforderungen an barrierefreies Reisen
6. *Rebel Chic* gewinnt
   - Trend nach rebellischen Anbietern und Querdenkern
   - Suche nach innovativen Angeboten und Erfahrungen mit rebellischem Image
   - Unkonventionelles wird zum Mainstream, Anti-Tourismus als hehres Ziel

---

[1]Die Megatrend-Map des Zukunftsinstituts finden Sie unter: https://www.zukunftsinstitut.de/artikel/die-megatrend-map/ (Zugegriffen: 22. Juli 2017).

2.4 Konsequenzen für die Tourismusbranche

Aus den Mega- und Tourismustrends lassen sich entsprechend konkrete Handlungsempfehlungen für alle Beteiligten der Tourismusbranche ableiten. Ob Reiseveranstalter und Reisebüros, Tourismusmarketingorganisationen, Leistungsträger oder Medienvertreter – alle Beteiligten müssen überprüfen, wie diese Trends ihr Aufgabenspektrum, ihre Kommunikation bzw. ihr Geschäftsmodell insgesamt beeinflussen. In der Tourismusbranche gilt es, sich mit folgenden Zukunftsthemen und Strategien zu beschäftigen:

- *Mobile Devices,* Internet der Dinge, Social Media, Virtual Reality im Tourismus *(Digitalisierungsstrategie)*
- „High Tech" vs. „High Touch" *(Umgang mit Technik vs. Umgang mit Menschen)*
- Informationssicherheit und Datenschutz *(Datenschutzstrategie)*
- Veränderung der Wertschöpfungsketten *(Dienstleistungsstrategie)*
- Lebenslanges Lernen für Tourismusnachfrager und -anbieter *(Weiterbildungsstrategie)*
- Fremdsprachen, interkulturelle Kompetenzen *(Internationalisierungsstrategie)*
- Nachhaltigkeit der Produkte und Dienstleistungen *(Nachhaltigkeitsstrategie)*

Auch speziell im Städtetourismus sind die genannten Trends und Zukunftsthemen zu beachten und die Strategien für ein erfolgreiches Stadtmarketing zu nutzen.

3 Städtetourismus

3.1 Definition Städtetourismus

Zum Städtetourismus bzw. den Städtereisen zählen grundsätzlich alle touristischen Reisen, die eine bestimmte Stadt zum Ziel haben, unabhängig ob mit oder ohne Übernachtung und unabhängig ob privat oder geschäftlich motiviert (vgl. Statista 2016). Die vielfältigen Arten der Städtereisen sind in Tab. 3 im Überblick dargestellt.

Tab. 3 Arten des Städtetourismus. (Quelle: in Anlehnung an Freyer 2005, S. 35)

Arten des Städtetourismus (mit und ohne Übernachtung, d. h. sowohl Touristen als auch Tagesbesucher)	
Privat motivierte Städtereisen	*Geschäftlich motivierte Städtereisen*
• Besichtigungsreisen • Kulturreisen • Shoppingreisen • Event-Reisen • Aktivreisen • Medizinisch induzierte Reisen	• Messebesuche • Incentive-Reisen • Kongress- und Tagungsreisen • Sonderformen (Sportler-, Künstler-, Schülerreisen)

3.2 Bedeutung des Städtetourismus

Der Tourismus ist für Städte ein wichtiger Wirtschaftsfaktor. Beispielsweise werden im deutschen Städtetourismus laut Deutschem Tourismusverband jährlich Bruttoumsätze in Höhe von etwa 82 Mrd. EUR erwirtschaftet. Von diesen Umsätzen profitieren neben Reise- und Tourismusunternehmen insbesondere Kultureinrichtungen, das Gastgewerbe an den Zielorten, aber auch der Einzelhandel. In der Tourismusbranche sind rund 2,9 Mio. Menschen tätig – davon rund die Hälfte im Städtetourismus. Der Tourismus sichert folglich in erheblichem Maße Arbeitsplätze in den Städten. Während der Anteil der Städte an allen gewerblichen Übernachtungen in Deutschland rund ein Drittel ausmacht, sind es beim Tagestourismus sogar 60 %, wobei der größte Anteil auf die 82 Großstädte entfällt (vgl. DTV 2006; speziell zum Incoming-Tourismus vgl. DZT 2015).

Auch im internationalen Vergleich – beispielsweise der touristischen Entwicklung von europäischen Städten im *European Cities Marketing (ECM) Benchmarking Report 2015–2016* – lässt sich die dynamische Entwicklung der Städte feststellen. Trotz Terrorattacken, Flüchtlingskrise und Währungsschwankungen haben die Übernachtungen in den analysierten 121 Städten 2015 etwa um durchschnittlich 5,6 % gegenüber dem Vorjahr zugenommen, bei den internationalen Übernachtungen waren es sogar 5,8 % Steigerung (vgl. ECM 2016, S. 2 f.).

Städte entwickeln sich aber unterschiedlich, bedingt durch die relevanten Quellmärkte und die jeweilige Situation vor Ort. In Abb. 1 ist die Übernachtungsentwicklung in europäischen „Premier League Cities" im Durchschnittswachstum der letzten fünf Jahre dargestellt (Datenbasis sind 121 europäische Städte). Hierbei wird bereits die große Bedeutung der Städte im Übernachtungstourismus deutlich, wobei die ebenfalls relevanten „Second Division Cities" hier noch nicht einmal hinzugerechnet wurden.

Wenn dieses Übernachtungswachstum in den europäischen Städten der Entwicklung in den 28 EU-Ländern konkret gegenübergestellt wird, lässt sich in Abb. 2 erkennen, dass von 2011–2015 die 121 europäischen Städte aus dem ECM Report ein Übernachtungswachstum von insgesamt 20,4 % realisiert haben, die 28 EU Länder hingegen nur ein Wachstum von 10,5 %. Konkret stiegen die durchschnittlichen jährlichen Übernachtungen in den europäischen Städten um 5,1 %, in den EU Ländern insgesamt nur um 4,1 % (vgl. auch ECM 2016, S. 4).

Der Städtetourismus war in den letzten Jahren also immer Wachstumsmotor für die Branche und wird es voraussichtlich auch in Zukunft bleiben. Auch wenn sich die großen Übernachtungsvolumina aus dem Ausland primär auf die Metropolen und Großstädte beziehen, sind kleinere Städte in ihrer Bedeutung nicht zu unterschätzen. Je nach touristischem Angebot, wahrgenommener Attraktivität und Professionalität in der Kommunikation können auch kleinere Städte stark vom Tourismus profitieren. Wichtig sind ein einzigartiges Produkt, zielgruppenadäquate Dienstleistungen vor Ort, eine gute Erreichbarkeit, aber auch eine ausreichende kommunikative wie infrastrukturelle Vernetzung mit anderen Städten, Regionen und Routen. Bei den von der Deutschen Zentrale für Tourismus (DZT) in über 40 Ländern ermittelten TOP 100 Sehenswürdigkeiten in

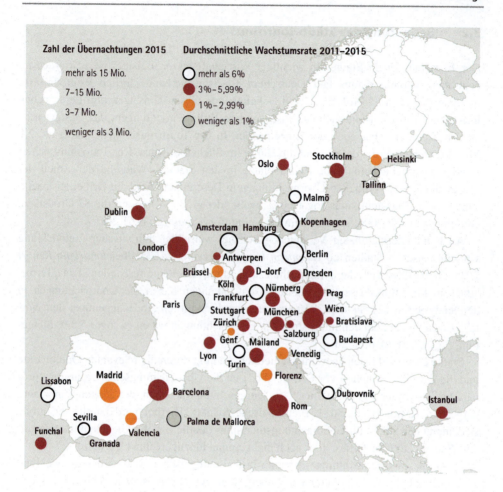

Abb. 1 Übernachtungsentwicklung in europäischen „Premier League Cities" im Durchschnittswachstum 2011–2015. (Quelle: ECM 2016, S. 74)

Deutschland profitieren etwa viele kleinere Städte (wie Rust, Hohenschwangau, Rothenburg ob der Tauber, Konstanz, Garmisch-Patenkirchen) aufgrund ihres einzigartigen touristischen Angebotes und ihrer internationalen Vermarktung sehr vom Tourismus aus aller Welt.

3.3 Ziele und Aufgabenfelder des Städtetourismusmarketings

Grundsätzliches Ziel des Städtetourismusmarketings ist es, Besucher aus dem In- und Ausland in eine Stadt zu locken und den Aufenthalt vor Ort entsprechend qualitätsvoll zu gestalten. Strategische Ziele des Städtetourismus sind die touristische Ausrichtung der

Tourismus

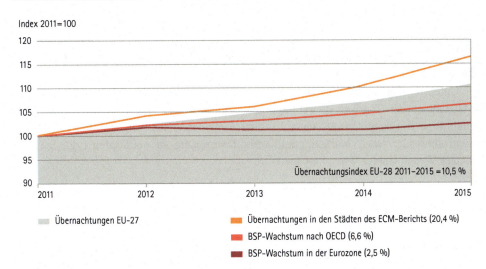

Abb. 2 Übernachtungsentwicklung in ECM Städten und EU-Ländern im Vergleich 2011–2015. (Quelle: ECM 2016, S. 71)

Stadtgestaltung und des städtischen Tourismusmarketings an den Wünschen und Bedürfnissen der relevanten Kundengruppen, der Erhalt bzw. Ausbau des Marktvolumens und die Erhöhung des ökonomischen Nutzens. In allen Bereichen sollten eine vorausschauende Stadtentwicklung und ein strategisches Marketing gegenüber eher kurzfristigen und reaktiven Projekten favorisiert werden, ganz nach dem Motto: „Vom Warten auf den Gast zum strategischen Marketing im Städtetourismus" (vgl. DTV 2006, S. 121). Um langfristig im Städtetourismus erfolgreich zu sein, geht es um drei strategische Handlungsfelder:

1. Destinationsentwicklung (Aufbau und Weiterentwicklung von touristischen Angeboten und einer touristischen Infrastruktur),
2. Destinationsmanagement (Sicherung der touristischen Aufenthaltsqualität vor Ort),
3. Destinationsmarketing (effiziente und vernetzte Vermarktung der Stadt zur Erreichung maximal verträglicher Besucherpotenziale).

Der folgende Abschnitt konzentriert sich auf das Destinationsmarketing, spezieller noch auf das Tourismusmarketing für Städte.

4 Tourismusmarketing für Städte

4.1 Definition Tourismusmarketing

Für den Begriff des Tourismusmarketings gibt es diverse grundlegende Definitionen (vgl. z. B. historisch Krippendorf 1971, S. 50). Aktuell gilt: „*Tourismusmarketing* ist eine systematische, konzeptionelle Methode oder Denkrichtung (…), Führungs-(Management-)

Technik („Managementorientierung') von touristischen Unternehmen, Einzelpersonen oder Organisationen, wobei ‚der Markt' zentraler Bezugspunkt ist („Marktorientierung') und gesellschaftliche Werte berücksichtigt werden („ganzheitliches Marketing')" (Freyer 2011, S. 38).

Unter *Tourismusmarketing für Städte* werden alle ziel- und wettbewerbsorientierten Maßnahmen der Tourismusmarketingorganisationen verstanden, um gegenwärtige und zukünftige Kundenpotenziale unter Einsatz planender, steuernder, koordinierender und kontrollierender sowie marketingpolitischer Instrumente auszuschöpfen (vgl. Springer Gabler Verlag, Gabler Wirtschaftslexikon).

4.2 Ziele und Aufgaben des Tourismusmarketings für Städte

Zentrale Zielsetzung des Tourismusmarketings für Städte ist die Steigerung der Ankünfte und Übernachtungen von Gästen aus dem In- und Ausland. Als Zielgruppen sind sowohl Urlaubs- und Geschäftsreisende, als auch Messe- und Kongressbesucher und Übernachtungsgäste sowie Tagesbesucher gleichermaßen anzusprechen. Da die Destinationsmarketingorganisation hier nicht alleine agieren kann, ist hierfür die Kooperation mit allen wichtigen Multiplikatoren der Stadt erforderlich (Kultur, Gastronomie, Hotellerie, Wirtschaft u. v. m.) (vgl. Althof 2001, S. 75; Freyer 2005, S. 33 ff.). Abb. 3 ermöglicht einen Überblick über relevante *Ziele und Aufgaben im Tourismusmarketing*.

Tourismusmarketing für Städte

Ziele	Aufgabenfelder
• Erhöhung des Bekanntheitsgrades der Stadt	• Touristische Markenanalyse für die Stadt und Benchmarking mit anderen Städten
• Verbesserung der wahrgenommenen Markenattraktivität der Stadt aus Sicht der touristischen Zielgruppen	• Entwicklung einer touristischen Marketingstrategie für die Stadt
• Steigerung der touristischen Nachfrage	• Integration in Stadtmarketingstrategie
• Erhöhung der Aufenthaltsdauer und Ausgaben der Touristen	• Marktmanagement, Umsetzung und Controlling der Marketingprojekte
• Schaffung von Anreizen für Wiederholungsbesuche der Touristen	• Kooperationsmanagement mit öffentlichen und privaten Institutionen
• Positive Vermittlung zwischen Touristen und Bürgern	• Beziehungsmanagement Bürger-Besucher

Abb. 3 Ziele und Aufgaben im Tourismusmarketing. (Quelle: in Anlehnung an Kubitza und Gilbrich 2005, S. 181; Kausch und Pirck 2013, S. 20 ff.; Zenker 2013, S. 14 ff.)

Das Aufgabenspektrum der Tourismusmarketingorganisationen in den Städten ist so heterogen wie die Städte selbst. Es reicht von reinen strategischen Marketingaufgaben über den operativen Vertrieb und Service, projektbezogene Eventorganisation, Qualitätssicherungsaufgaben bis zu Citymanagement-Aktivitäten für den Einzelhandel. Als Trend für die Zukunft lässt sich aber feststellen, dass verstärkt strategische Aufgaben für die *Destination Marketing Organization* (DMO) im Fokus stehen bzw. stehen sollten (vgl. Kreilkamp 2012):

- **Strategie:** Schaffung der strategischen Basis (Leitbild, Masterplan, *Strategy Map*),
- **Initiative:** Initiierung der erforderlichen Marketingprozesse, Bildung von Projektteams und Einbindung der Partner (DMO als „Netzwerkknoten"),
- **Koordination:** Steuerung der Prozesse in der Vorbereitungs- bzw. Konzeptionsphase,
- **Steuerung:** Steuerung der Umsetzung bzw. Projektleitung in der Umsetzungsphase,
- **Unterstützung:** Unterstützung durch Informationen (Marktforschung), Innovationen (mit Hilfe von Benchmarking-Analysen) und Fachwissen,
- **Controlling:** permanente Kontrolle der Prozessabläufe, Ergebnisse und Zielerreichung.

Das Tourismusmarketing für Städte übernehmen größtenteils offizielle Marketingorganisationen, meist städtische GmbHs, Tourismusämter oder Tourismusvereine. Auch die Organisationsformen, Gesellschafterstrukturen, Finanzierungsquellen und Zuständigkeiten sind so vielfältig wie die Städte an sich. Hier ist keine Idealform erkennbar, wobei aber tendenziell zunehmend das Tourismusmarketing als Teil des strategischen Stadtmarketings im Rahmen einer eigenständigen städtischen Tochtergesellschaft verstanden wird (Freyer 2005, S. 34 ff.).

Gründe hierfür liegen in den gemeinsamen Zielen (Steigerung von Bekanntheitsgrad und Markenattraktivität, Imageförderung) und gemeinsamen Aufgaben (Strategisches Marketing, Marktbearbeitung, Kooperationsmanagement u. v. m.) von Tourismus- und strategischem Stadtmarketing. Auch wenn das Stadtmarketing zusätzliche Zielgruppen (Investoren, Wissenschaftler, Studenten, Bewohner usw.) bedient, gibt es viele Schnittmengen, die ein abgestimmtes Vorgehen erfordern und langfristigen Erfolg versprechen.

Die Begrüßung von Gästen ist beispielsweise eine zentrale Aufgabe des Tourismusmarketings. Nichtsdestotrotz ist Gastfreundschaft mehr als nur Tourismus. Es geht um Identität und nachhaltige Zukunftssicherung der Städte. Um die Lebens- und Aufenthaltsqualität im Miteinander von Bürgern und Touristen zu sichern, sollten Tourismus- und Stadtmarketing gemeinsam an einer Willkommenskultur und einem möglichst konfliktfreien Beziehungsmanagement arbeiten – Beispiele hierfür sind die Plattform *Visit Berlin* mit der Willkommensinitiative „Service in the City", der Kommunikationsinitiative „Going Local Berlin" und der Bürgerbeteiligungsplattform „Hier in Berlin".

Vor dem Hintergrund der neuen Regelungen des EU-Beihilferechts, EU-Vergaberechts und Steuerrechts ist derzeit aber unklar, welche Aufgaben zukünftig die Tourismus- und Marketingorganisationen übernehmen dürfen und können (vgl. DTV 2016). Eine verbindliche Rechtsprüfung im Einzelfall ist notwendig, um im Detail zu klären, welche Organisation mit welchem Aufgabenspektrum in Zukunft welche Zuwendungen aus öffentlichen Kassen vergabe- und beihilfekonform erhalten darf.

4.3 Instrumente des Tourismusmarketings

Das Instrumentarium zur touristischen Vermarktung einer Stadt beinhaltet grundsätzlich ein breites Spektrum an Maßnahmen, das zielgruppen- und marktspezifisch einzusetzen ist. In Theorie und Praxis finden sich hierzu vielfältige Strukturierungsmöglichkeiten. In Anlehnung an den klassischen Marketingmix kann in Produkt-, Preis-, Vertriebs- und Kommunikationspolitik unterschieden werden (vgl. Gerke 2006, S. 18). Abb. 4 beschreibt das potenzielle Instrumentarium der Tourismusorganisationen der Städte, strukturiert je nach Aufgabenspektrum und Zuständigkeit.

Zweckmäßigerweise sind die Instrumente nicht isoliert einzusetzen, sondern als Teil von zielgruppen- und marktspezifischen Werbekampagnen und langfristigen Marketingstrategien miteinander zu vernetzen. Je nach Budget und Aufgabenspektrum der Marketingorganisation gilt es, effektive und effiziente Marketinginstrumente auszuwählen.

Für einen effizienten Einsatz der Marketingmittel empfiehlt sich zudem die Kooperation mit nationalen Vermarktungsorganisationen, wie es beispielsweise in Deutschland die Deutsche Zentrale für Tourismus e. V. für die Tourismusbranche ist oder das *German Convention Bureau* für die Kongressbranche. Auf Städteebene sind als Marketingnetzwerke

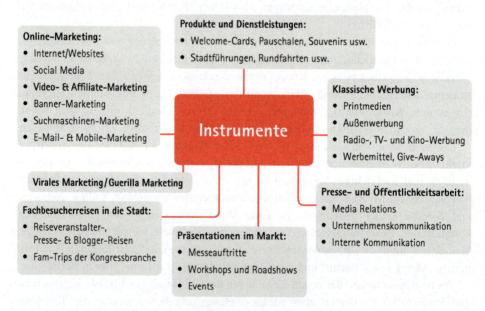

Abb. 4 Instrumente im Tourismusmarketing für Städte. (Quelle: eigene Darstellung)

beispielhaft *Magic Cities Germany e. V., Historic Highlights of Germany e. V.,* das Deutsche Küstenland e. V. oder die UNESCO-Welterbestätten Deutschland e. V. zu nennen, auf internationaler Ebene die *European Cities Marketing Organisation* und die *World Tourism Cities Federation.*

4.4 Tourismusmarketing als Teil des Stadtmarketings

Da eine Stadt bzw. eine städtische Region grundsätzlich als ganzheitliche Marke mit einem Werteversprechen gegenüber diversen Zielgruppen zu verstehen ist, sollte das Tourismusmarketing als integrativer Bestandteil eines strategischen Stadtmarketings verstanden werden. Sowohl strategisch und strukturell als auch prozessorientiert empfiehlt sich eine gemeinsame Stadtmarketingstrategie, die auf Basis entsprechender Markenanalysen sowohl die Strategie für das Tourismusmarketing als auch das Kongress- und Standortmarketing unter einem Dach vereint.

Stadtmarketing kann grundsätzlich als Oberbegriff für alle Marketingaktivitäten in Bezug auf eine Stadt verstanden werden (vgl. Freyer 2005, S. 30). Eine Stadtmarke richtet sich an unterschiedliche Zielgruppen, zu denen die Einwohner der Stadt, Touristen und Tagesbesucher, Geschäftsreisende, Studierende, Unternehmer und Wissenschaftler gleichermaßen zählen (vgl. Kausch und Pirck 2013, S. 23; Zenker 2013, S. 17).

Unter dem Dach des Stadtmarketings befinden sich folglich diverse Segmente, vom Tourismus-, Kongress- und Standortmarketing zum City- und Eventmarketing (vgl. Block und Icks 2010, S. 4; Freyer 2005, S. 31). Bis dato hat sich weder in den deutschen noch in internationalen Städten ein Idealmodell des Stadtmarketings herauskristallisiert. Je nach Strategie, Budget, Aufgabenschwerpunktsetzung und Handlungsnotwendigkeiten für hoheitliche Aufträge sind die offiziellen Marketingorganisationen für das ganze Stadtmarketing oder einzelne Teilbereiche zuständig.

Erfolgreiches Tourismusmarketing orientiert sich sinnvollerweise an den strategischen Leitlinien und Corporate-Design-Vorgaben der Stadtmarke und den zentralen Botschaften des Stadtmarketings. Genauso richtet sich erfolgreiches Stadtmarketing auch an den spezifischen Bedürfnissen bzw. Marktanforderungen der touristischen Zielgruppen aus und bietet entsprechende Kommunikationskanäle an.

4.5 Erfolgscontrolling im Tourismusmarketing

Erfolgscontrolling im Tourismus- und Stadtmarketing beabsichtigt, einen unmittelbaren Zusammenhang zwischen Marketingeinsatz und Nachfrage herzustellen. Sie bezieht sich auf Vergangenheit und Zukunft gleichermaßen, ist kontinuierlicher Prozess. Der Bedarf an Erfolgsmessung steigt, da Budgets und Aktionen zunehmend verteidigt bzw. diverse Stakeholder bzw. Anspruchsgruppen überzeugt werden müssen. An Kennzahlen mangelt es nicht. Die Herausforderung liegt darin, aus der Fülle verfügbarer Indikatoren die relevanten

Schlüsselindikatoren auszuwählen (von den *Performance Indicators* zu den *Key Performance Indicators* [KPI]). Hierbei gibt es weder allgemeingültige Regeln noch eine Lösung, die für alle passend ist: Der Einsatz von Indikatoren soll in Abhängigkeit von der Zielsetzung und der Zielgruppe, an die sie gerichtet sind, erfolgen.

Erfolgreiches Tourismus- und Stadtmarketing für Destinationen erfordert eine entsprechende Festlegung der Kriterien für den Erfolg, gegebenenfalls auch den Misserfolg. Systematisches Erfolgscontrolling sollte Basis aller Unternehmensentscheidungen im Tourismus- bzw. Stadtmarketing sein und kann als Indikator für positive und negative Entwicklungen fungieren (Kubitza und Gilbrich 2005, S. 188 ff.). Die Schlüsselindikatoren (KPI) geben Aufschluss über den Erfolg im Städtetourismus, im Stadtmarketing und speziell in der jeweiligen *Destination Marketing Organization*.

Für das Stadtmarketing bietet sich ein integriertes Ziel- und Kennzahlensystem an, das strategische Ziele der Stadt mit Zielen der Dachmarketingorganisation, der Geschäftsbereiche und Abteilungen sowie den Zielen für die einzelnen Mitarbeiterinnen und Mitarbeiter verknüpft. Dieses Ziel- und Kennzahlensystem kann die Grundlage für individuelle Zielvereinbarungen im Unternehmen darstellen und mit entsprechenden Tantiemezahlungen verbunden werden. Folglich sind messbare und überprüfbare Unternehmensziele sowie Zielgrößen elementar für das Controlling. In Abb. 5 ist die mögliche Strukturierung eines Ziel- und Kennzahlensystems für Stadtmarketingorganisationen dargestellt.

Ein umfangreiches, sehr systematisches Instrument zur Messung, Dokumentation und Steuerung der Unternehmensaktivitäten unter Einsatz von Schlüsselindikatoren (KPI) stellt die *Balanced Scorecard* dar. Ausgehend von einer Strategie, die diverse Stakeholder (Kunden, Politik, Mitarbeiter und Lieferanten) berücksichtigt, werden kritische Erfolgsfaktoren bestimmt und daraus ein Kennzahlensystem erstellt. Die Messgrößen repräsentieren den Erfüllungsgrad der strategischen Ziele. In einem kontinuierlichen Prozess werden Ziele und Zielerreichung überprüft und korrigierende Maßnahmen entwickelt. Durch Ursache-Wirkungs-Zusammenhänge wird die Unternehmensstrategie mit der Kundensicht, diese mit der Prozesslogik und die wieder mit Maßnahmen auf Mitarbeiterebene

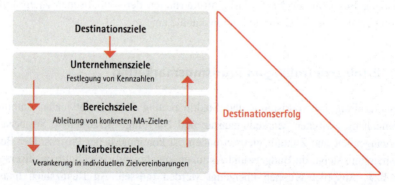

Abb. 5 Strategisches Erfolgscontrolling im Stadtmarketing. (Quelle: eigene Darstellung)

verbunden (vgl. Kaplan und Norton 1997). Ob für eine Tourismus- oder Stadtmarketingorganisation diese Methodik oder eine andere erfolgversprechend ist, hängt von beabsichtigten Zielen und vorhandenen Ressourcen ab.

Als Fazit lässt sich im Hinblick auf die Voraussetzungen für den Erfolg eines systematischen Controllings konstatieren, dass *Outcome* wichtiger ist als *Output,* in anderen Worten, es geht um Erfolg, nicht nur um Leistung. Ein Controllingsystem sollte präzise und leicht verständlich für die Stakeholder bzw. Anspruchsgruppen der Tourismus- bzw. Stadtmarketingorganisation sein. Sinnvollerweise sind die Erfolgsindikatoren zu beschränken (weniger ist mehr); dies ist hilfreich sowohl bei der Ausführung als auch bei der Kommunikation. Ein systematischer Vergleich der Schlüsselindikatoren relevanter Wettbewerbsdestinationen ist hierbei zu empfehlen.

5   Ausblick

Sowohl die weltweit zunehmenden Unsicherheiten und Disruptionen als auch die Megatrends und permanenten Veränderungen in den Städten nehmen Einfluss auf das Tourismus- und Stadtmarketing. Die großen Entwicklungen in den Bereichen Technologie, Globalisierung, Mobilität, Nachhaltigkeit und Demografie stellen die Stadtmarketingorganisationen vor die Herausforderung, sich an den sich ändernden Verhaltensweisen der Zielgruppen zu orientieren und sich permanent weiterzuentwickeln. Nur wer sich international ausrichtet, vom Wettbewerber lernt, immer wieder neue Trends berücksichtigt, dabei authentisch, flexibel und kooperativ handelt, wird in Zukunft im Tourismus- und Stadtmarketing erfolgreich sein können.

Da eine Stadt bzw. eine städtische Region grundsätzlich als ganzheitliche Marke mit einem spezifischen Werteversprechen gegenüber den relevanten Zielgruppen zu verstehen ist, sollte das Tourismusmarketing immer als integraler Bestandteil eines strategischen Stadtmarketings angesehen werden. Isolierte, nicht vernetzte Strategien würden sich nur gegenseitig behindern. Tourismusmarketing sollte sich zwar weiterhin um seine jeweiligen Zielgruppen, Botschaften, Angebote und relevanten Instrumente kümmern. Aber durch eine gemeinsame Stadtmarketingstrategie können vor dem Hintergrund immer knapper werdender Budgets in Zukunft noch stärker Synergien bei den finanziellen sowie personellen Ressourcen genutzt werden und die Stadtmarke mit einheitlichen Kernbotschaften und Leitbildern erfolgreich vermarktet werden.

Literatur

Althof, W. (2001). *Incoming-Tourismus* (2. Aufl.). München: Oldenbourg.
Berg, W. (2014). *Einführung Tourismus. Überblick und Management* (2. Aufl.). München: Oldenbourg.
Bieger, T. (2010). *Tourismuslehre – Ein Grundriss.* Bern: Haupt.

Block, J., & Icks, S. (2010). Stadtmarketing. https://www.bcsd.de/media/stadtmarketing.pdf. Zugegriffen: 26. Mai 2017.
BMWI (Bundesministerium für Wirtschaft und Technologie). (2013). Das Reiseverhalten der Deutschen im Inland. https://www.bmwi.de/Redaktion/DE/Publikationen/Studien/studie-zum-inlandsreiseverhalten.pdf. Zugegriffen: 25. Febr. 2017.
Dettmer, H., Hausmann, T., & Schulz, J. M. (2008). *Tourismus-Management*. München: Oldenbourg.
DTV (Deutscher Tourismusverband e. V.). (2006). Städte- und Kulturtourismus in Deutschland. https://www.deutschertourismusverband.de/fileadmin/Mediendatenbank/PDFs/Staedtestudie_Langfassung.pdf. Zugegriffen: 25. Febr. 2017.
DTV (Deutscher Tourismusverband e. V.). (2016). Die neuen Rahmenbedingungen für Tourismusorganisationen im EU-Beihilferecht, EU-Vergaberecht und Steuerrecht. https://www.deutschertourismusverband.de/fileadmin/Mediendatenbank/PDFs/eu-beihilferecht_vergaberecht_steuerrecht_1602.pdf. Zugegriffen: 25. Febr. 2017.
DZT (Deutsche Zentrale für Tourismus e.V.). (2015). Incoming-Tourismus Deutschland. Zahlen, Daten, Fakten 2014. https://www.germany.travel/media/pdf/dzt_marktforschung/DZT_Incoming-Tourismus-Deutschland-2015.pdf. Zugegriffen: 25. Febr. 2017.
ECM (European Cities Marketing). (2016). The European cities marketing benchmarking report (12th official edition 2015–2016). http://www.europeancitiesmarketing.com/research/reports-and-studies/ecm-benchmarking-report/ Zugegriffen: 25. Febr. 2017.
Europäische Union. (1999). Entscheidung Nr. 1999/34/EG der Kommission vom 9. Dezember 1998 zur Festlegung von Durchführungsvorschriften zur Umsetzung der Richtlinie Nr. 95/57/EG des Rates über die Erhebung statistischer Daten im Bereich des Tourismus. http://eur-lex.europa.eu/legal-content/DE/TXT/PDF/?uri=CELEX:31999D0035&from=de. Zugegriffen: 25. Febr. 2017.
Freyer, W. (1993). *Tourismus. Einführung in die Fremdenverkehrsökonomie*. München: Oldenbourg.
Freyer, W. (2005). Stadtmarketing und Tourismus. In S. Landgrebe & P. Schnell (Hrsg.), *Städtetourismus* (S. 29–50). Berlin: De Gruyter.
Freyer, W. (2011). *Tourismus-Marketing. Marktorientiertes Management im Mikro- und Makrobereich der Tourismuswirtschaft*. München: Oldenbourg.
Freyer, W. (2015). *Tourismus. Einführung in die Fremdenverkehrsökonomie* (11. Aufl.). Berlin: De Gruyter.
FUR (Forschungsgemeinschaft Urlaub und Reisen e. V.). (2016). RA Reiseanalyse 2016. Erste ausgewählte Ergebnisse der 46. Reiseanalyse zur ITB 2016. http://www.fur.de/fileadmin/user_upload/RA_2016/RA2016_Erste_Ergebnisse_DE.pdf. Zugegriffen: 25. Febr. 2017.
Gerke, T. (2006). *Tourismuswerbung: Marketing für Reisebüros, Reiseportale, Reiseveranstalter, Verkehrsträger und Destinationen*. Landsberg am Lech: mi-Fachverlag.
Hartmann, R. (2014). *Marketing in Tourismus und Freizeit*. Konstanz: UVK.
Kaplan, R. S., & Norton, D. P. (1997). *Balanced Score Card. Strategien erfolgreich umsetzen*. Stuttgart: Schäffer-Poeschel.
Kaspar, C. (1996). *Die Tourismuslehre im Grundriss* (5. Aufl.). Bern: Haupt.
Kaspar, C. (1998). *Das System Tourismus im Überblick*. In G. Haedrich et al. (Hrsg.), *Tourismus-Management. Tourismusmarketing und Fremdenverkehrsplanung* (3. Aufl., S. 15–32). Berlin: De Gruyter.
Kausch, T., & Pirck, P. (2013). Markenführung für Städte – Ein Positionspapier. In T. Kausch, P. Pirck, & P. Strahlendorf (Hrsg.), *Städte als Marken. Strategie und Management* (S. 20–27). Hamburg: New Business.
Kreilkamp, E. (2012). Destinationsmanagement 3.0. Paradigmenwechsel im Tourismusmarketing (Präsentation Regionalkonferenz der Metropolregion Hamburg). https://de.slideshare.net/EdgarKreilkamp/destinationsmanagement-30-metropolregion-hamburg. Zugegriffen: 25. Febr. 2017.

Krippendorf, J. (1971). *Marketing im Fremdenverkehr*. Bern: Lang.
Kubitza, Y., & Gilbrich, M. (2005). Controlling in einer City Tourismus-Organisation. In S. Landgrebe & P. Schnell (Hrsg.), *Städtetourismus* (S. 181–198). Berlin: De Gruyter.
Leonhard, G. (2015). Das sind die globalen Tourismus-Trends der Zukunft. https://www.gerdleonhard.de/2015/03/11/die-globalen-tourismus-trends-der-zukunft-medienmitteilung/ Zugegriffen: 25. Febr. 2017.
Rudolph, H. (2002). *Tourismusbetriebswirtschaftslehre. Managementwissen für Studium und Praxis*. München: Oldenbourg.
Springer Gabler Verlag. (Hrsg.). Gabler Wirtschaftslexikon, Stichwort: Tourismusmarketing. http://wirtschaftslexikon.gabler.de/Archiv/90234/tourismusmarketing-v7.html. Zugegriffen: 25. Febr. 2017.
Statista. (2016). Statistiken zu Städtetourismus und Städtereisen. In Statista. Das Statistik-Portal. http://de.statista.com/themen/807/staedtetourismus/ Zugegriffen: 14. Juli 2016.
UNWTO (World Tourism Organization). (1993). Empfehlungen zur Tourismusstatistik (aktualisierte und ergänzende Fassung 2010). Madrid.
UNWTO (World Tourism Organization). (2011). Tourism towards 2030. Global overview. http://www.wise.co.th/wise/Knowledge_Bank/References/Tourism/UNWTO_Tourism_Toward_2030.pdf. Zugegriffen: 25. Febr. 2017.
UNWTO (World Tourism Organization) (2016a). UNWTO Annual report 2015. http://cf.cdn.unwto.org/sites/all/files/pdf/annual_report_2015_lr.pdf. Zugegriffen: 25. Febr. 2017.
UNWTO (World Tourism Organization) (2016b). UNWTO world tourism barometer May 2016. http://cf.cdn.unwto.org/sites/all/files/pdf/unwto_barom16_03_may_excerpt_.pdf. Zugegriffen: 25. Febr. 2017.
WTTC (World Travel & Tourism Council). (2016). Travel & tourism. Economic impact 2016 world. http://www.wttc.org/-/media/files/reports/economic%20impact%20research/regions%202016/world2016.pdf Zugegriffen: 25. Febr. 2017.
Zenker, S. (2013). Eine Stadtmarke ist kein Luxus – Sondern ökonomische Notwendigkeit. In T. Kausch, P. Pirck, & P. Strahlendorf (Hrsg.), *Städte als Marken. Strategie und Management* (S. 14–19). Hamburg: New Business.
Zukunftsinstitut. (2015). Megatrend Dokumentation. https://www.zukunftsinstitut.de/dossier/megatrends/ Zugegriffen: 25. Febr. 2017.

Über die Autorin

Dr. Bettina Bunge ist seit 2009 Geschäftsführerin der Dresden Marketing GmbH, der offiziellen Dachmarketingorganisation für die Landeshauptstadt Dresden. Nach ihrem BWL-Studium in Münster und San Diego sowie ihrer Promotion an der *European Business School* in Oestrich-Winkel hat sie bei der Deutschen Lufthansa AG, der Qivive GmbH, der Deutschen Zentrale für Tourismus e. V. und der Hamburg Tourismus GmbH gearbeitet. Sie ist ehrenamtlich u. a. als *Vice President* der *European Cities Marketing Organisation,* als Vorsitzende der Konferenz Tourismus des Deutschen Städtetages sowie im Tourismusbeirat des Bundesministeriums für Wirtschaft und Energie (BMWi) tätig.

Integration und Willkommenskultur

Andreas Vlašić

Zusammenfassung

Das wirtschaftliche und gesellschaftliche Leben in Deutschland ist stark von Zuwanderung geprägt. Durch eine bessere Integration der Migranten könnten viele Städte und Kommunen ihre Attraktivität und Wirtschaftskraft nachhaltig erhöhen (und die Kosten scheiternder Integration vermeiden). Die Voraussetzung hierfür ist die Schaffung funktionaler Strukturen und Anreize sowohl für Migranten (Integrationspolitik) als auch in der Residenzgesellschaft (Willkommens- bzw. Anerkennungskultur). Ein strategisch orientiertes Stadtmarketing kann und sollte hierzu beitragen.

1 Integration und Willkommenskultur als Handlungsfelder des Stadtmarketings

Das wirtschaftliche und gesellschaftliche Leben in Deutschland wird auch in den kommenden Jahren stark von Zuwanderung geprägt sein. So weisen etwa Prognosen zur Bevölkerungsentwicklung seit Längerem darauf hin, dass die Gruppe der in Deutschland lebenden Migranten[1] weiter anwachsen wird. Die Relevanz und Dynamik dieser

---

[1]Hier und im Folgenden wird der einfacheren Lesbarkeit halber der Begriff Migranten stellvertretend für die Gruppe der Personen mit Migrationshintergrund (im weiten oder engeren Sinn, mit oder ohne deutsche Staatsangehörigkeit sowie mit oder ohne eigene Wanderungserfahrung, vgl. Statistisches Bundesamt/Wissenschaftszentrum Berlin 2016, S. 219) verwendet.

A. Vlašić (✉)
Medien Institut Prof. Vlasic, Mannheim, Deutschland
E-Mail: vlasic@mi-research.de

© Springer Fachmedien Wiesbaden GmbH 2018
H. Meffert et al. (Hrsg.), *Praxishandbuch City- und Stadtmarketing*,
https://doi.org/10.1007/978-3-658-19642-4_16

Entwicklung hat in jüngerer Vergangenheit zugenommen, wofür im Wesentlichen zwei Gründe ausschlaggebend sind: Erstens die ansteigende Zahl von Geflüchteten aus verschiedenen Krisenregionen (insbesondere im Nahen Osten, in Afrika und Osteuropa); derzeit ist nicht davon auszugehen, dass sich die Situation in diesen Regionen, ob nun politisch oder wirtschaftlich, in absehbarer Zeit wesentlich verbessern wird. Zweitens – und dieser Umstand gerät über die aktuellen Ereignisse häufig aus dem Blick – hat bereits heute rund ein Fünftel der Bevölkerung Deutschlands einen Migrationshintergrund. Dieser Anteil wird in den kommenden Jahren noch steigen, und das selbst für den Fall, dass keine weitere Zuwanderung erfolgen würde, da Migranten in den jüngeren Altersgruppen überproportional vertreten sind und die Fertilitätsrate bei Zuwanderern derzeit noch höher ist als in der Residenzbevölkerung.[2]

Über die Frage des angemessenen Einbezugs der Migranten in die gesellschaftlichen Zusammenhänge – oder kurz gesagt: ihre Integration – wird seit der Zeit der Anwerbung von „Gastarbeitern" diskutiert. Häufig war dieser Diskurs von einer stark normativen Perspektive geprägt (bspw. als Auseinandersetzung über Vorteile, aber auch Grenzen gesellschaftlicher und kultureller Vielfalt). Erst in jüngerer Zeit scheint das Bewusstsein dafür zu wachsen, dass auch vergleichsweise „handfeste" ökonomische Argumente dafür sprechen, Migranten so schnell und so weitgehend wie möglich in gesellschaftliche Zusammenhänge einzubinden. Das gelingt derzeit immer noch suboptimal: Sozialstatistische Analysen zeigen regelmäßig, dass Akteure mit – insbesondere türkischem – Migrationshintergrund beim Erwerb von Bildungsqualifikationen (vgl. Hunger und Thränhardt 2004; Kristen 2008) oder der Positionierung auf dem Arbeitsmarkt (vgl. Seebaß und Siegert 2011) im Vergleich nach wie vor weniger erfolgreich abschneiden – obwohl ein großer Teil von ihnen seit vielen Jahren in Deutschland lebt oder sogar hier geboren wurde.

Warum ist dies für die Arbeit des Stadtmarketings relevant? Ein Blick auf die Situation in vielen größeren und kleinen Städten und Kommunen in Deutschland verdeutlicht: Die Folgen scheiternder Integration sind unmittelbar und in verschiedenen Bereichen des städtischen Lebens sichtbar, etwa als soziale/räumliche Segregation (Ausbildung von „Problemvierteln") oder als Anstieg von Phänomenen sozialer Desintegration (Arbeitslosigkeit, Jugendkriminalität etc.). Umgekehrt lassen sich positive Auswirkungen einer gelingenden Einbindung von Migranten eindrucksvoll beobachten, etwa in Form einer höheren Wirtschaftskraft eines Standorts oder seiner gestiegenen Attraktivität für Unternehmen und ihre Arbeitnehmerinnen und Arbeitnehmer im Wettbewerb verschiedener Standorte. Die Förderung von Integration ist eine Querschnittsaufgabe – für Politik und Verwaltung ebenso wie für die Wirtschaft, für Vereine und Initiativen genauso wie für die

---

[2]Es gibt allerdings Hinweise darauf, dass sich die Fertilitätsraten von Zuwanderern und Residenzbevölkerung im Zeitverlauf angleichen (vgl. Schmid und Kohls 2011). Derzeit liegt sie bei ausländischen Frauen noch um durchschnittlich ca. 0,4 Kinder höher (vgl. Statistisches Bundesamt 2015a).

Bürgergesellschaft als Gesamtheit. Diese Komplexität korrespondiert mit einer modernen Konzeption des Stadtmarketings, der zufolge ein wichtiger Teil des Aufgabenfelds darin besteht, zentrale, strategische Themen einer Stadt übersektoral und kooperativ im Dialog mit den verschiedenen Anspruchsgruppen zu bearbeiten.

Das Themenfeld „Integration und Willkommenskultur" sollte folglich als ein wesentliches Aufgaben- und Handlungsfeld des Stadtmarketings verstanden werden. Dabei resultiert eine große Herausforderung für die Arbeit vor Ort aus dem Umstand, dass viele der strukturellen Bedingungen für die Integration von Migranten auf nationaler oder gar internationaler Ebene geschaffen werden (bspw. Bestimmungen zu Einreise und Aufenthalt, Anerkennung von Bildungsabschlüssen). Dennoch entscheidet sich das Gelingen oder Scheitern von Integration faktisch im lokalen Nahbereich (vgl. Gesemann 2010, S. 22; Roth 2014), da verschiedene wichtige Prozesse – wie etwa die Einbindung in Netzwerke oder die Positionierung auf dem Arbeitsmarkt – in aller Regel ortsgebunden ablaufen. Städte und Kommunen sind somit die „Keimzellen" gelingender Integration.

Im Folgenden soll daher näher beleuchtet werden, durch welche Ansätze und Maßnahmen das Stadtmarketing zur Integration und Willkommenskultur beitragen kann. Hierzu wird zunächst in Abschn. 2 anhand empirischer Daten gezeigt, welches Potenzial sich hier – insbesondere in ökonomischer Perspektive – bietet. Im darauffolgenden Abschn. 3 wird dann skizziert, welche Prozesse und Faktoren zum Gelingen von Integration beitragen und wie diese mit der Idee einer Willkommenskultur zusammenhängen. Abschn. 4 schließlich fasst eine Reihe von Empfehlungen zusammen, wie auf Basis der dargestellten Hintergründe konkrete Maßnahmen für die Arbeit des Stadtmarketings konzipiert werden können.

2 Hintergrund: Status quo und Potenzial der Zielgruppe „Migranten"

Im Jahr 2014 lebten in Deutschland 16,4 Mio. Migranten (vgl. Bundeszentrale für politische Bildung 2016, S. 218); ihre Zahl wird den soziodemografischen Prognosen zufolge künftig noch weiter wachsen. Insbesondere in städtischen Ballungsräumen, aber auch in vielen kleineren Städten und Kommunen liegt der Anteil von Migranten an der Bevölkerung heute schon bei über 40 %, in jüngeren Altersgruppen sogar noch höher. Berechnungen des Statistischen Bundesamts zufolge wirkt die Zuwanderung der insgesamt rückläufigen Bevölkerungsentwicklung entgegen (vgl. Abb. 1).

Dennoch findet man eine dezidierte Ansprache dieser Zielgruppe bislang immer noch eher selten. Im Zusammenhang mit der Vermarktung von Konsumgütern wird hierfür häufig das Argument angeführt, ein eigenes Marketing für Migranten lohne sich nicht, da diese nur über geringe ökonomische Ressourcen verfügten. Verschiedene Erhebungen zum Konsum von Migranten zeigen allerdings, dass dies nicht zutrifft: Zwar mag das Einkommen von Migranten im Aggregat betrachtet niedriger liegen als in der Residenzbevölkerung, dennoch gibt es genügend Beispiele dafür, dass sich die Ansprache dieser

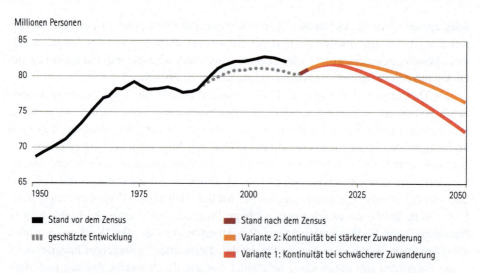

Abb. 1 Bevölkerungsentwicklung von 1950 bis 2060. (Quelle: Statistisches Bundesamt 2015b, S. 15)

Zielgruppen lohnen kann (vgl. Aygün 2005; Accenture/GfK 2008). Dabei sind Migranten insbesondere für die Hersteller von Markenartikeln eine interessante Zielgruppe; so zeigte sich etwa in einer Studie, dass Konsumenten mit Migrationshintergrund ein höheres Markenbewusstsein und damit einhergehend auch eine höhere Preisbereitschaft für Markenprodukte aufweisen (vgl. Mediaplus 2012).

Die angemessene Ansprache von Migranten wird erschwert durch die Tatsache, dass die Zielgruppe weit weniger homogen ist, als es der Begriff nahelegt: Zur Vielfalt an Ethnien, die in Deutschland vertreten sind, kommen weitere Aspekte, hinsichtlich derer sich Menschen mit Migrationshintergrund voneinander unterscheiden, etwa die eigene Migrationserfahrung, die Dauer des Aufenthalts, der Migrations- oder Anerkennungsstatus u. a. m. Dadurch erfordert es ein gewisses Maß an interkultureller Kompetenz und Sensibilität, um relevante Unterschiede und übergreifende Gemeinsamkeiten zu identifizieren. Gelingt dies, so eröffnet sich ein großes Potenzial für die lokale und regionale Wirtschaft: So heben Migranten als Arbeitnehmer die Wertschöpfung und leisten einen positiven Beitrag zur Sozialversicherung (vgl. Brücker 2013). Insbesondere in jüngerer Vergangenheit steigt auch das Bildungsniveau von Migranten an, was im Hinblick auf die Nachfrage vieler Unternehmen nach qualifizierten Arbeitskräften relevant ist. Aber auch als Unternehmer spielen Migranten eine wichtige Rolle, allein auf die türkischstämmigen Lebensmittelhändler entfiel in der Vergangenheit ein jährlicher Umsatz von rund 10 Mrd. EUR (vgl. Aygün 2005). Migranten zeigen im Vergleich eine höhere Gründungsaktivität (vgl. Brixy et al. 2011),[3] wobei ihr Engagement sich vom traditionell starken

---

[3]Die Gründungsaktivität von Migranten ist jedoch oft durch das Fehlen anderer Optionen bedingt, auch dies lässt sich als Hinweis auf den Zusammenhang von wirtschaftlicher und sozialer Integration verstehen.

Bereich der Gastronomie zunehmend auch auf andere Bereiche erweitert, bspw. das verarbeitende Gewerbe oder wissensintensive Dienstleistungen (vgl. Leicht et al. 2012).[4]

Zusammenfassend lässt sich also festhalten, dass die Frage der Integration von Zuwanderern (weiterhin) hoch relevant bleibt und sogar noch an Dringlichkeit zunimmt, da Migranten bereits heute einen großen Teil der deutschen Bevölkerung ausmachen, und dieser in Zukunft noch weiter anwachsen wird. Migranten tragen – insofern sie in die wirtschaftlichen und gesellschaftlichen Zusammenhänge eingebunden sind – wesentlich zur wirtschaftlichen Wertschöpfung und gesellschaftlichen Vielfalt bei. Allerdings erfolgt Integration nicht zwangsläufig; als Folge nicht gelingender Integration wird das ökonomische Potenzial nicht ausgeschöpft. Daher soll im Folgenden skizziert werden, welche Faktoren für die soziale Integration von Migranten entscheidend sind und welche Rolle die (Idee einer) Willkommenskultur dabei spielt.

3 Theorie: Zusammenhang zwischen Integration und Willkommenskultur

3.1 Integration: Zentrale Prozesse und Einflussfaktoren

Es gibt viele und zum Teil sehr unterschiedliche Vorstellungen darüber, wie Integration – sowohl bezogen auf die Gesamtgesellschaft als auch speziell mit Blick auf Migranten – konzeptuell und empirisch erfasst werden kann (vgl. Vlašić 2004). Eine der einflussreichsten Konzeptionen ist die des (Migrations-)Soziologen Hartmut Esser.[5] Darin wird angenommen, dass soziale Integration über den Besitz bzw. den Austausch interessanter Ressourcen gesteuert wird. Zielzustand der bzw. Kriterium für die Integration zweier Gruppen (oder einer Gruppe in eine andere) ist ihre *strukturelle Assimilation*. Damit ist keine vollständige Angleichung von Gruppen oder gar Individuen gemeint; als Maßstab werden vielmehr Merkmale der Akteure betrachtet, die entscheidend für ihre Möglichkeit der Teilhabe am gesellschaftlichen und sozialen Leben sind – letztlich also für Chancengleichheit. Am Beispiel verdeutlicht: Die Integration einer Gruppe wie der türkischsprachigen Migranten in Deutschland wäre dann gegeben, wenn diese sich im Hinblick auf relevante Parameter nicht mehr wesentlich von der deutschen Residenzgesellschaft unterscheiden

---

[4]Allerdings scheitern Gründungen von Unternehmern mit Migrationshintergrund vergleichsweise häufig. Hier könnte eine gezielte Förderung durch Beratungs- und Schulungsangebote hilfreich sein, um das wirtschaftliche Potenzial besser auszuschöpfen. Umso wichtiger erscheint es daher, Unternehmer mit Migrationshintergrund stärker in die Strukturen der wirtschaftlichen (Selbst-)Organisation einzubinden.

[5]In der soziologischen Migrationsforschung existiert eine Reihe von weiteren Modellen und Theorien (*Race Relations Cycle, Theory of Segmented Assimilation, New Assimilation Theory* oder Multikulturalismustheorien, vgl. Grote 2011). Das Modell von Esser hat aber nicht zuletzt im politischen Diskurs die größte Bedeutung erfahren (vgl. Aumüller 2009, S. 106).

würden. Solche relevanten Parameter wären etwa deutsche Sprachkenntnisse, deutsche bzw. in Deutschland anerkannte Bildungsabschlüsse oder die Positionierung der Gruppenmitglieder auf dem deutschen Arbeitsmarkt. Im Kern fokussiert dieser Integrationsbegriff also die Frage, ob die Akteure zweier Gruppen einen unterschiedlichen Zugang zu relevanten Kapitalien haben, oder ob sie gleichberechtigt an den gesellschaftlichen Ressourcen (und damit Prozessen) partizipieren können.

Esser (2001, S. 8 ff.) systematisiert die Prozesse, mit denen einhergehend die Wahrscheinlichkeit einer solchen strukturellen Assimilation steigt, in vier Bereiche:

- *Kulturation:* v. a. Erlernen der Sprache des Aufnahmelandes,
- *Platzierung:* v. a. Erlangen von Bildungsqualifikationen, Aufnahme von (qualifizierter) Erwerbstätigkeit,
- *Interaktion:* v. a. Aufnahme sozialer Beziehungen mit Akteuren der Residenzgesellschaft, Einschluss in Netzwerke,
- *Identifikation:* v. a. Loyalität mit dem Aufnahmeland/der Residenzgesellschaft.

Diese Prozesse sind miteinander verbunden und bedingen sich häufig gegenseitig (vgl. Abb. 2). Um es an einem Beispiel zu zeigen: Zwar ist es nicht ausgeschlossen, dass ein Migrant mit geringen oder fehlenden Deutschkenntnissen hierzulande eine gut bezahlte Arbeit findet; man denke etwa an den Bereich des professionellen Fußballsports. Allerdings sind solche Fälle empirisch gesehen eher selten. Die Erfahrung zeigt, dass im Regelfall der Erwerb von Sprachfähigkeiten, das Erreichen von Bildungsqualifikationen und die Positionierung der Migranten auf dem Arbeitsmarkt (Prozesse 1 und 2) eng miteinander verknüpft sind. Dabei ist das Beherrschen der Verkehrssprache des jeweiligen Landes häufig eine Vorbedingung für alle weiteren Schritte. Der Kontakt mit Akteuren der Residenzgesellschaft (Prozess 3) kann in unterschiedlicher Form erfolgen, typischerweise ist jedoch auch dafür ein Mindestmaß an Sprachkompetenz notwendig. Der Schulbesuch oder eine Erwerbstätigkeit sind für Interaktionsprozesse von Bedeutung, da sie eine Gelegenheit für die Aufnahme von sozialen Kontakten bieten. Die Identifikation mit dem

Abb. 2 Zentrale Prozesse der sozialen Integration („Integrationspyramide"). (Quelle: eigene Darstellung)

Aufnahmeland bzw. der Aufnahmegesellschaft (Prozess 4) schließlich ist in aller Regel das Ergebnis von positiven Erfahrungen bzw. geglückten Prozessen auf den vorhergehenden Stufen. Mit Blick auf die Bedeutung sozial-struktureller Gegebenheiten lässt sich daher pointiert formulieren: Integration beginnt nicht „im Kopf", vielmehr endet sie dort.

In vielen (migrations-)soziologischen Konzeptionen von Integration – dies gilt auch für das Modell von Esser – bleibt der Einfluss von Kommunikation unterbeleuchtet. Dies erstaunt umso mehr, als aus theoretischer Sicht gute Gründe für die Annahme bestehen, dass Integration auch durch (mediale) Kommunikation beeinflusst werden kann. Die Soziologen William I. und Dorothy S. Thomas etwa formulierten auf Basis empirischer Beobachtungen ein mittlerweile klassisches Postulat:

> If men define situations as real, they are real in their consequence (Thomas und Thomas 1928, S. 572, zit. nach Esser 1996, S. 3).

Die Art und Weise, wie Akteure ihre Lebenswelt wahrnehmen, wirkt sich also auf ihre Entscheidungen und Handlungen aus. Kommunikation – ob nun direkt oder medial vermittelt – ist eine Quelle der Weltwahrnehmung. Dies trifft insbesondere für Bereiche des Lebens zu, die der eigenen, unmittelbaren Erfahrung nicht zugänglich sind. Es erscheint daher sinnvoll, auch Kommunikation als einen relevanten Einflussfaktor für Integration – und damit als Handlungsfeld für das Stadtmarketing – zu verstehen (vgl. den folgenden Abschn. 4).

3.2 Willkommenskultur: Erweiterung der Perspektive auf die Residenzgesellschaft

Die Begriffe Willkommenskultur und Anerkennungskultur sind ähnlich schwirig zu definieren wie der Begriff der Integration, zumal die damit verbundenen Konzepte in einem engen Zusammenhang stehen. Mit Blick auf die Chronologie typischer Zuwanderungsprozesse wurde vorgeschlagen, unter dem Begriff der Willkommenskultur erstens Maßnahmen zu fassen, die Migranten während der Phase der Entscheidung über eine Zuwanderung („Vorintegration") als Orientierung und Unterstützung dienen, zweitens Aktivitäten, die Migranten den Beginn des Aufenthalts im Zuwanderungsland („Erstintegration") erleichtern. Unter dem Begriff „Anerkennungskultur" können dann die Bedingungen systematisiert werden, die für eine Unterstützung der langfristigen Etablierung von Migranten ausschlaggebend sind (vgl. Heckmann 2015; Roth 2014). Trotz der bestehenden Unschärfe existierender Definitionen weisen die Begriffe auf eine wichtige Erweiterung der Perspektive der Integrationspolitik hin:

> Im Vordergrund stehen nicht mehr allein Integrationsbedarfe und Problemlagen, sondern auch Kompetenzen und Potenziale von Zugewanderten. Strukturen, Regelungen und Maßnahmen der Einwanderungsgesellschaft werden auf den Prüfstand gestellt, um die Potenziale der bereits Zugewanderten zu erschließen (...). Damit verschiebt sich die Debatte von dem, was Zuwanderer tun sollen, um sich besser zu integrieren hin zu der Frage, was Staat und Gesellschaft tun können (Aumüller und Gesemann 2014, S. 55).

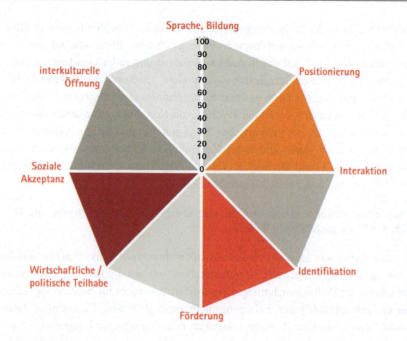

Abb. 3 Korrespondierende Dimensionen von Integration und Willkommens-/Anerkennungskultur. (Quelle: eigene Darstellung)

Der Einfluss der Residenzgesellschaft und ihrer Strukturen auf die Integration von Migranten zeigt sich bspw. an der Bedeutung der Regelungen zum Aufenthalt oder der Anerkennung von Schulabschlüssen. Darüber hinaus spielen aber auch die einzelnen Akteure und ihre Entscheidungen und Handlungen eine zentrale Rolle. Wenn etwa in der Residenzgesellschaft Vorbehalte gegen Migranten als Mieter bestehen, so erschwert dies die Wohnungssuche der Zuwanderer beträchtlich (und fördert typischerweise auch eine räumliche Segregation). Umgekehrt ist es eine individuelle Entscheidung, ob Migranten in den Erwerb von höheren Bildungsqualifikationen „investieren" oder alternative, aus ihrer Sicht möglicherweise weniger riskante Berufswege wählen (mit der Gefahr, in einer „ethnischen Mobilitätsfalle" zu landen, vgl. Esser 2001, S. 36 ff.). Integration kann daher nicht „staatlich verordnet" werden. Es ist lediglich möglich, geeignete Strukturen und Anreize zu schaffen, damit die einzelnen Akteure Entscheidungen treffen, die sich (auch) gesamtgesellschaftlich als funktional erweisen.

Vlašić (2012)[6] fasst die Beziehungen zwischen Integration auf der einen und Willkommens- bzw. Anerkennungskultur auf der anderen Seite in einem Modell zusammen, das auf den vier zentralen Prozessen der Integration basiert und die korrespondierenden Handlungsfelder systematisiert, in denen die Akteure oder Institutionen der Residenzgesellschaft tätig werden können, um Integrationsprozesse zu unterstützen (vgl. Abb. 3). So erfordert

---

[6]Vlašić, A. (2012). Integration und Willkommenskultur: Das Caleidoscope-Modell. (Unveröffentlichtes Konzeptpapier).

etwa der zentrale Prozess der Kulturation eine entsprechende Förderung und damit Bereitstellung von Ressourcen (etwa in Form von Sprachförderkursen insbesondere für junge Migranten). Der Prozess der Interaktion erfordert die Bereitschaft der Residenzbevölkerung, entsprechende Kontakte mit Migranten aufzunehmen etc. Für die Herstellung einer funktionalen Willkommens- und Anerkennungskultur wiederum spielt Kommunikation eine wichtige Rolle, denn auch die Akteure der Residenzgesellschaft handeln auf Basis der von ihnen wahrgenommen Realität (vgl. das o. g. Thomas-Theorem).

4 Praxis: Handlungsfelder für das Stadtmarketing

Städte und Kommunen können als „Keimzellen" der gelingenden Einbindung von Migranten gelten. Sie sind gleichsam Ort und Faktor der Integration. Nicht zuletzt aus dieser Einsicht heraus traten in jüngerer Vergangenheit neben die „klassischen" Institutionen und Akteure der Integrationspolitik – bspw. Ausländeramt oder Integrationsbeauftragte – zunehmend neue Akteure (vgl. Imani et al. 2015, S. 20). Verschiedene strukturelle und inhaltliche Gründe sprechen dafür, dass das Stadtmarketing – als einer dieser neuen Akteure – eine wichtige Rolle spielen kann: 1) Organisatorisch ist es häufig am Schnittpunkt zwischen Politik, Verwaltung und Wirtschaft verortet. Daraus resultieren Kontakte zu den relevanten Akteuren, die es erleichtern, gemeinsame Initiativen aufzusetzen und dabei die unterschiedlichen Perspektiven von Politik, Verwaltung, Wirtschaft oder Bürgergesellschaft zu berücksichtigen. 2) Gleichzeitig können durch die Vernetzung der Akteure neue Potenziale erschlossen oder Synergien genutzt werden, etwa indem die häufig sehr vielfältigen Aktivitäten an einem Standort koordiniert und stärker auf übergreifende Ziele ausgerichtet werden. 3) In inhaltlicher Perspektive schließlich gibt es hohe Übereinstimmungen zwischen den Zielen der Integrations- und der Standortpolitik, etwa im Hinblick auf den Bedarf von Unternehmen an qualifizierten Arbeitskräften.

Obwohl also Integration „klassischerweise" eine Aufgabe von Politik und Verwaltung ist, erscheint es sinnvoll und hilfreich, dass das Stadtmarketing sich hier ebenfalls engagiert, dies nicht zuletzt angesichts der Relevanz der Zielgruppe für Städte und Kommunen (vgl. die Ausführungen in Abschn. 2). Mit Blick auf die relevanten Faktoren für gelingende Integration (vgl. Abschn. 3) lassen sich die generellen Aufgaben- bzw. Handlungsfelder wie folgt systematisieren:[7]

- *Interkulturelle Öffnung der Verwaltung* (bspw. durch Sensibilisierung der Mitarbeiter, Bereitstellen von mehrsprachigen Informationsmaterialien und Übersetzungsdiensten, Wahrnehmen spezifischer Bedürfnisse und Problemlagen von Migranten)
- *Verbesserung der Bildungschancen von Migranten* (bspw. durch Sprachförderkurse, dezidierte Stipendien, Angebote für frühkindliche Bildung und Information der Eltern)

---

[7]Vgl. hierzu und im Folgenden auch Aumüller und Gesemann (2014, S. 8 ff.), Gesemann et al. (2012, S. 34 ff.), Heckmann (2015, S. 252 ff.).

- *Erschließung der ökonomischen Potenziale von Migranten* (bspw. durch Förderung der beruflichen Integration von Zuwanderern, Förderung ethnischer Selbstständigkeit, Kommunikation der Relevanz von Migranten als Konsumenten-Zielgruppen)
- *Verstärkter Einbezug der Migranten in gesellschaftliche Strukturen* (bspw. durch politische Partizipation, Engagement in bürgerschaftlichen Initiativen, Mitgliedschaft in Vereinen)
- *Kommunikative Entwicklung funktionaler Bilder des Zusammenlebens* (bspw. durch Intensivierung des interkulturellen und interreligiösen Dialogs, Positionierung gegen Diskriminierung und Fremdenfeindlichkeit)

Angesichts der zeitlichen wie auch der inhaltlichen Reichweite der Aufgabenstellung empfiehlt sich eine strategische Herangehensweise. Hierzu sollte in einem ersten Schritt zunächst eine genaue *Analyse des Status quo* erfolgen, dies zum einen in struktureller Hinsicht (bspw. Anzahl von Einwohnern mit Migrationshintergrund, Differenzierung nach Kulturkreisen/Ethnien, Migrationsgeschichte); zum anderen sollte auch das Zusammenleben von Migranten und Residenzgesellschaft genauer beleuchtet werden (bspw. Integrationsstatus, spezifische Erwartungen und Bedürfnisse, durch Migranten sowie Residenzgesellschaft wahrgenommene Problemlagen am Standort). Die Analyse der Ausgangssituation ist die Grundlage für eine Bestimmung der zentralen Ziele, die durch die integrationspolitischen Maßnahmen erreicht werden sollen. Darüber hinaus erlaubt sie im Sinne einer „Null-Messung" eine spätere Evaluation der durchgeführten Aktivitäten.

Um die Themen Integration und Willkommenskultur nachhaltig auf der politischen bzw. gesellschaftlichen Agenda zu verankern, empfiehlt sich zweitens die *Entwicklung eines kommunalen Integrationskonzepts*. Angesichts der in Abschn. 2 ausgeführten Definitionsbedürftigkeit der Begriffe und Konzepte sollte darin festgehalten werden, welches Verständnis von Integration die beteiligten Akteure am Standort haben, und welche Ziele der Integrationsarbeit daraus folgen. In den Prozess der Entwicklung eines derartigen Konzepts – der typischerweise durch Politik und Verwaltung angestoßen wird – sollten im Rahmen einer offenen Diskussion alle relevanten Anspruchsgruppen eingebunden werden (bspw. Politik, Verwaltung, Wirtschaft, Vereine, Initiativen, Migranten und Residenzbevölkerung). So können diese bereits frühzeitig sensibilisiert werden. Zudem steigt dadurch auch ihre Bereitschaft zur Verfolgung der festgelegten Ziele und Unterstützung der notwendigen Maßnahmen. In der hierfür notwendigen Diskussion kann das Stadtmarketing – aufgrund seiner strukturellen Vernetzung mit verschiedensten städtischen Akteuren – moderierend tätig werden und damit wesentlich dazu beitragen, dass die Entwicklung eines kommunalen Integrationskonzepts dialogorientiert und konsensual erfolgt. Wichtige Leitfragen bei der Formulierung des Integrationskonzepts sind bspw.:

- Welcher Zielzustand wird angestrebt, welche Dimensionen von Integration werden als zentral bzw. priorisiert festgelegt?
- Welche Zwischenziele gibt es auf dem Weg, welchen Zeithorizont haben die Ziele?

- Wie wird die Erreichung der (Zwischen-)Ziele evaluiert, was passiert bei einer Nicht-Erreichung?
- Welche Personen/Stellen müssen im Prozess der Konzeption und der Umsetzung beteiligt werden?
- Mit welchen Maßnahmen werden schließlich relevante Anspruchsgruppen (Mitarbeiter der Verwaltung, Bürgerinnen und Bürger, „die Öffentlichkeit") über die Aktivitäten informiert, um Akzeptanz herzustellen und Partizipation zu ermöglichen?

In einem dritten Schritt erfolgt dann die *operative Planung und Durchführung geeigneter Maßnahmen*. Erfahrungsgemäß ist dabei die personelle und institutionelle Verankerung der Aufgaben bzw. Verantwortlichkeiten (etwa in Form einer Integrationsbeauftragten, der Ernennung von Integrationsbeiräten, dem Etablieren eines Integrationszentrums etc.) von großer Wichtigkeit. Oftmals bietet es sich an, bereits bestehende Initiativen und relevante Akteure – die spätestens im Rahmen der Bestandsaufnahme identifiziert wurden – einzubinden. Zudem sollte die Planung und Umsetzung von Maßnahmen als „Chefsache" priorisiert werden; andernfalls besteht die Gefahr, dass die Umsetzung der formulierten strategischen Ziele an operativen Hürden scheitert, dies umso mehr, als Integration den Charakter einer Querschnittsaufgabe hat, die über verschiedene Ressorts und gesellschaftliche Subsysteme hinweg reicht, und integrationspolitische Maßnahmen (bspw. mit Fokus auf Bildungspolitik) häufig erst mittel- oder gar langfristig Wirkung zeigen. Im Bereich der operativen Maßnahmen kann das Stadtmarketing erfahrungsgemäß erheblich dazu beitragen, die verschiedenen städtischen Akteure und Interessensgruppen für die Relevanz des Themas zu sensibilisieren (etwa das ökonomische Potenzial von Migranten für die lokale Wirtschaft), und darüber hinaus funktionale Bilder des Zusammenlebens von Migranten und Residenzbevölkerung kommunikativ zu entwickeln.[8]

Abschließend bzw. als Vorbereitung für nachfolgende Aktivitäten sollte in einem vierten Schritt durch eine *Evaluation* überprüft werden, inwiefern die gesetzten Ziele erreicht wurden. Je nach Verfügbarkeit von Know-how und Ressourcen kann dies von einer einfachen Dokumentation der Maßnahmen über die Sammlung qualitativer Eindrücke bis hin zu einem quantitativen Integrations-Monitoring reichen. In jedem Fall empfiehlt sich eine kontinuierliche Überprüfung der Maßnahmen sowie der Zielerreichung, da ansonsten ein effektives Management des Aufgabenfeldes angesichts seiner Komplexität und seines langfristigen Charakters nicht möglich ist.

Vorbereitend bzw. parallel zu diesen Schritten sollte zudem ein *strategisches Kommunikationskonzept entwickelt* werden. Aus kommunikationspsychologischer Perspektive

---

[8]Ein gelungenes Beispiel hierfür ist etwa eine Kommunikationskampagne des Stadtmarketings der Stadt Aalen in Zusammenarbeit mit verschiedenen städtischen Akteuren, im Rahmen derer unter dem Claim „Wir sind Aalen" Bewohnerinnen und Bewohner der Stadt mit Migrationshintergrund porträtiert wurden. Die Kampagne erhielt 2015 den Stadtmarketing-Preis des Handelsverbands Baden-Württemberg.

erscheint es sinnvoll, darin die Potenzial-Perspektive des Themas zu fokussieren. Übergreifendes Ziel sollte es sein, auf kommunaler Ebene im Dialog mit den verschiedenen Anspruchsgruppen ein Bild davon zu entwickeln, wie ein funktionierendes Zusammenleben in einer komplexen, modernen Gesellschaft gestaltet werden kann (und die Einsicht zu befördern, dass hierfür keine vollständige Homogenisierung der Individuen und ihrer Lebensentwürfe erforderlich ist). Darüber hinaus sollte im Kommunikationskonzept aber auch proaktiv auf mögliche Bedenken eingegangen und vorbereitende Maßnahmen zur Krisenkommunikation getroffen werden. Erfahrungsgemäß ist dies umso notwendiger, als das Thema Integration zu polarisierten Diskussionen führen kann; so ist etwa Zuwanderung bei einem relevanten Teil der Bevölkerung negativ konnotiert, dies ungeachtet der Bedeutung von Migration für die Stabilisierung der Bevölkerungsentwicklung oder die damit verbundenen wirtschaftlichen Vorteile. Ein strategisches Kommunikationskonzept unterstützt die verantwortlichen Akteure dabei, schnell und professionell auf eine mögliche Instrumentalisierung oder gar Skandalisierung von Ereignissen oder Maßnahmen zu reagieren.

Abschließend sei noch erwähnt, dass sich die dargestellten Überlegungen und Konzepte zu Migration und Integration auch auf andere Zielgruppen übertragen lassen, etwa Personen aus der Residenzbevölkerung, die neu (und ggf. zeitlich begrenzt) an einem Standort ankommen (bspw. für ein Studium oder eine neue Berufstätigkeit). Je nach den vorhandenen Ressourcen können dann bestimmte Faktoren der Integration unproblematisch sein (bspw. Sprache oder Bildung), andere hingegen durchaus eine Herausforderung darstellen (bspw. Einbindung in Netzwerke oder Identifikation). Daher gilt auch hier, dass vor der Durchführung von operativen oder kommunikativen Maßnahmen[9] eine fundierte Analyse der Situation und Festlegung von relevanten Zielen erfolgen sollte. Das Stadtmarketing kann in diesem Prozess durch seine kommunikative und moderierende Funktion im Kontext der städtischen Akteure wesentlich dazu beitragen, dass die Relevanz des Themas erkannt und die damit verbundenen Aufgaben und Herausforderungen strukturiert und ergebnisorientiert angegangen werden.

Literatur

Accenture/GfK. (2008). Discounter am Scheideweg. Wie kaufen Kunden künftig ein? http://www.accenture.com/SiteCollectionDocuments/Local_Germany/PDF/Discounterstudie.pdf. Zugegriffen: 17. Juni 2016.

Aumüller, J. (2009). *Assimilation: Kontroversen um ein migrationspolitisches Konzept*. Bielefeld: Transcript.

Aumüller, J., & Gesemann, F. (2014). *Integrationspotenziale ländlicher Regionen im Strukturwandel*. Darmstadt: Schader-Stiftung (Abschlussbericht).

---

[9]Beispiele hierfür sind etwa Willkommens-Pakete, „On Board-Lotsen" oder spezifische Veranstaltungen für neue Bürger.

Aygün, T. (2005). *Deutschtürkisches Konsumentenverhalten: Eine empirische Untersuchung zur Einkaufsstättenwahl im Lebensmitteleinzelhandel*. Lohmar: Eul.

Brixy, U., Sternberg, R., & Vorderwülbecke, A. (2011). Unternehmensgründungen von Migranten. Ein Weg zur ökonomischen und sozialen Integration. *IAB-Kurzbericht 8*(2011). http://doku.iab.de/kurzber/2011/kb0811.pdf. Zugegriffen: 17. Juni 2016.

Brücker, H. (2013). *Auswirkungen der Einwanderung auf Arbeitsmarkt und Sozialstaat: Neue Erkenntnisse und Schlussfolgerungen für die Einwanderungspolitik*. Gütersloh: Bertelsmann Stiftung. https://mediendienst-integration.de/fileadmin/Dateien/bertelsmann-bruecker-studie-einwanderung.pdf. Zugegriffen: 17. Juni 2016.

Bundeszentrale für politische Bildung (Hrsg.). (2016). *Datenreport 2016: Ein Sozialbericht für die Bundesrepublik Deutschland*. Bonn: Bundeszentrale für politische Bildung.

Esser, H. (1996). *Soziologie. Allgemeine Grundlagen*. Frankfurt a. M.: Campus.

Esser, H. (2001). *Integration und ethnische Schichtung* (Arbeitspapiere – Mannheimer Zentrum für Europäische Sozialforschung, 40). Mannheim: MZES.

Gesemann, F. (2010). Zur Integrationsforschung in Deutschland: Komparative Darstellung ausgewählter Ansätze und Methoden. Berlin: Friedrich-Ebert-Stiftung. http://library.fes.de/pdf-files/akademie/berlin/07711.pdf. Zugegriffen: 23. Juni 2016.

Gesemann, F., Roth, R., & Aumüller, J. (2012). Stand der kommunalen Integrationspolitik in Deutschland. Studie im Auftrag des Bundesministeriums für Verkehr, Bau und Stadtentwicklung und der Beauftragten der Bundesregierung für Migration, Flüchtlinge und Integration. http://www.bbsr.bund.de/BBSR/DE/Veroeffentlichungen/BMVBS/Sonderveroeffentlichungen/2012/DL_StandKommunaleIntegrationspolitik.pdf?__blob=publicationFile&v=2. Zugegriffen: 23. Juni 2016.

Grote, M. (2011). Integration von Zuwanderern: Die Assimilationstheorie von Hartmut Esser und die Multikulturalismustheorie von Seyla Benhabib im Vergleich. Migremus Arbeitspapiere Nr 2/2011. http://www.migremus.uni-bremen.de/images/stories/workingpapers/grote_2011_assimilationmultikulturalismus.pdf. Zugegriffen: 23. Juni 2016.

Heckmann, F. (2015). *Integration von Migranten. Einwanderung und neue Nationenbildung*. Wiesbaden: Springer VS.

Hunger, U., & Thränhardt, D. (2004). Migration und Bildungserfolg: Wo stehen wir? In K. J. Bade & M. Bommes (Hrsg.), *Migration – Integration – Bildung. Grundfragen und Problembereiche* (IMIS-Beiträge Heft 23) (S. 179–197). Osnabrück: IMIS.

Imani, D., Otto, M., & Wiegandt, C.-C. (2015). Kommunale Willkommenskultur für hochqualifizierte Migranten: Was können die Städte leisten? *Standort, 39*(2015), 17–21.

Kristen, C. (2008). Schulische Leistungen von Kindern aus türkischen Familien am Ende der Grundschulzeit. Befunde aus der IGLU-Studie. In F. Kalter (Hrsg.), *Migration und Integration* (KZfSS Sonderheft 48) (S. 230–251). Wiesbaden: VS Verlag.

Leicht, R., Di Bella, J., Langhauser, M., Leiß, M., Philipp, R., Volkert, M., & Werner, L. (2012). Schöpferische Kraft der Vielfalt: Zugewanderte und ihre Unternehmen. Bedeutung, Triebkräfte und Leistungen von Migrantenunternehmen in Baden-Württemberg (und Deutschland). http://www.institut-fuer-mittelstandsforschung.de/kos/WNetz?art=File.download&id=3170&name=ifm-Studie_Migrantenunternehmen_BW_2012.pdf. Zugegriffen: 17. Juni 2016.

Mediaplus. (2012). Beziehungsgeflechte zwischen Migranten, Medien, Marken und Kommunikation. http://www.serviceplan.com/files/serviceplan.com/06_Press/Press-Releases/2012/12-06-05_Migranten%20sind%20die%20besseren%20Markenbotschafter/Downloads/Migrationsstudie_Charts.pdf. Zugegriffen: 17. Juni 2016.

Roth, R. (2014). Willkommens- und Anerkennungskultur in Deutschland: Herausforderungen und Lösungsansätze. In Bertelsmann Stiftung (Hrsg.), *Vielfältiges Deutschland. Bausteine für eine zukunftsfähige Gesellschaft* (S. 295–351). Gütersloh: Bertelsmann Stiftung.

Schmid, S., & Kohls, M. (2011). Generatives Verhalten und Migration. Eine Bestandsaufnahme des generativen Verhaltens von Migrantinnen in Deutschland. Forschungsbericht 10 des Bundesamts für Migration und Flüchtlinge. http://www.bamf.de/SharedDocs/Anlagen/DE/Publikationen/Forschungsberichte/fb05-demographie.pdf?__blob=publicationFile. Zugegriffen: 14. Juni 2016.

Seebaß, K., & Siegert, M. (2011). Migranten am Arbeitsmarkt in Deutschland (Working Paper 36 des Bundesamts für Migration und Flüchtlinge.). http://www.bamf.de/SharedDocs/Anlagen/DE/Publikationen/WorkingPapers/wp36-migranten-am-arbeitsmarkt-in-deutschland.pdf?__blob=publicationFile. Zugegriffen: 17. Juni 2016.

Statistisches Bundesamt. (2015a). Anstieg der Geburtenziffer 2014 auf 1,47 Kinder je Frau. Pressemitteilung vom 16. Dezember 2015, 468/15. https://www.destatis.de/DE/PresseService/Presse/Pressemitteilungen/2015/12/PD15_468_126pdf.pdf?__blob=publicationFile Zugegriffen: 14. Juni 2016.

Statistisches Bundesamt. (2015b). *Bevölkerung Deutschlands bis 2060. 13. koordinierte Bevölkerungsvorausberechnung*. Wiesbaden: Statistisches Bundesamt.

Statistisches Bundesamt/Wissenschaftszentrum Berlin. (2016). *Datenreport 2016: Ein Sozialbericht für die Bundesrepublik Deutschland*. Bonn: Bundeszentrale für politische Bildung.

Thomas, W. I., & Thomas, D. S. (1928). *The child in America: Behavior problems and programs*. New York: Alfred A. Knopf.

Vlašić, A. (2004). *Die Integrationsfunktion der Massenmedien. Begriffsgeschichte, Modelle, Operationalisierung*. Wiesbaden: VS Verlag.

Über den Autor

Prof. Dr. Andreas Vlašić ist Geschäftsführer des Medien Instituts für Medien-, Sozial- und Marktforschung, darüber hinaus hat er eine Professur für Marketing an der Dualen Hochschule Baden-Württemberg Mannheim inne. Er studierte Kommunikationswissenschaft, Philosophie und Informatik und promovierte über „Die Integrationsfunktion der Massenmedien". Seine Forschungsschwerpunkte liegen in den Feldern Integration und *Diversity,* digitale Kommunikation sowie Methoden der Sozialforschung. Als Berater arbeitete er mit zahlreichen renommierten, national und international tätigen Unternehmen sowie öffentlichen Institutionen und Stiftungen zusammen, u. a. wurde er als Experte für das Dialogforum „Medien und Integration" im Rahmen des Nationalen Aktionsplans Integration (NAP) berufen. Prof. Dr. Vlašić wurde in München als Kind kroatischer Eltern geboren.

Die digitale Stadt

Andreas Haderlein

Zusammenfassung

Immer mehr Stadtmarketingorganisationen sind gefordert, „digitale Aufenthaltsqualität" im Internet, dem Vorhof der gebauten Stadt, zu erzeugen. Schlüsseltrends der digitalen Transformation wie die zunehmende mobile Nutzung von Internetangeboten, lokale Online-Plattformen oder frei verfügbare Daten bieten dabei Chancen ebenso wie sie Herausforderungen darstellen. Mangelt es „Kümmerern" aber an Kompetenzen im Online-Umfeld, hängt davon ganz entscheidend ab, ob das Stadtmarketing oder City-Management auch künftig seine Funktion als intermediäre Einrichtung im Stadtgefüge wahrnehmen kann.

1 Aufenthaltsqualität im digitalen Stadtraum

Was ist die *digitale Stadt* und was kann sie überhaupt leisten? Die Agenden von Kongressen und Symposien landauf, landab sprechen eine deutliche Sprache: Die *digitale Stadt* ist bisher eher eine Kampfvokabel unterschiedlichster Interessengruppen als gelebte Praxis, tendenziell eher ein Trial-and-Error-Verfahren als eine stabile Konstruktion, mehr gewollt als etabliert. Die *digitale Stadt* schreibt man sich gerne in Koalitionsverträge.

Je mehr jedoch das Internet zum selbstverständlichen Begleiter des Alltags von Menschen avanciert, desto belebter wird auch die digitale Stadt. Öffentliches WLAN, *Beacons* oder lokale Online-Marktplätze – um nur einige wenige Schlagworte aus dem

A. Haderlein (✉)
Frankfurt am Main, Deutschland
E-Mail: post@andreas-haderlein.de

Lexikon urbaner Digitalität herauszugreifen – sind rein technisch keine allzu große Herausforderung, deren rechtliche, verwaltungsstrukturelle, institutionelle und gesamtkonzeptionelle Etablierung aber sehr wohl. Von der Finanzierung ganz zu schweigen. Klein- und Mittelstädte haben aus Ressourcengründen naturgemäß größere Probleme mit ihrer „digitalen Transformation" – um einen schillernden Kampfbegriff dieser Tage aufzugreifen – als Großstädte, die sich mitunter eigenständige Social-Media-Abteilungen leisten können.

Zweifellos aber werden technische Trends und zunehmende Digitalisierung nicht nur die Qualität von bestimmten Marketingmaßnahmen und deren Akzeptanz beeinflussen, sondern auch die Ziele von Stadtmarketingorganisationen prägen. Sie werden die Kommunikation mit Bürgern, Touristen, Anspruchs- und Zielgruppen einer Stadt optimieren helfen und Katalysator für eine bürgerfreundliche Verwaltung sein. Und nicht zuletzt werden die neuen Kommunikations- und Anwendungskompetenzen von Projektverantwortlichen in Stadtmarketingorganisationen entscheidend sein, um auch in Zukunft als Moderatoren von Beteiligungs- und Entwicklungsprozessen auftreten zu können und „digitales Dachmarketing" (Haderlein 2016, S. 19, 43, 72) salonfähig zu machen.

1.1 Abgrenzungen

Nachfolgend werden keine technologischen Innovations- und Wachstumsfelder behandelt, die unter dem Schlagwort *Smart* City subsumiert sind und meist energie- und mobilitätsbezogene Vernetzungstechnologien, sozio-technische Entwicklungskonzepte und Visionen für die effiziente (nachhaltige) Stadt der Zukunft zur Grundlage haben.

Konzepte und Systemlösungen rund um *E-Government, Open Data* und E-Demokratie werden mit Blick auf die Partizipationspotenziale in der digitalen Stadt allenfalls gestreift. Als verwaltungstechnische IT-Maßnahmen zur Effizienzsteigerung und gesellschaftspolitische Fortschrittstreiber sind sie gleichwohl wichtige Innovationsfelder (vgl. Haderlein und Seitz 2011, S. 85 ff.) – von cloudbasierten Verwaltungsdiensten über die transparente Darstellung der Haushalte von Bund, Ländern und Kommunen[1] bis hin zur intelligenten LED-Straßenbeleuchtung.

1.2 „Digitale Aufenthaltsqualität" im Kompetenzfeld des Stadtmarketings

Noch mangelt es an Bewusstsein, dass das Internet ein öffentlicher Raum ist wie der physische Marktplatz auch. Städte haben zwar weitestgehend gelernt, den gebauten Raum zu bespielen und attraktiv zu machen (Wegeleitsysteme, Kunst im öffentlichen

---

[1] www.offenerhaushalt.de (Zugegriffen: 13. Februar 2017).

Raum, Events, Straßenreinigung, Städteplanung etc.); für den quasi-öffentlichen Raum des Internets jedoch fehlt der etablierte Werkzeugkoffer mit dessen Hilfe mehr Aufenthaltsqualität erzielt bzw. eine saubere, akkurate Ausschilderung und weitestgehend geordnete Besucherströme zum digitalen Zielort erreicht werden. Im Bild gesprochen geht es um das Erzeugen „digitaler Aufenthaltsqualität", um eine virtuelle Weihnachtsbeleuchtung im digitalen Raum.

Angebotsplatzierungen, Wegbeschreibungen, Öffnungszeiten und Produktverfügbarkeiten sind die Leitplanken der digitalen Stadt, die mehr und mehr als Infrastrukturleistung begriffen wird.

So fordert auch der Handelsverband Nordrhein-Westfalen mehr Investitionen in die städtisch-digitale Infrastruktur: „Im gleichen Maße wie der Handel auf eine attraktive Infrastruktur in Innenstadt, Stadt- und Ortsteilzentren angewiesen ist, benötigt er auch eine digitale Infrastruktur, in der er sich entfalten kann" (Achten 2016, S. 3). Gleichwohl weiß auch der Handelsverband, dass diese Bedeutungsverschiebung zum „digitale[n] Gesicht der Stadt" nicht das Ergebnis unternehmerischen Handelns einzelner City-Akteure sein kann, sondern zu den „Aufgaben von Stadtentwicklung und Stadtmarketing [gehört]" (ebd.).

Den Stadtmarketingorganisationen kommt als erprobten intermediären Einrichtungen auch im digitalen Projektgeschäft und beim Erzeugen von „digitaler Aufenthaltsqualität" eine entscheidende Schnittstellenfunktion zu. Sie ist bislang zuvorderst beim Ausbau öffentlicher Hotspots in der Innenstadt gefragt.

Wohl kaum ein Thema wird in Ratssitzungen und Stadtparlamenten derzeit derart stark diskutiert wie die Versorgung des innerstädtischen Kerngebietes mit frei zugänglichem WLAN. Es scheint weitestgehend Einigkeit darüber zu herrschen, dass der Gratiszugang zum Internet als Teil der Daseinsvorsorge zu begreifen ist. Gleichwohl liegen kaum empirische Befunde darüber vor, ob ein öffentliches WLAN tatsächlich Effekte wie Frequenzgewinne und eine Erhöhung der Aufenthaltsdauer erzeugt. Dass Menschen mit wenig verfügbarem Einkommen (z. B. Jugendliche) vorzugsweise Prepaid-Handys ohne Datenflatrate nutzen und deshalb scharenweise zum Surfen (wieder) in die City kommen würden, könnte jedenfalls ebenso ein Trugschluss sein wie die Annahme, jeder würde sich ohne Datenschutzbedenken in ein öffentliches WLAN einloggen. Ein freier Internetzugang alleine jedenfalls rettet noch keine Innenstadt.

Wo der Wille zur öffentlichen WLAN-Versorgung ist, da ist der Hinweis auf die Störerhaftung[2] nicht weit. Sie war lange Zeit der Bremsklotz schlechthin, der verhinderte, dass der mobile Zugang zum Internet für Bürger, Passanten und Kunden ins

---

[2]Die Störerhaftung besagt, dass der Betreiber eines WLAN für Verstöße gegen geltendes Recht (z. B. illegale Downloads von Musik, Filmen etc.) durch dessen Nutzer haftet. Hauptgrund für Abmahnungen sind dann Urheberrechtsverletzungen. Mittlerweile aber können Rechteinhaber lediglich die Sperrung einzelner Internetseiten verlangen, über die ein Nutzer urheberrechtlich geschützte Inhalte illegal verbreitet hat.

Stadtmarketingrepertoire aufgenommen wurde. Im Frühsommer 2016 einigte sich hierzulande die Koalition aus CDU, CSU und SPD die Störerhaftung abzuschaffen, um mehr Rechtssicherheit für Anbieter und Nutzer herzustellen. Damit folgten sie in weiten Teilen einem Plädoyer des Generalanwaltes des Europäischen Gerichtshofes sowie der Opposition. Indessen wurde das Gesetz sogar nachgebessert, um die Verbreitung von offenen Internetzugängen in Cafés, Einkaufszentren oder öffentlichen Räumen noch stärker zu fördern.

Mehr noch als rechtliche Fragen jedoch ist für den vorliegenden Kontext der konzeptionelle Ansatz hinter einem öffentlichen WLAN-Angebot entscheidend. Dazu zählen eine klare Rollenverteilung im Projektmanagement, Zielvorgaben für die Nutzungsintensität des Angebots und die kommunikationsstrategische Ausrichtung einer Vorschaltseite.

2 Schlüsseltrends der digitalen Transformation

2.1 Frei verfügbare Daten

Unter *Open Data* wird im weitesten Sinne die freie Verfügbarkeit und Nutzbarkeit von Daten verstanden. Hierzu zählen insbesondere Datenbestände von öffentlichem Interesse in Verwaltungen und Institutionen, seien sie dynamischer (z. B. Verkehrsinformationen) oder statischer Art (z. B. Lehrmaterial oder Forschungsergebnisse). Auf der Anwenderebene gibt es mit Blick auf *Open Data* erste Berührungspunkte zum Aufgabenfeld von Stadtmarketingorganisationen:

- Beispielsweise bei der Darstellung von innerstädtischen Parkplatzkapazitäten. Die Stadt Dresden etwa nutzt diese Möglichkeit; sie ist integraler Bestandteil der kommunalen Online-Kommunikation.[3]
- Auch künstlerische Interventionen im öffentlichen Raum können durch Projekte der Open-Data-Bewegung ergänzt werden. So arbeiten derzeit zwei „OK Labs" *(Open Knowledge Labs)*[4] in Bonn und Berlin an der digitalen Visualisierung und Auffindbarkeit der sogenannten Stolpersteine.[5]

---

[3] www.dresden.de/freie-parkplaetze (Zugegriffen: 13. Februar 2017).
[4] www.codefor.de (Zugegriffen: 13. Februar 2017).
[5] „Stolpersteine" sind die europaweit im Straßenbelag und Pflaster verlegten Gedenktafeln des Künstlers Gunter Demnig. Sie sollen an die einzelnen Schicksale der Opfer des Nationalsozialismus erinnern.

2.2 Bedeutungsgewinn lokaler Online-Plattformen

Ein erheblicher Anteil aller Suchanfragen über Google hat lokalen Charakter. Das Netz entpuppt sich zunehmend als „Nahmedium" (Haderlein 2013, S. 38). Mehr und mehr mobil genutzte digitale Inhalte konvergieren mit dem realen Leben vor der Haustür und bilden so den Vorhof der Offline-Welt – sei es durch digitale Kartensysteme, mobiles *Couponing* bzw. digitale Rabattmarken als Lockmittel (vgl. ebd., S. 60 ff., 82 ff.) oder soziale Netzwerke als vorbereitende Instanzen für reale Zusammentreffen.

Vier von fünf Internetnutzern – so eine US-Studie von Google zum lokalen Suchverhalten von Verbrauchern – suchen regelmäßig nach lokalen Informationen. Suchanfragen nach Produkten oder Geschäften auf dem Smartphone haben größeren Einfluss auf einen Einkauf vor Ort als nicht-lokale Suchen auf den Einkauf im Internet. Verbraucher werden also auch bei ihren Kaufentscheidungen zunehmend von lokalen Suchergebnissen beeinflusst (vgl. Google 2014, S. 4).

Erfreulicherweise vollzieht sich diesbezüglich langsam aber sicher ein Perspektivwechsel im stationären Einzelhandel. Die Chancen des Internets für eine attraktive Innenstadt rücken zunehmend in den Vordergrund. Paradigmatisch steht dafür der Begriff *Local Commerce*. Darunter verstehe ich den Versuch der Etablierung digitalen Dachmarketings für den Einzelhandelsstandort unter besonderer Berücksichtigung des veränderten Kaufverhaltens (Abb. 1). Lokale Online-Marktplätze bilden dabei die technisch-konzeptionelle Grundlage.

Local Commerce ist aber weit mehr als die Umsetzung eines lokalen Online-Marktplatzes. Im Kern ist der Local-Commerce-Ansatz Change Management einer in weiten Teilen relativ veränderungsresistenten – mal mehr mal weniger „satten", zuweilen auch trotzigen – Klientel, dem lokalen (inhabergeführten) Einzelhandel.

Mehr Online-Sichtbarkeit: Unter dem Slogan „Lokal 1A shoppen – offline wie online" hat die *Online City Wuppertal*[6] einen Einzelhandelsförderungsansatz entwickelt (vgl. Haderlein 2016), der neben Händlerschulungen und einem Flächenkonzept zur Leerstandsbekämpfung, einen lokalen Online-Marktplatz mit Anzeige von Warenverfügbarkeiten als tragende Säule umfasst. Schon die Zwischenergebnisse des über drei Jahre angelegten nationalen Pilotprojekts zeigten: Wird das Internet als Vorhof des stationären Handels adäquat bespielt, wirkt sich das positiv auf Frequenz und Umsatz in den Geschäften aus. Es greifen die sogenannten RoPo-Effekte *(research online, purchase offline)*.

---

[6] www.onlinecity-wuppertal.de und www.talMARKT.net (Zugegriffen: 13. Februar 2017).

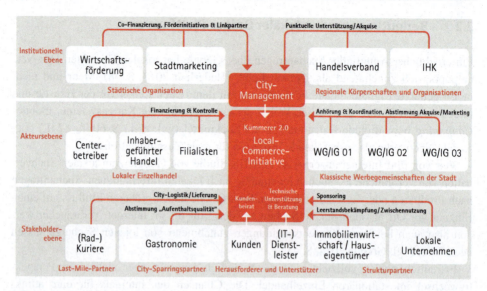

Abb. 1 Nachhaltige Verankerung des Local-Commerce-Gedankens. (Quelle: Haderlein 2016, S. 57)

2.3 Mobile Nutzung des Internets

Digitale Kundenbindungswerkzeuge und -systeme
City-Gutscheine sind auch im Internetzeitalter das probateste Mittel lokale Kaufkraft zu binden. Die Breitenwirksamkeit dieser Art der Kundenbindung schlägt noch immer jeden neuartigen Ansatz.

Dabei setzt sich bei Gutscheinen von Werbegemeinschaften, die seit jeher beliebte Geschenkideen sind, mehr und mehr das Checkkartenformat durch. Und ähnlich wie bei Coupons, die zwar noch immer auch als Papierschnipsel im Portemonnaie des Kunden landen, kann das Kaufkraftbindungswerkzeug heute online flankiert sein. Durch digitale Elemente jenseits der Auffrischung der informierenden Website – seien es begleitende Apps und QR-Codes für wertvolle Informationen oder die Erleichterung der Einlösung an der Verkaufstheke – gewinnt das Gutscheinsystem so zunehmend an Nutzerfreundlichkeit.

Kleine Karte, große Wirkung: 2015 wurde der *marburgGUTSCHEIN* mit Gutscheinwerten zu 10 und 20 EUR auf den Markt gebracht. Ein aufgedruckter QR-Code führt den Nutzer zur mittlerweile mobil-optimierten Website des Gutscheinsystems. Digital aufgepeppt, aber nicht überladen, gelingt es so auch, die Gutscheinkarte für die Kampagne „@home in Marburg" zu nutzen, mit der die Universitätsstadt Studierende belohnt, die ihren Erstwohnsitz in Marburg anmelden.[7]

---

[7] www.gutschein-marburg.de (Zugegriffen: 13. Februar 2017).

Alles aus einer Hand: Im Leistungsportfolio *Innenstadt 3.0* der SinkaCom AG, das den Betrieb eines lokalen Online-Marktplatzes, öffentliches WLAN und *Beacons* sowie die sogenannte *Stadt App* als harmonierende Module eines zukunftsorientierten lokalen Marketing-Mix umfasst, kann auch ein bestehendes Bonuskartensystem integriert werden. Sicherlich ist dies ein Vorteil vor allem dann, wenn bestehende Gutschein- und Bonuspunktesysteme auch in den Check-out des Online-Marktplatzes integriert werden sollen. Denn zumeist verursacht die Verheiratung unterschiedlichster Systeme und Anbieter einen erheblichen finanziellen und zeitlichen Mehraufwand.[8]

Standortbezogene Dienste
Standortbezogene Dienste, sog. *Location-based Services* (LBS), stellen unter Zuhilfenahme von positionsabhängigen Daten des Nutzers ortsrelevante Informationen zur Verfügung. Die Zahl der in Deutschland tätigen Anbieter von standortbezogenen Diensten (Location-based Services, LBS) stieg binnen drei Jahren von 95 (2011) um das fast Zehnfache auf 927 im Jahr 2014 (vgl. Goldmedia GmbH 2014, S. 13). Rund ein Viertel der Anbieter tummeln sich alleine im Tourismussektor (vgl. ebd. S. 15). Der Wachstumsmarkt generierte im Jahre 2014 bereits 97 Mio. EUR Werbeumsätze (vgl. ebd. S. 44).

Noch aber sind wir von einer breiten Nutzung dieser Dienste weit entfernt. Dies wird sich sicherlich ändern, zeigt aber allzu deutlich, an was es vielen Anbietern und Diensten noch mangelt: Sie lösen nicht zwingend Probleme des ‚Umgebungstieres' Mensch.

Die Verbreitung der standortbezogenen Dienste ist aber sehr wohl eng gekoppelt an Infrastrukturen, die in Städten bereitliegen oder eben nicht. Ein öffentliches WLAN ist für die Nutzung mobiler Anwendungen wie *Mobile Couponing,* Push-Nachrichten bei lokalen Events oder Audio-Guides an Sehenswürdigkeiten förderlich. Diese Dienste als Rettung des stationären Einzelhandels im digitalen Zugzwang zu betrachten, ist allerdings abwegig. Es kann nur eine flankierende und ergänzende Maßnahme zu weiteren Ansätzen des digitalen Dachmarketings einer Stadt sein.

Digitales Durlach: LBS-Kampagnen für eine gesamte Innenstadt und deren (inhabergeführte) Geschäfte sind natürlich ein naheliegender Ansatz für Stadtmarketingorganisationen. Oft mangelt es aber an einer flächendeckenden Beteiligung der Akteure. Um einen Fuß in den Markt der online-lokalen Kundenbindung zu bekommen, startete die Plattform *Gelbe Seiten,* die nach wie vor für Gewerbeadressen Glaubwürdigkeit bei den ortsansässigen Unternehmen besitzt, Ende April 2016 einen ersten Testballon in Karlsruhe-Durlach (vgl. Kolbrück 2016).

---

[8] www.innenstadt30.de (Zugegriffen: 13. Februar 2017).

2.4 Echtzeit-Kommunikation

Immer mehr Menschen nutzen Messenger-Dienste. *WhatsApp* hat in Teilen bereits die Nutzung des sozialen Netzwerks Facebook überflüssig gemacht. Kaum eine Jugendfußballmannschaft, kaum ein Kita-Elternbeirat wird heute nicht über *WhatsApp* organisiert.

Sogar das „Ende der Apps" (vgl. Scholz 2016) scheint eingeläutet, weil sich mittels „Chatbots" automatisiert und nach Texterkennung orientierte Botschaften und Concierge-Dienste in die Chatverläufe der Echtzeit-Nutzerumgebung einschreiben können.

Im digitalen Stadtmarketing wird *WhatsApp* – wenn überhaupt – bisher eher als alternativer Newsletter-Kanal genutzt, wenn auch dem Medium und der zuvorderst jüngeren Zielgruppe entsprechend reduzierter und pointierter.

Schnäppchen im Chat: Die LuckenwalDEALS der Stadt Prenzlau sind ein Werbevehikel für den lokalen Handel. Im Vergleich zu technisch aufwendigeren Bonus- oder Couponing-Apps und einer eher dispersen Gruppe von Facebook-Freunden werden hier per Aussendung an eine WhatsApp-Gruppe mobile, mutmaßlich relevantere Aufmerksamkeitsslots beim Nutzer belegt.

2.5 Nutzergenerierte Bilderströme

Auch wenn die Konsequenzen des Web 2.0 und dem damit verbundenen Wandel vom Marketing „above the line" zum Community-Marketing offensichtlich sind (vgl. Haderlein 2006, S. 10 ff.), fällt es Stadtmarketingverantwortlichen noch immer schwer, die Sendehoheit zugunsten nutzergenerierter Inhalte abzugeben. Dabei bieten insbesondere die visuell getriebenen Bilder-Sharing-Plattformen viele Anschlussmöglichkeiten für ein digitales Stadtmarketing unter Sparzwang. Dazu zählt auch die bildgewordene Mundpropaganda auf Pinterest und Instagram.

Wenn Besucher zu Botschaftern werden: Am 23. April 2016 fand in Frankfurt am Main ein sogenanntes *InstaMeet* statt. Zweimal im Jahr ruft die zu Facebook gehörende Plattform dieses Stelldichein der „Generation Selfie" weltweit aus. Aus ganz Europa kamen so 120 Instagram-Nutzer in die Mainmetropole, um mit Smartphone-Schnappschüssen den Insider-Tipp auf eine globale Bilderbühne zu heben. Nicht wenige Teilnehmer waren einflussreiche Motivjäger mit zehntausenden Followern. Unter dem Hashtag #wwim13fra[9] finden sich die Ergebnisse. Die lokalen Organisatoren des *InstaMeets* – alles selbst begeisterte Instagram-Nutzer – organisierten Fototouren durch die Stadt und in die Umgebung. Unterstützung erhielten sie durch die Tourismus und Congress GmbH, die etwa Kontakte zur Hotellerie herstellte oder ein individuell zugeschnittenes Besucherprogramm organisierte. Außerdem reagierten

---

[9]www.instagram.com/explore/tags/wwim13fra/ (Zugegriffen: 13. Februar 2017).

örtliche Museen auf die Fotofans. Das Kulturamt gab Karten zur „Nacht der Museen" aus; der Palmengarten bot eine Sonderführung. Stadtbezogene Instagram-Seiten werden nicht selten als authentische Reiseführer genutzt.

2.6 Virtual Reality, Augmented Reality und 360-Grad-Videos

Mit dem gegenwärtigen Hype um Datenbrillen scheint ein neuer Geräteinnovationszyklus eingeleitet, der – glaubt man Beraterfirmen, Start-ups und euphorischen Journalisten – unser Leben von Grund auf revolutionieren wird. Auch wenn die Debatte um *Virtual Reality* nicht erst seit kurzer Zeit geführt wird, bekommt sie mit fortschreitender Technologiereife eine neue Qualität.

Die Branchenriesen Facebook (Oculus), Microsoft (HoloLens), Alphabet (Google Glass) und Amazon, das an einem Portal für 360-Grad-Videos arbeitet, investieren längst geballtes Know-how und enormes Geld in einen milliardenschweren Zukunftsmarkt, der von Analysten und Beratern in Anwendungen für Virtual Reality (VR) und Augmented Reality (AR) unterteilt wird. Sorgt erstere Technologie dafür, dass sich Nutzer immersiv in virtuellen Welten bewegen können, bietet letztere lediglich digitale Zusatzinformationen zur physisch erlebbaren Welt. Beiden Strängen ist mittlerweile gemein, dass sie mit sogenannten *Head-Mounted-Devices* (HMDs), also beispielsweise mit Datenbrillen, erfahrbar gemacht werden (vgl. Goldman Sachs Group 2016, S. 10).

Im Tourismus- und Kulturmarketing gibt es erste mehrwertstiftende Vorzeigebeispiele:

Skifahren 2.0: Im österreichischen Wintersportgebiet Ski amadé gingen sogenannte *Smart Ski Googles* in den kostenpflichtigen Verleih. Die auf dem Betriebssystem Android laufende Datenskibrille blendet in einem Fenster unterhalb der normalen Sicht relevante Informationen zum Skigebiet ein – seien es Orientierungs- und Sicherheitshinweise, Wetterdaten, Wissenswertes zum Lift- und Pistenstatus oder zu attraktiven „Points-of-Interest"; möglich ist auch der Zugriff auf Live-Webcams des Skigebiets. Mit einem Bluetooth- und WiFi-fähigen Gerät am Handgelenk wird die entsprechende App gesteuert. Schladming-Dachstein als Teil des Skigebietes setzte bereits sehr früh auf Gratis-WLAN-Versorgung auf der Piste und legte damit auch die infrastrukturelle Grundlage für ein neues Skierlebnis.

App-Dienste, die Augmented Reality einsetzen, können durch die Anbindung frei verfügbarer Daten stadtmarketingnahe Maßnahmen unterstützen. Im Kulturmarketing kann beispielsweise über Augmented-Reality-Installationen eine Brücke in den öffentlichen Raum geschlagen und damit die stadttouristische Erkundung auf eine „erweiterte" Ebene gehoben werden.

Stadt als Bühne: Das Karlsruher Zentrum für Kunst- und Medientechnologie (ZKM) stellt mit der App *Karlsruhe Maptory*[10] örtliche Persönlichkeiten aus Kunst und Wissenschaft des 20. und 21. Jahrhunderts vor. Die App ermöglicht es Smartphone- und Tabletnutzern, an insgesamt 30 Orten der Stadt per überlagertem Kamerablick Darbietungen, Projektionen oder sprechende Skulpturen zu betrachten. Das Angebot wurde unter anderem mit dem Staatstheater Karlsruhe realisiert.

3 Merkmale der digitalen City-Initiative

Meistens sind städtische Internetangebote nicht losgelöst von den klassischen Aufgabenbereichen des Stadtmarketings zu betrachten. Ein Mittelaltermarkt will im Netz beworben werden. Ein twitternder und bloggender Citymanager unterscheidet sich vordergründig nur durch die Wahl des Mediums vom Autor eines gedruckten städtischen Magazins oder einer klassischen Pressemitteilung. Ein Online-Formular zur Meldung von defekten Straßenlaternen ist per se nur eine optimierte Form des Beschwerdemanagements, für das im Rathaus auch vor dem Online-Zeitalter Verwaltungsbeamte und Mitarbeiter zuständig waren.

Dennoch können den Initiativen zum Ausbau der *digitalen Stadt* spezifische Merkmale attestiert werden. Zu ihnen zählen u. a. Messbarkeit und Entwicklungsfähigkeit.

3.1 Messbarkeit: Bedingungslose Transparenz

Die Resonanz auf digitale City-Initiativen wie lokale Online-Marktplätze oder freie WLAN-Angebote ist – und das unterscheidet sie zentral von klassischen Offline-Maßnahmen – weitestgehend und leicht messbar, transparent und damit per se gut zu dokumentieren und evaluieren, solange es die verantwortlichen Projektmanager nur wollen. Bedingungslose Transparenz bei der Erfolgskontrolle ist also möglich, wenn auch aus PR-strategischen oder akquisitorischen Gründen nicht immer ratsam.

Digital vorliegende Nutzungsdaten (Zugriffe auf Websites, Verweildauer unterschiedlicher Besucher, App-Downloads, Newsletter-Öffnungen, Konversions- und Interaktionsraten etc.) erleichtern nicht nur eine Evaluierung nach Ende eines Projektes. Ihre Erhebung und Auswertung zählt bereits in sehr frühen Phasen zum integralen Aufgabenbereich des Projektmanagements, um Steuerungsmöglichkeiten bzw. ein Korrektiv zu erhalten. Zuweilen müssen zwar Nutzungsdaten von Internetangeboten mit kostenintensiven empirischen Untersuchungen (Interviews mit Passanten oder Umfragen und Frequenzzählungen) gekreuzt werden; durch die Datenerhebung im digitalen Raum selbst entstehen zunächst jedoch keinerlei Kosten. Voraussetzung ist allerdings, dass das Projektmanagement ausreichend kompetent ist, diese Zahlen auch „zu lesen" und über entsprechende Reporte zu visualisieren und zu interpretieren.

---

[10]http://maptory.zkm.de (Zugegriffen: 13. Februar 2017).

3.2 Entwicklungsfähigkeit: Organisches Wachstum als Grundbedingung

Webseiten oder Apps müssen ständig optimiert und aktualisiert werden. Sie sind per se dynamisch, anders etwa als der Blumenkübel oder die Ruhebank in der Fußgängerzone, die eine überschaubare und kalkulierbare Pflege seitens der Stadtverwaltung brauchen. Digitale Projekte müssen – um in der Analogie zu bleiben – kontinuierlich gehegt und gepflegt werden: Es gilt Inhalte zu aktualisieren, Teilnehmer zu akquirieren (und zu überzeugen), Datenbanken zu befüllen, die Nutzerfreundlichkeit zu erhöhen, die Sichtbarkeit in Suchmaschinen zu stärken und via Social Media für einen stetigen Aufmerksamkeitsstrom zu sorgen.

Überblicksstudien zu digitalen City-Initiativen (vgl. CIMA 2015) haben zwar eine wichtige Orientierungsfunktion, aber dynamische, sich entwickelnde Digitalisierungsprojekte lassen sich damit nicht final bewerten. So werden Lerneffekte meist nicht mehr in solchen Studien abgebildet. Die Informationsplattform LocalCommerce.info will der Entwicklungsfähigkeit von digitalen City-Initiativen gerecht werden. Die gegenwärtigen Anstrengungen von Werbe- und Interessengemeinschaften und Kommunen im deutschsprachigen Raum sollen porträtiert und eine fundierte Auseinandersetzung zu lokalen Online-Marktplätzen und online-lokalen Marketingmaßnahmen über Verbands- und Städtegrenzen hinaus in Gang gebracht werden.

4 Die Torwächter der *digitalen Stadt*

Wie deutlich werden sollte, lautet die Kernfrage nicht, mit welchen digitalen Diensten und Gadgets das Stadtmarketing in Zukunft seinen Ziel- und Anspruchsgruppen begegnet. Sie lautet: Mit welcher Organisationsform, Kommunikationskultur und mit welchen Werkzeugen wird der digitale Wandel in Städten moderiert – und mit welchem Selbstverständnis?

Geht es nicht nur alleine darum, bestehende digitale Kanäle, Plattformen und Initiativen besser zu vernetzen, sollte die Stadt ihre *Gatekeeper*-Funktion für Infrastrukturleistungen auch im digitalen Bereich, der oben als „quasi-öffentlicher" Raum bezeichnet wurde, nicht aufs Spiel setzen. Überlässt man aus Kostengründen oder konzeptioneller Fantasielosigkeit Drittanbietern den Betrieb des öffentlichen WLAN oder den Aufbau von *Beacon*-Netzwerken, fehlt es an Steuerungsmöglichkeiten über eine mögliche Vorschaltseite. Setzt man bei Marktplatzlösungen auf internationale Anbieter wie eBay statt auf flexiblere Lösungen, wird es schwierig, eigenständige Werbemodule und händlerferne Interessengruppen oder Dienstleister der Innenstadt anzuschließen. Die *digitale Stadt* braucht Gestaltungsspielraum zur Entfaltung von eigenständigen, atmenden lokalen Online-Marken!

Facebook ist *Gatekeeper* in Hinblick auf die Rückkanaligkeit von Kommunikationsprozessen im Marketing und eine nicht zu ignorierende virale Meinungsschleuder.

Google ist der Hand aufhaltende Torwächter in Hinblick auf das Erzeugen von online-lokaler Relevanz. Das Online-Marketing kann hier nur noch reagieren (und das heißt vor allem versuchen auf der ersten Suchergebnisseite zu landen) anstatt zu agieren und zu gestalten. Und längst denkt Google respektive der Konzern Alphabet viel weiter als es seine Suchmaschinendominanz erahnen ließe. Mit den *Sidewalk Labs*[11] versteht man sich bereits als Innovationsschmiede für die digitale Zukunft von Großstädten.

5 Fazit

Das Stadtmarketing darf seine Augen nicht vor dem technologischen Wandel verschließen oder sich auf bereits implementierten Technologien „ausruhen". Strategisches Stadtmarketing nimmt Digitalisierung als Fortschrittstreiber nach außen wie nach innen ernst, fällt aber nicht dem „letzten Schrei" anheim.

Kaum ein digitales Stadtprojekt startet von Null auf Hundert. Es braucht seine Zeit und daher einen Plan, Leistungskennzahlen, hyperengagierte und mutige Projektverantwortliche, kompetente Projektpartner und verlässliche Dienstleister.

„Always-on" ruft aber auch Anti-Haltungen hervor. So wird der produktive Ausstieg aus dem Digitalen insbesondere im touristischen und gastronomischen Kontext bereits zum Alleinstellungsmerkmal, im Projektmanagement gar zum Korrektiv einer allzu technikgläubigen, zuweilen überstrapaziert technikdeterministischen Umgangsweise mit vermeintlich innovativen digitalen Technologien und Lösungen.

Unter dem Motto *Needham Unplugged* fordert eine Kleinstadt in Massachusetts ihre Bürger regelmäßig dazu auf, einfach mal den Stecker zu ziehen und offline zu gehen. Bereits seit 15 Jahren hängt der medienpädagogisch angehauchte Abfallkalender des Digitalen wie selbstverständlich in den Haushalten der lokalen Community. Seien es handyfreie Freitage oder der Hinweis, einfach mal wieder anzurufen statt Textnachrichten zu schreiben – die Freizeitgestaltungstipps sind mit einem Augenzwinkern geschrieben. Humor und Ironie waren schon immer ein gutes Zeichen Herausforderungen zu meistern.

Literatur

Achten, P. (2016). Stellungnahme 16/3668 zur Anhörung A 18 „Digitalen und stationären Einzelhandel zusammendenken – innerstädtische Quartiere und ländliche Räume brauchen Vielfalt und Versorgungssicherheit" am 13. April 2016 im Landtag Nordrhein-Westfalen, 5. April 2016.

CIMA (2015). Gemeinsam online? Digitale City-Initiativen auf dem Prüfstand. https://www.stmwi.bayern.de/fileadmin/user_upload/stmwivt/Publikationen/2015/2015-09-18-Gemeinsam-online.pdf. Zugegriffen: 13. Febr. 2017.

---

[11]www.sidewalklabs.com (Zugegriffen: 13. Februar 2017).

Goldman Sachs Group. (2016). Virtual & Augmented Reality. Understanding the race for the next computing platform (excerpt). www.goldmansachs.com/our-thinking/pages/technology-driving-innovation-folder/virtual-and-augmented-reality/report.pdf. Zugegriffen: 13. Febr. 2017.

Goldmedia. (2014). Location-based Services Monitor 2014. Angebote, Nutzung und lokale Werbemarktpotenziale ortsbezogener, mobiler Dienste in Deutschland. Im Auftrag der Bayerischen Landeszentrale für neue Medien. https://www.blm.de/files/pdf1/140512_Location-based_Services_Monitor_2014.pdf. Zugegriffen: 13. Febr. 2017.

Google. (2014). Understanding Consumers' Local Search Behavior. https://think.storage.googleapis.com/docs/how-advertisers-can-extend-their-relevance-with-search_research-studies.pdf. Zugegriffen: 13. Febr. 2017.

Haderlein, A. (2006). *Marketing 2.0: Von der Masse zur Community – Fakten und Ausblicke zur neuen (Online-)Kommunikation*. Frankfurt a. M.: Zukunftsinstitut.

Haderlein, A. (2013). *Die digitale Zukunft des stationären Handels. Auf allen Kanälen zum Kunden* (2. Aufl.). München: Mi-Wirtschaftsbuch.

Haderlein, A. (2016). Vom E- zum Local Commerce. Der Wuppertaler Ansatz: Nicht nur ein lokaler Online-Marktplatz, sondern ein Moderationsprozess und Veränderungsmanagement. Stellungnahme 16/3667 zur Anhörung A 18 „Digitalen und stationären Einzelhandel zusammendenken – innerstädtische Quartiere und ländliche Räume brauchen Vielfalt und Versorgungssicherheit" am 13. April 2016 im Landtag Nordrhein-Westfalen, 6. April 2016. https://www.landtag.nrw.de/portal/WWW/dokumentenarchiv/Dokument?Id=MMST16/3667. Zugegriffen: 8. Mai 2017.

Haderlein, A., & Seitz, J. (2011). *Die Netzgesellschaft. Schlüsseltrends des digitalen Wandels*. Frankfurt a. M.: Zukunftsinstitut.

Kolbrück, O. (2016). Beacon und Co: Hype im Kaff oder kalter Kaffee? http://etailment.de/thema/mobil/Beacon-und-Co-Hype-im-Kaff-oder-kalter-Kaffee-4083. Zugegriffen: 13. Febr. 2017.

Scholz, H. (2016). Chat-Bots: Das Ende der Apps? www.mobile-zeitgeist.com/2016/04/26/60339/ Zugegriffen: 13. Febr. 2017.

Über den Autor

Andreas Haderlein, Jahrgang 1973, ist Wirtschaftspublizist und selbstständiger Unternehmensberater. Er veröffentlichte zahlreiche Studien, Trenddossiers und Bücher zum digitalen Wandel in Gesellschaft, Marketing und Handel. Aktuell beschäftigt sich der studierte Kulturanthropologe intensiv mit den Themen Innenstadtverödung, Stadtentwicklung und Einzelhandelsförderung. Er ist Impulsgeber und Projektpartner der „Online City Wuppertal" und hat unlängst das Buch „Local Commerce: Wie Städte und Innenstadthandel die digitale Transformation meistern" veröffentlicht. Der Autor lebt und arbeitet in Frankfurt am Main.

Stadtthemen mit Zukunftspotenzial: Kultur, Geschichte und Wissenschaft

Bernadette Spinnen

> **Zusammenfassung**
>
> Jede Stadt muss sich die Frage stellen, mit welchen (Zukunfts)Themen sie sich langfristig und glaubhaft profilieren kann. Es ist Aufgabe des Stadtmarketings gemeinsam mit Bürgerinnen und Bürgern und anderen Anspruchsgruppen authentische Stadtthemen zu identifizieren, die sich sowohl aus der Geschichte der Stadt ableiten lassen als auch zukunftsweisend sind. Hierbei spielen die Bereiche Kultur und Wissenschaft eine besondere Rolle. Die Kultur des städtischen Zusammenlebens ist den Städten genauso eigen wie ihre Geschichte und birgt viel Potenzial für die Herausstellung der städtischen Besonderheiten. Einen besonderen Wettbewerbsvorteil haben Wissensstädte, denen es gelingt junge Menschen, kluge Köpfe und interessante Jobs an ihre Stadt zu binden.

Das Stadtmarketing ist als klassische Querschnittsaufgabe in zahlreichen Feldern aktiv: Vom Event- und Citymanagement über Fragen des Tourismus und der Wirtschaftsförderung zu Bürgerbeteiligung und der klassischen Stadtwerbung und -kommunikation reichen die Aktionsfelder des Stadtmarketings, die in diesem Band abgesteckt werden. Im Folgenden wird es nicht weiter um die einzelnen Tätigkeitsfelder des Stadtmarketings gehen, sondern um die übergreifende Frage nach der inhaltlichen Ausrichtung der Arbeit. Die Themen des Stadtmarketings sind in vielen Städten durchaus ähnlich, in ihrer spezifischen Ausgestaltung aber variieren sie deutlich – und das muss auch so sein, wenn die Stadt ihre Besonderheit, sagen wir ruhig, ihre Persönlichkeit sichtbar machen will. Und so stellt sich jeder Stadt die überaus wichtige Frage, welche Themen für eine glaubwürdige

---

B. Spinnen (✉)
Münster Marketing, Münster, Deutschland
E-Mail: spinnen@bcsd.de

und langfristige Profilierung geeignet sind, wie diese möglichst im Konsens mit der Stadtbevölkerung identifiziert werden können und welche Chancen sich durch eine passende thematische Ausrichtung für das Stadtmarketing und die Stadtprofilierung ergeben.

Exemplarisch werden die Themen Kultur, Wissenschaft und (Stadt)Geschichte im Weiteren im Mittelpunkt stehen. Die thematische Ausrichtung des Stadtmarketings wird aber letztlich in jeder Stadt eine andere sein. So haben je nach Stadt auch Bereiche wie Sport, Natur, Wirtschaft oder Bürgerengagement das Potenzial, zu zentralen Stadtmarketingthemen entwickelt zu werden.

1 Einleitung

Mit dem Stadtmarketing wendet sich die Stadt in einem fortwährenden Prozess an ihre Bewohner, an die Wirtschaft, an tatsächliche und potenzielle Besucher – eben an alle ihre Anspruchsgruppen. Ziel ist es, ein möglichst attraktives und authentisches Bild der Stadt im Sinne eines wiedererkennbaren Bündels von Werten zu vermitteln, das in der Lage ist, Menschen anzusprechen, anzuziehen, am besten zu begeistern und sie für die Stadt zu gewinnen – egal ob als Tourist, als Studierende, als Unternehmen oder als zuzugswilliger Bürger.

Dieser Anspruch an das Stadtmarketing ist extrem komplex und das aus verschiedenen Gründen: Zum einen verspricht sich ein ansiedlungswilliges Unternehmen sicherlich etwas anderes von einer Stadt als eine Studierende, die sich für einen Studienort entscheidet. Zum anderen wird die Kommunikation der Stadt keineswegs allein über das Stadtmarketing gesteuert, sondern mehr noch über die Geschichten, die Menschen über ihre Stadt erzählen, und über das Stadtbild und das Stadtgefühl selbst. Schließlich muss die Botschaft authentisch sein und klar, obwohl die Vielfalt der Stadtthemen und die Diversität der verschiedenen Anspruchsgruppen eben diese Eindeutigkeit und Erkennbarkeit von vornherein eigentlich unmöglich machen. Ein kompliziertes Unterfangen also, wenn eine Stadt wirksames Stadtmarketing betreiben will und gleichzeitig eine Aufgabe, der sich keine Stadt entziehen kann, die ihre Stadtentwicklung an den Ansprüchen der Menschen ausrichten will.

Der Anspruch an das Stadtmarketing besteht ganz wesentlich darin, Botschaften und Themen zu identifizieren, die authentisch für die Stadt sprechen und diese so zu präsentieren, dass sie Substanzielles und sehr Eigenes über die Stadt aussagen und auf aktuelle Bedürfnislagen der Angesprochenen reagieren. Darin unterscheiden sich im Übrigen Städte, Gemeinden und Regionen nicht. Für sie alle gilt, dass sie Themen identifizieren müssen, mittels derer sie erzählbar werden. Was aber sind zentrale Stadtthemen, die auf lange Sicht Potenzial, Kraft und Bedeutung für das Stadtmarketing haben? Man kann solche passgenauen Stadtthemen anhand einiger Kriterien ausfindig machen:

1. Sie müssen von möglichst vielen Menschen aus der eigenen Stadt als bedeutend und stark identifiziert werden.
2. Sie müssen auch in der Vergangenheit für die Wahrnehmung der Stadt relevant gewesen sein – eine Beamtenstadt wird niemals als Industriestadt wahrgenommen werden, auch wenn sie darin ihre ökonomische Zukunft sehen möchte.
3. Sie müssen aktuelle Stärken der Stadt abbilden.
4. Sie müssen auf Zukunftstrends in der Gesellschaft antworten können und somit von hoher Bedeutung für die Anspruchsgruppen der Stadt sein.[1]

2 Die Themen des Stadtmarketings sind die Zukunftsthemen der Stadt

Die wichtigste Voraussetzung für ein erfolgreiches Stadtmarketing ist die Einhaltung des Grundsatzes, dass Stadtmarketing nicht mit dem allzu Offensichtlichen wirbt. Es geht beim Stadtmarketing eben nicht darum, mit der Lage eines Ortes am See oder in den Bergen zu werben, sondern sich vielmehr die Frage zu stellen, wie man in den Augen anderer (Entscheider) gesehen werden möchte und was man dafür tun muss, dass andere die eigene Stadt auf die gewünschte Art und Weise wahrnehmen und sich für sie (und gegen andere!) entscheiden. Und auf die Frage „Wie möchten wir wahrgenommen werden?" wird sicher keine Stadt antworten: „Wir möchten als Stadt am See wahrgenommen werden". Der See reicht als Thema für eine ganze Stadt keinesfalls aus. Er ist allenfalls eine interessante Facette für die touristische Kommunikation der Destination, aber kein Thema, über das die Komplexität eines Ortes vermittelt werden kann. Im Sinne eines integrierten Stadtentwicklungskonzepts, das den Standort als ganzen meint und langfristig wirken will, muss sich Stadtmarketing auf mehr als die touristischen Highlights stützen – es muss die Zukunftsthemen der Stadt identifizieren. Sie müssen die Stadt weiter denken helfen, über das Bestehende hinaus, sie müssen das Potenzial haben, den Menschen zu zeigen, was ihre Stadt sein könnte und sie müssen den wichtigsten Kräften Lust darauf machen, die Möglichkeiten ihrer Stadt auszuprobieren.

Dazu zwei Beispiele: Die Stadt Münster hat sich in einem Jahrzehnt von einer provinziellen Beamtenstadt („Münster – der Schreibtisch Westfalens") zu einer modernen Wissenschaftsstadt entwickelt, die mit einer ausgezeichneten Lebensqualität punktet. Das hat sowohl das Lebensgefühl in der Stadt wie die Außenwahrnehmung verändert und die Anziehungskraft auf alle relevanten Anspruchsgruppen deutlich erhöht.

Ein fast noch plastischeres Beispiel für die Kraft dieses Prozesses ist die Stadt Magdeburg. Nach dem Fall der Mauer und der Wiedervereinigung Deutschlands 1990 hat Magdeburg vorgemacht, wie mit den richtigen Themen und intelligentem passgenauen Stadtmarketing die Zukunftsentwicklung einer Stadt gelingen kann. Magdeburg befand

---

[1]Zu den theoretischen Grundlagen des integrierten Stadtmarketings siehe die Forschung von Professor Heribert Meffert sowie Hauff et al. (2007).

sich nach dem Fall der Mauer in einer mehr als nur temporär schwierigen Lage. Die Stadt war ohne wirkliche Perspektive und kämpfte um einen Platz unter den wichtigsten deutschen Großstädten. Mithilfe der klugen Strategie, sich als Wissenschaftsstadt zu positionieren und entsprechend auch die ökonomischen Entscheidungen zu lenken und die Ansiedlungspolitik zu strukturieren, gelang Magdeburg der Aufbruch in seine neue Zukunft. Flankiert von Stadtmarketing im besten Sinne – unter anderem durch die erfolgreiche Bewerbung um den Titel „Stadt der Wissenschaft" (Stifterverband der Deutschen Wissenschaft) – brachte sich die Stadt als ernst zu nehmenden und wichtigen Partner und Konkurrenten im Wettbewerb der Städte ins Gespräch.

Begleitet wurde die Positionierung als Wissenschaftsstadt Magdeburg durch ein ebenso geschicktes wie erfolgreiches Geschichtsmarketing. Magdeburgs Historikern und Kulturfachleuten gelang mit einigen publikumswirksamen Ausstellungen über die Zeit Ottos des Großen (912–973) eine „Revitalisierung" der bedeutenden Geschichte der Stadt. Die Einführung der Stadtmarke „Ottostadt Magdeburg" 2010 spannte den Bogen von der Erinnerung an Magdeburg als selbstbewusster und mächtiger Stadt im römisch-deutschen Reich über die Wirkungszeit Otto von Guerickes, der Bürgermeister in Magdeburg war, zu den aktuellen Potenzialen der Stadt und trug damit zum Wiedererstarken des städtischen Selbstbewusstseins bei. Während Kaiser Otto der Große im 10. Jahrhundert von Magdeburg aus Europa regierte, prägte der im 17. Jahrhundert tätige Magdeburger Bürgermeister Otto von Guericke die Wissenschaft, insbesondere durch den Nachweis des Vakuums. Die historische Bedeutung der Stadt und ihre Verbindung zur Wissenschaft schaffen die Grundlagen für die aktuelle Positionierung Magdeburgs und eine Verbindung zwischen Stadtgeschichte, Wissenschaft und Zukunft. Bis heute bezeichnet und versteht sich die Stadt Magdeburg als *Ottostadt* – und das tun dank kluger Themenwahl im Stadtmarketing vor allem auch ihre Bürger und Bürgerinnen.

Die Themen im Stadtmarketing sind also in der Tat vielfältig. Dennoch sind sie nicht wie nebeneinanderliegende Waren im Schaufenster der Stadt zu verstehen. Sie wirken verschieden, sie bewirken Verschiedenes, und die Instrumente für ihr Inwertsetzen sind ganz unterschiedlich. Diese Erkenntnis ist vor allem den städtischen Funktionsträgern oft schwer zu vermitteln. Das zeigt sich im allerorten vorhandenen Lamento, das Stadtmarketing würde sich zu wenig um ein bestimmtes Thema (hier können wahlweise Sport, Theater, Museen, Freizeiteinrichtungen… eingesetzt werden) kümmern. Wer so argumentiert zeigt, dass er die Stadtthemen wie konkurrierende Waren begreift und das Stadtmarketing wie die Werbeabteilung für das Kaufhaus Stadt.

3 Welche Themen sind die Richtigen und wie identifiziert man sie?

Das Stadtmarketing muss sich für alle Themen interessieren, die die Stadt bewegen, sich gleichzeitig aber auch beschränken. Es muss einzelne Themen auswählen und doch das Ganze der Stadt zur Sprache und diese selbst zum Sprechen bringen. Das kann dem

Stadtmarketing nur dann gelingen, wenn es gemeinsam mit möglichst vielen städtischen Akteuren jene Themen identifiziert, die die Menschen bewegen, die viel über die Stadt aussagen und nachhaltig wirken. Außerdem sollten diese Themen auf keinen Fall nur das Bestehende abbilden und feiern, sondern sie sollten der Stadt zeigen, wie sie auch sein könnte – was in ihr steckt.

Für die Themenvielfalt im Stadtmarketing bedeutet das zweierlei: Zum einen muss jede Stadt ihre Zukunftsthemen selbst definieren; das Stadtmarketing kann und sollte solche Findungsprozesse anstoßen, motivieren und begleiten, was sowohl inhaltlich als auch systematisch in jeder Stadt anders aussehen wird. Zum anderen sind neben den Profilthemen – das können nur wenige sein – auch solche Themen von Interesse, die etwa dazu geeignet sind, das Stadtprofil zu unterstützen, es zu übersetzen und es an aktuellen Fragestellungen erfahrbar zu machen. So kann es für Friedensstädte wie Osnabrück, Augsburg oder Münster oder für die Luther-Städte Erfurt und Wittenberg sehr plausibel sein, aktuelle Fragen der Migration und des interreligiösen Dialogs zum Thema des Stadtmarketings zu machen.

4 Die Rolle des Stadtmarketings im Profilbildungsprozess

Jede Stadt entwickelt im Laufe ihrer Geschichte ein bestimmtes Profil. Auch ohne eine Stadtmarketingorganisation! Allerdings bleiben solche eher zufälligen Profilierungen im Hinblick auf ihre Wirksamkeit in der Außenkommunikation defizitär und werden auch von der eigenen Bevölkerung kaum wahrgenommen. Auf beides aber kommt es im Wettbewerb der Städte an: Städte müssen sich darauf verständigen, wie sie wahrgenommen werden wollen; sie können und müssen ihre Innen- und Außenwahrnehmung steuern. Das kann mithilfe einer Stadtmarketingorganisation gelingen, die solche Profilierungsprozesse strukturiert, sie transparent und professionell gestaltet und für die Bevölkerung nachvollziehbar organisiert. Sie ist dazu in besonderer Weise geeignet, weil sie weder hoheitlich agiert noch rein bürgerschaftlich getrieben ist, sondern sich als Netzwerkknoten und Moderator, als Dialogpartner und Kurator im Stadtgefüge versteht. Und nur in diesem Gefüge der Stadtgemeinschaft und mit ihr ist eine wirksame, glaubwürdige und langfristige Stadtprofilierung erfolgreich möglich. Sie ist weder ohne noch gegen die eigene Bevölkerung erreichbar, noch ohne die breite Zustimmung der politisch und administrativ Verantwortlichen durchsetzbar, und auch nicht ohne das Engagement der wichtigsten Schlüsselpersonen und Anspruchsgruppen einer Stadt. Die Stadtmarketingorganisationen empfehlen sich aufgrund ihrer konsequent übersektoralen und an den Anspruchsgruppen der Stadt ausgerichteten Arbeitsweise in hohem Maße für die Begleitung solcher Prozesse.

5 Kultur und Geschichte als verlässliche „Leistungsträger" im Themenspektrum des Stadtmarketings

Dass Kultur ein wichtiges Thema im Stadtmarketing ist, wird niemanden verwundern. Schließlich werben alle Städte mit ihrer Kultur. Große Ausstellungen, spektakuläre Museumsbauten oder Kulturgroßveranstaltungen eignen sich hervorragend als Themen insbesondere für den Kulturtourismus. Das kluge und partnerschaftlich organisierte städtische Marketing für die Kultur gehört zur Basisqualifikation jeder seriösen Marketingorganisation. Das Remarque Museum im Liebeskind-Bau in Osnabrück zum Beispiel, oder das von Zaha Hadid entworfene Museum in Wolfsburg oder Dresdens große Museumsbauten sind wie die großen Museen in Berlin, München und in anderen europäischen und internationalen Großstädten Anker städtischer Identität. Wer im MOMA eine Ausstellung besucht hat, war in New York, wer vom Rijksmuseum schwärmt, schwärmt von Amsterdam.

In dieser Partnerschaft zwischen Museum und Stadt gilt es vor allem fair, klug und professionell zu sein. Das Stadtmarketing darf die Arbeit der kulturellen Einrichtungen in der Kommunikation unterstützen, aber es darf sie nicht besitzen wollen! Die Menschen wollen durch das Angebot der Kultur angezogen werden, nicht durch die Werbung des (Stadt)Marketings. Manchmal ist man sogar gut beraten, die Urheberschaft des Stadtmarketings bei der Vermarktung kultureller Inhalte zu verschweigen. Keine Angst, es schmälert nicht die Bedeutung des Marketings – ganz im Gegenteil!

Allerdings geht es im Stadtmarketing nicht in erster Linie um die Vermarktung von kulturellen Großereignissen, auch nicht vorrangig darum, mit vorhandenen Kultureinrichtungen zu werben. Es geht nicht nur um den Wettbewerb des besten Theaters oder der größten Kunstausstellung, die mit den Mitteln des Stadtmarketings und einiger zusätzlicher Werbemaßnahmen kurzzeitig ins mediale und touristische Licht gerückt werden. Es geht bei der Relevanz der Kultur für das Stadtmarketing um sehr viel mehr, nämlich um die Bedeutung kultureller Ausdrucksformen für das Stadterleben. Es geht um die Kultur des Zusammenlebens in einer Stadt, um die Art der städtischen Kommunikation und des Umgangs mit Gästen aller Art.

Das Stadtmarketing braucht die Logik der Kultur, etwa wenn es ein passgenaues Fest für die Stadt und kein Stadtevent von der Stange ausrichten möchte, das nur die Uniformität der Städte unterstreicht. Wie eine Stadt mit ihren Bürgern feiert, wie sie die Menschen mitnimmt auf ihrem Weg in die Zukunft, wie sie Räume gestaltet und inszeniert und wie sie Experimentierräume bereitstellt, ist eine Frage der jeweiligen Stadtkultur. Und an dieser Stadtkultur erkennen die Menschen, ob eine Stadt wirklich ihr Ort ist und ihre Heimat sein will, ob Gäste wirklich gemeint und gewünscht sind oder ob man sie in Kauf nimmt, weil man davon ausgeht, dass sie zahlungswillig sind, ob man die Menschen eher manipulativ zur Zustimmung bewegen, oder ob man sie tatsächlich an der Stadt teilhaben lassen will.

Was nun ist mit „Logik der Kultur" gemeint? Im Gegensatz zur Stadtplanung oder zu anderen Disziplinen im Leistungsportfolio der Stadt geht es der Kultur nicht um objektiv feststellbare Sachverhalte – zum Beispiel die Größe der Stadt, die Anzahl der Läden, die Zahl der Fünf-Sterne-Hotels, die Summe der Parkplätze – und auch nicht darum, fixierte Stadtbilder zu kommunizieren. Im Gegenteil!

Im Marketing die Logik der Kultur anzuwenden bedeutet sich nicht mit dem zu begnügen, was eine Stadt zu bieten hat, wie sie aussieht und sich anfühlt, sondern den Menschen die Möglichkeit zu geben, ihre Stadt immer wieder anders zu denken und zu kommunizieren, wie sie sich ihre Stadt wünschen. Friedrich von Borries nennt das „Wunschproduktion" und beschreibt die Rolle des Stadtmarketings als die eines „Urban Curators".[2]

Dazu einige Beispiele: Städte am Fluss sind wunderbar. Nicht alle Städte haben große, sichtbare Wasserläufe. Wieso sollte sich eine Stadt mit wenig Wasser nicht einmal vorstellen, wie es sein könnte, am Wasser zu leben? Lassen Sie als Stadtmarketing die Leute mit Gummistiefeln durch die Bäche laufen – was sonst immer verboten ist – und machen sie für ein paar Tage eine Hafenkneipe am Rinnsal auf – die Menschen werden sie füllen! Schneiden sie zugewachsene Wasserflächen frei und lassen Sie die Menschen – am besten Künstler und andere „Wunschproduzierer" zu Werke gehen, um ihre Stadt anders zu machen und sei es nur für kurze Zeit. Die Einrichtung von Stadtstränden oder Sandspielkästen in den Innenstädten sind solche Ideen. Oder laden Sie die Menschen zum Picknick auf die Hauptstraße ein, verwandeln sie Parkhäuser in Theater, unterstützen Sie Stadtviertel, die sich gegen ihre Gentrifizierung wehren dabei, Quartiersfeste zu organisieren, die eigenwillig und sehr besonders sind.

Von der Logik der Kultur lernen heißt, nicht immer sofort eine (oft genug vermeintliche) Lösung der Probleme zu präsentieren, sondern sich im Stadtmarketing um die Wünsche der Menschen zu kümmern, sie aufzugreifen, sie zu verstehen. Meist entsteht daraus Interessantes, Intelligentes und Überraschendes – und es findet sich das, was das Stadtmarketing immer sucht: etwas der Stadt eigenes, das sie unterscheidbar macht und das Menschen emotional an ihre Stadt bindet.

Berührungspunkte mit der Kultur hat das Stadtmarketing auch in der Frage, wie die Stadt mit ihrer Geschichte umgeht. Wird sie benutzt, banalisiert und ausgeschlachtet für Mittelaltermärkte und Nachtwächterführungen oder arbeitet das Stadtmarketing ernsthaft daran, die für die Zukunftsentwicklung wichtigen Stränge der Stadtgeschichte aufzudecken und so zu inszenieren und zu kommunizieren, dass wir Heutigen sie verstehen und unsere Stadt besser begreifen? Stellen wir zum Beispiel aus Anlass einer Feier zum Westfälischen Frieden die historische Situation der Friedensverhandlungen mittels

---

[2]Für die Ideen zur Nutzung kultureller Techniken für ein Stadtmarketing, in dem sich die Bürger am Zukunfts- und Möglichkeitsraum „Stadt" beteiligen, verweise ich auf Friedrich von Borries, der in seinem Vortrag „Urban Curating" anlässlich des Deutschen Stadtmarketingtages 2015 in Bremen Ideen für eine zukünftige Ausrichtung des Stadtmarketings vorgestellt hat. In literarischer Form findet man zur Bedeutung des „Möglichkeitssinns" alles bei Robert Musil: Der Mann ohne Eigenschaften.

Reenactment mit mittelalterlich kostümierten Figuren nach oder öffnen wir für die Menschen in unserer Stadt einen festlichen Stadtraum, und motivieren sie zu Begegnungen und Gesprächen und zu dem Dialog, der den Kern der erfolgreichen Friedensverhandlungen von 1643 bis 1648 trifft? Machen wir aus einer historischen Ausstellung über Otto den Großen ein Publikumsevent, das sich in die Reihe der „Blockbuster Ausstellungen" einreiht oder gelingt es uns – wie in Magdeburg – durch den Rückgriff auf die Geschichte Zukunftspotenziale zu wecken?

Die Chancen eines kulturorientierten Stadtmarketings liegen auf der Hand: Das Gespräch mit den Menschen über das, was ihre Stadt ausmacht und was sie künftig ausmachen soll, braucht offene Räume, Begegnung, echte Teilnahme und Perspektivwechsel. Sie herzustellen ist genuine Aufgabe und Arbeitsweise der Kultur, die dabei eben nicht instrumentalisiert oder gar vermarktet wird. Sie übernimmt im Gegenteil eine zentrale Aufgabe in der Visualisierung der Stadt und ihrer Weiterentwicklung, die ansonsten gerne die Stadtplaner und Stadtsprecher abnehmen.

6   Die Wettbewerbsvorteile der Wissenschaftsstädte

Auch das für Marketing in einer Vielzahl von Städten hochrelevante Thema der Wissenschaft ist nicht mit der Vermarktung renommierter Wissenschaftseinrichtungen oder Wissenschaftspreisträger aus der eigenen Stadt ausgeschöpft. Städten mit einer ausreichend kritischen Masse an Hochschul- und/oder Forschungseinrichtungen bietet sich die große Chance, dieses Wissenschaftspotenzial sowohl für ihre Stadtentwicklung als auch für ihr Stadt- und Standortmarketing zu nutzen.[3] Wenn die Wissenschaft zum Thema der Planer, Stadtentwickler, Stadtpolitiker, Wirtschaftsförderer und Stadtmarketinggesellschaften wird, dann steigen die Chancen der Stadt im Standortwettbewerb erheblich. In diesem Wettbewerb gewinnen nachweislich „Wissensstädte", denen es gelingt kluge Köpfe, interessante Jobs und junge Menschen an die Stadt zu binden. Dabei gehen natürlich die Impulse für die Entwicklung von Wissenschaftsstandorten von den Hochschulen und den Forschungseinrichtungen aus. Die Rolle der Städte besteht darin, diese wissenschaftliche Dynamik zu stützen, Netzwerke zu organisieren und Partner zusammenzubringen, zum Beispiel einzelne Forscher/Forscherinnen und Wirtschaftsunternehmen in der Region. Für die Finanzierung des Wissenstransfers sind zudem Unterstützer nötig, die Projekte antragsreif machen und die entsprechenden Förderrichtlinien anpassen – eine klassische Rolle der örtlichen und regionalen Wirtschaftsförderung. Und schließlich gilt es, mit diesen Pfründen innerhalb und außerhalb der Stadt zu wuchern – eine klassische Aufgabe für das Stadtmarketing.

---

[3]Grundlagen und konkrete Beispiele für eine wissensbasierte Stadtentwicklung findet man in Lisowski et al. (2011).

Wo nachhaltige Arbeit an Inhalten und Produkten in stabilen Netzwerken und mit großer Ausdauer betrieben wird, ernten die Städte und Regionen gleichermaßen die Früchte. Die Wissensstädte sind Imagegewinner und Gewinner im Wettbewerb um Arbeitsplätze und wirtschaftliche Prosperität.

Von großer Bedeutung für die Stadtentwicklung ist auch der demografische Faktor. Hochschulstädte mit großen Universitäten haben hier die Nase vorn: Jahr für Jahr kommen junge Menschen in die Stadt, die dadurch „forever young"[4] ist. Dies ist angesichts der besorgniserregenden Altersentwicklung ein ganz besonderes Geschenk, das die Städte mit ihrer Anstrengung um möglichst große Attraktivität belohnen sollten.

Auch für die Ausprägung einer urbanen Lebensqualität ist die wissensbasierte Stadtentwicklung von allergrößter Bedeutung. Der Städtewettbewerb ist ein Wettbewerb um Menschen geworden, die durch ihre Herkunftsgeschichten und ihre Ansprüche die Lebensqualität der Städte heben. Dabei sind Städte, in denen Wissen und Bildung eine große Rolle spielen, klar im Vorteil, da sie Menschen anziehen, deren Lebensstil mit seinem Anspruch auf Diversität des öffentlichen Lebens eine lebendige Stadtentwicklung fordert und unterstützt. Stadt und Standortmarketing tun daher gut daran, nicht nur ihre Kommunikation, sondern vor allem ihren Einfluss auf die urbane Lebensqualität an den Ansprüchen dieser Zielgruppen zu orientieren. Dies kann auf sehr unterschiedliche Weise gelingen, umfasst aber in jedem Fall eine Aufwertung der sogenannten weichen Standortfaktoren.

„Wissensarbeiter" stellen hohe Ansprüche an die Qualität und die Authentizität des Stadtbildes und die gelebte Stadtkultur. Sie erwarten zum Beispiel besondere Veranstaltungen und nicht austauschbare Events, einen belebten Stadtraum und keine Touristenkulisse. Sie erwarten eine lebendige innovative Kulturszene, dazu Möglichkeiten für nicht organisierten Sport, eine nachhaltig ökologisch ausgerichtete Stadtpolitik und verantwortungsbewusste, wertorientierte politische Entscheidungen. Der Einsatz für ein möglichst historisch authentisches Stadtbild, für Aufenthaltsqualität im öffentlichen Raum, aber auch für Kinderbetreuung und differenzierte Bildungsangebote ist daher insbesondere für Wissensstädte eine Daueraufgabe. Auch deshalb sind die kritischen Geister in der Wissensstadt hochwillkommene Impulsgeber. Sie prüfen Städte auf ihre Tauglichkeit und das heißt auf ihre Urbanität; sie stellen hohe Ansprüche und bringen neue Ideen aus anderen Destinationen mit, die meist besser und geprüfter sind als die Vorschläge der üblichen Beratungsbüros. Unsere Aufgabe in den Städten und den Stadtmarketingorganisationen ist es, sie zum Gespräch einzuladen und ihnen professionell zuzuhören.

---

[4]Diese Formulierung verdanke ich Prof. Dr. h. c. mult. Klaus Backhaus vom Marketing Centrum Münster an der Westfälischen Wilhelms-Universität Münster.

7 Stadtmarketing als Moderator und Motivator im Diskurs der Wissenschaftsstadt

Die Aufgabe der städtischen Akteure ist es, zunächst im engen Kontakt mit den Wissenschaften und den Hochschulen durch Veranstaltungen und Projekte das notwendige Bewusstsein für die Bedeutung der Wissenschaft in der Stadt zu schaffen. Dazu dienen zum Beispiel die langen Nächte der Wissenschaft sowie Projekte der Wissenschaftskommunikation, die den Menschen zeigen sollen, welche wissenschaftliche Qualität in ihrer Stadt ansässig ist und wie sie das selbst betrifft.

Parallel dazu müssen im Sinne eines professionellen Clustermanagements zentrale Themen wissenschaftlicher Alleinstellung möglichst mit wirtschaftlichem Potenzial verbunden und mit dem Stadtprofil kombiniert werden (Beispiel: Freiburg – Green City und wissenschaftliche Exzellenz im Solarstrom). Gelingt dies, so lassen sich Fördermittel akquirieren, stellt sich überregionale Sichtbarkeit ein und steigt die Attraktivität für Unternehmen und Fachkräfte.

Letztlich bedarf es dazu eines dauerhaften Dialogs mit den Vertretern und Zielgruppen der Wissenschaftsstadt. Um diese Kontinuität zu sichern, gehen immer mehr Städte dazu über, die Kooperation mit den Hochschulen über eigene Wissenschaftsbüros in den Stadtmarketingorganisationen zu steuern – ein Trend, der sich nach den guten Erfahrungen und den nachweisbaren Erfolgen hoffentlich verstärkt und der belegt, dass die Städte es ernst meinen mit der Wissenschaft. Das Stadtmarketing ist in diesem Zusammenhang überall dort gefragt, wo es darum geht, die Stadt für die sogenannten Wissensarbeiter attraktiv und einladend zu machen und die „kommunale Zuneigung" (Klaus Kunzmann) unter Beweis zu stellen.

Es sei an dieser Stelle noch auf eine wichtige Voraussetzung für ein Gelingen dieses Prozesses hingewiesen: Wo das Werben um die Wissenschaft als Einmischung in ihre Angelegenheiten missverstanden wird, lässt sich vermutlich keine Strahlkraft über die wissenschaftlichen Communities hinaus entwickeln. Zudem braucht nicht nur die Wissenschaft „kommunale Zuneigung", sondern auch die Kommune ihrerseits ist auf die Zuwendung und den Respekt der Wissenschaftsvertreter angewiesen. Das ist nicht anders als in jeder guten (Liebes-)Beziehung. Und wie diese kann auch die Beziehung zwischen Wissenschaft und Stadt durch Krisen wachsen. Dass sich die Beziehungsarbeit am Ende tatsächlich auszahlt, ist gewiss: Standorte, an denen Stadt und Wissenschaft gute Partner sind, werden im Wettbewerb um die klugen Köpfe die Gewinner sein.

8 Zum Schluss

Kultur, Geschichte und Wissenschaft sind drei relevante, ja sogar zentrale Themen vieler Städte und damit auch des Stadtmarketings. Sie sind es insofern, als ihnen eine starke Zukunftsorientierung innewohnt. Ihre erneuernde Kraft stellt sich aber nicht von selbst, quasi automatisch ein. Die reine Vermarktung von Kulturveranstaltungen, Geschichtsfestivals oder wissenschaftlichen Einrichtungen mit dem Ziel, sie mit dem

Namen der eigenen Stadt zu verbinden, sie also zu benutzen, wird zwangsläufig an der Oberfläche bleiben. Und leider nutzt sich diese Form der Kommunikation auch relativ rasch ab: Wir brauchen immer mehr, immer spektakulärere Nachrichten, um das Interesse der Medien überhaupt noch zu gewinnen.

Bei den zentralen Themen des Stadtmarketings geht es also vor allem auch um die Frage, ob und wie wir ihnen eine verändernde Kraft entlocken können – und sei es nur temporär, quasi als Blick durch das Schlüsselloch. Und das verlangt von der Stadt mehr als nur die Platzierung eines Themas im Stadtmarketing: Es verlangt die Bereitschaft, seine Potenziale in die Stadtentwicklung zu integrieren. Wer nur Wissenschaftsfestivals veranstaltet und die räumliche Entwicklung seiner Hochschulen nicht als zentrale Aufgabe der Stadtentwicklung begreift, wird hier genauso scheitern wie der, der große Kulturevents maximal verkauft, dem aber das Beharren der Kultur auf offenen Experimentierräumen in seiner Stadt ein Dorn im Auge ist.

Insofern kommt auf die Stadtmarketingorganisationen auch die Aufgabe zu, das einmal identifizierte zentrale Thema der Stadt in seiner ganzen Tiefe an die Spitze der kommunalen Aufmerksamkeit zu befördern. Dazu braucht es verlässliche und starke Partner, Überzeugungskraft, die Zustimmung vieler Menschen in der Stadt und – wie immer – einen langen Atem!

Literatur

Hauff, T., Spinnen, B., & Tillmann, B. (2007). Marktorientierte Führung für Kommunen. In M. Bruhn, M. Kirchgeorg, & J. Meier (Hrsg.), *Marktorientierte Führung im wirtschaftlichen und gesellschaftlichen Wandel* (S. 349–384). Wiesbaden: Gabler.

Lisowski, R., Meyer, C., Schmidt, M., Spitzer-Ewersmann, C., & Wesselmann, S. (2011). *Wissensbasierte Stadtentwicklung: 16 Beispiele aus der Praxis*. Essen: Edition Stifterverband. https://www.stifterverband.org/content/wissensbasierte-stadtentwicklung-16-beispiele-aus-der-praxis. Zugegriffen: 9. Apr. 2017.

Über die Autorin

Bernadette Spinnen, Jahrgang 1959, studierte in Münster, Innsbruck und Tübingen Katholische Theologie und Germanistik. Nach Stationen als Bildungsreferentin beim Kolpingbildungswerk in Münster und Leitung der städtischen Koordinierungsstelle für Auslandsbeziehungen, leitete sie von 1989 bis 2001 das Kulturamt der Stadt Münster. 2001 wurde der städtische Eigenbetrieb Münster Marketing gegründet, dessen Leiterin Bernadette Spinnen von Beginn an ist. Seit 2009 ist sie im Vorstand der Bundesvereinigung City- und Stadtmarketing Deutschland, seit 2016 Bundesvorsitzende. Sie ist Verfasserin zahlreicher Publikationen zu Themen des integrierten Stadtmarketings.

„Wir brauchen Mut zur ständigen Veränderung" – Stadtmarketing und digitale Transformation

Interview mit Frank Tentler

Zusammenfassung

Frank Tentler begleitet viele Städte auf dem langen Weg der digitalen Transformation und ist auf Kongressen ein gefragter Redner zum Thema. Im Gespräch mit Frank Simon beschreibt er, was Digitalisierung für Städte bedeutet, welche Unterschiede zur *Smart City* bestehen und welche Aufgaben und Rollen das Stadtmarketing im Digitalisierungsprozess übernehmen kann. Er geht auch auf Strategien und Wege ein und beschreibt den digitalen Transformationsprozess.

Frank Simon: Stadtmarketing richtet sich an die Bürgerinnen und Bürger einer Stadt. Diese über die klassischen Medien zu erreichen, wird aber immer schwieriger. Zeitungen beispielsweise werden immer seltener abonniert, Netflix und andere schicken sich an, das Fernsehen zu ersetzen. Die Liste ließe sich fortsetzen.

Frank Tentler: Das ist ein wichtiger Punkt. Immer mehr Medien konkurrieren um die Aufmerksamkeit der Bürgerinnen und Bürger, deren Aufmerksamkeitsspannen werden kürzer und die Kommunikation mit ihnen verlagert sich immer mehr in den digitalen Raum. Diese Entwicklung darf eine Stadt nicht verschlafen. Die Inhalte, die das Stadtmarketing zu bieten hat – Neudeutsch nennt man es Content – sind Gold wert, aber nur, wenn sie auch wahrgenommen werden. Daher müssen wir Schnittstellen zwischen dem analogen und dem digitalen Raum schaffen, um diese Inhalte auch online zu transportieren, da wo heute viele Bürger zu finden sind.

F. Tentler (✉)
Oberhausen, Deutschland
E-Mail: mail@tentler.plus

„Digitale Infrastruktur und Services als wichtige Wettbewerbsfaktoren" – über Digitalisierung und Stadt

Simon: Damit sind wir bei der Frage, wie Städte auf die Digitalisierung reagieren sollen. Allerdings ist der Begriff der Digitalisierung schwer zu fassen, da viele Bereiche betroffen und die Auswirkungen nicht immer absehbar sind.

Tentler: Hinzu kommt, dass es *die* Digitalisierung als einen linearen Prozess nicht gibt. Technische Entwicklungen, aber auch gesellschaftliche Trends zwingen uns immer wieder dazu Denkansätze und Geschäftsmodelle zu hinterfragen. Die Veränderungen erfolgen in immer kürzeren Zeitabständen. Entscheidend ist die Kommunikation dieses Wandels, um Bürger beziehungsweise Nutzer auf diesem Weg mitzunehmen.

Simon: Häufig wird die Digitalisierung des städtischen Angebots mit der *Smart City* gleichgesetzt.

Tentler: Die Veränderungen, mit denen wir es zu tun haben, sind umwälzend. Ständig werden neue technische Lösungen entwickelt und kurz darauf wieder von der nächsten Innovation abgelöst. Nicht alle diese neuen Anwendungen sind sinnvoll. Eine reine *Smart-City* hat kaum Antworten auf die Fragestellungen des Stadtmarketings, des stationären Handels und des Tourismus.

Simon: Wo soll die Digitalisierung der Stadt Deiner Meinung nach dann ansetzen?

Tentler: Meiner Erfahrung nach kommt es darauf an Lösungen zu entwickeln, die einen möglichst unauffälligen Übergang zwischen der analogen und der digitalen Welt ermöglichen. Die dafür benötigten Elemente sind professionelles Social-Media/Messenger-Know-how, ortsbasierte Technologien und Dienste – sogenannte *Location-based Services* –, eine von allen nutzbare digitale Infrastruktur und glaubhaftes Engagement. Die Anwendung dieser Lösungen ist dann im Idealfall für die Nutzer unspektakulär. Da steckt aber eine Menge Arbeit dahinter, das sollte man nicht unterschätzen. Daher auch noch einmal die Betonung des Commitments, das vom Stadtmarketing und der Stadt kommen muss.

Simon: Könntest Du ein Beispiel für eine solche in Deinen Augen gelungene Lösung geben?

Tentler: Im Bereich von Kommunikation und Tourismusmarketing ist gerade das Projekt der Metropolregion Hamburg interessant. Hierbei werden die Partnerstädte der Metropolregion in einem drei Jahre währenden Projekt zunächst auf den aktuellen Stand des Social-Media-Marketings gebracht, bevor technische Lösungen für die Schnittstellen zwischen der realen und digitalen Welt entwickelt werden. Damit soll zum einen Medienkompetenz vermittelt werden. Ziel ist aber auch, ein lernfähiges und einfach zu nutzendes Programm als App und Social-Media-Chatbot zu entwickeln, welches als individueller und smarter Helfer des Nutzers das Freizeit- und Kulturangebot der Metropolregion präsentiert.

Als städtisches Projekt kann ich „Emden Digital" empfehlen zu beobachten. Hier wird bis zum Ende des Jahres 2017 die Infrastruktur für eine zukunftsweisende Plattform entwickelt, welche die Bereiche Einzelhandel, Tourismus, Kultur und Freizeit für Bürger und Touristen innovativ in einen real-digitalen Erlebnisraum verwandelt.

Es findet gerade auf breiter Front ein Umdenken statt und wir werden täglich mit neuen technischen und konzeptionellen Möglichkeiten konfrontiert. Diese Entwicklungen im Auge zu behalten, fällt sogar mir nicht immer leicht.

Simon: Muss sich heute jede Stadt mit dem Thema Digitalisierung beschäftigen?

Tentler: Die Städte haben die Wahl bei diesem Wettlauf mitzumachen oder sich bewusst zu verweigern. Ich denke mittelfristig werden die Städte am besten abschneiden, die sich für den Wandel offen zeigen und sich ihm mit Hingabe verschreiben. Das heißt aber nicht, dass sie auf jeden Zug aufspringen sollen. Auch Verweigerung kann eine Strategie sein. Ich würde jedoch davon abraten, da digitale Infrastruktur und digitale Services als wichtige Wettbewerbsfaktoren gelten und irgendwann als so selbstverständlich wahrgenommen werden wie die klassischen drei S – Sicherheit, Sauberkeit, Service. Nur das Fehlen wird negativ auffallen.

„Agent des Wandels" – mögliche Rollen und Aufgaben des Stadtmarketings

Simon: Welche Auswirkungen haben diese Entwicklungen auf das Stadtmarketing?

Tentler: Kommunikation – und damit eine der Kernkompetenzen des Stadtmarketings – ändert sich gerade rasant. Dasselbe gilt für das *Storytelling,* also die Art und Weise, wie Geschichten über die Stadt erzählt werden. Heutzutage geht es nicht mehr nur um transmediales Erzählen über soziale Medien. Wir müssen uns vielmehr um ein dreidimensionales Erzählen bemühen, das die wichtigen Orte und Angebote einer Stadt über Content und ortsbasierte Dienste zu einem real-digitalen Erlebnisraum verwandelt.

Simon: Könntest Du diesen Punkt noch etwas näher erläutern?

Tentler: Die Reduzierung der Internetnutzung auf „Mobile Only", Smartphones und Wearables hat zur Folge, dass sich unsere Kommunikationsgewohnheiten massiv ändern. Wir warten nicht mehr, bis wir zu einer digitalen Kommunikationsschnittstelle – wie etwa der heimische Rechner früher eine war – kommen, sondern können an Ort und Stelle erfolgreich kommunizieren. Dazu kommt, dass wir durch ortsbasierte Technologien und Dienste jeden Ort, jedes Kunstwerk und jedes Plakat in eine Kommunikationsschnittstelle verwandeln können. So versorgen uns z. B. GPS-Signale und *Beacons* an Ort und Stelle mit Informationen, die aus Texten, Bildern, Videos, aber auch

Augmented- oder Virtual-Reality-Medien bestehen können. Diese Form der Informationsvermittlung wird in 2017 explosionsartig wachsen. Um in dieser Welt der Wow!-Effekte weiterhin Aufmerksamkeit zu erhalten, müssen diese Informationen als unterhaltsame Geschichte in die Umgebung der Nutzer eingebettet werden. Sie müssen schlüssig und individuell sinnvoll sein und das verlangt ein Umdenken im *Storytelling*, wie wir es bisher aus den doch eher zweidimensionalen sozialen Medien her kennen.

Simon: Das klingt nach einer sehr umfassenden Aufgabe.

Tentler: Genau, vor dieser Herausforderung stehen auch die Bereiche Kultur, Handel, Tourismus, Gastronomie und Wirtschaft. Dem Stadtmarketing kommt eine sehr wichtige Rolle zu. Das Zauberwort lautet: Kooperation. Das Stadtmarketing hat die Aufgabe, die Partner und Inhalte in der Stadt zu koordinieren und so einen real-digitalen Erlebnisraum zu schaffen, der Bürgern und Besuchern einen Mehrwert bietet und in der Lage ist, die Aufmerksamkeit der Nutzer zu binden.

Simon: Nicht immer ziehen alle Akteure in der Stadt an einem Strang, geschweige denn in dieselbe Richtung. Ist es für den Erfolg eines solchen Projekts wirklich unerlässlich, dass sich alle genannten Bereiche wie Kultur oder Gastronomie beteiligen?

Tentler: Einzelne Anbieter können ausfallen. Fällt aber eine gesamte Sparte weg, wird es schwierig. Da der digitale Wandel sowieso alle Branchen und Angebote betrifft, ist es von vornherein sinnvoll, auch ganzheitlich zu planen. Auch wenn es länger dauert: Die Kosten werden mittelfristig für alle geringer und der Erfolg langfristig größer sein.

Simon: Es braucht also einen umfassenden Ansatz mit breiter Beteiligung und gründlicher Vorbereitung. Das bindet Ressourcen. Lohnt es sich eventuell die Aufgabe auszulagern?

Tentler: Davon würde ich abraten. Städte sollten ein großes Interesse daran haben, die Kontrolle über die Daten zu behalten. Sie bilden die Grundlage nicht nur für die Optimierung der digitalen Serviceangebote, sondern auch für wichtige und lukrative Geschäftsmodelle. Die Daten aus der Hand zu geben wäre fahrlässig. Schon aus Datenschutzgründen ist das wichtig, denn die Daten, die in der Nutzungszeit durch Bürger und Touristen generiert werden, sind nicht nur wertvoll, sondern auch privat. Die digitale Infrastruktur einer Stadt sollte genauso ihr Eigentum bleiben wie Wasser, Gas und städtische Dienstleistungen. Externe Unterstützung zum Prozess hinzuzuziehen kann allerdings sehr wohl hilfreich sein.

Simon: Dann muss das Stadtmarketing die finanziellen und personellen Ressourcen selbst bereitstellen?

Tentler: Ein klares Nein. Das Stadtmarketing sehe ich vor allem in der Rolle des Impulsgebers und Koordinators. Man könnte auch sagen, das Stadtmarketing ist ein Agent des Wandels. Es sind jedoch weitere Partner wichtig, die Initialkosten tragen und langfristig profitieren können. Das sind meiner Erfahrung nach häufig Kabel- und Netzwerkbetreiber, die zumeist teilweise oder ganz in städtischer Hand sind. Für sie ist der real-digitale Erlebnisraum ein lukratives Geschäftsmodell.

Simon: Worin besteht dieses Geschäftsmodell?

Tentler: Das Geschäftsmodell besteht darin, die digitale Infrastruktur bereitzustellen, die durch eine *Smartsphere* über eine Stadt gelegt wird und alle nötigen ortsbasierten Dienste und Technologien beinhaltet. Angeboten werden auch vernünftige Shopsysteme und einfach generierbare interne Websites/Apps oder zumindest die Integration vorhandener Lösungen. Im real-digitalen Erlebnisraum können die städtischen Partner ihre Angebote zielgruppengerecht platzieren. Diese Möglichkeit bietet sich – gegen ein gestaffeltes Entgelt – auch Unternehmen, Institutionen und privaten Nutzern (Vereinen, Nachbarschaftsgruppen, etc.). Zudem ist die Vermarktung von „digitalen Werbeflächen" durch professionelle Agenturen und Werbeflächen-Anbieter für eine Stadt ebenso interessant wie die Vermarktung analoger Flächen im Stadtbild.

Simon: Wird dieses Geschäftsmodell nicht vielleicht auch irgendwann durch den digitalen Wandel überholt sein?

Tentler: Durch die immer schnellere Entwicklung – aktuell bei Sprachassistenten und Augmented- und Mixed-Reality-Lösungen zu beobachten – wird es einzelnen Akteuren immer weniger möglich sein den Herausforderungen alleine zu begegnen. Von daher braucht es die Kooperation mit den Akteuren aus Handel, Tourismus und Kultur. Diese Kooperation bildet die Grundlage, um die Herausforderungen der Zukunft zu meistern. Aber natürlich ist auch die ständige Anpassung an die technischen Entwicklungen erforderlich. Unabhängig vom technischen Fortschritt jedoch werden Engagement, Begeisterung und *Storytelling* immer Basis des Erfolgs sein – klassische Zuständigkeiten des Stadtmarketings also!

Simon: Das Beständige ist also der Wandel, für den dieser Ansatz offen ist.

Tentler: Die Digitalisierung ist ein Prozess. Es wird sie auch nicht mehr nicht geben – entgegen der ersten Hoffnungen mancher. Und es ist nicht zu erwarten, dass sie irgendwann abgeschlossen sein wird. All das verlangt, dass man sich weiterbildet und den immer wieder neuen Herausforderungen stellt. Man muss den Prozess der Digitalisierung auch im Hinblick auf die gesellschaftlichen Konsequenzen verstehen und strategisch darauf reagieren. In einer Stadt sollte man versuchen, alle mit ins Boot zu holen, die der digitale Wandel betrifft.

Simon: Und genau dies ist Aufgabe des Stadtmarketings?

Tentler: Es liegt nahe, dass diese Aufgabe der Koordination vom Stadtmarketing übernommen wird. Nur indem man alle Partner mitnimmt, hat man die Chance, diesen Prozess erfolgreich anzugehen. Das Stadtmarketing kann hier auf einen großen Erfahrungsschatz zurückgreifen. Anfänglich bieten sich etwa Workshops und Stammtische an, auf denen gemeinsam an individuellen Lösungen gearbeitet wird, ähnlich den Vorbereitungstreffen für Verkaufsoffene Sonntage. Mittel- bis langfristig werden sich aber Berufsbilder ändern bzw. neue entstehen. Ein digitaler Stadtplaner könnte beispielsweise Planung und Projektmanagement leiten und sich durch Fortbildungen immer auf dem neuesten Stand halten. Verbände übernehmen bereits jetzt eine wichtige Rolle, da sich die Städte weiterbilden und untereinander vernetzen müssen.

„Es gibt kein Patentrezept" – über Masterpläne und die Digitalisierung als Teil von Stadtentwicklungskonzepten

Simon: Wir haben bereits viel über die Herausforderungen der Digitalisierung gesprochen und festgestellt, dass dem Stadtmarketing eine wichtige Rolle als Vordenker, Vermittler, Koordinator oder – wie du es genannt hast – „Agent des Wandels" zukommt. Wir haben aber auch gelernt, dass die digitale Transformation einer Stadt ein langer und aufwendiger Prozess ist. Bekanntlich beginnt auch die längste Reise mit dem ersten Schritt. Welchen ersten Schritt sollte eine Stadt machen?

Tentler: Entschuldige, dass ich dir widerspreche, aber diese „Reise" beginnt nicht mit dem ersten Schritt, sondern bereits viel früher mit einer gründlichen Vorbereitung. Das ist wichtig zu betonen. Am Anfang der digitalen Transformation sollte ein Masterplan stehen, der die ersten drei bis fünf Jahre abdeckt. Wie im Falle einer umfassenden Stadtplanung im Baubereich, muss vor Beginn analysiert werden. Es müssen Pläne erstellt werden, es gibt Architekten, Bauleiter und Baufirmen, die sauber und effektiv und langfristig zusammenarbeiten müssen.

Simon: Das kann ich nachvollziehen. Bei der Bauplanung ist der Ablauf jedoch genau gesetzlich festgelegt. Es gibt eine Menge Erfahrungswissen, auf das zurückgegriffen werden kann. Dennoch ist man nicht davor gefeit, dass etwas schiefläuft. Bei der digitalen Transformation existieren solche Regelungen und Erfahrungswerte nicht bzw. entstehen gerade erst. Die Erstellung eines Integrierten Stadtentwicklungskonzepts (ISEK) hat sich in der Stadtentwicklung als so sinnvoll erwiesen, dass es mittlerweile zwingend vor jeder geförderten städtebaulichen Maßnahme stehen muss. Ist der Masterplan zur digitalen Transformation vergleichbar?

Tentler: Der Masterplan zur digitalen Transformation lässt sich vielleicht tatsächlich gut mit einem ISEK vergleichen. Allerdings unterscheidest du gerade zwischen Stadtentwicklung und Digitalisierung. Ich denke aber, dass die digitale Transformation ganz klar als Teil der Stadtentwicklung diskutiert werden muss. Ich bin sogar der Meinung, dass sich ein ISEK in Zukunft nicht mehr erlauben kann, Maßnahmen zur digitalen Transformation außen vor zu lassen, da sie unseren öffentlichen Raum und die Gesellschaft verändern wird, egal ob wir das aktiv steuern oder nicht. Besser ist es aber die Zügel in die Hand zu nehmen und den Wandel planvoll zu gestalten. Um im Bild der Reise zu bleiben: Die Reise hat bereits begonnen. Im Moment bestimmen aber viele Städte nicht selbst die Richtung.

Simon: Was gehört in einen Masterplan zur digitalen Transformation und wie erstellt man ihn?

Tentler: Ein solcher Masterplan ist sehr umfassend. Er deckt viele unterschiedliche Themen ab – Technik, Kommunikation, Marketing, E-Commerce, Bürgerbeteiligung, *Smart City, Smart Homes,* Industrie 4.0, Netzwerk- und Community-Entwicklung, Zukunftsforschung – und diskutiert Strategien zur Ansiedlung neuer Gewerbe, Möglichkeiten den Zuzug von Bürgerinnen und Bürgern zu steuern und die Außendarstellung zu optimieren. Dafür gibt es kein Patentrezept. Jede Stadt muss individuell für und mit der Bevölkerung, den Gewerbetreibenden, Kulturschaffenden, Touristen und der Verwaltung einen Masterplan entwickeln – ähnlich wie bei einem Leitbildprozess oder einem Stadtentwicklungskonzept. Ein Masterplan verlangt ein gutes und vorausschauendes Projektmanagement. Man muss sich Zeit nehmen und ihn reifen lassen. Bestimmte Elemente kann man vorziehen – Kommunikation und Marketing zum Beispiel –, andere müssen mittelfristig geplant werden, wie die *Smartsphere,* und wieder andere in der langfristigen Planung Beachtung finden, wie Sprachassistenten, Augmented-Reality-, Mixed-Reality- oder Virtual-Reality-Anwendungen. Ein Masterplan muss flexibel geändertem Nutzerverhalten und neuen technischen Entwicklungen angepasst werden und in regelmäßigen Zeiträumen auf den Prüfstand kommen. Da unterscheiden sich die Anforderungen an das Projektmanagement nicht so sehr von denen anderer Planungen.

„Verstehen, Anpassen, Kultivieren und Umwerfen oder kurz VAKuUm" – eine Lernstrategie für digitalen Wandel in der Stadt

Simon: Wir haben nun einen Masterplan entwickelt. Papier ist geduldig. Pläne in der Schublade auch. Wie kann man gewährleisten, dass Planungen, die viele Ressourcen binden, tatsächlich auch den aktuellen Entwicklungen angepasst und umgesetzt werden?

Tentler: Wie wir bereits festgestellt haben, ist der immer schnellere Wandel die einzige Konstante im digitalen Transformationsprozess. Wir befinden uns in einem kontinuierlichen Prozess der Veränderung und Anpassung, der aktives Planen und Handeln verlangt. Ich selbst habe für mich daher eine Lernstrategie entwickelt, die aus vier Ebenen besteht: Verstehen, Anpassen, Kultivieren und Umwerfen oder kurz VAKuUm.

Simon: Fangen wir mit dem ersten Punkt an: Worauf ist beim Verstehen zu achten?

Tentler: Wer heute mit digitalen Kommunikations- und Marketingkonzepten arbeitet, muss bereit sein, ständig neues Handwerkszeug zu erlernen. Jede Nutzergeneration – die sich mittlerweile ungefähr alle 3 bis 5 Lebensjahre erneuert – drückt sich mit anderen Anwendungen und Inhalten aus. Wir müssen lernen diese Nutzergruppen oder Communities, beeindruckend mit Content zu bedienen. Lernt man das nicht, wird man kein Teil der Community. Dieser Prozess sich an Veränderungen anzupassen ist heute schon wesentlich komplexer als in prädigitalen Zeiten und wird mit fortschreitender digitaler – und gesellschaftlicher – Transformation noch komplexer werden. Daher muss zunächst die Grundlage verstanden werden, auf der diese neue Welt aufbaut.

Simon: Angenommen jemand hat sich bisher noch nicht mit diesem Thema beschäftigt. Was empfiehlst du dieser Person? Wie kann man die Grundlagen am besten nachvollziehen?

Tentler: Ich würde zunächst empfehlen sich in einschlägige Literatur einzulesen. Auch der Besuch von thematischen Konferenzen und *Barcamps* muss ein fester Bestandteil des Arbeitsjahres sein. Erfahrungsaustausch und ein vitales Netzwerk können nie schaden. Jedes Unternehmen sollte auch regelmäßig Weiterbildungen für seine Mitarbeiterinnen und Mitarbeiter anbieten.

Simon: Gehen wir davon aus, wir haben das Nutzerverhalten verstanden. Was folgt nun, wie gelingt die Anpassung?

Tentler: Auch Anpassung ist ein Prozess. Selten wird man seine gesamte Strategie über Bord werfen müssen. Entscheidende Geschäftsfelder und Projekte sollten jedoch in kürzeren Abständen auf den Prüfstand gestellt und Ziele den sprunghaften Nutzer-Zielgruppen angepasst werden. Die Vergangenheit hat mich gelehrt, dass hierbei viele kleine, aber kontinuierliche Anpassungen oft richtiger sind als der radikale Umbruch. Am klügsten und erfolgversprechendsten ist es wohl, einen eigenen, begleitenden Prozess daraus zu machen.

Simon: In der Kultivierungsphase erfolgt die Verstetigung?

Tentler: Genau! Allerdings ist das nicht so leicht – und auch nicht so stet – wie man zunächst vielleicht vermuten könnte. Genau genommen handelt es sich hier um die Phase der Implementierung. Ich spreche von Kultivierung, da es zwangsläufig auch zu einer Veränderung der Unternehmenskultur kommen wird. Hierfür müssen auch Prozesse und Ergebnisse immer wieder evaluiert werden, denn nur so kann auch eine kontinuierliche Optimierung erfolgen. Die beste Entwicklung ist aber nichts ohne ein ständiges Hinterfragen!

Simon: Deshalb der nächste Punkt: Umwerfen. Das kann frustrierend sein, gerade erst die Unternehmenskultur geändert zu haben und diese dann schon wieder anpassen zu müssen.

Tentler: Ja, das ist je nach Ausmaß des Umbruchs manchmal schwer zu vermitteln. Daher auch die Empfehlung der kontinuierlichen, kleinen Anpassungen. Gerade weil die Digitalisierung dynamisch verläuft, ist geplantes Umwerfen von laufenden Prozessen und Projekten elementar wichtig. Die kommenden Jahre werden in der internationalen Diskussion zum Thema als „Rapid-Trial-and-Error-Jahre" bezeichnet. Positiv würde man sie „kurze Lehrjahre" nennen, von denen wir heute recht gut wissen, was uns erwartet, aber die daraus resultierenden Möglichkeiten nur erahnen können. Die Nutzer geben uns nicht die Zeit einen abschließenden Plan zu entwickeln. Wir müssen aus Erfahrung lernen und brauchen den Mut zur ständigen Veränderung. Gerade die Fähigkeit sich immer zu hinterfragen und niemals etwas als gesetzt zu betrachten, wird in Kommunikation und Marketing in den kommenden Jahren das entscheidende Merkmal sein, um einen Wettbewerbsvorsprung zu erlangen und zu behalten.

Simon: Dabei kommt es auch darauf an, die Stadtgesellschaft mitzunehmen?

Tentler: Wir stecken diesbezüglich in einem Dilemma. Wir können viele technische Entwicklungen bereits heute vorhersagen, nicht aber deren Akzeptanz in der Gesellschaft. Wir müssen die Möglichkeiten der Zukunft sehen, dürfen aber nicht vergessen, dass wir mit den Menschen von heute zusammenarbeiten, die teilweise auch skeptisch sind und denen wir Veränderungen erklären müssen. Wichtig dabei ist, dass der Prozess strukturiert und transparent abläuft. Bürgerbeteiligung ist, wie schon gesagt, ein wichtiger Bestandteil eines Masterplans.

Simon: Wer Innovationen zuerst umsetzt, hat in der Wirtschaft – zumindest vermeintlich – den Vorteil des *First Mover*. Im öffentlichen Bereich sind die Herausforderungen komplexer.

Tentler: Die Stadtgesellschaft funktioniert anders als ein Unternehmen. Viele Interessen müssen unter einen Hut gebracht werden. Wenn eine Neuerung von der Gesellschaft bzw. den Stakeholdern nicht verstanden wird, kann sie schnell durchfallen. Die Akzeptanz ist meist auch umso geringer, je früher die Innovation eingeführt wird. Da entsteht ein Spannungsfeld. Daher ist die Phase des Verstehens so wichtig um einzuschätzen, wann die Zeit für den Wandel reif ist.

„So individuell wie die Stadt" – der digitale Transformationsprozess

Simon: Widmen wir uns abschließend noch dem digitalen Transformationsprozess selbst.

Tentler: Ich unterteile den Transformationsprozess in drei Bereiche, die aufeinander aufbauen: Disruptor, Transformator und Inkubator, kurz DiTraIn. Mit der Abkürzung verbinde ich einen Zug, der recht schnell und unaufhaltsam immer mehr Fahrt aufnimmt. Disruptor, Transformator und Inkubator sind Zugwaggons und beschreiben die Handlungen, auf denen ein digitaler Transformationsprozess aufbaut. Im Disruptor-Waggon werden alle analogen Prozesse aggressiv und ohne Rücksicht auf Verluste in ihre Einzelteile zerlegt. Alles darf hinterfragt und jede mögliche Änderung angedacht werden. Dies geschieht durch eine tief gehende Analyse des Status quo und einen Design-Thinking-Prozess, in dem alle Fragen zu Sinn und Möglichkeiten erlaubt sind. Im Transformator-Waggon erfolgt die Transformation analoger oder veralteter digitaler Bereiche in neue, zukunftsfähige Prozesse. Im Inkubator-Waggon werden die Neuerungen kontrolliert ausgebrütet und weiterentwickelt.

Simon: Wie sieht das Ergebnis eines solchen Prozesses aus?

Tentler: Das lässt sich nicht verallgemeinern. Das Ergebnis eines digitalen Transformationsvorgangs ist immer so individuell wie die Stadt, ihre Angebote, Ziele, Bürger und Anspruchsgruppen. Deshalb würde es zu weit führen, diesen Vorgang noch exakter zu beschreiben. Ich habe im Laufe der Zeit Grundlagen und Material erarbeitet, das mir hilft, diese Individualität herauszuarbeiten und in ein nachhaltiges Prozessmanagement zu überführen. Das hat sich, zumindest für meine Arbeit, als sinnvoll erwiesen.

Simon: Frank, ich danke dir recht herzlich für das Gespräch. Ich bin mir sicher, die digitale Transformation wird Städte in Zukunft noch stärker beschäftigen.

Tentler: Sich nicht damit zu beschäftigen wäre verantwortungslos. Mir war wichtig verständlich darzulegen, worum es bei der digitalen Transformation geht und den Städten Mut zu machen, sich auf den Weg zu begeben. Ich hoffe, das ist mir gelungen. Die Gestaltung des digitalen Wandels ist von zentraler Bedeutung für die Zukunftsfähigkeit einer Stadt und ich kann daher nur eindrücklich empfehlen, bei diesem Prozess intensiv planend, sehr strukturiert und umfassend dokumentierend vorzugehen.

In Frank Tentlers Blog erfahren Sie mehr zu folgenden Themen:

Die Digitale Transformation http://bit.ly/tentler132
Der real-digitale Erlebnisraum http://bit.ly/tentler131
Smartsphere-Konzept http://bit.ly/tentler133
Wir brauchen digitale Stadtplaner! http://bit.ly/tentler139
Einzelhandel und Chatbots http://bit.ly/tentler140
Sprachassistenten http://bit.ly/tentler141
Die digitale Transformation des Einzelhandels http://bit.ly/tentler136
Digitale Geschäftsmodelle: Es geht um Liebe! http://bit.ly/tentler137

Daten sind das neue Öl http://bit.ly/tentler135
Das Beispiel Stadt Emden http://bit.ly/tentler138
Stadtmarketing und digitaler Wandel http://bit.ly/tentler134

Weiterführende Literatur

Floridi, L. (2015). *Die 4. Revolution – Wie die Infosphäre unser Leben verändert*. Berlin: Suhrkamp.
Scoble, R., & Shel, I. (2016). *The fourth transformation. How augmented reality & artificial intelligence will change everything*. USA: Patrick Brewster Press.

Über den Autor

Frank Tentler lebt und realisiert digitalen Wandel. Seit 2004 berät er Kulturinstitutionen, Stadtmarketingorganisationen und andere zu Strategien und Möglichkeiten der Digitalisierung und ist zu dem Thema auf zahlreichen Kongressen, Seminaren und Barcamps unterwegs. Er versteht sich als Begleiter und Berater in den Bereichen Social Media, Transmedia-Storytelling, interaktive Orte *(Smart Places)* und zu den Chancen und Risiken der digitalen Transformation. Mit dem Stadtmarketing Karlsruhe begleitete er den ersten Stadtmarketing-Blog Deutschlands und hat seitdem viele weitere Digitalisierungsprozesse und Strategieentwicklungen aufs Gleis gesetzt.

Über den Interviewer

Frank Simon Jahrgang 1984, hat in Trier und Riga Angewandte Humangeographie, Soziologie und Betriebswirtschaftslehre studiert. Er arbeitete zunächst für Kommunal- und Unternehmensberatungen bevor er im Mai 2013 zur Geschäftsstelle der bcsd wechselte. In dieser Funktion gehört auch der Themenbereich Digitalisierung zu seinem Aufgabengebiet.

Teil III
Zusammenführung und Bestimmung des Berufsbildes

„Stadtmarketing ist mehr als ein Job"

Interview mit Gerold Leppa

> **Zusammenfassung**
>
> Gerold Leppa ist seit über 20 Jahren im Stadtmarketing tätig und fast genauso lange schon im Bundesvorstand der bcsd aktiv. Im Gespräch mit Hannah Nölle beschreibt er, warum es an der Zeit ist, ein „Berufsbild Stadtmarketing" zu definieren und welche fachlichen, vor allem aber persönlichen Kompetenzen man im Stadtmarketing braucht. Er spricht über unterschiedliche Berufseinstiege und Berufswege, über die Position des Stadtmarketings im städtischen Gefüge und über Unterschiede der Stadtmarketingarbeit in kleinen und großen Städten. Das Interview endet mit einem Ausblick auf die Zukunft des Stadtmarketings.

Hannah Nölle: Warum sollte aus Ihrer Sicht ein „Berufsbild Stadtmarketing" definiert werden?

Gerold Leppa: Stadtmarketing wird seit mehr als zwanzig Jahren betrieben, auch wenn es sich in dieser Zeit verändert hat. Trotzdem gibt es noch kein allgemein anerkanntes Berufsbild. Natürlich hat das auch damit zu tun, dass wir im Stadtmarketing querschnittsorientiert arbeiten, und es von daher nicht ganz einfach ist, ein Berufsbild zu definieren. Trotzdem denke ich, dass es an der Zeit ist, es zu versuchen. Auch um jungen Leuten und Quereinsteigern eine Idee davon zu vermitteln, was sie im Stadtmarketing erwartet, und um Arbeitgebern Kriterien an die Hand zu geben, nach denen sie Mitarbeiterinnen und Mitarbeiter auswählen können.

G. Leppa (✉)
Braunschweig Stadtmarketing GmbH, Braunschweig, Deutschland
E-Mail: gerold.leppa@braunschweig.de

Nölle: Sollte jede Stadt Stadtmarketing betreiben?

Leppa: Auf jeden Fall stehen Kommunen heute vor der Aufgabe, mit ihren Anspruchsgruppen zu kommunizieren. Dies kann im Rahmen des Stadtmarketings passieren oder auch kooperative Stadtentwicklungspolitik genannt werden. Die Frage ist immer dieselbe: Schafft es eine Kommune in einen Dialog mit den unterschiedlichen Anspruchsgruppen zu treten oder wird nur *über* sie gesprochen?

„Es ist eine Super-Aufgabe" – über die Arbeit und Organisation des Stadtmarketings

Nölle: Sie haben gerade schon angesprochen, dass die Arbeit im Stadtmarketing querschnittsorientiert ist. Wo ist aus Ihrer Sicht das Stadtmarketing in der kommunalen Verwaltung einzuordnen?

Leppa: In Unternehmen ist das Marketing nicht selten entweder dem Vorstandsvorsitzenden oder einem Vorstand zugeordnet. Das würde ich durchaus auch für die Stadtverwaltung so sehen. Stadtmarketing sollte an der Spitze der Verwaltung angesiedelt sein. Das muss nicht bedeuten, dass ein Oberbürgermeister oder eine Oberbürgermeisterin ganz alleine und persönlich das Stadtmarketing verantwortet, aber eine Zuordnung zu einem Dezernat scheint mir auf jeden Fall sinnvoll.

Nölle: Es gibt Organisationen, auch unter den bcsd-Mitgliedern, in denen Stadtmarketing zusammen mit Stadtentwicklung, mit Tourismus oder mit Wirtschaftsförderung bearbeitet wird. In Braunschweig gibt es zwei Organisationen, eine Stadtmarketing- und eine Wirtschaftsförderungsgesellschaft, jedoch unter einem Dach und in Ihrer Person vereint. Wo sehen Sie die beste Andockmöglichkeit für das Stadtmarketing?

Leppa: Das hängt davon ab, was eine Kommune mit Stadtmarketing erreichen möchte. Wird Stadtmarketing dem Tourismus zugeordnet, wird das Thema einen starken vertrieblichen Charakter haben. Rückt es näher zur Stadtentwicklung, sind gute Beteiligungsprozesse bei Stadtentwicklungsfragen wahrscheinlich. Eine so aufgestellte Stadtmarketingorganisation wird sich vermutlich sehr vielen grundsätzlichen Fragestellungen der strategischen Stadtentwicklung widmen.

Auch in anderer Hinsicht hängt es davon ab, was eine Kommune erreichen will. Manchmal ist es sinnvoll, das Stadtmarketing innerhalb der Verwaltung in einer Umgebung anzusiedeln, die homogen und stabil ist. Manchmal ist das Stadtmarketing jedoch genau dort richtig platziert, wo man Denkstrukturen aufbrechen und eine Öffnung hin zu den Bürgern erreichen will.

Eines dürfte aber deutlich geworden sein. Es ist aus meiner Sicht immer eine Einzelfallentscheidung der Verwaltungsspitzen, was sie mit der Einrichtung des Stadtmarketings bezwecken. Hat das Stadtmarketing seinen Platz gefunden, ist es außerdem wichtig

Strukturen zu schaffen, die einen möglichst intensiven Austausch mit den anderen Disziplinen der Stadtverwaltung sicherstellen.

Nölle: Wie arbeitet Stadtmarketing aus Ihrer Sicht am wirksamsten, innerhalb der Verwaltung, als eigene Gesellschaft oder als Verein?

Leppa: Welche Form auch immer gewählt wird, meiner Erfahrung nach ist es wichtig, dass es klare Besitzverhältnisse gibt und in einer Stadtmarketingorganisation gleichermaßen die Interessen der Stakeholder wie die der Shareholder verfolgt werden. Mit Stakeholdern meine ich all jene Gruppen, die Ansprüche an das Stadtmarketing haben und gleichzeitig vom Stadtmarketing profitieren. In der Regel reicht es jedoch nicht, sich mit den Stakeholdern auf gemeinsame Ziele zu verständigen. Stakeholder müssen auch in die Verantwortung genommen werden, wenn es um die Umsetzung der Ziele geht. Nur so kann Stadtmarketing meiner Ansicht nach langfristig erfolgreich sein.

Nölle: Nach dem Verständnis der bcsd gehören Stadtentwicklung, Tourismus und Wirtschaftsförderung unter das Dach des Stadtmarketings. Ist aus Ihrer Sicht eine Super-Gesellschaft, die alle diese Bereiche abdeckt, auch eine Super-Lösung?

Leppa: Also ich glaube, es ist vor allem eine Super-Aufgabe. Wichtig ist es meines Erachtens, dass Themen ganzheitlich betrachtet und Kompetenzen optimal gebündelt werden. Dafür scheint mir eine Matrixstruktur am besten geeignet zu sein, die Themenfelder auf der einen, Kompetenzbereiche auf der anderen Seite abbildet. Die Grenzen der Organisation sind in diesem Falle fließend. Verwaltungsabteilungen wie die Bauverwaltung oder die Ordnungsverwaltung können ihre Kompetenzen einbringen, ohne fester Teil der Organisation zu sein. Natürlich gibt es gewisse Kernkompetenzen, die eine Stadtmarketingorganisation besitzen sollte, etwa Kommunikationsexpertise, Projektmanagement-Kompetenzen und vertriebliches Know-how. Die Offenheit und Philosophie einer Matrixstruktur ermöglicht es jedoch, auf Kompetenzen auch außerhalb dieses Kernbereichs zuzugreifen.

„In kleineren Städten kennt man sich" – über den Unterschied der Stadtmarketingarbeit in kleineren und größeren Städten

Nölle: Sie waren sowohl für größere als auch für kleinere Stadtmarketingorganisationen tätig. Gibt es entscheidende Unterschiede in der Arbeit des Stadtmarketings in einer größeren oder kleineren Stadt?

Leppa: In kleineren Städten kennt man sich. Dort ist der Vernetzungsbedarf über eine Stadtmarketingorganisation in der Regel eher gering, da sich die zehn größten Händler und der Oberbürgermeister oder die Bürgermeisterin oft genug persönlich kennen und die Gruppen übersichtlicher sind. In Großstädten ist das anders. Dort ist es eine der zentralen Aufgaben des Stadtmarketings Netzwerke zu bilden und zu pflegen. Dies ist umso wichtiger als viele Filialbetriebe im Einzelhandel heute als Gäste in eine Stadt kommen und einem Filialleiter unterstehen, der fünf bis sechs Standorte betreut. Dieser hat nicht den Bezug zur Stadt, den ein selbstständiger lokaler Händler hat.

Ein zweiter wichtiger Unterschied ist, dass in größeren Städten mit ihren größeren Verwaltungen auch die Kompetenzen stärker verteilt sind, woraus folgt, dass das Stadtmarketing in größeren Städten oft eine größere integrative Kraft entwickeln muss als in kleineren Städten.

In kleineren Städten – auch das noch ein Unterschied – sind meiner Erfahrung nach eher Generalisten im Stadtmarketing gefragt, wohingegen das Stadtmarketing in Großstädten in manchen Bereichen hoch professionelle Spezialisten braucht, etwa wenn es darum geht im Wettbewerb der Großstädte um mediale Aufmerksamkeit zu bestehen.

Nölle: Gibt es neben strukturellen auch wichtige thematische Unterschiede?

Leppa: Kleinere und mittlere Städte kämpfen gegenwärtig mit dem Strukturwandel im Handel und mit der Abwanderung vor allem junger Leute. Das sind Probleme, die Großstädte so nicht kennen. Natürlich haben auch Großstädte Strukturwandel zu bewältigen. In der Regel aber zieht es Menschen in die Großstädte. Während also in großen Städten ausgefeilte Konzepte zur Entwicklung des Einzelhandelsstandortes diskutiert werden können, müssen sich kleinere Städte damit beschäftigen, wie Handel und Bewohner an die Stadt gebunden werden können.

Nölle: Würden Sie so weit gehen zu sagen, dass es sich hier um zwei verschiedene Berufsbilder handelt, Kleinstadt- und Großstadtmarketing?

Leppa: Das würde ich nicht so sehen. Die fachliche Expertise, die man im Stadtmarketing braucht, ist in einer kleineren und größeren Stadt die gleiche. Auch die Aufgaben, die es zu lösen gilt, sind in Städten unterschiedlicher Größe gleich anspruchsvoll, auch wenn es sich nicht immer um die gleichen Aufgaben handelt.

„Vom Stadtmarketing wurden Wundertaten erwartet" – über den Stellenwert des Stadtmarketings

Nölle: Die bcsd hat 2014 unter ihren Mitgliedern eine Umfrage zum aktuellen Stand des Stadtmarketings durchgeführt. In dieser Umfrage haben 80 % der Befragten angegeben, dass der Stellenwert des Stadtmarketings in ihrer Stadt hoch bzw. eher hoch sei. Wie schätzen Sie das ein?

Leppa: Ich glaube auch, dass der Stellenwert des Stadtmarketings hoch ist. Das liegt zum einen an der Kommunikations- und Medienkompetenz des Stadtmarketings. In einer Zeit, in der sich sowohl das Medienwesen wie die Kommunikationsformen – auch zwischen Stadt und Bürgerinnen und Bürgern – sehr schnell verändern, ist das Bedürfnis nach Hilfestellungen groß. Zum anderen rührt der hohe Stellenwert meines Erachtens auch daher, dass die Idee, auf der das Stadtmarketing gründet, nämlich Themen vom Kundenstandpunkt her zu denken – eine Idee, die früher an Innenstadt oder Tourismus festgemacht wurde –, heute fast alle Lebens- und Leistungsbereiche einer Stadt durchzieht. Von daher erfahren gerade jene Führungskräfte in der Stadtverwaltung oder Stadtmarketingorganisation, die in der Lage sind, genau diese Kundensicht einzunehmen und konsequent Lösungen anzubieten, eine sehr hohe Wertschätzung.

Nölle: Wie hat sich der Stellenwert des Stadtmarketings seit dessen Anfängen verändert?

Leppa: Jedem Anfang wohnt ein gewisser Zauber inne. Das war sicherlich auch beim Stadtmarketing so. In der Gründungsphase wurden vom Stadtmarketing wahre Wunder erwartet, vor allem im Bereich Innenstadtentwicklung. Der Strukturwandel im Einzelhandel in den 1980er und 1990er Jahren war ja einer der Hauptgründe, warum viele Stadtmarketinginitiativen ins Leben gerufen wurden. Damals ging es vor allem um die Verdrängung von kleinen Betrieben durch Shopping-Center und um den Wettbewerb zwischen „grüner Wiese" und gewachsener Innenstadt. Nicht selten wurde erwartet, dass durch die Gründung von Stadtmarketinginitiativen die Innenstädte in kurzer Zeit wieder erblühen würden.

Dieser Zauber der Anfangsjahre ist allerdings oft sehr schnell verflogen, weil die Veränderungen, die das Stadtmarketing erreichen konnte, vor allem im Veranstaltungs- und Kommunikationsbereich lagen. Dazu kommt, dass die ersten Stadtmarketinginitiativen in den seltensten Fällen die finanziellen und personellen Ressourcen hatten, um große Themen umzusetzen. Abgesehen davon fehlte oft aber auch die Entscheidungshoheit.

Nach einem ersten Stadtmarketinghype sank also zunächst die Wertschätzung für das Stadtmarketing. Mittlerweile ist sie wieder angestiegen, weil sich der Erfolg über die Jahre doch eingestellt hat. Wenn man heute die Vielfalt an Kompetenzen des Stadtmarketings sieht und seine feste und selbstverständliche Einbindung in kommunales Handeln, kann man glaube ich schon sagen, dass das Stadtmarketing sehr viel Boden gut machen konnte und heute in der Regel seine Versprechungen auch einlösen kann.

Nölle: Sie hatten bereits kurz angesprochen, dass das Stadtmarketing anfänglich als ein Allheilmittel für den Handel galt. Gibt es weitere überzogene Erwartungen an die Stadtmarketingarbeit?

Leppa: Ein wesentliches Problem sehe ich darin, dass Stadtmarketing häufig mit einer Kommunikationsaufgabe verwechselt wird. Man nimmt an, dass es nur der schönen Verpackung des Status quo bedarf, der schönen Worte und Bilder, um das gewünschte Ergebnis zu erzielen. Das funktioniert meiner Erfahrung nach jedoch in den wenigsten Fällen. Es braucht auch die Arbeit an den Strukturen, an einem zeitgemäßen Leistungsangebot einer Stadt. Dies ist eine sehr viel weitreichendere Aufgabe.

„Es muss Spaß machen mit dem Stadtmarketing zu kooperieren" – über persönliche Kompetenzen im Stadtmarketing

Nölle: Inwieweit ist erfolgreiches Stadtmarketing aus Ihrer Sicht von Personen abhängig?

Leppa: Ich glaube, dass Erfolg im Stadtmarketing sehr viel mit Personen zu tun hat, gerade weil Stadtmarketing eine kooperative Aufgabe ist, also nur in der Zusammenarbeit unterschiedlicher Akteure in einer Stadt gelingen kann.

Nölle: Und welche Qualifikationen sollten diese Personen Ihrer Meinung nach mitbringen?

Leppa: Erst einmal braucht es ein gutes Querschnitts-Know-how. Man muss in allen Bereichen denken und handeln können oder zumindest Partner davon überzeugen, dass man im Wesentlichen versteht, was sie meinen. Dieses notwendige Know-how reicht von der strategischen Stadtentwicklung über Fragen der Umsetzung im Projektmanagement, Veranstaltungsmanagement und der Bewertung der Relevanz von Medien zum Wissen, wie diese zu bedienen sind. Auch das persönliche Auftreten ist wichtig. Letztendlich geht es immer darum, sich in andere Leute hineinzuversetzen und Partner zu überzeugen.

Nölle: Gibt es neben dem Querschnittswissen auch spezifische Kernkompetenzen, die jeder, der im Stadtmarketing tätig sein möchte, haben sollte?

Leppa: Kernkompetenzen im Stadtmarketing sind aus meiner Sicht die Kommunikations- und Kooperationsfähigkeit. Man muss verstehen, wie Kooperationsökonomie funktioniert. Man sagt „Egoisten kooperieren am besten", weil jeder für sich ein klares Ziel verfolgt. Kooperation funktioniert dann am nachhaltigsten, wenn das Interesse, das der Kooperationspartner hat, möglichst genau verstanden und im gemeinsamen Vorhaben optimal abgebildet wird. Das ist eine der zentralen Kompetenzen im Stadtmarketing. Die andere Kernkompetenz betrifft das Thema Kommunikation im werblichen Sinne, vor allem im Bereich der neuen Medien.

Nölle: Das heißt, es kommt im Wesentlichen auf Kommunikation und Kooperation an? Oder gibt es weitere Kernkompetenzen?

Leppa: Ich glaube schon, dass es im Wesentlichen darum geht, dass es allerdings zwei Sphären dieser Kompetenzen gibt: eine rationale und eine emotionale. Kooperationen sind langfristig erfolgreich, wenn es in der Sache klare Verabredungen gibt, schlüssige Konzepte, eine gute qualitätvolle Umsetzung, gute Ergebnisse, die durch entsprechendes Monitoring bestätigt werden. Das ist der sachliche, der rationale Teil der Kooperation. Daneben gibt es aber immer auch einen emotionalen Part. Es muss schlichtweg Spaß machen mit dem Stadtmarketing zu kooperieren. Man möchte sich ernst genommen und gut informiert fühlen. Dann werden auch die einen oder anderen kleinen sachlichen

Fehler verziehen werden. Wenn die Kooperationspartner überzeugt sind, dass diejenigen, die das Stadtmarketing verantworten, die genau richtigen Personen für diese Aufgabe sind, werden auch Zusagen eher getroffen und öfter eingehalten werden. Man muss, salopp gesagt, schon aus Sympathie bereit sein zusammenzuarbeiten.

Nölle: Das klingt nach hohen Erwartungen an das persönliche Engagement derjenigen, die im Stadtmarketing arbeiten.

Leppa: Das stimmt! Aus meiner Sicht ist Stadtmarketing mehr als nur ein Job. Es braucht ein Bekenntnis zur Stadt, eine Identifikation mit der Stadt, die auch außerhalb des Büros spürbar ist. Man muss eine ganze Menge Leidenschaft und Emotion mitbringen, um Leute hinter sich zu bringen – vielleicht aber auch um die Arbeitsbelastung auszuhalten.

Nölle: Welche Missverständnisse und Fehleinschätzungen gibt es bei Berufseinsteigern im Stadtmarketing?

Leppa: Aus meiner Sicht unterschätzen viele, wie kompliziert das Akteursgeflecht ist, mit dem man es im Stadtmarketing zu tun hat. Damit meine ich nicht nur, dass es kompliziert ist, sich im politischen System einer Stadt zu behaupten, oder zu verstehen, wie Politik und Verwaltung funktionieren, wie man die zuständigen Leute erreichen kann und wie man es schafft, nicht zwischen allen Interessensgruppen aufgerieben zu werden. Stadtmarketing hat, wie schon gesagt, auch sehr viel mit Kommunikation zu tun. Und manchmal unterschätzen Berufseinsteiger, dass eine gute Idee eben keine gute Idee ist, weil sie gut ist, sondern eine gute Idee ist, weil man sie den Leuten, die sie gut finden sollen, auch nahebringen kann. Nur so kann Stadtmarketing erfolgreich sein. Leider habe ich schon viele fachlich sehr versierte und kluge Leute, oft gerade aus der Wirtschaft, an diesem Punkt scheitern sehen.
  Aber nochmals, es braucht beides. Jemand der im Stadtmarketing arbeitet, muss sowohl Kommunikationstalent wie Marken-Know-how besitzen, muss wissen, dass es mit guten Pressemeldungen und bunten Prospekten allein nicht getan ist, sondern dass es ein langer Prozess ist, aus den vielen Gesichtern einer Stadt eine stimmige Marke zu entwickeln und diese auch durchgängig an die Kunden zu kommunizieren.

Nölle: Sie sind schon sehr lange Geschäftsführer beim Stadtmarketing in Braunschweig und haben schon viele Stellen besetzt. Worauf achten Sie, wenn Sie jemanden für eine Stelle als Stadt- oder Citymanager einstellen?

Leppa: Erst einmal achte ich auf eine fachliche Qualifikation. Suche ich jemanden im Kommunikationsbereich, muss ich darauf achten, dass er oder sie Facebook versteht, Pressemeldungen schreiben kann und so weiter. Suche ich jemanden im Citymanagement, muss sie oder er wissen, was Stadtentwicklung bedeutet, muss das ABC der

Innenstadtentwicklung, das Kräfteverhältnis von Einzelhandel, Gastronomie und weiteren Dienstleistungen verstanden haben. Das ist der fachliche Teil.

Daneben achte ich auf die nun schon häufiger angesprochenen sozialen Kompetenzen. Kann der oder die Einzelne klar und strukturiert kommunizieren und dem Kunden gegenüber gut auftreten? Wir pflegen bewusst eine Kommunikation, die auf Sachargumenten ruht, gleichzeitig aber auf Sympathie und Ehrlichkeit baut. Kann jemand einen solchen Stil durchhalten? Ich achte also immer darauf, ob jemand in Inhalt und Stil überzeugen kann, auch im Bewerbungsgespräch.

Neben fachlichen und sozialen Kompetenzen braucht es meiner Ansicht nach im Stadtmarketing auch eine hohe intrinsische Motivation. Auch das versuche ich herauszufinden. Hat jemand wirklich Lust, diesen Job mit seinen vielen Herausforderungen wirklich gut zu machen? Denn ein Nine-to-five-Job im Stadtmarketing funktioniert in den wenigsten Fällen.

Nölle: Wir haben bereits viel über notwendige Kooperationen im Stadtmarketing gesprochen. Nun ist es leider oft so, dass manche Anspruchsgruppen in Konkurrenz zueinander stehen, wir im Stadtmarketing aber alle gleichermaßen für unsere Arbeit brauchen. Wie kann solchen Konkurrenzsituationen innerhalb der Stakeholder begegnet werden?

Leppa: In der Regel versuche ich solchen Problemen immer mit maximaler Transparenz und viel Information zu begegnen. In anderen Worten, man kann zum einen versuchen transparent zu machen, welche unterschiedlichen Interessen es gibt, und zum anderen zusätzliche Fachinformationen und Standpunkte einbringen. Dies wird meist sehr positiv aufgenommen und es entsteht die Chance neue Lösungen zu finden, über zusätzlichen Input besseres Handeln zu ermöglichen. So ist es uns in der Regel bislang – bis auf emotionale Konflikte, die so tief saßen, dass sie eben nicht zu reparieren waren – immer gelungen, einen Konsens zu erreichen und eine Lösung herbeizuführen.

Aus meiner Sicht geht es also um Information, Moderation und am Ende oft Mediation. Allerdings unterscheiden sich Städte in dieser Hinsicht. Ich war in Bayreuth, in Friedrichshafen am Bodensee, in Bochum und bin jetzt in Braunschweig im Stadtmarketing tätig. Überall waren diese Prozesse und das Niveau des Bekenntnisses zur Stadt unterschiedlich. Leider gibt es immer auch Grundfeindseligkeiten in einer Stadt, die ein Stadtmarketing trotz viel Moderationstalent nicht überbrücken kann. In solchen Fällen kann ein Stadtmarketing nur Angebote machen und mit jenen zusammenarbeiten, die diese Angebote annehmen.

Nölle: Wenn ein Stadtmanager eine Film- oder eine Romanfigur wäre, wer wäre er?

Leppa: Das ist eine schwierige Frage. Spontan assoziiere ich ihn mit dem Schulabsolventen, der in dem Film „Into the Wild" seinen Idealen nachstrebt und daran leider jämmerlich zugrunde geht. Das wäre die traurige Variante. Die andere Filmfigur, die mir in den Sinn kommt, und die hoffentlich die jüngere Generation noch kennt, ist Indiana

Jones – einer, der sich mit einer ordentlichen Portion Wille durchkämpft und so gegen manche Herausforderungen behauptet, eine Mischung aus Profi und „Cooler Socke".

„Wer im Stadtmarketing arbeiten will, muss stammtischtauglich sein" – über Berufswege und Quereinstiege

Nölle: Es gibt im Stadtmarketing nicht *den* klassischen Werdegang. Daher die Frage, wie kommt man zum Stadtmarketing? Wie sind Sie zum Stadtmarketing gekommen? Und inwieweit sind Berufswege im Stadtmarketing heute überhaupt noch gradlinig?

Leppa: Ich bin mehr oder weniger zufällig mit dem Thema Stadtmarketing in Kontakt gekommen. Ich habe Geografie studiert. Ein Assistent am Lehrstuhl hat die erste Stadtmarketinginitiative in meiner Studienstadt Bayreuth übernommen. Dort habe ich ein Praktikum gemacht und war von dem Arbeitsfeld so begeistert, dass ich dabeigeblieben bin. Retrospektiv sieht es sehr schlüssig aus.

Heute treffe ich aber auch auf zahlreiche Quereinsteiger in das Stadtmarketing, Leute, die für sich eine neue Aufgabe, eine neue Herausforderung gesucht haben, ein Feld, in dem sie viel gestalten und sich freier bewegen können. Typischerweise sind im Stadtmarketing Menschen gut aufgehoben, die nicht gerne nach Anweisungen und dem immer selben Schema arbeiten, sondern sich für eine Idee begeistern können und solange an ihrer Umsetzung arbeiten, bis sie funktioniert.

Nölle: Die Ausbildung der Stadtmarketingverantwortlichen ist sehr unterschiedlich. Viele haben Geografie studiert, andere haben einen betriebswirtschaftlichen oder geisteswissenschaftlichen Hintergrund. Wie sollte es auch anders sein, wenn man „Stadtmarketing" noch nicht studieren kann. Die bcsd fordert langfristig einen Studiengang zu etablieren. Glauben Sie, dass ein solcher Studiengang notwendig ist?

Leppa: Stadtmarketingverantwortliche müssen als Personen authentisch und kommunikativ sein, eine hohe Frustrationstoleranz haben und sich als stammtischtauglich erweisen. Ein Studiengang kann keine solchen Persönlichkeiten formen, zumindest nicht direkt. Ein Studiengang kann jedoch viel Querschnittswissen anbieten. Zurzeit vermittelt das Geografiestudium am besten wirtschaftliche Kenntnisse kombiniert mit Know-how in Fragen der Stadtentwicklung. Trotzdem geht es noch besser. Ein Studium, das zusätzlich noch Kompetenzen in den Bereichen Kommunikation, Politik und Verwaltung vermittelt, gleichzeitig auch zum Nachdenken über diese Bereiche anregt, etwa indem über Machttheorien diskutiert wird, würde die zukünftigen Stadtmarketingverantwortlichen vermutlich noch näher an den Alltag im Stadtmarketing heranführen. Daher sehe ich einen Studiengang oder Zusatzqualifikationen zu bestehenden Studiengängen sehr positiv.

„Ich glaube daran, dass wir das Richtige tun" – über die Zukunft des Stadtmarketings

Nölle: Sie sind schon seit fast 20 Jahren ehrenamtlich im Bundesvorstand der bcsd tätig. In dieser Funktion haben Sie die Entwicklung der Szene verfolgt und aktiv mitgestaltet. Wie lautet Ihre Vision für das Stadtmarketing der Zukunft?

Leppa: Ich bin fest davon überzeugt, dass sich das Stadtmarketing als Schnittstelle zwischen Bürgern und den Akteuren einer Stadt etablieren wird. Damit meine ich zunächst das Stadtmarketing als Funktion und als Aufgabe. Gerade weil sich die Welt der Medien und der Kommunikation rasant verändert, wird die Aufgabe eines Mittlers immer wichtiger, und damit meine ich nicht nur den Mittler zwischen Absender und Empfänger. Ich meine auch jemanden, der gemeinsame Themen findet, herausfindet, was Bürgerinnen und Bürger mit ihrer Stadt verbinden, womit sie sich identifizieren, was sie erwarten. Das Stadtmarketing mit seiner konsequent kooperativen Ausrichtung ist für diese Aufgabe blendend gerüstet.

Nölle: Und wie sieht die Stadtmarketingorganisation der Zukunft aus?

Leppa: Zur Organisation des Stadtmarketings wage ich keine Prognose. In der Vergangenheit sind immer neue Organisationsformen aufgetaucht. Angefangen hat es mit Vereinen, auch mit rein privatwirtschaftlichen, oder im Schwerpunkt privatwirtschaftlich getragenen Organisationen, die nur städtische Zuschüsse erhielten. Mittlerweile treten tendenziell immer mehr Stadtverwaltungen in die Trägerschaft ein. Es gibt auch zunehmend rein städtische Gesellschaften, sogar Abteilungen in der Stadtverwaltung, im Sinne von Eigenbetrieben.

Wohin das führt, wird aus meiner Sicht ganz wesentlich von zwei Faktoren abhängen. Erstens davon, wie sich kommunale Finanzen und Kommunalpolitik entwickeln, und zweitens, wie sich die beihilferechtlichen Rahmenbedingungen verändern, die aus meiner Sicht einen unangemessen großen Einfluss haben. Die EU wollte im großen Stil Wettbewerb ermöglichen, hat sich für lokale Ökonomie und mögliche Beschränkungen im Stadtmarketing nicht interessiert. Trotzdem betreffen uns diese Regelungen. Wohin das führt, kann im Moment niemand hundertprozentig absehen.

Nölle: Glauben Sie, dass sich das Berufsbild des Stadtmanagers in den kommenden Jahren und Jahrzehnten weiter verändert?

Leppa: Das glaube ich ganz bestimmt. Im strategischen Marketing wurde bereits vor 20 Jahren ein Effekt diskutiert, den wir heute in den Städten beobachten können. Die Einführung des Stadtmarketings mit seiner Orientierung in Richtung Kunde, in Richtung Kommunikation, blieb nicht ohne Auswirkungen auf die anderen Mitarbeiterinnen und Mitarbeiter in der Stadtverwaltung. Heute denken Stadtverwaltungen anders als vor

20 Jahren in Richtung Bürgerinnen und Bürger. Damit sind Kompetenzen, die lange Zeit vor allem beim Stadtmarketing lagen, heute auch anderswo in der Verwaltung zu finden.

Vor allem im Kommunikationsbereich wird eine spezifischere Expertise notwendig sein. Ein E-Mail oder einen Eintrag auf Facebook kann in Zukunft jeder schreiben. Im Gegenteil werden wir *Digital Natives* haben, die vielleicht sogar die Leute, die im Stadtmarketing gerade Verantwortung tragen, qua eigener Lebenserfahrung und Nähe zu diesen Medien übertreffen können.

Andererseits glaube ich, dass das Wissen darum, wie man Menschen erreichen kann, wie man Ziele definieren und Menschen überzeugen kann, diese Ziele mitzutragen, dass Persönlichkeit in Zukunft eine noch größere Rolle spielen wird.

Nölle: Und wie glauben Sie wird sich der Stellenwert des Stadtmarketings in Zukunft verändern? Wir hatten schon kurz darüber gesprochen.

Leppa: Da ich davon überzeugt bin, dass wir auf dem richtigen Weg sind, gehe ich davon aus, dass der Stellenwert des Stadtmarketings steigen wird. Vielleicht kann man es auch abstrakter sagen: Kommunikation und Kommunikationsfähigkeit wird ein immer größeres Thema von Städten werden. Schon heute kann man beobachten, dass in vielen anderen Bereichen, in denen Städte sich entwickeln, kooperative Strukturen und die Kommunikation mit dem Bürger zur Selbstverständlichkeit geworden sind. Das reicht bis hin zur Arbeitsmarktpolitik, zum Thema Fachkräfte. Überall gibt es nur noch diese, wie man heute sagen würde, hybriden Strukturen. Früher hat man von kooperativen Strukturen gesprochen. Städtische Einrichtungen und private Unternehmen tun sich zusammen, um gemeinsame Herausforderungen auch gemeinsam zu lösen. Daraus schließe ich, dass Kommunikationsaufgaben auch weiterhin einen großen Stellenwert haben werden.

Nölle: Herzlichen Dank!

Über den Autor

Gerold Leppa ist seit 2004 Geschäftsführer der Braunschweig Stadtmarketing GmbH. Zudem ist er seit 2014 Wirtschaftsdezernent der Stadt Braunschweig und Geschäftsführer der Braunschweig Zukunft GmbH, der städtischen Wirtschaftsförderungsgesellschaft. Zuvor leitete er das Stadtmarketing in Bochum, in Friedrichshafen am Bodensee und in Bayreuth und hat das Haus der Wissenschaft in Braunschweig mit aufgebaut. Leppa studierte Wirtschaftsgeografie und Raumplanung in Bayreuth und ist seit 1999 im Bundesvorstand der bcsd aktiv. Er hat zu verschiedenen Themen des Stadtmarketings publiziert und referiert.

Über die Interviewerin

Hannah Nölle Jahrgang 1987, studierte *International Leisure Management* in Breda, Niederlande und Guadalajara, Mexiko, und Kulturmanagement und Kulturtourismus in Frankfurt (Oder). Sie hat unter anderem für die Stadtverwaltung Oxford, Großbritannien, für das Projektbüro der Kulturhauptstadtbewerbung Segovias, Spanien, und für eine Künstleragentur gearbeitet, bevor sie 2013 zur Bundesvereinigung City- und Stadtmarketing Deutschland wechselte.

Ihr Bonus als Käufer dieses Buches

Als Käufer dieses Buches können Sie kostenlos das eBook zum Buch nutzen. Sie können es dauerhaft in Ihrem persönlichen, digitalen Bücherregal auf **springer.com** speichern oder auf Ihren PC/Tablet/eReader downloaden.

Gehen Sie bitte wie folgt vor:
1. Gehen Sie zu **springer.com/shop** und suchen Sie das vorliegende Buch (am schnellsten über die Eingabe der eISBN).
2. Legen Sie es in den Warenkorb und klicken Sie dann auf: **zum Einkaufswagen/zur Kasse.**
3. Geben Sie den untenstehenden Coupon ein. In der Bestellübersicht wird damit das eBook mit 0 Euro ausgewiesen, ist also kostenlos für Sie.
4. Gehen Sie weiter **zur Kasse** und schließen den Vorgang ab.
5. Sie können das eBook nun downloaden und auf einem Gerät Ihrer Wahl lesen. Das eBook bleibt dauerhaft in Ihrem digitalen Bücherregal gespeichert.

EBOOK INSIDE

eISBN	978-3-658-19642-4
Ihr persönlicher Coupon	rH7xHanT9T7XZAJ

Sollte der Coupon fehlen oder nicht funktionieren, senden Sie uns bitte eine E-Mail mit dem Betreff: **eBook inside** an **customerservice@springer.com**.